清华大学医疗管理系列教材

供卫生、医疗、医保及健康管理专业用

医疗保险

Medicare and Health Insurance

主　编　杨燕绥

编　者（按姓氏笔画排序）

于　淼　清华大学医学院
毛　瑛　西安交通大学公共政策与管理学院
李超凡　山东大学公共卫生学院
杨燕绥　清华大学医院管理研究院
张　卿　中国政法大学法与经济学研究院
张　强　清华大学医院管理研究院
顾雪非　国家卫生健康委员会卫生发展研究中心

人民卫生出版社

·北　京·

图书在版编目（CIP）数据

医疗保险 / 杨燕绥主编. —北京：人民卫生出版社，2023.9

ISBN 978-7-117-35186-7

Ⅰ. ①医… Ⅱ. ①杨… Ⅲ. ①医疗保险 Ⅳ. ①F840.684

中国国家版本馆 CIP 数据核字（2023）第 158185 号

医 疗 保 险

Yiliao Baoxian

主　　编：杨燕绥
出版发行：人民卫生出版社（中继线 010-59780011）
地　　址：北京市朝阳区潘家园南里 19 号
邮　　编：100021
E - mail：pmph @ pmph.com
购书热线：010-59787592　010-59787584　010-65264830
印　　刷：人卫印务（北京）有限公司
经　　销：新华书店
开　　本：787 × 1092　1/16　　印张：15
字　　数：365 千字
版　　次：2023 年 9 月第 1 版
印　　次：2023 年 10 月第 1 次印刷
标准书号：ISBN 978-7-117-35186-7
定　　价：79.00 元
打击盗版举报电话：010-59787491　E-mail：WQ @ pmph.com
质量问题联系电话：010-59787234　E-mail：zhiliang @ pmph.com
数字融合服务电话：4001118166　E-mail：zengzhi @ pmph.com

主编简介

杨燕绥

比利时根特大学法学博士，清华大学医院管理研究院和公共管理学院教授，美国约翰斯·霍普金斯大学公共卫生学院特聘教授。国家医疗保障局、人社部、民政部等相关部门专家委员会委员，中国老年学和老年医学学会老龄金融分会副主任委员。《中国银色经济与健康财富发展指数》主编。持续再版的主要代表性著作有《银色经济与嵌入式养老服务》《医疗服务治理结构和运行机制》《社会保障》《社会保障法》《社会保障管理》等。

出版说明

党的十八大以来，以习近平总书记为核心的党中央把健康中国建设上升为国家战略，他指出：**“我们将迎难而上，进一步深化医药卫生体制改革，探索医改这一世界性难题的中国式解决办法，着力解决人民群众看病难、看病贵，基本医疗卫生资源均衡配置等问题”**。医疗管理学科建设和硕士专业学位教育，是为了探索我国医学和管理跨学科交叉复合型人才的培养路径，形成一套循证的医管人才培养模式，培养一大批满足我国医疗卫生、医疗保障事业发展与改革需要的高水平医疗、医保、医工管理人才，走出一条符合我国医疗卫生、医疗保障、医工科技发展规律的专业化管理人才道路。

清华大学医院管理研究院在成功举办十年医院管理方向的公共管理学术型硕士项目基础上，将开设覆盖医疗、医药、医保、医工的医疗管理课程，招收全日制和在职两类学生，以及国际学生。医疗管理硕士项目的课程体系将紧扣我国全生命周期维护健康的新医科建设、医疗体系建设、就医模式改善、医疗保障改革、公立医院绩效考核、公立医院高质量发展的人才队伍要求，参考世界一流大学医疗管理教育办学模式及胜任力模型，制定与国际接轨并服务于本土医疗管理实践的课程体系及培养方案；并以授课教师团队为主，邀请国内相关领域专家参与，本着厚德载物的宗旨，共同编写和陆续出版系列教材。

清华大学医疗管理系列教材目录（第一辑）

1 医学人文与伦理
Humanities and Ethics in Health Care

2 医疗管理总论
Introduction to Medical Management

3 卫生经济学
Health Economics

4 卫生管理统计学
Health Management Statistics

5 医疗大数据与系统工程
Healthcare Big Data and Systems Engineering

6 医院管理方法论
Hospital Management Methodology

7 医药卫生政策、法律与监管
Health Law and Regulating

8 医疗保险
Medicare and Health Insurance

9 医疗组织与人力资源管理
Health Care Organizations and Human Resource Management

10 医院运营与绩效管理
Hospital Operation and Performance Management

11 医疗质量与安全管理
Management of Quality of Care and Patient Safty

12 健康服务研究方法
Health Services Research Methods

前 言

习近平总书记指出："我们建立全民医保制度的根本目的，就是要解除全体人民的疾病医疗后顾之忧。"2020 年 2 月，中共中央、国务院在《关于深化医疗保障制度改革的意见》（以下简称"中共中央 5 号文"）中提出了新时期的发展目标和体制机制性制度安排，实现从以治疗为中心向健康的转移。同年 6 月，国务院办公厅在《关于推进医疗保障基金监管制度体系改革的指导意见》（以下简称"国办 20 号文"）中提出确保社会医疗保险基金的制度安排。中国医疗保障进入深度改革、制度定型和多次保障体系建设的攻坚阶段。

20 世纪 70 年代是个分水岭，此前属于蒸汽机和工业化时代，医疗保险的发展重在"建基金、补需方"，此后进入计算机和互联网时代，增加"建机制、补供方"的综合治理。中国社会医疗保险经历了劳动保险时代、社会保险时代，实现了全覆盖、保基本的大目标，带动中国公立医院进入"建设靠国家、吃饭找医保"的发展时期。按照中共中央 5 号文的要求，2020—2025 年间实现中国社会医疗保险定型化；到 2030 年，全面建成以基本医疗保险为主体，医疗救助为托底，补充医疗保险、商业健康保险、慈善捐赠、医疗互助共同发展的医疗保障制度体系，待遇保障公平适度，基金运行稳健持续，管理服务优化便捷，医保治理现代化水平显著提升，实现更好保障病有所医的目标。

本教材从全周期维护人民健康出发，以三大医疗风险为切入点，系统描述医疗保障与医疗服务、药物供给协同发展的基本原则和制度安排。构架跨学科的知识体系，坚持可及性、安全性和可支付性的医保三角价值链，系统教授完善筹资基准、待遇清单、定价机制、支付方式、协议管理、监督监管、公共服务和信息系统建设的制度安排。教材由 12 章内容构成，适应于与医疗保险和医疗管理相关研究生课程使用，也适应于相关领域工作管理人员和业务人员学习和培训使用。

感谢国家医疗保障局相关领导给予的指导；周俊、杜鑫、郑杰、周燕翔、邵宁军、张亚林、焦伟、蓝志成、马建强、林汉城、沈华亮、魏宁娣等地方医疗保障局领导者带领我们走进医保业务；感谢董家鸿、魏来、陈海啸、袁坚列、骆旭东、徐勇、聂国峰、孙喜琢、蒋羽萍等院长带我们走进医院和社区、接近临床和学会与医务人员对话。

张丹、沈沉、尹世全、冷家骅、王宗凡、仇雨临、常焙荃、秦晨、袁慎雨、宋琦等参加了教材的讨论、资料整理和审稿工作，在此一并感谢。

本教材在跨界合作与交流中完成第一版，敬请各位继续指导和指正。

编者

2023 年 3 月

目 录

第一章
绪　　论

教学目标

熟悉医疗风险及其风险管理的文献和价值取向，掌握医疗保险的内涵、功能和基本原则，了解医疗保险的起源、发展、改革与创新的本质变化和发展趋势。

主要内容

医疗风险与医疗保险；医疗保险的产生、发展与改革创新；社会医疗保险与商业健康保险的异同；医疗保险评价评估的基本方法；医疗保险学科建设与研究方法。

第一节　医疗风险与医疗保险

风险来自不确定的事件及其所造成的损害，发生在人们生活的方方面面。医疗服务的提供方式、服务质量和运营成本充满不确定性。为了解决医疗风险问题，让人人享有基本保健服务，医疗保险应运而生。

一、医疗风险定义和特征

（一）医疗风险

医疗风险即指求医过程中存在的三个不确定性（图 1-1），即如何就诊、医疗质量、医疗成本。①医护服务可及吗？患者与医生的距离是怎样形成的。优质医护资源具有稀缺性，在互联网社会正在实现从患者找医生（see doctor）看病难、去医院（go to hospital）看病贵，到以居民为中心，以社区为基础，构建基本保健服务体系（in to a system）的转变。②医护质量可信吗？诊断治疗质量受到社会认知能力、技术措施、管理水平、医生素质等多种因素影响，是一个不断突破和改善，从不伤害到有利于患者的过程。③医疗成本可控吗？医药科技和人力资本决定医护服务是昂贵的。

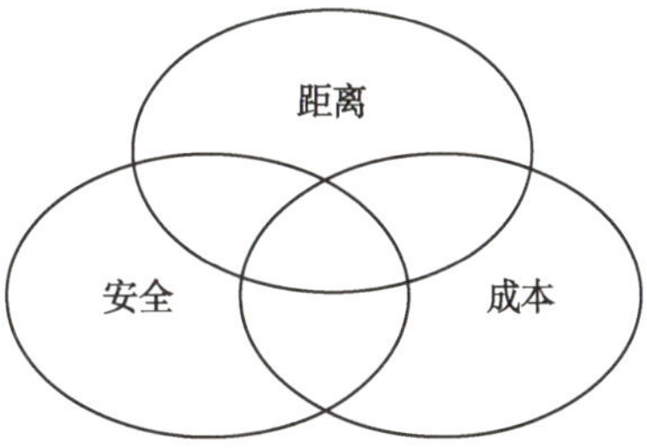

图 1-1　医疗风险来源

（二）医疗风险的主要特征

一是社会属性。医护服务可及性不足客观存在。人类从被动生存到适应自然界和改造自然界，认识自己并找到维护健康的方法，需要经历漫长的过程。医疗是个伦理问题、哲学问题、经济问题、科技问题，与一个国家经济社会发展水平相适应，经历了公共卫生（public health）、个人医疗（personal health）、健康促进（good health）三个发展过程。①公共卫生。面对流行病对人类的伤害，国家从被动救治到主动预防。1948 年，世界卫生组织成立，在其组织宪章中，将各国联合行动以建立公共卫生和疾病防控制度作为主要职责。②个人基本保健。1952 年，国际劳工组织大会通过的《社会保障最低标准公约》将工伤和医疗纳入社会风险范畴，并提出最低保障的原则和标准。2009 年，美国奥巴马总统在医学年会的讲话中提到：“不再要犯错误，医疗费用正威胁着我们的经济发展，这对每个家庭和企业来说都是一个越来越重的负担，对联邦预算来说是一个定时炸弹”。③全生命周期维护健康制度。1977 年，世界卫生组织在《阿拉木图宣言》中提出，在社区里由个人和家庭与医务人员合作，用合适的药物和技术，提供与国家经济社会发展水平相适应的基本保健，是各国政府的责任。此后，在卫生总费用增加的同时其结构发生变化（图 1-2）。

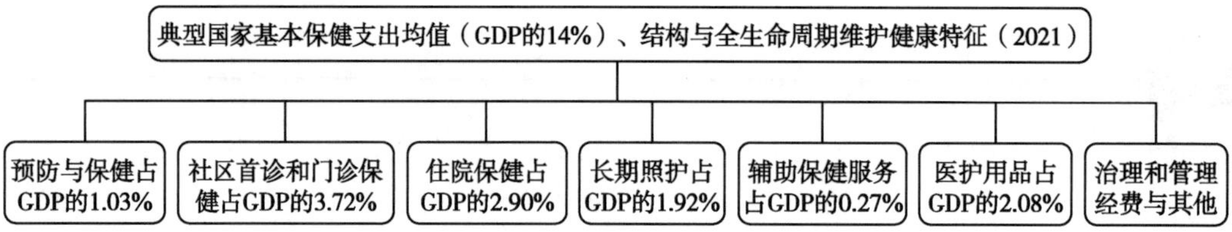

图 1-2　全生命周期维护健康总费用及其结构*

二是技术属性。关于医护服务安全性需要医护人员长期的认知和积累过程。疾病可能威胁人的健康甚至生命，其救治是否及时、诊断是否准确、治疗方案是否有效均具有不确定性。患者对自己疾病状况的感知和医生的认知是个复杂的、不断循证的过程。一个国家医疗水平与其科技发展水平相关。

三是高成本属性。医护服务人力资本高、设备和耗材科技含量高、医药研发成本高、风险大、专利保护严格；医护服务流程长、涉及环节多、质控要求高；人民群众的需求也在不断提升；多因素决定医疗服务的高成本属性。20 世纪 70 年代以后，各国医疗费用均呈现快速增长的态势。

综上所述，既要看到医疗服务高成本属性，又要实现人人享有基本保健，这对医疗体制和医疗保险的制度提出了挑战，也对执政党理念和国家治理能力提出了挑战。中国共产党始终坚持“全覆盖、保基本”的医疗保障理念，建设了覆盖 13.6 亿人口的医疗保障体系。1935 年，罗斯福政府颁布《联邦老遗残持续收入保障法案》的同时，却不助长推行全民医疗保障制度，此后很多人认为这延误了在美国建立全民医疗保障的最佳时机，直到 1964 年美国才推出《联邦老遗残医疗保险法案》，至今美国在职职工仍然实行商业健康保险。

二、医疗保险的定义、起源与发展

（一）医疗保险的定义和特征

1. 医疗保险定义　保险由风险储蓄、理赔合同和基金收支平衡三个部分构成，是降低风险损失的制度安排。保险制度安排包括投保人根据合同约定，向保险人支付保险费，保险人对于合同约定的可能发生的事故造成的财产损失承担赔偿保险金责任，或者当被保险人死亡 / 伤残 / 疾病或者达到约定的年龄 / 期限时给付保险金等内容。

* 数据来源：①https://stats.oecd.org/；②数值由美国、英国、德国数据加权均值所得

医疗保险即建立社会医疗保险基金或者商业健康保险基金，分担参保患者医药费用和补偿医药服务机构的制度安排，包括筹资基准、待遇清单、支付方式、监督监管、定价机制、公共服务六项工作。社会医疗保险（也称基本医疗保险、法定医疗保险）是国家依法要求用人单位、职工和居民参保缴费，建立专用医疗保险基金，分担参保患者医药费用和补偿医药服务机构的制度安排，是社会保障制度安排之一，由此解决医疗市场的失灵问题。

《中华人民共和国社会保险法》第二条规定："国家建立基本养老保险、基本医疗保险、工伤保险、失业保险、生育保险等社会保险制度，保障公民在年老、疾病、工伤、失业、生育等情况下依法从国家和社会获得物质帮助的权利。"第二十三条："职工应当参加职工基本医疗保险，由用人单位和职工按照国家规定共同缴纳基本医疗保险费。"第二十八条："符合基本医疗保险药品目录、诊疗项目、医疗服务设施标准以及急诊、抢救的医疗费用，按照国家规定从基本医疗保险基金中支付。

2. 社会医疗保险的主要特征 一是基于劳动关系产生，并非市场定价与供需的产物。以德国《雇员医疗保险法案》为例，是统治者和资本家对工人运动的妥协，通过第三方付费提高雇员对基本保健的支付能力，实现有效需求。社会医疗保险的参保人主要是用人单位（雇主）和职工（雇员），有些国家依法实行用人单位为职工代扣代缴，进入互联网社会以后，伴随平台经济和灵活就业的发展，个人直接参保的社会互济性医疗保险计划开始普及。

二是社会互济和准公共品属性，并非福利性公共品。国家依法规范用人单位和职工参保登记和缴纳保费，建立医疗保险统筹基金的"俱乐部"，为参保患者分担医药费用，不参保即不受益。因此，医疗保险的制度安排涉及缴费基准（费基、费率）、基金运营（征缴和支出）、待遇清单（诊疗、药物目录）、支付方式（分担比例、结算清单）、监督监管和公共服务系统。

3. 社会医疗保险的主要功能 医疗保险具有两个功能和一个价值。两个功能如下：一是分担参保患者的医药费用，一般为 75%，患者自付剩余的 25%，即补需方；二是将分担资金补偿给提供医药服务的机构，即补供方。一个价值即将医疗服务从奢侈品转化为必需品，既要满足国民基本保健需求，也要促进卫生医护事业和健康产业的发展。

4. 社会医疗保险的基本原则 一是全覆盖、保基本。基于公共伦理、经济发展水平、国家义务和政府责任，建立筹资基准、待遇清单，让人人享有基本保健，过上体面的、有质量的生活。商业健康保险可在基本医疗保险待遇清单之外建立补充性待遇清单，满足个性化需求。

二是准公共品、共付制。公共卫生属于公共产品，基本保健属于准公共产品。公民应当依法履行参保缴费的义务。①参加基本医疗保险，在患病时由社会统筹基金分担医药费用（约 70%）后，由个人支付剩余的医药费用。②购买商业健康保险，分担基本医疗保险支付范围以外的医药费用和享有个性化医护服务。③社会救助属于公共产品：一是为对国家和人民做出牺牲和奉献的荣誉国民提供体面的医护保障；二是为贫困人口提供兜底性服务，避免发生因病贫困的问题。

三是公益性、效率性。①医护机构公益性。以政府举办的公立医护机构和社会捐助的公益医护机构为主提供基本保健服务，坚持公益性和抑制趋利性。医疗保险经办机构与上述机构定义医疗保障服务协议。②提高公立公益医护机构运行绩效，改革不合理的医疗体制、抑制过度医疗，合理使用医疗保险基金，维护居民健康。

四是专业化管理和智能监控。一方面，医疗保险补偿标的覆盖复杂的医护过程和患者的适应证情况，涉及病案质量、临床路径、药品和卫生材料及其器械的质量等；医疗风险事件和当事人具有个性特征，发生时点、周期、状况和费用的差异较大，由此导致风险预测、保费测算和平衡基金收支相对困难，寿险和财险精算师的作用受到限制，其管理和操作难度超过任何其他保险项目，需要能够进入医院和接近临床的专业人员，与医务人员进行对话和实施专业化管理。另一方面，在互联网时代，医护行为正在标准化、数字化，逐渐形成可循证的知识库，并基于知识库建立智能监控系统，适度解决信息不对称和高成本运行问题。

五是社会治理和综合治理。医疗服务涉及医、药、护、技、管和患者等众多利益相关人，医生拥有处方权，是医护服务质量的主要责任人。社会治理是利益相关人长期合作与实现共赢的制度安排，涉及资源配置、平等协商、协议管理、信用记录、评价评估、行政监督等多种措施，建立综合治理机制，抑制鼹鼠效应。

（二）医疗保险的起源与发展

在中世纪欧洲出现了近代产业队伍。由于工作环境恶劣，流行疾病、职业病和工伤事故不断发生，工人群体产生了医护需求，依靠工资难以支付医疗费用，许多工人便自发地组织起来筹集资金用于分担医药费用。1883 年，德国建立了世界上第一个雇员医疗保险法，被称为“俾斯麦医疗保险模式”。在二战之后的经济社会恢复时期，社会医疗保险进入快速发展时期。

1. 早期医疗互助活动 早在古希腊古罗马时代，就有专为平民和军人治病的国家公职人员。在中世纪欧洲，在德国出现的基尔特（Guild）制度，从业者基于互助精神建立了互助基金和救济计划。英国在基尔特制度的基础上发展成立了互济社，对相互救济事项的范围和社员缴纳费用都有了明确的规定。1601 年，英国政府颁布了《伊丽莎白济贫法》对残疾救助做了相关规定；同时，教会开办的慈善医院对患病者和疫情感染者实施收容与救治。此期间，在民间出现了开业医生。但是，这种民间行动缺乏稳定性和广泛性，筹资和支付能力很低。

2. 德国社会医疗保险法 1883 年，俾斯麦政府在镇压了社会民主运动后，为了安抚劳工和维护社会稳定，通过了世界上第一部《雇员医疗保险法》（专栏 1-1），开了社会医疗保险和医疗第三方付费的先河。在前述的医疗保险基本特征基础上，还需要强调德国雇员医疗保险制度的主要特征：①国家立法、政府主导，承担部分预算和监督责任；②基本劳动关系建立，强制雇主雇员依法参加和履行缴费义务；③覆盖全社会，实行雇员一人参保保全家的扩面政策；至此商业健康保险的发展空间很小；④社会治理、制度碎片，医疗保险基金由行业协会或者工会具体经办，包括厘定费率、制定待遇清单和具体经办管理，全国同时存在几百个基金，进入 21 世纪以后建立了国家医疗保险局，情况有所改善（见第七章德国案例分析）。

专栏 1-1 德国雇员医疗保险法

医疗保险的保费来自雇主、雇员和政府补贴。该法规定，参保人看病在 13 周内可以按照当地平均工资的 50% 领取病假工资。医疗保险待遇包括住院和使用处方药，患者到药店取药。在该法后来的修订案中规定，处方加价 10%，由个人支付药店的药师费用。在早期发展期间，该制度的覆盖人口从起初的 2%～4% 到 15%，每千人中的死亡人数即从 1885 年的 27 人降至 1913 年的 17 人，下降幅度约为 40%。

此后，比利时、奥地利、法国、英国、荷兰等国家纷纷效仿德国，建立和实施了社会医疗保险制度。此期间各种类型的医疗保险、医疗互助、医疗救助计划在欧美国家兴起，由此形成医疗保险乃至医疗保障制度建设阶段。

3. 医疗保险的发展 第二次世界大战结束后，在医疗保障领域国际上发生了三件大事。①1948 年，建立了世界卫生组织（WHO）。该组织强调国家在母婴保健和基本公共卫生的方面进行资金配置和管理服务的责任。②1948 年，英国宣布进入福利国家发展时期，建立了国家医疗服务体系（NHS）。为此，英国政府几乎买下了国内所有医院，以为如此可以降低谈判和管理成本。③1952 年，国际劳工组织通过《社会保障（最低标准）公约》，将为雇员提供工伤救治与抚恤、基本保健付费制度纳入社会保障最低标准系列，社会医疗保险进入快速发展时期。

主要特征如下：①有法可依。在政府主导和推动下建立了社会医疗保险制度，覆盖范围逐渐扩大到全体职工和居民。到 20 世纪 70 年代，医疗保险制度已经发展到 80 多个国家，其中半数是工业化国家。同期，在经济相对落后的拉美和亚洲国家，医疗保险制度也有了一定的发展，覆盖人口不到 30%，但覆盖范围在不断扩大。②实现了广覆盖、保基本的目标。在 OECD 国家，社会医疗保险覆盖全体雇员和家庭成员，个人医疗费率支出在国家卫生总费用中的占比降至 15% 以下。③第三方付费的制度安排多样化。主要包括以下四种模式：一是国民公共医疗服务体系，如英国国家医疗服务体系（National Health System，NHS）；社会医疗保险，如德国雇员医疗保险制度（Employee Social Insurance，ESI）；社会保险和商业健康保险双轨制，如美国在职人员实行商业健康保险、老遗残实行社会医疗保险；家庭医疗储蓄，如新加坡的公积金和家庭医疗储蓄账户。20 世纪末期，WHO 已有 191 个成员国家，其中 140 多个国家建立了不同模式的医疗保障制度，选择医疗保险模式的约占 64%，选择国民公费医疗的约占 35%，选择家庭储蓄账户的不足 1%。

综上所述，20 世纪 40～70 年代是社会医疗保险的快速发展时期。无论一个国家选择何种模式，其制度建设的主要目标是扩大覆盖范围、稳定筹资渠道、规范待遇清单、建设医护机构、实现医疗保障基金收支平衡。到 20 世纪 70 年代，先行发达国家将个人卫生支出占总卫生支出的比例控制在 20% 左右，基本实现了“全覆盖、保基本”的目标。20 世纪 70 年代之后，面对医护需求上升、科技进步和人口老龄化三大挑战，各国卫生医疗支出快速增加，政府和社会均开始关注如何控制医疗成本与合理补偿医药机构。

第二节 医疗保险的改革与创新

一、医疗保险改革的社会背景

1970—2000 年间，德国、法国卫生总支出占国内生产总值（gross domestic product，GDP）的比重从 6% 上升到 9%～10%，美国达到 13% 以上。1971 年，兰德医疗保险实验项目启动，历时 15 年，耗资数百万美元，由哈佛大学纽豪斯（Newhouse JP）教授主持，基于美国 1940—1990 年的数据研究医疗费用增长的原因。他的研究成果显示，有 6 个可定量的影响因素，包括人口老龄化（占比 4%）、医疗保险制度普及（占比 17%）、国民收入增加（占比 7%）、医生数量增加（占比 0%）、医疗产业发展（占比 12%）和科技进步（占比 60%）。本研究显示，医疗保险制度的普及是导致医疗费用上升的第二大原因。

20 世纪 70 年代之后，面对医护需求上升、科技进步和人口老龄化三大挑战，各国卫生医疗支出快速增加，政府和社会均开始关注如何控制医疗成本与合理补偿医药机构，实行均值打包付费，即“补供方”，这促使医疗保险走进医院、走近临床，实行“过程监控”。2010 年以来，医疗保险更加关注医疗服务质量、成本和健康绩效，这需要医、患、保通力合作建立评价评估机制，探索“价值医疗”与综合治理。

二、医疗保险改革的主要案例

（一）德国案例

1. 社会经济背景 德国是欧洲最大的经济体。2020 年，德国人口约 8 316 万，是仅次于俄罗斯的欧洲第二人口大国；人均 GDP 约 45 723.64 美元，位列欧盟第 7 位，经济合作与发展组织（经合组织）第 13 位，65 岁以上人口占总人口的 21.9%，1992 年以来 GDP 年均增长率约 1.6%。

1883 年，德国颁布和实施了全世界第一个《雇员医疗保险法》；到 2020 年，德国法定医疗保险覆盖了 87% 人口，其中 14% 是自愿成员及其被供养人口；另有 10% 的人口参加了商业健康保险；最后是享受免费政府医疗服务的警察、士兵、从事其他社区服务的人员和难民。2016 年起，德国社会医疗保险统一缴费率为 14.6%，基数是所有参保人低于“最高缴费收入上限”（annual ceiling）的税前工资，雇主和雇员各承担 7.3%。长期护理险缴费率从总收入的 1% 逐步提高到现在的 3.05%，雇员和雇主各承担 1.525%；23 岁以上无子女者需多付 0.25%，即 1.775%。除基本保费以外，各疾病基金为参保人统一征收的附加费，平均为工资的 1.1% 左右（2020 年）。德国患者自付费用约占卫生总费用的 13%，社会医保的自付部分设定了上限，即每年不超过家庭年总收入的 2%，对严重慢性病患者为 1%。

在管理体制上，联邦政府和各州政府将决策和管理权下放给以参保成员为基础的社会自治组织，如疾病基金和医师协会等。医疗服务提供方以公益法人医院为主，基层诊所以私人为主。20 世纪 70 年代初以来，德国公益医院和私营医院均实行“双重筹资原则（Dual Funding Principle）”，即日常运营成本，比如医生的人力成本、患者护理耗材等，以及 3 年内的固定资产投资中的大部分来自社会医疗保险或商业健康保险的补偿，少部分由患者自付。3 年以上的资本投资如基建与装修、大中型设备购买等则由政府补贴，其中主要来自州政府，少数来自联邦政府。

20 世纪 90 年代末期，两德统一后社会医疗保险覆盖人数骤然上升，加之石油危机后经济增速放缓，以及人口老龄化、保健需求增长和医疗技术进步造成的保健费用增长，原有社会医疗保险效率低、成本高的弊病日益凸显。尽管医疗保险缴费率一度提高，仍未能抵挡入不敷出的趋势，最终所有风险和费用都转嫁给了国家财政。为提质增效，德国社会医疗保险实施了一系列改革。

2. 改革创新措施 一是给予参保人选择疾病基金的权利。1993 年颁布的《医疗服务结构改革法》自 1996 年开始实施，除了海员、农民、矿工等少数行业的参保人外，所有参保人可选择任一疾病基金参保，18 个月后可自由转保。疾病基金有接收的义务，不得以健康状况不佳为由拒绝参保人，但可以自行调整缴款率。从此，消除了一个世纪以来的职业身份隔离，建立了参保人和疾病基金经办机构之间的合同关系，在各个疾病基金之间建立了内部竞争机制。各个疾病基金可以征收附加管理费用或退还保费。1992 年，德国有 1 300 多家疾病基金，到 2020 年仅剩 105 家。

二是通过制度整合提高运行效率。2009 年，根据《医疗服务结构改革法》建立了国家医疗保险局，统一厘定费率和征缴医疗保险费（代征养老保险费）；同时引入风险结构平衡机制，从性别、年龄和残疾状况等事前风险平准，转变为基于发病率的前瞻性的再分配。风险调解机制仅限于 80 种“严重”或“代价高昂和慢性”的疾病，由风险调整科学专家咨询委员会按照疾病的性质和医疗费用价格水平对疾病进行甄选，并可根据疾病每年的发病率情况进行修正。联邦医疗保险局会每年 9 月发布下一年的疾病目录、分类模型和计算方法，以一年为单位根据经验和最新数据对模型进行修订。修订的重点在于改善风险人群的同质性，并对高成本疾病进行更好的风险分层。2002 年，实施的疾病管理计划，旨在提升慢性病管理质量。该计划引导各疾病基金关注长期慢性病患者的参保和服务。

三是支付方式改革与建立机制。1996 年之前，住院实行按床日付费，各医院付费率相同。1996—2003 年间，采用混合付费方式，75% 的病例按有差别的床日付费，25% 按病例付费（case-based payments）。2004 年至今，全面实施按诊断分组（DRG）付费，患者住院每天只需支付 10 欧元。定价标准由代表保险的疾病基金联盟、私人医疗保险联盟（association of PHI），代表医生的社会医疗保险医师联盟（associations of SHI physicians），代表医院的德国医院联合会（DKG）博弈协商决定，并依法成立专门的法人组织——医院支付体系研究所（Institute for the Payment System in Hospital，InEK），负责 DRG 价格体系的维护和发展。此后又进一步立法规定所有的医院无论是公立还是私立医院均要采用 DRG 付费体系。目前大约有 1 700 家医院（占医院数的 80%，占病例的 97%）按 DRG 支付。

四是控制药品费用。住院采取了三种手段：一是严格控制药品目录；二是限制医生开具处方的价值量；三是实行药费共付机制。参保人购买药品时，个人至少要承担 10% 费用，且每一盒药品自付部分在 5～10 欧元之间。同时，医保机构以参保人税前收入的 2% 为标准设置了自费部分最高限额，超过了最高限额则可免付，有利于减轻慢病患者的经济压力。

五是控制成本和增加服务。2000 年开始，在成本控制作为总体目标下，效率和质量成为核心价值，增加了大量新药物和新技术、姑息治疗和临终关怀等服务。1994 年，建立长期护理保险制度。

六是引入商业健康保险。2007 年《加强法定医疗保险竞争法》规定，商保公司有义务采用法定医保费率（basistarif），提供与法定医保相当的服务。在法定费率项目之外仍然经营差异化业务，吸引不同需求的参保人，大大释放了商业健康保险的发展空间。2017 年，商业健康保险支付占医疗卫生总费用的 8.4%。

商业健康保险住院有三种类型：①综合医疗保险是法定医疗保险的替代型产品，高收入者可以选择不参加法定保险项目而投保私人保险，以获得更广泛的治疗选择和更高水平的服务；②补充医疗保险则对社会医保参保人提供补充保障，通常用于支付社会医保的自付部分、牙医等的额外费用、私立医院房费等；③长期护理保险是购买商业医疗保险时必须同时购买的，遵循“护理保险遵从医疗保险”原则，私人护理保险的保障范围和水平不得低于法定护理保险。为了鼓励发展私营保险，弥补社会长期护理保险筹资方面的缺口，2013 年，德国政府开始为自愿购买合格计划下的私人长期护理保险提供补贴。

商业医疗保险按风险评估计算保费。投保人在各个年龄段缴纳的保费保持不变，避免年龄增长导致保费提高。2018年6月，德国有41家替代性私人健康保险公司，其中25家为营利性公司，为10%以上的人口提供保障。《社会法典》第五编不直接规范私人健康保险，后者依据适用于一般保险市场的《保险合同法》《保险监督法》等法律和条例进行监管，并由联邦金融监管局下设的联邦保险监督局执行。德国卫生部“掌舵而不划桨”，对市场几乎没有直接控制，在法律框架下，行业高度自治，商业健康保险协会（PKV）扮演着行业自律、沟通交流、培训教育、数据统计的角色，维护全行业健康发展。

（二）法国案例

1. 经济社会背景 法国是欧盟中仅次于德国的经济体。2020年，法国人均GDP约38 625.07美元，在经合组织中排名第16位，65岁以上人口占总人口的20.6%，高于经合组织平均水平，但生育率仍位居欧盟第一（2019年为1.87）。

法国雇主和雇员共同缴费的医疗互助协会（Mutual Aid Societies）历史悠久。21世纪初，法国对《互助保险法》进行修订以满足欧盟要求，互助机构进入市场整合进程。2014年，法国共有私人健康保险机构573家，互助协会的数量和营业额份额分别为79%和53%。

1930年颁布实施《社会医疗保险法》。1945年颁布实施《社会健康保险法》，强制所有工薪劳动者、退休人员和他们的雇主参保缴费，公务员、铁路工人等除外。互助协会或消失，或成为补充医疗保险（VHI）。

2. 改革创新措施 1999年《全民医疗保险法》实现了全覆盖，依法设立了全民健康保障基金（Couverture Maladie Universelle，CMU），为极低收入群体提供基于经济状况调查的参保补贴或免费医疗。2016年《全民健康保护法》（Protection Universelle Maladie）简化了参保资格证明。目前法定医疗保险人口覆盖率达到99.9%。

法定医疗保险基金分担参保患者医疗费用的75%。具体分担比例根据不同服务类别有所不同，门诊分担比例为70%、化验为60%，住院费用为80%、药品费用为15%～100%不等。

2009年开始，在原有按项目付费的基础上，鼓励全科医生与社会医疗保险签订服务合同，用16个指标评估全科医生在预防、慢性病管理和维护健康三个方面的绩效，如疫苗接种率、对某类仿制药使用比例等。评估结果好的全科医生最高可得到5 000欧元奖励（相当于法国全科医生年平均营业额的7%）。2012年，全科医生签约率达到97%。

（三）美国案例

1. 经济社会背景 2020年，美国人口为3.3亿，人均GDP为63 543.58美元，在经合组织中排名第5位，65岁以上人口占总人口的16.21%。

二战期间美国实行工资管制，雇主不能提高工资，转向通过提供医疗保险等福利吸引人才。1954年，美国对企业为其雇员购买医疗保险的费用实行免税，从此雇主成为雇员和家庭获得医疗保险的主渠道。1964年，美国联邦通过了《老遗残社会医疗保险法（Medicare）》和《医疗救助法（Medicaid）》，后者主要由州政府制定政策和做出预算。Medicare覆盖了67岁以上的老年人，约占美国人口的17%，Medicare支付占美国医疗总费用的22%，Medicare的支付方式和标准是美国医疗行业的支付标杆。Medicare、Medicaid、退伍军人医保和儿童健保三个社会保障制度的市场份额为33%。有研究报告显示（Bernstein，2016），美国各地区商业保险的门诊支付标准是Medicare的1.5倍以上，多数超过2倍；住院支付标准则是2.5倍以上，部分地区超过3倍。

2. 改革创新措施

一是商业健康保险管理式医疗。1910年，美国华盛顿州的西部诊所，创立了第一个健康维护组织（HMO），逐渐形成商业健康保险的雏形。主要特征如下：①组织参保人形成团购市场，引入就诊通道、健康管理、风险管控以降低客户的疾病风险；②保险机构介入医疗管理。各类保险机构与医药机构建立直接或者间接的合作关系。综上所述，管理式医疗逐渐改变了医护体系和医药市场。

主要有三种类型。①健康维护组织。1973年，尼克松政府颁布《健康维护组织法》，目标是通过健康管理提高投保人的整体健康水平和减少医疗费用。HMO有很多预防措施，如为会员提供免费年度体检、疫苗注射、女性乳腺癌筛查等。保险公司为会员提供一位基本保健医生和实行首诊制，按人头包干支付费用，医生签约人数越多收入越多。个人保健医生比较熟悉患者整体健康状况，能够协调治疗过程，但患者就医选择较少。每个HMO都有自己的医生和医院网络，非急诊情况下参保人必须在网络内就医，保险公司才会分担相关费用。②优选提供组织（Preferred Provider Organization，PPO）。PPO允许参保患者到网络外就诊，但自付比例较高（约40%）。③定点服务组织（point-of-service，POS）。比HMO有更多选择性，比PPO的自付费用低。POS也有自己的医疗保健网络，网络内就诊费用低、网络外就诊自付比例高。后来美国又出现了健康储蓄账户计划，投保人就医选择不同，保费也不同。

二是老遗残医疗保险和医疗救助支付方式改革。1983年，美国导入了依据疾病诊断（diagnosis related groups，DRG）制定支付标准的支付方式。这种方式通过统一的疾病诊断分类制定支付标准，实现医院资源利用标准化和提效增质的内部市场竞争。DRG以定额预付方式代替了按服务项目的事后补偿方式，使得医院拥有了预算和规划能力，但失去了定价和收费的自主权。

三是奥巴马平价医疗法案。2010年，美国国会参议院通过了《患者保护与平价医疗法案》。主要措施包括：一是保护消费者权利；二是限制保险公司随意提高保费；三是减免小企业税收；四是26岁及以下的成年人如果无法通过自己的雇主获得保险，可继续参加父母的保险计划；五是为企业和个人提供一站式的保险产品交易平台；六是强制要求购买商业健康保险。

四是推行责任医疗组织（accountable care organization，ACO），近似医疗联合体。鼓励提供医疗服务的个人、医疗机构、健康组织等展开合作，探索新型服务模式，为人们提供整合的高质量医疗服务，减少不必要的医疗服务开支。ACO的成立坚持自愿原则。要成为Medicare ACO，需要向美国联邦医疗保险和医疗救助服务中心（Centers for Medicare and Medicaid Services，CMS）递交申请并满足一定要求：合同期不得少于3年；指定服务人群不得少于5 000人；按CMS相关规定定期报告医疗服务质量与医疗费用的相关数据等。奥巴马医改法案的激励措施如下：与Medicare签约的ACO组织只要达到服务质量标准，且支出低于预设费用，可以结余留用（如果没有达到服务质量标准，则需要按规定返还Medicare部分费用）。而政府通过强制性信息公开，披露Medicare项目下每个ACO组织详细服务质量信息。

三、全球医疗保障改革与创新的总结

20世纪70年代以前，医疗保险的主要功能在于分摊参保患者的医药费用和促进基本保健供给增长，先行发达国家将个人医药费用支出占比控制在20%～30%的水平上，基本实现了"全覆盖、保基本"的目标。20世纪70年代以后，医疗保险更加关注基本保健的质量和成本，以及支付方式对医疗行为和医疗机构的约束和激励效果，建立医疗保险"战略补偿"机制（图1-3），实现医疗保险和医疗机构协同发展，优化资源配置，确保医疗保险制度的持续发展和参保人的合法权益。

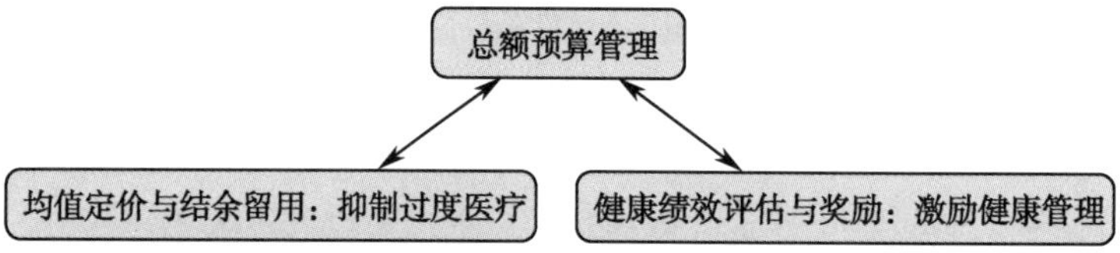

图1-3 医保补偿的抑制与激励机制

（一）总额预算管理

按照以收定支、收支平衡、略有结余的原则建立总额预算管理制度即"做蛋糕"，将参保人的消费需求抑制在合理范畴之内，建立社会医疗保险基金的长效平衡机制。预算总额包括当期医疗保险基金总支出和增长率。当期医疗保险总支出包括在住院、门诊和社区医疗机构（含诊所）的合理分布。医疗保险基金收入和支出的增长率应当与当地经济发展水平关联。总额预算是医护机构的预期收入，减去异地医疗、违规医疗等数额后，才形成医护机构的实际医保支付金额，也称实际支付率。

（二）支付方式改革

通过支付方式建立补偿机制。从按照服务数量付费驱动医院规模发展到按照服务质量和结果付费，引导医疗机构高质量发展。①在地方统筹和总额预算管理下，通过对住院医护服务实行疾病诊断分组和随机均值定价即切蛋糕，实行结余留用、降点增值的激励机制，引导医疗机构合理定位、合理接诊，提高质量、控制成本，在公益医疗机构之间建立提质增效的竞争机制。同时支持专业专病联盟，实行合理超支分担政策。②支持区域紧密型医疗共同体的发展，通过对区域紧密型医疗共同体实行按人头加权预算、总额付费管理，按照健康绩效评估结果付费，引导医疗机构以居民健康为中心，培育全科医生团队和发展全专融合的社区医护服务，实施全生命周期的健康管理，实现整合式医疗和价值医疗，改善患者就医体验。按人头加权预算即指嵌入年龄结构、疾病谱、服务半径、家庭医生签约服务情况、健康状况、往期医药费用等指标，给出各项指标的权重，由此形成平衡区域之间的风险和引入适度竞争的机制。

第三节 社会医疗保险与商业健康保险的异同

医疗保险包括政府担保的社会医疗保险和市场运营的商业健康保险。商业健康保险的发展历史早于社会医疗保险，其风险管理范围和支付方式远比社会医疗保险丰富，且在不断发展与创新。19世纪中期，英国保险公司的第一份疾病保险合同在美国订立。19世纪80年代，第一个雇员社会医疗保险计划在德国出现。社会医疗保险与商业健康保险具有相同点、不同点与合作点（表1-1），在多层次医疗保障体系内，二者具有互补性。

表 1-1 社会医疗保险与商业健康保险的异同

		社会医疗保险	商业健康保险
相同点	性质	互济性(社会互济)	互济性(商业互济)
	优势	大规模团购	小规模团购
	管理	依赖大数据	依赖大数据
	功能	促进健康	促进健康
差异点	产权性质	公益事业,政府担保	商业项目,市场机制
	项目属性	准公共福利计划	小团体和私人消费品
	管理体制	公共经办机构	商业保险公司
	服务提供	公立医院为主	私营医院为主
	参保对象	全体职工和居民	具有支付能力的人
	参保资格	身份要求	健康要求
	筹资制度	国家、用人单位和个人共同负担	以个人为主,用人单位为辅
	财务规则	以收定支	以支定收
	保险范围	小范围(不含意外伤害)、大目录	大范围(含意外伤害、经济损失、健康管理等)、小目录
	保障水平	全覆盖、保基本	个性化、高水平
	保险关系	用人单位、职工和居民依法参与社会契约	以居民与保险公司订立产品合同为主,用人单位与保险公司订立团险合同为辅
合作点	项目对接	保障基本	补充保障
	管理服务	主营业务	辅助社会医疗保险业务
	共建平台	全面授权	部分授权

一、社会医疗保险与商业健康保险的相同点

在医疗保险领域主要相同点如下:①均具有分担医药费用的互济功能,社保属于社会互济、商保属于客户互济;②均具有团购功能,社保由政府和公共代理人牵头,具有更强的谈判能力;③均依赖医疗大数据,社保可以获取一手数据,商保可以使用脱敏后的二手数据;④均具有促进健康的功能,社保关注大众健康和常见病风险,商保关注客户健康和特殊疾病。

二、社会医疗保险与商业健康保险的不同点

主要不同点如下:①社保属于公益事业的非营利性准福利计划,其发起者是政府和公共组织经办,不仅覆盖全体居民,还要重点扶助贫困家庭,保费全部用于分担参保患者的医药费用,医护服务以公立医院为主,满足大众需求;商保属于商业消费项目,属于小团体或者私人物品,重点关注中高收入人群,特别是高净值人群,商保发起者是投资者,保费中包括运营成本、税费和股东利润,用于分担参保患者医药费用的比例约占保费的85%,医护服务以私营医院为主,满足个性化需求;②社保覆盖全体居民,具有身份审核,可能强制居民参保,不排除生病的人参保;商保覆盖具有支付能力的客户,具有严格的健康状况审核程序,排除生病的人购买保险产品;③社保筹资人包括雇主、雇员和政府补贴等,商保筹资来自个体消费者和团体消费者支付的保费;④社保坚持以收定支原则,设立年度支付总额,实行总

额预算管理，一般没有担保资金（在德国早期规定政府担保，后来取消了）；商保坚持以支定收原则，根据支出需求厘定保费，亏损由保险公司承担；⑤社保坚持保基本的原则，保险范围仅以医疗为主，且设定诊疗、药品、设备三个目录，覆盖几千个品种，即小范围、大目录；商保覆盖风险范围很广，包括医疗、疾病、失能、意外伤害、健康管理等，且可以根据消费者需求不断扩大；⑥社保实行全覆盖、保基本原则，罕见病、高值药进入目录很谨慎，商保可以针对罕见病、高值药设立专门的保险计划，甚至可以引入相互保险计划；⑦社保与参保人和医药机构建立社会契约关系，发生纠纷以协商、行政调处为主；商保与客户建立保险产品消费关系，发生纠纷以调解和诉讼为主。

三、商业健康保险与社会医疗保险的合作点

主要合作点如下：①项目对接。在社会医疗保险目录之外，均为商业健康保险发挥空间，针对中高收入人群的需求随时开发新的项目。②管理服务。商保公司可以接受政府委托或者购买的方式，代理政府和公共机构经办一些小型的、具有特殊需求的社保项目，如工伤保险、罕见病保险等。③开发医保智能健康与大数据应用系统，是社保和商保的共同需求，商保比社保更具有培养专业人才达标能力，二者依法联合共建智能监控与医疗大数据应用平台是必然趋势。

第四节　医疗保险评价评估的基本方法

一、医疗保险政策评价

医疗保险政策属于公共政策和社会政策的集合体。政策科学由社会背景、政策目标、具体措施（含体制机制）、执行过程、绩效评估五个部分构成。绩效管理源自企业管理，基于既定目标、建立评估指标体系和评价值，通过数据分析、案例分析和人物访谈等方法，判断具体措施和实施过程与目标的匹配度，发现问题、及时纠正，确保实现目标。基于计算机和互联网的普及，公共政策和社会政策也可以实现绩效管理。

1952 年，国际劳工组织通过的《社会保障（最低标准）公约》，自身附带三个政策评价指标。①社会风险覆盖率，体现国家和政府的责任。社会保障制度安排包括工伤保险、疾病保险、生育保险、养老保险、失业保险、贫困救助等，20 世纪 60 年代通过《建议书》加入住房保障，共计七大社会风险；如今出现第八个保险需求，即长期照护保险。评估目标是一个国家的社会保障制度是否覆盖了上述各类社会风险，完成了制度框架，并在此基础上进行结构调整和体系建设。②应保人群参保率，体现社会公平原则。首先既定应保人群，以医疗保险为例，从出生即列入应保人群，直至死亡，是全人口概念。其次，看社会保障制度覆盖范围从初始、扩面到全部覆盖的过程。③最低保障水平。评估一个国家社会保障的筹资能力和最低保障待遇。社会保障预算以财政支出总额为基数，社会保险缴费以职工工资总额为基数。根据国家经济发展水平制定费率和待遇水平。以社会医疗保险为例，缴费率为职工工资总额的 4%～14%，参保患者医疗费用的分担率为大部分（约为 75%）。在此基础上进一步评价一个国家社会保障政策与服务的公平性、效率性，20 世纪 70 年代以后开始关注可持续性。

二、医疗保险基金评估

（一）评估原则与指标体系构建

1. 医疗保险基金评估　医疗保险基金坚持“以收定支、收支平衡、略有结余”的财务原则，围绕三项原则构建医疗保险基金评估指标体系（表 1-2），主要包括医疗保险基金的收入、支出、结余和风险预测四个指标。

表 1-2　医疗保险基金评估指标体系

一级指标	二级指标		三级指标	评估值	评估结果
医疗保险基金收入	影响因素	宏观经济；人口结构；工资增长；参保人数等			
	收入增降率				
	应收尽收率				
医疗保险基金支出	支出增降率	总额、人均、次均、日均等			
	支出分布	综合医疗			
		门诊医疗			
		社区医疗			
	支出结构	医、药、护、技、管等			
		急诊、住院、门诊、康复、护理、临终			
	支出合规	违约、违规、违法支出占比			
医疗保险基金结余	当期结余				
	累计结余				
医疗保险基金风险	一级风险：收入呈现下降趋势				
	二级风险：出现当期收支缺口				
	三级风险：用尽累计结余资金				

2. 医疗保险综合治理指数　中共中央 5 号文要求：“坚持系统集成、协同高效，增强医保、医疗、医药联动改革的整体性、系统性、协同性，保障群众获得高质量、有效率、能负担的医药服务。”公共政策和社会政策指数是在既定方向下用数字说明成果与距离的绩效评估方法，适合于综合治理评估。在进行国内医疗保险评估和国际比较时，需要从宏观上关注公共政策和政府责任，从中观上关注医疗保险政策和支付方式，从微观上关注医药机构管理和医药人员行为，从以上三个维度构建指标体系（表 1-3），这里给出一级、二级指标，三级指标未做具体描述。由此体现医护服务可及性、安全性和可支付的三角价值链。

表 1-3　医疗保险综合治理发展指数

一级指标	二级指标	三级指标（略）	评估值	评估结果
宏观：政策和环境	卫生总支出占 GDP 比例和增长率			
	政府、社会保险、商业保险和个人卫生支出占比			
中观：医保和支付	医保分担患者医药费用的比例			
	医保对医药机构的支付方式			

续表

一级指标	二级指标	三级指标（略）	评估值	评估结果
微观：医药机构和绩效管理	医药机构服务方式			
	医药机构服务质量			
	医药机构服务成本			
综合评价				

（二）评估数据来源

医疗保险评估数据应当以官方来源为主：①宏观统计数据。如代表经济发展水平的GDP 增长率；影响医疗保险基金收入的在职职工平均工资；劳动年龄人口就业参与率和参保人数等。②医疗保险数据，包括原始数据和基础数据。原始数据是医疗保险业务经办过程中产生且未经过加工的数据。基础数据是根据评价指标对原始数据进行加工整理形成的，相对准确、完整的数据。③微观调研访谈数据。包括对医疗保险经办机构、参保人、患者和医药机构的实地调研、访谈和问卷产生的数据。

（三）评估方案

①基于社会背景分析，确定评估目标和提出预期结果；②基于评估目标和原则构建评估架构和指标体系；③选择评估方法和提出数据需求与确定数据来源；④组织实施，定性评价与定量评估结合；⑤评估发布暨研讨的具体安排。

第五节　医疗保险学科建设与研究方法

一、医疗保险学科建设

学科建设一般是指在整个科学体系中学术相对独立，既是学术分类的名称，又是教学科目设置的基础。学科建议包含三个要素：①构成科学学术体系的各个分支；②在一定研究领域生成的专门知识；③具有从事科学研究工作的专门的人员队伍和设施。1980 年，《中华人民共和国学位条例》颁布，标志着我国学科建设进入全面发展阶段。1999 年，国务院批转教育部《面向 21 世纪教育振兴行动计划》，“985 工程”正式启动建设，重点学科建设成果丰硕。

2010 年，《国家中长期教育改革和发展规划纲要（2010—2020 年）》主要聚焦于学科布局调整和学科转型发展的六个领域：学科建设的目标与规划、学科建设的内涵与功能、学科建设的重点与制度、学科建设的平台与基地、学科建设的投入与队伍、学科建设的模式与评估。进入互联网时代以后，学科建设的整体目标为优化学科结构，坚持特色性和多样性相结合的建设方向。学科交叉融合日益受到广泛重视，交叉学科的内涵、功能、队伍、模式研究逐渐增加，如何打破学科壁垒以实现科学融合发展还是一个具有挑战性的问题。

医疗保险学科始于 20 世纪 70 年代的管理式医疗，伴随医疗保险改革而诞生，伴随医疗保险创新而发展。很多国家建立了专门的医疗保险研究机构。在美国和欧洲国家的大学里开设了卫生经济学和健康保险经济学，专业研究人员、专业刊物、专业书籍逐渐增多且影响力越来越大。

医疗保险是涉及伦理、医疗、保险、经济、政策、管理、信息工程等学科的交叉学科。在实际生活中，一方面倡导以生物技术为基础发展新型医疗服务模式，另一方面担心医疗费用太高、医疗费用增长太快。何为最优选择需要综合分析与评价方法，医疗保险交叉学科建设是促进医疗保险学术研究、实证研究和人才培养的必要条件。

（一）医疗保险学科建设内容与体系

医疗保险至少涉及伦理、医疗、保险、经济、政策、管理、信息工程七大学科，还可以继续延伸。主要内容如下：①伦理学是决定和指导医疗保险起源与发展的意识形态；②医疗风险是医疗保险的研究对象和管理内容；③保险是医疗保险的学科属性，社会医疗保险和商业健康保险存在的异同需要深入研究；④经济体现医疗保险的存在价值，在促使医疗服务从奢侈品向必需品的转化过程中，需要研究市场定价、准市场定价和非市场定价的机制问题；⑤政策代表公共利益和政府行为，是推动医疗保险制度安排的产生、发展与创新的领导力和驱动力；⑥管理是医疗保险落地实施的路径，包括参保权益管理、医疗保险基金管理与监督、医保服务协议和定点医药机构管理等；⑦信息工程是支持医疗保险标准化、医保智能化发展的技术支撑。从以上的表述可以发现学习和研究其中每个问题，都必然涉及其他相关领域。由此决定医疗保险学科建设必须是开放式的，不宜举办封闭的院系，应当鼓励相关专业和院校开办相关课程，培养复合型人才，拓宽学员的就业渠道。

医疗保险学科建设的一级分类具有范畴特征：①医疗保险基本理论；②医疗保险制度安排；③医疗保险法治保障；④医疗保险实践的国际比较。

医疗保险学科建设的二级分类具有知识特征。①医疗保险基本理论包括：定义与特征、起源与发展、改革与创新、研究方法和评价方法等。②医疗保险制度安排包括覆盖人群、筹资基准、待遇清单、基金管理、支付方式、管理服务、监督检查等。③医疗保险法治保障包括法理、立法、执法、司法，法理涉及硬法与软法、公法、社会法与私法等问题。④医疗保险实践的国际比较，包括模式比较、指标体系和典型案例的选择与分析。综上所述，基于范畴和知识形成医疗保险的学科体系。在实践中，还可以选择特定的论点，继续延伸与扩展医疗保险的学科体系。

（二）医疗保险学科平台与基地

医疗保险学科建设平台包括政策研究、法律研究、人才培养、技术研究四大平台。

1. 政策研究平台 设立在政府部门内部、独立事业单位、社会组织或者依托高校的，开展医疗保险政策研究和政策评价评估的机构。例如，国家医疗保障研究院即国家医疗保障局联合首都医科大学设立的医疗保险政策研究平台。再如，中国医疗保险研究会，即民营非营利社会组织。

2. 法律研究平台 设立在政府部门内部、独立事业单位、社会组织或者依托高校的，开展医疗保险法律研究的机构。

3. 人才培养平台 设置本科教育和研究生教育的机构，发挥医疗保险人才培养和学术研究的作用。新中国成立后，我国医疗保险课程雏形出现在劳动法课程中，以介绍《中华人民共和国劳动保险条例》下的国营企业职工劳动保护医疗制度和农村人民公社的合作医疗制度为主。1986 年实行劳动合同制以后，建立社会医疗保险的需求日趋明显。1995 年以后，在江苏大学、东南大学、湖北医药学院等院校开始设置医疗保险专业和课程，至今已有百余所院校设置医疗保险专业和课程，包括培养医疗保险方向的研究生。2003 年，《中国医疗保险》创刊。

4. 技术研究平台 设立在高校或者企业的，开发医疗保险信息技术、药物经济评价模型等技术的机构。学科平台凝聚着学科的可持续发展能力，需要明确学科发展目标、方向和定位，重点选择、建设符合发展需要的项目（课程）以及人和财物的投入。

医疗保险学科建设基地是在学科发展的基础上，突出高校在人才培养、科学研究方面的作用，教学与科研有机结合，推动学科内涵式发展。我国学科建设基地主要包括国家重点实验室、国家基础学科人才培养基地、教育部人文社科重点研究基地、学科创新引智基地等国家级、省部级学科基地，是基于国家、地方及学科发展需求重点建设的基地，是实现人才培养、科研创新的重要基础。在国家医疗保障局和相关部门的支持下，国家在天津、重庆等地尝试性设立了医疗保障研究大数据、智能审核等研究基地。综上所述，医疗保险学科建设在中国还处于起步阶段，伴随健康中国的发展战略，从“十四五”规划开始进入快速发展阶段。

二、医疗保险研究方法

（一）定性研究

定性研究是应用观察、访谈、案例、专题讨论、调研等方法，获得相关信息，了解目标人群的认知、态度、信念、动机、行为等。定性研究通过少量样本和深入细致的分析，可对研究问题进行深层次的探索，在把握社会现实、深入了解社会现象和行为等方面，有定量研究无法替代的作用。以调查研究方法为例，是多种学科调查方法的应用，包括流行病学、人口学、社会学、市场学的调查方法。

定性研究方法基本要求：定义准确、逻辑关系清晰、有系统的理论架构做指导。例如，研究社会医疗保险和商业健康保险，首先要严格界定政府和市场的边界，再研究二者的合作关系。定性研究的局限性，依据典型的、少量的样本资料得出的结论，不一定具有普遍性和充足的说服力。

（二）定量研究

定量研究是通过搜集信息和数据进行深入的定量分析，如统计分析、检验分析等，其标准化和精确程度较高。使用定量分析方法的基本要求：目标明确、指标合理、逻辑推理严谨，才能对社会现象之间的因果关系进行精确分析。定量研究的局限性，一是获取大量信息和准确的数据有一定的困难；二是有些现象和因素无法进行定量分析；三是由于医疗保险问题的复杂性，难以用统计分析方法确定事物之间的因果关系，有些医疗保险问题具有独特性，不易得出普遍的经验概括。

（三）实验研究

实验研究是基于既定的目标和政策设计方案，选择条件适宜的地方先行先试，以发现问题和总结经验，加以改进后再进行推广。医疗保险政策研究可以选择地方实验和计算机模拟实验等方法，以确保政策措施与政策目标的一致性和可行性。使用实验方法的基本要求：目标明确、政策方案完整可行、实验地区具备相应的条件，并定期进行政策评估。使用实验方法的局限性在于，提供政策方案、得到实验地区政府的理解和支持、提供科学的政策评估报告，都是一件比较困难的事情。

（四）实证研究

实证研究是基于观察和试验取得大量数据，利用统计推断的理论和技术，并经过严格的检验，引入数量模型对社会现象进行数量分析的研究方法，以揭示各种社会现象的本质联系。相比规范研究方法，实证研究用数据说话，使其对社会问题的研究更精确、更科学。临床决策、药物经济涉及人的健康与生命，特别需要实证研究的支持。

使用实证研究方法离不开三个要素。一是科学理论，理论是开展实证研究的基础，在实证研究的各个环节，如提出研究假设、设计研究变量，构建模型、分析结果等都离不开理论指导。二是数据质量，获得完整、准确数据以保证实证研究的可靠性。三是方法适当，选择适当的统计方法、模型方法、计算方法，支持研究目标。实证研究方法的局限性在于获取数据和掌握方法有一定难度。

（五）比较研究

比较研究法即指根据既定标准，将有联系的两个或两个以上的社会现象进行比较分析，找出它们的异同及其发生异同的原因，探讨它们之间的相互影响和作用机制。研究医疗保险体制机制问题常用地区间和国别的比较研究方法。使用实验方法的基本要求：有既定目标和比较原则，收集比较案例的社会背景和决策动机，发现相互影响和作用机制。避免简单描述现状式的比较。比较方法的局限性在于只能适用于有限范围的研究。

综上所述，各种研究方法均具有各自的特点，且具有一定的互补性，在研究工作中需要根据研究目标和内容，将各种方法结合运用，以提高研究方法的信度和效度。

本章小结

1. 认识医疗风险　医护服务可涉及看病难的问题、医护质量涉及信任问题、医疗成本涉及看病贵的问题。

2. 认识医疗保险　医疗保险定义为建立社会医疗保险基金或者商业健康保险基金，分担参保患者医药费用和补偿医药服务机构的制度安排，包括筹资基准、待遇清单、支付方式、监督监管、定价机制、公共服务六项工作。

3. 认识社会医疗保险与商业健康保险在内涵与外延的异同与功能方面的互补性。

4. 政策科学由社会背景、政策目标、具体措施（含体制机制）、执行过程、绩效评估五个部分构成。评估评价是绩效管理的手段，判断具体措施和实施过程与目标的匹配度，发现问题、及时纠正，确保实现目标。

5. 医疗保险和医疗保障需要复合型管理人才，因此需要开放性和跨学科的学科建设。

思考与练习题

1. 思考医疗风险　①医患距离导致看病难，这个距离是怎样形成的？如何解决基层医护资源缺失、农村三级医疗体制障碍导致的重复就医问题。②医患信任的基础是什么？为什么说，家庭医生是全专融合的服务团队，即 1+x=3 模式，如何培养全科医师与专科医师的对话能力。③医护机构低效率和多种资源浪费导致看病贵。如何计算医护成本和提高医护机构管理绩效，如何评估医护资源浪费，如药价虚高、重复就医、过度医疗、欺诈骗保等，通过减少浪费提高医护人员的待遇。

2. 医疗保险改革　①如何完善筹资基准，包括夯实费基、稳定费率；②如何统一医保目录和待遇清单，适度考虑地方特殊需求；用好奢侈品和必需品经济学理论完善医保目录建设；③如何实现从按照服务数量付费到按照服务质量和结果付费，具体实施路径是什么，如何评价病组分值付费（DRG/DIP）和总额预算管理与付费，用好激励相容理论构建医保支付机制；④如何构建智能监控为主、协议管理为辅，行政监督监管托底的医疗保险基金监督机制；⑤如何构建公益医疗服务内部市场定价机制和医药供给外部市场定价机制；⑥如何构建全国一体化与属地管理相结合的网格式医疗保障公共服务体系。

3. 正确认识我国社会医疗保险不完善和商业健康保险发展不充分的国情，系统研究二者在内涵与外延的异同，探索二者功能互补性与二者的合作机制。在总结先行发达国家经验时，更关注医疗体制和国情差别，积极探索适合我国国情的合作机制。

4. 政策科学与政策评估是国家治理能力现代化的重要组成部分，从而实现公共政策与公共管理高质量发展，减少试错时间，提高国家竞争力。如何建立评估评价机制，发现问题、及时纠正，确保实现政策目标，请举例说明或者分析下面的两个案例。

5. 为什么说一个医疗保险专业和医疗保障学院不能满足医疗保险和医疗保障事业发展的人才培养需要，相关专业机构如经济学、法学、金融学、保险学、公共政策、信息工程、医工科技等，都应当研究医疗保险问题。

案例1：美国凯撒医疗集团管理模式的价值取向

美国凯撒医疗集团实行医疗保险基金和医院医生集团闭环管理模式，包括筹资、服务和支付，建立了利益相关人风险共担、结余共享的运营机制。凯撒整合式医护服务分四类：一级首诊制，由社区诊所和家庭医生承担，包括预防、首诊、咨询和健康管理；二是专科医疗，由社区医院承担，包括普通专科诊疗与医院治疗，跨度大、种类多，只接收一级转诊的计划内患者；三级是复杂治疗，包括复杂和高难度的治疗项目，如心血管手术、神经外科手术、癌症治疗和烧伤治疗等，由当地医学中心承担；医学中心由医院、医学院和科研机构组成，代表最先进的诊疗水平；四是试验性治疗，针对特殊危重疾病的高难度和试验性疗法，由于其性质特殊且兼具科研功能，由实力较强的地区医学中心承担。2015年，凯撒医疗集团的医疗费用比其他医院低17%。但是，美国实行商业健康保险和社会医疗保险双轨制，凯撒模式在美国难以推广。反之，中国基本医疗保险地市统筹具有闭环管理的体制优势。

案例2：华西二院妇儿联盟赋能基层的成功案例

成都市高新区管委会为深入践行“健康中国”战略，立足全区9万儿童医护需求，联合四川大学华西第二医院、FR医疗、ZH相互保险、社区卫生服务中心、家庭医生和参保人，七方共同建立的妇儿联盟，是全国首个相互保险嵌入区域专科医联体的成功案例。截至2019年底，已覆盖成都市11个行政区，包括妇幼保健院8家、基层医疗机构107家、认证家庭医生135名。由华西二院19名儿科专家团队共同制定《华西妇儿联盟培训及考核体系》《华西妇儿联盟社区儿科医生结构化病历填写规范制度》《华西妇儿联盟社区儿科医生规范化转诊和处置制度》，规范用药、诊疗、转诊、随访等标准，向联盟内社区家庭医生进行儿科培训，向达标者赋予“联盟考核资格认证书”，赋能50类幼儿普通常见多发病诊疗技能，对危急重症和疑难病症提供绿色通道。2019年，社区儿科患者的上转率不足2%。

参考文献

[1] 俞炳匡. 医疗改革的经济学. 沙银华，译，北京：中信出版社，2008.

[2] 中国医疗保险研究会，国际劳动保障研究所. 世界主要国家和地区近 10 年医疗保障改革研究. 北京：经济科学出版社，2013.

[3] 中国医疗保险研究会，国际劳动保障研究所. 部分国家地区最新医疗保障改革研究报告系列. 北京：经济科学出版社，2015.

[4] Blümel Miriam，Busse Reinhard. International Health Care System Profiles：Germany.The Commonwealth Fund.https://www.commonwealthfund. org/ interna-tionalhealth-policy-center/countries/germany.

[5] Busse R，Blümel M. Germany：health system review. Health Systems in Transition，2014，16（2）：1-296.

[6] Chevreul K，Berg Brigham K，Durand-Zaleski I，et al. France：Health system review［R］. Health Systems in Transition，2015，17（3）：1-218.

[7] Zaleski D Isabelle. International Health Care System Profiles：France. The Commonwealth Fund. https://www.commonwealthfund.org/international-health-policy center/ countries/france.

第二章
医疗保险理论研究

教学目标

本章围绕医疗保险资源配置和补偿战略发展，基于卫生经济学引入公共选择理论、管理学、信息学、法学、社会医学等多学科知识，帮助学生掌握系统研究和创新相关理论和实践的基本方法。

主要内容

医疗保险的经济学研究；嵌入公共选择的理论研究；医疗服务治理和三角价值链的形成。

第一节　医疗保险的经济学研究

20 世纪 70 年代以后，卫生经济学应运而生，主要研究影响医疗服务价格上升和总卫生费用增加的原因，发现了医疗保险的利和弊，以及改革与创新的主要领域的路径。

一、需求价格弹性理论

（一）需求价格弹性理论

需求价格弹性系数可以被认为是划分奢侈品（高档品）和必需品的重要标准，即需求价格弹性系数大于 1 的商品，其数值越大越是奢侈品，需求价格弹性系数小于 1 的商品，数值越小越是必需品。

需求弹性理论由英国著名近代经济学家、新古典经济学派的创始人阿尔弗雷德•马歇尔（Alfred Marshall）在其著作《经济学原理》（1890）中提出，是马歇尔均衡价格理论的重要组成部分。均衡价格理论主要是由以亚当•斯密（Adam Smith）、大卫•李嘉图（David Ricardo）和卡尔•马克思（Karl Marx）为代表的传统的社会必要劳动决定价值论，以及以欧根•冯•庞巴维克（Eugen von Böhm-Bawerk）为代表的边际学派需求决定价值论延伸而来，是对二者传统的价格理论进行的有机结合和创新。

需求弹性是需求价格弹性的简称，它表示在一定时间内相对于商品价格的相对变动，一种商品需求量的相对变动的反应程度，需求弹性的大小通常用需求弹性系数来表示，其定义为商品供给量的变动与商品价格的变动之比。

微观经济学通常用 e_d 来表示需求价格弹性系数，其具体数学公式表达如下：

$$e_d=-\frac{\frac{\Delta Q}{Q}}{\frac{\Delta P}{P}}=-\frac{\Delta Q}{\Delta P}\times\frac{P}{Q}\qquad（公式 2-1）$$

注：Q 表示商品的需求量；P 表示价格。

当 e_d 大于 1 时，表明需求的变动率大于价格的变动率，即需求量对于价格变动的反应是比较敏感的，故可被称为富有弹性；当 e_d 小于 1 时，表明需求的变动率小于价格的变动率，即需求量对于价格变动的反应是欠缺敏感的，故可被称为缺乏弹性；当 e_d 等于 1 时，表明需求的变动率等于价格的变动率，故可被称为单位弹性。

与需求价格弹性的道理一致，对某一商品需求量的变动幅度与收入的变动幅度之比，则为需求收入弹性系数，用 f_d 表示，则

$$f_d=\frac{\frac{\Delta Q}{Q}}{\frac{\Delta I}{I}}=\frac{\Delta Q}{\Delta I}\times\frac{I}{Q}\qquad（公式 2-2）$$

注：Q 表示商品的需求量；I 表示收入水平。

与需求价格弹性系数类似，一般来讲，f_d 大于 1，该商品即为奢侈品，如果小于 1，则为必需品。当然，需求收入弹性变化的一般规律也往往适应于相对较为普遍的奢侈品、必需品和社会中的中等阶层，对于极为昂贵的奢侈品、极为普通的必需品，以及社会中的富人和穷人两个群体，该规律有时会不明显。比如，对于富人而言，一般收入的变化并不会带来比较大的需求弹性变化，因为富人本身已经较为富足，需求量容易饱和；再比如，如果一些商品的价格相对于社会中的任何阶层，都非常昂贵，那么即便各阶层的收入存在变动，需求量的变动也往往比较小。

（二）医疗保险使医疗由"奢侈品"走向"必需品"

医疗服务是必需品还是奢侈品，在卫生经济学领域一直备受争议。在医生背着药箱走街串户时，对于支付能力不同的人家来说，医疗可能是奢侈品，也可能是必需品。当医生的小药箱换成了大型医院，各种医疗设备和新药品被使用的时候，医疗的奢侈品属性就越来越明显。2000 年，盖岑对 19 个发达国家 1965—1986 年的宏观数据（含牙科、长期护理在内的广义医疗）进行分析，认为医疗服务需求收入弹性系数为 1.4。Newhouse（1977）对 13 个发达国家的数据分析同样验证了医疗属于奢侈品的结论。一旦卫生总费用增长速度超过人均 GDP 水平增长速度、卫生总费用占 GDP 的比重不断上升，即说明一个国家进入大健康经济阶段。如果卫生总费用增长过快，则增加了医疗的奢侈品属性，由此提高医疗消费的通货膨胀率，增加因病致贫的社会风险。

医疗保险的价值在于分担参保患者医疗费用和补偿医药服务机构，将医疗服务从奢侈品转化为必需品，同时推动基本保健事业和医药产业的发展。对于加入医疗保险计划的患者来说，医疗保险基金将分担大部分医疗费用（如 75%），个人负担小部分医疗费用（如 25%），低收入者和高收入者都付同等费用即享有同等水平的医疗服务。从社会整体来看，医疗服务需求不会因为价格上涨或收入下降而减少，医疗由此成为必需品，其需求收入弹性小于 1。医疗可以成为国民的必需品也日益成为各国的共识。

（三）为什么有医疗保险，还有医疗奢侈品？

在全球 140 多个国家建立了各类医疗保障制度之后，医疗服务是必需品还是奢侈品，在

卫生经济学领域的争议仍然存在。医疗保险坚持“以收定支、收支平衡”的财务原则，在医疗保险政策内包括诊疗、药品和设施目录、年度预付总额、共付制等一系列制度安排，在这些领域内可能发生奢侈品问题。一是目录外的高值药和罕见病（专栏 2-1）。二是共付制，包括起付线、封顶线、自付比例等。对于低收入家庭来说，即使医保支付的起付线只有 500 元，也可能成为有病不能就医的原因。

专栏 2-1　高值药如何进入医疗保险的目录

2016 年底，美国食品与药物管理局（FDA）批准上市首个脊髓性肌萎缩症（SMA）特效药，即诺西那生钠注射液。第一年打 6 针，共 75 万美元；以后每一年打 3 针，共 37 万美元，一直打到患者生命终结，一针就会导致很多家庭倾家荡产。2019 年，该公司的财报显示，该药带来 21 亿美元收入，公司有 20 年的专利期。2021 年底，国家医保局派出“砍价高手”。2022 年 1 月 1 日，新版医保目录正式实施，用于治疗 SMA 的诺西那生钠注射液每针从近 70 万元降至 3 万余元，当天有 20 余名 SMA 患者注射了诺西那生钠注射液。2021 年底的医保目录谈判，纳入了 7 种罕见病药物。针对我国已注册的 87 种罕见病适应证药物，国家医保目录覆盖范围已超过 60%。

高值罕见病药物以地板价纳入国家医保目录，有商业个案的因素。不少业内人士表示，诺西那生钠注射液的案例不具备可复制性，国家医保目录无法为所有高值罕见病药物托底。

综上所述，各国开始构建多层次医疗保障体系，对于高值药和罕见病用药通过商业健康保险（对中高收入家庭）和社会医疗救助（对低收入家庭）两条通道解决问题。对于贫困家庭实行参保救助和灾难性医疗费用支出救助，甚至启动社会捐助通道，通过多渠道的筹资和第三方付费完善医疗保障体系，克服因病贫困问题。

二、帕累托改进与帕累托最优

（一）存量改革时代与帕累托改进理论

帕累托改进是著名的福利经济学理论。20 世纪 70 年代，在很多先行发达国家经济增长速度放缓，福利制度进入存量改革时期，如何优化资源配置成为核心议题。20 世纪初，意大利经济学家和社会学家维尔弗雷多• 帕累托（Vilfredo Pareto）提出帕累托最优和帕累托改进的相关理论基础，如果社会中的资源配置状态，不存在至少有一个人的状况变好而又不使得任何人的状况变坏，则这种资源配置状态为帕累托最优。同时，如果存在一种资源配置状态的改变，能够使得社会中至少一个人的状况变好，而又没有使得任何人的状况变坏，则这种资源配置状态为帕累托改进。

帕累托最优是一种静态社会资源配置评判标准，帕累托改进是一种动态社会资源配置评判标准。在社会现实中，帕累托改进和帕累托最优的实现具有不同程度的难度，现实中的公共政策的制定和出台，往往在增加一部分群体福利水平的同时，容易导致另一部分社会群体的福利水平受损，显然这样的改进策略是不满足经济学的帕累托改进的。社会治理的主体应当追寻的正是通过社会资源的调整和配置，通过不同形式的协作，提升制度受众的福利水平，同时避免损害和减少其他制度参与者的福利。

2021 年，中国通过权益置换改变了职工基本医疗保险的记账方式，将计入职工以保证个人账户的企业缴费全部计入门诊统筹基金，分担常见病、慢性病和特病的医疗费用，职工个人缴费计入医保个人账户，用于支付个人自付费用和实施家庭互济。这项改革从帕累托改进进入，将约占职工工资总额 4% 的基本医疗保险缴费重新进行资源配置，没有增加资源，却让更多人受益、增加了待遇清单，发挥了更大的医疗保障作用。经过一段时间，运用医疗保险大数据进行评估，可以证明其具有帕累托最优的资源配置效果。

（二）优化医疗资源配置的新版基本保健

1977 年，先行发达国家的人均 GDP 均达到 1 万～2 万美元，医疗服务需求不断增长、医疗服务成本不断上升、人口老龄化不断加剧、生育率不断下降，帕累托改进理论很适应医疗服务存量改革和优化资源配置的社会背景。

1968 年，Andersen 首次提出医疗服务可及性概念。WHO 在第三十届世界卫生大会提出：“2000 年人人享有卫生保健，让所有人过上在社会地位和经济上富裕的生活”的目标。1978 年，WHO 和联合国儿童基金会（UNICEF）在苏联阿拉木图联合国际会议提出：“依靠切实可行的、学术上可靠又受社会欢迎的方法和技术，通过社区和家庭的积极参与，解决大多数人的基本保健需求，本着自我全程参与和国家负担得起的原则，建立和完善基本保健体系”，即《阿拉木图宣言》。该宣言以基本保健取代了初级保健（母婴保健和流行病防范），强调通过优化资源配置实现基本保健（含公共卫生）的可及性，这对解决生育难题和养老难题来说至关重要。美国医学研究所（IOM）委员会进一步诠释初级保健定义为“临床医生提供综合的、可及的卫生保健服务，负责处理大量的个人医疗需求，与患者建立持续的伙伴关系，并在家庭和社区的环境中执业”（Vanselow 等，1995）。

中国预计“十四五”时期进入深度人口老龄化社会，“63 婴儿潮”* 导致的职工退休高峰来临，财政的医疗卫生投入和医疗保险基金收入增长率趋于下降，甚至出现减收增支的问题。国家卫生健康委发布《关于印发医疗机构设置规划指导原则（2021-2025 年）的通知》（国卫医发〔2022〕3 号）提出：“坚持以人民健康为中心，以人民群众就医需求为导向，围绕新时期卫生与健康工作方针，增加医疗资源，优化卫生资源要素配比，以国家医学中心、国家和省级区域医疗中心（均含中医，下同）、县级公立医院建设为重点，以临床专科能力和人才队伍建设为抓手，推进优质医疗资源扩容和区域均衡布局，优化基层医疗卫生机构布局，实现医疗机构高质量发展，满足人民群众多层次、多样化的医疗服务需求。”配合优化卫生资源配置的存量改革是我国医疗保险持续发展的必由之路，医疗保险基金预算与支出在社区医疗、二级医院和综合医院之间形成正三角结构是必然趋势。

第二节　嵌入公共选择管理的理论研究

一、价格发现机制研究

价格发现机制由政策指导、社会契约和市场机制构成。医疗非交易，医疗服务定价是个综合评价与治理结构问题，公立医院医生服务如何定价，因其人力资本、职业风险高，在欧美国家其工资高于公共部门的教师和公务员。药品和医疗器械非普通商品，其研发成本高，按照弗里德曼持续收入理论，其成本需要较长返还期，前期属于负债运营。以往的“成本＋附加”的定价方式因成本难以界定，而被“均值＋绩效”所取代。

---

* 1963 年出生人口 2 920 万，在 2022 年这批人口年满 60 岁，达到退休和领取基本医疗保险金的年龄

传统经济学理论研究理想化的、信息可以充分对称的市场。亚当·斯密“看不见的手”理论认为，价格可以引起资源的有效配置，无需规制和干预。肯尼迪·阿罗是一般均衡理论的主要贡献者。他在研究了医疗服务特性和医疗保险定价的信息不对称问题之后，也曾陷入一筹莫展的困境。后来他将经济学问题和计算机学问题交织在一起，开始探索随机均值的定价机制问题，他特殊的思想发挥了别具一格的作用，开启的运用机制引导某些复杂领域的资源配置，发现与之相关的价格的研究。医疗服务如同房地产、汽车业，只有在大规模系统化进行时效率才会提高。这需要科学的公共选择，仅凭市场叫卖定价是不够的，需要有别于市场的大数据为定价做补充。保罗·米尔格罗姆导入了“背包问题”的研究方法，即将一批物品有选择地放入一个容器再找出最优组合。尼尔格洛姆给出的解释是，在现实经济中的复杂性，如负外部性和不完全竞争，导致无组织市场难以确保资源有效配置。但是，驾驭市场的机制性研究涉及大数据生产、管理和应用，在实践中步履维艰。韩朝华认为(2018)，经济学的公共选择理论的存在价值，在于人类需要认识经济系统的内在机制，凭借这种认识驾驭经济环境，谋求人类经济状况的改善。因此，在商品交易范畴，价格机制在市场交易中形成。在改革服务和准公共服务范畴，价格机制在政府指导、社会参与和共同协商中发现和形成。

在医疗服务从奢侈品向必需品转化的过程中，医疗保险基金为参保患者分担医药费用是一种财务制度安排，医疗保险基金管理者充当了会计和出纳的角色。20世纪70年代以后，医疗保险基金管理者更加关注医药服务的成本、定价和补偿机制，医疗保险基金管理者需要从出纳角色向机制设计者与运营指导者的角色转变，培育一个有管理的医疗服务市场，发现可以实现利益相关人共赢的价格，并依法建立定价机制，是深化医疗保障制度改革的挑战和任务。2020年，中共中央5号文提出：“要充分发挥药品、医用耗材集中带量采购在深化医药服务供给侧改革中的引领作用，推进医保、医疗、医药联动改革系统集成，加强政策和管理协同，保障群众获得优质实惠的医药服务”。2021年4月22日，国家医保局、国家卫生健康委发布《关于建立完善国家医保谈判药品“双通道”管理机制的指导意见》，中国公立医院服务、医保用药的价格发现机制正在形成，为民营医院服务和医保目录外医药和设备定价奠定了比较机制。

二、信息经济学与激励相容理论

（一）信息经济学与机制建设

信息经济学主要研究信息的经济现象及其运动变化特征，在一定程度上解决了信息不对称的困境。信息经济学可分为宏观信息经济学和微观信息经济学，前者根源于信息技术的大发展，主要关注信息产业、信息市场、信息商品等问题，后者则主要关注通过某种契约和制度安排来规范不对称信息条件下参与者的行为等问题，修正传统市场模型中信息完全的假设前提。

微观信息经济学范畴的激励相容理论是博弈论的核心，由哈维茨(Leonid Hurwiez，1972)在其创立的机制设计理论中提出，他认为市场经济中的每个理性经济人都有自利的一面，其个人行为会遵循自利的规则，如果有一种制度安排可以使行为人追求个人利益的行为正好与企业实现集体价值最大化的目标相吻合，这种制度安排就是激励相容的。激励相容理论的核心特点在于，机制的设计者需要综合考量每个机制参与者的利益诉求，确保机制参与者的利益满足以及机制的整体目标共同实现，促使个人价值和集体价值同向发展。威廉·维克里(William Vickrey)和詹姆斯·米尔利斯(James Mirrlees)基于激励相容理论，创立了信息不对称条件下的委托代理理论，并获1996年诺贝尔经济学奖。

医疗服务的供给和需求是典型的非完全市场，存在巨大的信息不对称。医疗服务需求方对医疗服务的具体特征、演进、预期几乎一无所知，需要完全听由医务人员的指导和安排。医疗保险作为代表参保人的第三方支付者，长期以来也只是在医院门外算账，即使作为临床医生对于复杂变换的医药定价也是难以理解的。随着信息技术的大发展和激励相容机制的制度设计，供方市场的格局正逐渐被扭转，逐步向供需相对均衡的方向迈进。首先，主管医疗保险基金的经办机构通过开发独立于医疗服务供给方的医保信息系统、结算和智能监控系统等，使得医疗服务行为在大数据下更为透明、公开，医保基金的使用管理更为精细化、科学化。再者，现代医疗保险基金管理通过融入激励相容的支付机制，促进形成统筹区域内各个医疗服务机构的价值追求与医疗保险宏观目标的统一。

（二）公共产品供给与补偿机制

1. 以收定支、总额预算　公共产品和准公共产品的供给应当与受益人群的期望相匹配。医疗保险属于准公共产品，需要根据以收定支原则，在统筹区域实行总额预算管理。综合考虑多方面因素合理确定区域医疗保险基金预算总额，包括增长率，将消费者预期限定在预算总额之内，即“做蛋糕”。通过计算统筹区域内的病例、权重、病组，参考既往医疗服务费用均值，形成“点”，医保基金预算总额除以“点”得到“值”，即“切蛋糕”。再根据各个医护机构提供的服务进行“点”和“值”的测算和结算，即“分蛋糕”。

2. 剩余索取权、剩余控制权理论　实行病组分值付费以后，医疗机构开始控制病组成本以避免亏损和争取获得结余留用。

在公司治理的研究领域中，格罗斯曼、哈特和莫尔等人的不完全合同理论认为所有的契约都是不完全的，这种不明确的契约需要随着时间的推移进行补充修正或重新界定，契约不完全的根源主要有交易费用、有限理性、机会主义、信息不对称和行为的不确定性等。格罗斯曼和哈特等人早期（1986）关于剩余索取权的界定是指在不完全契约的理论基础上，对企业总收入扣除所有的固定支付后的剩余额的要求权，企业契约主体的总收益权可以包括剩余索取权加固定收益权；格罗斯曼和哈特等人于 1986 年正式提出剩余控制权理论，指在企业不完全产权契约的基础上，企业契约中事前没有明确界定如何使用的权力，即决定资产在最终契约所限定的特殊用途之外如何被使用的权力。剩余控制权理论并未对剩余有十分明确的界定，包括了物质资本、人力资本等。

现代医疗保险补偿机制越来越强调结余留用的激励作用。结余留用即医保基金治理领域的剩余索取，在医保基金契约主体当中，医保经办需要与各医疗服务提供机构签订协议，明确在各方高效使用医保基金之后剩余基金的控制和归属，医保基金的结余控制（剩余控制）在政府（医保经办机构），结余索取（剩余索取）在医疗服务提供方。对结余留用的预先规定和执行到位是确保医疗服务提供方剩余索取的基本保障。

3. 以病组分值付费机制　病组分值付费的激励相容作用机制如下：①医疗机构为追求结余留用，通过精细化管理降低病组成本，使得医疗保险基金得到合理使用；②针对与本医疗机构资源配置不符的普通专科病组，用紧密型医疗共同体的体制性制度安排，引导其将亏损病组向下级医疗机构转诊，通过合理接诊、分级诊疗、抑制重复就医，提高医护机构的运行绩效，同时改善患者体验，实现医护服务可及性、安全性和可支付的均衡，即三角价值链下的价值医疗。在缺乏医疗保险智能监控、绩效评估和紧密型医共体的情况下，医护机构一味提高谈判能力，这项改革可能陷入以“病组、病种”出现的新型数量付费的倒退境地。

4. 按人头加权与总额付费 医院管理者开始担心，不断降低成本的竞争是否会产生一个黑色陷阱。县域紧密型医疗共同体实行总额预付管理机制。在医疗保险基金统筹管理区域内，按人头加权预算和总额付费，实现节余留用。在中国，有些地区将按人头预算的应付医保基金总额，支付给了紧密型医共体的龙头医院。人们担心，龙头医院不能合理有效地配置医疗资源，甚至出现虹吸效应。相应的治理机制如下：①对不能实现首诊制的地区实行钱随人走，激励紧密型健康共同体提高医护服务的可及性，做好服务、留住患者；②实行人头加权预算，引入年龄、疾病谱、家庭医生服务绩效、服务半径、健康状况和往期医药费用等指标，平衡区域医疗风险、适度引入竞争机制，可以抑制龙头医院的道德风险；③健康绩效评估，即评估参保患者康复状态。基于临床数据和统计数据评估医护资源耗费和参保患者康复状况之间的绩效，抑制通过减少服务获得结余留用的道德风险。最终引导医护机构合理定位、合理接诊、全专融合，以维护居民健康为中心，将服务端口下沉，做好疾病预防和慢性病管理，通过增加健康减少就医，获得结余留用资金和健康绩效奖励。由此改变医保付费的底层逻辑，从按服务数量付费进入按结果付费，实现价值医疗。

三、利益相关人与社会契约理论

（一）利益相关人与紧密型医疗共同体

1963 年，斯坦福大学研究所提出了利益相关者的定义：“利益相关者是这样一些团体，没有其支持，组织就不可能生存。”1971 年，德国学者克劳斯•施瓦布认为，在经济领域和社会领域所有利益相关者的利益都会被关联起来。他主张，在股东资本主义、国家资本主义之后，建立第三种制度，即相关者资本主义（施瓦布，2021）。首先，所有与经济体存在利害关系的人都可以影响决策，人们在经济活动中所追求的优化指标纳入了更广泛的社会意义。其次，建立一个制衡机制。他在《机械工程行业的现代企业管理》一书中，勾勒出了一副涉及企业与股东、贷款人、消费者、供应商、员工、国家和社会、经济等领域的利益相关者星图。1984 年，弗里曼出版了《战略管理：利益相关者管理的分析方法》一书，明确提出了利益相关者管理理论。利益相关者管理理论是指企业的经营管理者为综合平衡各个利益相关者的利益要求而进行的管理活动。卫生政策里广泛使用利益相关者分析，有助于确定利益相关者与特定研究项目、质量改进项目或政策的相关性（Brugha R et al，2000）。就医疗机构而言，主要利益相关者可以被视为患者及其家人或近亲、服务使用者、临床工作人员（医护）、行政人员和组织领导。次要利益相关者是与组织互动但对组织的存在并不重要的人，例如志愿团体或其他支持组织。医疗保障基金监管中主要利益相关者是医保［医疗保障行政主管部门（医保局），经办机构（保险人）］，医疗医药服务供给方（医疗机构、药店等）和患者（参保人），卫生主管部门。次要利益相关者包括医生行业协会、政府购买服务的市场机构（会计事务所、数据分析公司）、检察机构和地方政府等。可以明确发现，医疗保障基金监管中利益相关者众多，作为被监管主要对象的医疗服务机构中利益相关者也众多，需要进一步分析确定核心利益相关者。在县域紧密医共体中，医药机构及其人员、参保患者和医疗保障基金是一个利益共同体。各级医护机构是一个法人，以自己的资产承担相应的责任。

（二）风险共担原则

纳西姆•尼古拉斯•塔勒布在《非对称风险》一书中旗帜鲜明地发表观点：“首先要入局，让自己成为风险收益对称的风险共担者，空中楼阁式的夸夸其谈毫无意义。”巴曙松认为：

“风险的发生和防控均具有很强的现实性和操作的专业性，站在旁边看终究是看客，入局，并共担风险，才能更加贴切地理解这个变动的市场。”(塔勒布，2019)医疗过程中的不确定性非常强，寻求价值医疗和支付方式，进行健康绩效评估，非常需要所有利益相关人的介入和综合治理机制。在县域紧密医共体中，医药机构及其人员、参保患者和医疗保障基金三方共享收益和共担风险，这是统一认识和优化资源配置的核心问题。

（三）社会契约

罗尔斯把社会看作由一些为获取共同利益的个人组成的联合体(罗尔斯，1998)。这些人在他们相互关系中都承认某些行为规范具有约束力，并且使自己的大部分行为都遵守这些规范。这些规范确定了正义原则，以及社会合作的利益和负担的适当分配。1986 年 12 月 8 日，布坎南在诺贝尔经济学奖颁奖仪式上作出“经济政策的宪法”的演讲，他提到罗尔斯正义论对他思想的影响(方福前，2017)。布坎南把宪法看作是公民为建立政府制度而签订的一种契约。聂辉华认为，经济学的本质就是契约分析，要透过契约理解世界。他在《一切皆契约》一书提出：“分析契约关系的理论架构即契约理论”(聂辉华，2021)。契约理论把所有人和人之间的关系看作是一种契约关系，然后通过设计各种机制和制度来解决契约失灵问题。导致契约失灵的原因主要有两类：一是当事人之间信息不对称；二是外部各种风险和不确定性。他认为，人类 80% 的悲剧都源自于信息不对称，契约理论的主要任务是解决信息不对称问题，在信息共享的条件下作出最优决策。

（四）均衡论与基准价

1972 年，美国经济学家肯尼斯•约瑟夫•阿罗因在一般均衡理论方面的突出贡献与约翰•希克斯共同荣获诺贝尔经济学奖。其代表著作《一般竞争分析》提出了“一般均衡论”的理论，进一步研究了现实经济生活中如何处理市场不稳定和风险问题，使之达到“一般均衡”。他提出的关于“风险”和“不稳定”的新理论被西方经济学界认为是对企业决策理论做出的重要贡献。阿罗还把一般均衡论应用于经济增长方面。他在福利经济学方面的重要贡献是提出了“不可能性定理”。埃尔文 .E. 罗斯在 2012 年获得诺贝尔经济学奖，他在博弈论市场设计和实验经济学领域做出显著贡献，其代表性著作是《共享经济：市场设计及其应用》。他认为，当博弈规则为参与者无法事先得到有约束力的协议，且必须自己独立作出决定的即非合作博弈，当参与者可以得到有约束力的协议并选择应当选择的结果的即合作博弈。在给定其他参与者的(固定)需求，任何一个使得参与者需求既不提高也不降低的需求即均衡需求(罗斯，2016)。这一点不难证明，因为每个参与者的需求都被限制在可行区域内，任何均衡需求向量必然有不相容的选择而获得非意愿支付，与非合作博弈有不同的结果。在一个协议未达成的特定时期，不希望面对冲突风险的参与者将被迫做出最小让步。泽森谈判模型(1930 年)的分析得出如下结论，谈判将带来一系列提议，每个提议都会带来更高的几何平均回报。只有当不再有可能产生更高平均回报的可行提议时，该裁判即终止。综上所述，在有社会契约的条件下，针对信息不对称的情况，基准价是通过社会契约实现妥协的结果，基准价也称协议价。

第三节　医疗服务治理与三角价值链

经济学意义的价值即每单位成本的产出。管理医疗风险的三个制度安排和评价机制即基本保健的可及性、安全性、可支付性。经济学分析会认为这三点是离散的。Margolis 从经济学

“消费-产出”的视角界定可及性是个体对基本保健服务的及时使用，可以实现最优产出。

健康权是许多国际法文件确认和保障的一项重要的人权。世界卫生组织宪章首次倡导对健康权实施保护，并成为其成员国的法定义务。在自由市场条件下，投资追着价格走，价格上涨则需求下降。医疗市场不会自动承认健康权，需要国家和政府介入。

一、健康维持组织

1910年，美国华盛顿州的西部诊所，创立了第一个健康维持组织（HMO）。Sheman Folland等称健康维持组织为有组织的医疗服务综合递送系统。第一步将医生、诊所、医院和疗养院等组织起来；第二步为特定人群制订连续医疗服务安排和预算；第三步有序提供以健康为中心的连续性医护服务，从诊所到急诊、住院和康复等；第四步是评估和支付医疗服务费用。1973年，美国通过了《健康维护组织法案》。美国联邦健康和人类服务部投入了大量资金，支持健康维持组织的发展。此外，还有优先选择提供组织（PPO）、指定医生服务组织（EPO）、定点服务计划（POS）等。

二、利益相关者与凯撒模式

紧密型医疗共同体是基于利益相关者的组织理论创新，以人的健康为中心，建立人头加权运算、总额付费、健康绩效评估的医保付费机制，是优化城区和县域卫生医疗资源配置与管理的制度安排。紧密型医疗共同体的主要特征包括人财物的一体化管理，在居民、患者与全科、专科、专家团队之间形成一致的利益共同体，通过健康管理减少患者，可以实现医疗保险基金降点增值的绩效，实现利益相关者的共赢。反之，大多数专医专科联盟属于松散型医疗联合体，需要强大的财政预算或者多渠道筹集的专用基金的支持，建立相应的激励与分配机制可能持续发展。中国华西二院与成都市高新区家庭医生建立的妇儿合作联盟，由于嵌入了商业相互保险，用保费8%的资金建立了共同决策、风险共担、利益共赢的运行机制，是一个了不起的创新。

凯撒（Kaiser Permanente）整合型医疗模式的雏形出现于20世纪30年代。目前凯撒医疗集团在美国拥有890万会员，覆盖8个地区、9个州和哥伦比亚特区。其中78%为公司企业集体参保，17%为政府购买服务的穷人、老人的医疗保险服务，5%为个人参保客户，是美国最大的健康管理组织（HMO）。其主要特点如下：①以健康为中心的基本理念；②实现了三个整合，即医疗保险与医疗服务提供的整合、供方和需方利益的整合、全科医生和专科医生服务实现无缝衔接；③以信息化作为技术支撑，支持循证医疗和临床决策。

三、鼹鼠效应与综合治理

（一）鼹鼠效应

鼹鼠效应（Arctic Hamster Effect或Lemmings Effect），泛指在团体中盲目跟随的行为。日本学者俞炳光用其批评医疗体制改革中的碎片政策。如果简单抑制某个部门医疗费用增长，可能导致其他部门医疗费用急速上升，像打鼹鼠游戏一样，一个被按下去，另一个又冒了出来。例如，取消药品加成则检查费用上升。如果单一推进住院病组付费改革，则可能门诊费用上升，控制门诊费用可能导致患者自付占比增加。由此说明医疗体制改革需要三医联动的综合治理。

（二）综合治理（governance）

1992 年，罗斯瑙（J.N. Rosenau）和岑佩尔（E. O. Czempeil）出版了《没有政府的治理：世界政治中的秩序与变化》，引发了关于“治理理论”的广泛讨论。1995 年，全球治理委员会在题为《我们的全球伙伴关系》中，把治理定义为“各种公共的或私人的个人和机构管理其共同事务的诸多方面的总和。它使相互冲突的或不同的利益得以调和并且采取联合行动的持续的过程，既包括有权迫使人们服从的正式制度和规则，也包括各种人们同意或以为符合其利益的非正式的制度安排”。有西方学者指出，治理的主要特征是要求与传统的“统治”区别开来，强调国家能力的限度和其他行为者介入的必要性。治理不是一套规章条例，也不是一种活动，而是一个过程。治理的建立不是以支配为基础，而是以调和为基础。治理同时涉及公私部门。治理并不意味着一种正式制度，但有赖于各种行为者之间持续的相互作用。

20 世纪中后期，治理理论（governance theory）兴起[*]，席卷了社会科学理论界，其目标在于追求公共利益最大化，通过多元主体的合作与参与，实现“善治”（good governance）。治理强调多元主体对公共事务的共同治理，参与政策制定、组织实施和绩效考核，确保实现政策目标。多元治理主体和治理工具下形成了监管治理（regulatory governance），监管治理对监管主体、监管模式和执行层面都进行了治理再造：治理主体的权威来源得到拓展，私人力量可以通过对公共部门的监管抑制政府失灵对公共利益的损害，如融入更多市场化策略，如“元规制”（meta-regulation）机制和风险管理视角。

两维五圈的医疗服务治理理论架构（杨燕绥，2009）内容如下。在医疗保障“全覆盖、保基本、总额预算管理”的既定条件下，按照家庭医生签约服务和社区医疗、综合医院和医疗联合体、药物供给、医保支付、绩效评估与社会评价的顺序，形成覆盖全部利益相关人的五圈型综合治理机制。基于医疗资源耗费和患者状况的临床数据，从两个维度建立健康绩效评估模型，既可以分别评估评价各个部分的绩效，也可以综合评估整体医疗体制和医疗保障的状况。其中，医保支付是建立“约束过度医疗 - 激励健康管理”的补偿机制和实现医保、医药、医疗高质量协同发展的引擎。

四、价值医疗与三角价值链

（一）价值医疗的讨论

价值取向决定医疗品质，不同的利益相关人具有不同的价值取向。在国家和政府介入的条件下，出现有管理的医疗市场，经过各方价值取向的博弈，逐渐达成共识。1978 年，WHO/UNICEF（联合国儿童基金会）《阿拉木图声明》中提出，在 21 世纪实现人人享有基本保健的医疗保障目标，需要在社区实现家庭与医务人员合作（可及性），适用合适药物和技术（安全性），提供国家负担得起的基本保健服务（成本管理与支付）。2007 年，美国医疗保健改善研究所（IHI）的唐•贝里克（Don Berwick）、汤姆•诺兰（Tom Nolan）和约翰•惠廷顿（John Whittington）提出优化卫生系统绩效的“三重目标”及其评估框架（图 2-1），即改善人口健康状况、改善患者就医体验和控制人均医护成本。这里强调三个目标的重合。一是树立成本意识。美国医师协会已经把提供高价值成本意识型的医疗服务，列为住院医师教育的第 7

[*] 治理理论是各国在应对福利国家管理危机、公民社会成长、经济全球化和现代信息技术的多重挑战的公共管理实践中产生的，强调利用多元的治理主体、引入多元治理工具，实现更公平、更有效率和更具参与性的治理体系，来实现公共事务管理

个核心能力。将患者自付费用视为副作用，对患者造成的损害纳入医疗伦理的“不伤害”原则一并考虑。二是坚持安全与质量，持续地改善疗效和患者体验。三是从更加宽泛的角度寻找实现二者均衡点的制度安排，如通过全科医生、专科医生和专家的合作，实现医疗服务的可及性，尽可能减少误诊、重复和浪费。只有临床医生、患者、医疗卫生系统和政府共同持续努力，才能取得重合的效果。很多研究指向临床医生如何仔细权衡干预措施的潜在利益、风险和成本，与患者开诚布公地进行讨论，建立一个允许共同决策的联盟。这需要转变激励机制，真正从数量补偿、成本控制到综合的价值评估与补偿。

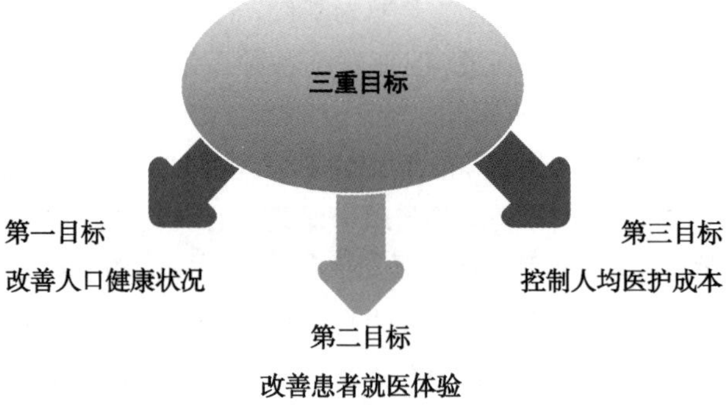

图 2-1　优化卫生医护系统的三重目标

2004 年，英国推出按医护服务质量和结果的健康绩效付费时点项目（Fee for the Quality and Outcome Framework，P4P）。在这个计划中，全科医生收入的 1/4 与健康绩效挂钩。一夜之间，英国的诊所发生了巨大的变化，增加了护理人员，为糖尿病患者提供更积极、主动的慢性病管理计划。许多诊所聘请专业人员快速整理数据。健康绩效评估的结果发现，在 P4P 开始的 2 年里，急性心肌梗死、肺炎等指标有很大改善。可是后期研究结果证明 P4P 有助于催化变化，但不能维持这些有意义的结果。Christofher Moriates 等认为，要持续改善医疗服务质量支付方式，必须进行持续的医疗服务体系重构和综合治理机制；同时，要发挥临床医生的作用，他们具有创新所需要的驱动力、经验和背景，打造持续学习型医疗服务体系。

2010 年 3 月 23 日，美国奥巴马总统签署了全面医疗改革的《患者保障与平价医疗法案》（ACA），标志着价值医疗、价值付费和医疗保障综合治理的开端。该法案的主要目的是减少无保险的美国人数，降低医疗服务的总成本，改善医疗服务效率。

（二）三角价值链的构成

基于卫生经济学、公共管理和法学等跨学科的研究发现，通过医疗保险和医药机构协同发展，整合医疗资源和进行价值评估可以找到医疗服务可及性、安全性和可支付性的平衡点，由此构建管理医疗风险的三角价值链（图 2-2）。

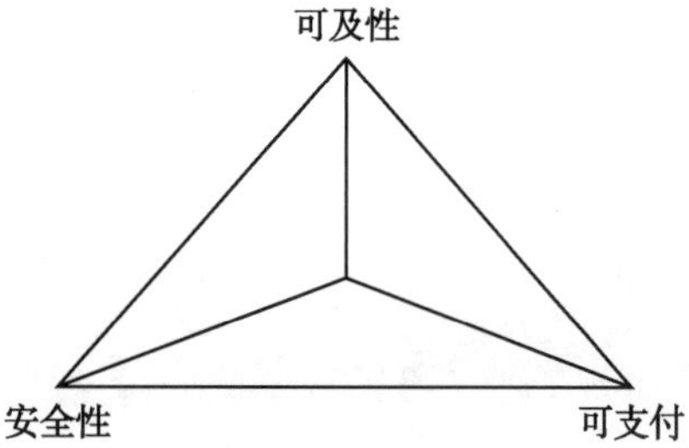

图 2-2　医疗风险管理的三角价值链

一是实现基本保健的可及与整合性（access），即指以健康为中心建立医护体系和就医秩序，患者及时获得合理的、整合式医护服务，以及一防二控三救治的公共卫生服务体系，并非仅指患者和医生的距离。即要做到心脑血管猝发急症的患者可以在15分钟内获得急救，也要做到居民与家庭医生团队签约后，可以基于健康档案管理，获得全专融合的、线上线下结合的诊断、治疗、康复、慢病管理的基本保健服务，重症转诊到三级医院，且院前术前工作在基层解决。总之，基本保健服务的可及性依赖一个自下而上建设的正三角形的卫生医护体系。

二是基本保健的质量与安全性（quality）。狭义医疗安全即指减少伤害，医疗机构在实施医疗行为过程中，避免患者发生法律和法规允许范围以外的心理、机体结构或功能损害、障碍、缺陷或死亡。广义医疗安全包括医护质量。医疗质量是衡量医务人员诊疗水平的制度安排，一般包括医务人员的技术水平、医疗效果和工作质量等方面，常用的指标有治愈率、病死率、生存率、平均住院日、病床使用率、病床周转率以及各种诊断工作质量指标。还可以涵盖患者满意度、工作效率（投入产出关系）以及医疗的连续性和系统性等，也称医院（医疗）服务质量。提高医疗服务安全性依赖如下两个条件：①大力发展医疗科技，解决掐脖子的问题。由专家领衔建立专医专科联盟和科技攻关团队，与临床医生合作实现科技成果转化和迭代发展。②提高医疗医院管理水平。医疗和医院不仅能凭经验实施管理，医工医管结合十分必要，是个复合型的新专业，需要建立医工医管专业硕士培养方案。

三是基本保健的成本和可支付性（cost）。第三方支付具有如下两个功能：①分担患者医药费用，即补需方。1883年德国颁布《雇员医疗保险法》之后，第三方支付成为国家的法律制度，逐渐实现人人可以看得起病的现代文明。②补偿医药服务提供方，即补供方。伴随医药产业科技进步和国民医护需要不断提高，医疗的质量和成本同时上升，提质增效逐渐成为国家医疗保障事业持续发展和医院管理的核心问题，要求医疗保险支付具有约束与激励的功能。

综上所述，不同的利益相关人具有不同的价值取向。在实施国家立法、政府介入和社会契约的条件下，出现有管理的、契约化的医药服务市场，包括公共品体制下的医护机构间的内部市场和私人品体制下的医药机构间的外部市场，经过各方价值取向的博弈，最终可以通过优化医疗资源配置、整合就医过程，提质增效实现三者统一。

本章小结

医疗保险的建立和发展使医疗服务从奢侈品转化为必需品，是人类共同富裕的产物。20世纪70年代是个分水岭，此前医疗保险主要关注如何分担参保患者的医疗费用，即补需方。此后，医疗保险更加关注如何补偿医药服务提供方，即补供方。如何建立战略补偿机制，医疗保险的发展面对诸多挑战，卫生经济学应运而生，开始寻找引起医疗费用快速上升的原因。进而公共选择、信息经济学等跨学科的理论研究取得进展，通过人工智能和综合治理的发展，逐渐就基本保健的可及性、安全性和可支付性达成共识，即三角价值链。三角价值链指导医疗保险以健康为中心，以支付方式为推手，优化卫生医护资源配置，实现整合医疗与价值医疗。

本章引入几个理论，以充实医疗保险理论研究，距离综合描述支持医疗保险改革理论文献的学术要求相差甚远，但这是一个有意义的尝试。

思考与练习题

1. 用需求价格弹性理论研究社会医疗保险的待遇清单制度建设，分析特种病、高值药和罕见病进入医保目录的可能性。

2. 回顾1998年中国社会医疗保险设置职工医保个人账户的主要原因和运行情况，用帕累托改进理论分析2021年职工医保个人账户改革的预期效果、分析强化基层医护服务能力的预期效果。

3. 用利益相关人理论分析县域紧密型医疗共同体的内涵、运行机制，探索医保按照人头加权预算、总额付费管理和结余留用政策的作用机制和预期效果。在我国农村地区三级医疗体制下如何实现整合式医疗。

4. 用剩余索取权理论分析病组分值付费、县域紧密型医共体总额付费，实行结余留用激励政策的作用机制和预期效果。

5. 用信息经济学与激励相容理论分析医疗保险基金区域统筹下的总额预算管理和结余留用政策（含病组分值付费）的作用机制和预期效果。

6. 医疗服务和医保用药的价值发现机制怎样形成，与市场价格机制有什么不同？

7. 思考医护服务可及性、安全性和可支付的三角价值链与优质高效卫生医护体系建设的内在关系。

参考文献

[1] Marshall A. The principle of economics. 章洞易，译. 海口：南海出版公司，2010.
[2] 高鸿业. 西方经济学（微观部分）. 第6版. 北京：中国人民大学出版社，2015.
[3] Getzen T E. Health care is an individual necessity and a national luxury: applying multilevel decision models to the analysis of health care expenditures. Journal of Health Economics，2000：259-270.
[4] Newhouse J P. Medical-Care Expenditure: A Cross-National Survey. Journal of Human Resources，1977，12（1）：115.
[5] 张磊. 社会医疗保险基金承受力影响因素与评价［D］. 南京大学，2013：10-11.
[6] Stiefel M，Nolan K. A Guide to Measuring the Triple Aim: Population Health，Experience of Care，and Per Capita Cost. IHI Innovation Series white paper.Cambridge，Massachusetts：Institute for Healthcare Improvement，2012.
[7] Hurwicz L. On informationally decentralized systems // Radner R，McGuire CB.Decision and Organization：A Volume in Honor of Jacob Marschak. Amsterdam：North-Holland，1972：297-336.
[8] Christofher Moriates，Vineet Arora，Neel Sheh. 以价值为导向的医疗服务. 吴明，杨莉，译. 北京：北京大学医学出版社，2018.
[9] 保罗. 米尔格罗姆. 价格的发现：复杂约束市场中的拍卖设计. 韩朝华，译. 北京：中信出版集团，2020.
[10] 杨燕绥. 医疗服务治理结构和运行机制：走进社会化管理型医疗. 北京：中国劳动社会保障出版社，2009.
[11] Sherman folland. 卫生经济学. 第3版. 北京：中国人民大学出版社，1996.
[12] 高值罕见病药进医保背后：一针70万变3万天价怎样砍下来.（2021-12-10）［2022-10-10］. https://baijiahao.baidu.com/s?id=1718722857664038393&wfr=spider&for=pc.
[13] 王图展. 农民合作社议价权、自生能力与成员经济绩效. 中国农村经济，2016（1）：55.
[14] 傅绍文. 公司治理中的剩余控制权研究［D］. 浙江大学，2004.

第三章
中国医疗保险发展历程

教学目标

了解中国医疗保险的政治承诺和建立与发展的三个阶段，即计划经济时期的劳动医疗保险（1949—1997 年）、改革开放时期的社会医疗保险（1998—2019 年）和社会主义建设新时期的多层次医疗保障体系建设（2020 年以后）。

主要内容

中国医疗保障的政治承诺；计划经济与劳动医疗保险；改革开放与社会保险；社会主义建设新时期的多层次医疗保障体系建设。

第一节　中国医疗保障的政治承诺

政治承诺是国与国之间、国家与公民之间做出的，实现某种目标和利益的政策和计划。马克思关于“对劳动所得进行六项扣除，社会成员平等分配以应付不幸事件等”的思想体现社会主义原则，是医疗保障的理念发展和制度建设的渊源。在中华人民共和国成立之初，中国共产党即对人民做出医疗保障的政治承诺，并付诸实施。2020 年，参加全国基本医疗保险（以下简称基本医保）136 131 万人，参保率稳定在 95% 以上。全国基本医保基金（含生育保险）总收入 24 846 亿元，比上年增长 1.7%，占当年 GDP 比重约为 2.4%；全国基本医保基金（含生育保险）总支出 21 032 亿元，比上年增长 0.9%，占当年 GDP 比重约为 2.1%；累计结存 31 500 亿元（含生育保险），其中职工基本医疗保险（以下简称职工医保）个人账户累计结存 10 096 亿元。2016 年 6 月，国际社会保障协会（ISSA）曾致信习近平主席，认为中国凭借强有力的政治承诺和诸多重大的制度创新，在社会保障扩面工作方面取得了举世无双的成就。同年 11 月 17 日，国际社会保障协会将“社会保障杰出成就奖”（2014—2016）授予中华人民共和国政府。

1954 年《中华人民共和国宪法》第九十三条规定：“中华人民共和国劳动者在年老、疾病或丧失劳动能力的时候，有获得物质帮助的权利。国家举办社会保险、社会救助和群众卫生事业，并且逐步扩大这些设施，以保证劳动者享有这些权利”。此后，“卫生”“医疗”和“健康”等关键词出现在中国共产党历届代表大会报告和全会报告中。关键词频清晰地显示，在中国人均 GDP 从一千美元到一万美元的发展过程中，公共卫生、个人医疗和全民健康的发展路径（图 3-1）。

党的八大到十五大（1956—2001 年）期间的关键词是“公共卫生”。1973—1977 年，提出“卫生革命”。党的十四大报告提到“社会保障”。党的十六大（2002—2007 年）期间中国全面建设小康社会，“个人医疗”提上议程。“卫生事业”出现 19 次、“医疗卫生”出现 10 次、“公共

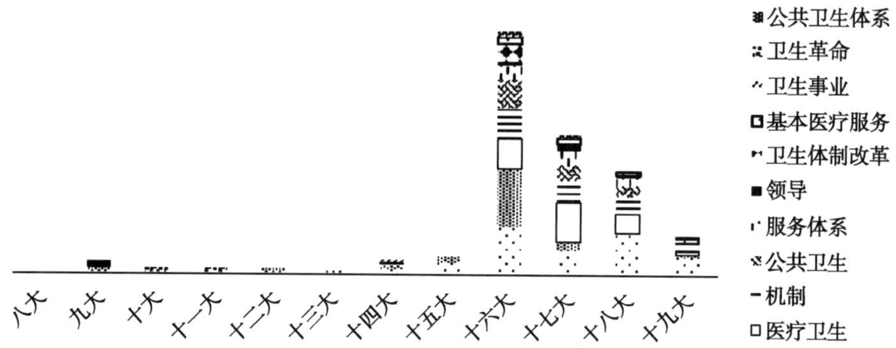

图3-1 新中国成立后党历届代表大会及全会报告中“医疗卫生”词频

卫生”出现9次、“农村合作医疗”出现4次，首次提出“卫生体制改革”“公共卫生体系”和“基本医疗服务”，分别出现6次、1次和2次，“体制机制改革”出现10次、“公共服务体系”出现5次。党的十七大报告及此后的全会报告，“医疗卫生”出现13次，达到高峰。十八大报告及此后的全会报告，“医疗卫生”出现6次。党的十九大之后，关键词进化为“健康促进”。2016年中共中央和国务院审议通过了《“健康中国2030”规划纲要》，2019年全国人民代表大会通过了《中华人民共和国基本医疗卫生与健康促进法》，共同目标是建设一个优质高效的卫生医护体系。2021年，国务院医改领导小组发布的40号文件提出：“由党政一把手亲自抓医改、一抓到底，由一位政府负责同志统一分管医疗、医保、医药工作，统筹协调‘三医’联动改革。”

中国共产党实现全民医疗保障的政治承诺经历了发展公共卫生（30年）、发展个体医疗（30余年）和推动健康管理（近10年）三个发展阶段。

第二节　计划经济与劳动医疗保险

1951年颁布和1953年修正的《中华人民共和国劳动保险条例》，提供了门诊、生育、伤残、工伤救治与抚恤等待遇清单，使得工人群众有了当家做主人的体验，迸发出极大的生产积极性。1954年新中国第一部《宪法》第93条规定：“劳动者在年老、疾病或丧失劳动能力时，有获得物质帮助的权利。国家举办社会保险、社会救助和群众卫生事业，并且逐步扩大这些设施，以保证劳动者享有这些权利”。国家根据《宪法》规定，建立了城镇职工基本医疗保险、农村合作医疗和社会医疗救助制度，大力发展公共卫生事业，快速改善了国民的健康状况。

一、城镇公费医疗和劳保医疗

我国城镇职工基本医疗保险制度发展可分为起源期（1949年之前）、创建期（1949—1955年）、发展期（1956—1966年）和动乱期（1966—1978年），1978年之后开始探索社会医疗保险制度。

（一）公费医疗

1. 定义与特征　公费医疗是为国家机关与事业单位工作人员、革命伤残军人和高校师生提供免费医疗、预防保健服务的医疗保障制度。医疗卫生费用由财政预算拨付，卫生部门统一管理和分配，一般按人均标准划拨到各单位包干使用。保障范围包括门诊和住院诊疗费、床位费、手术费和药费等，享受公费医疗的人员在指定医疗机构就诊时发生的合规医疗费用，可以从公费医疗经费中报销。

公费医疗的主要特征：①覆盖范围小。主要覆盖政府、党派和团体等国家工作人员、事业单位工作人员、革命残疾军人和高校师生。1952 年全国公费医疗覆盖人数为 400 万人，1953 和 1957 年分别增加到 529 万人和 740 万人。②福利性强。公费医疗费用来源于国家财政预算拨付，无需个人缴纳保险费。支付范围包括门诊、住院的诊疗费、手术费、药费等，患者只需负担膳食费和路费，如有困难，可由机关行政经费补助。③浪费超支逐渐严重。公费医疗费用支出不断上升，财政负担急剧增加，超支浪费始终未得到有效控制。

2. 政策与制度建设　1929 年，中国共产党劳动组书记部在拟订“劳动法大纲”时就提出了建立劳动保险法案，把工人的健康权放在重要位置。1948 年，东北解放区开始实行劳动保险，维护劳动者权益。同时，对干部和军人实行免费医疗，对医院实行定额包干付费。1952 年，中央政府颁布了政务院《关于全国各级人民政府、党派、团体及所属事业单位国家工作人员实行公费医疗预防的指示》，标志着公费医疗在新中国第一次以法规的形式被正式确立。同年 8 月，卫生部颁布了《公费医疗预防实施办法》，从适用范围、管理体制、经费收支等方面进一步细化明确了公费医疗制度内容。

1957 年 9 月中共八届三中全会《关于劳动工资和劳保福利问题的报告》指出，公费医疗等福利事业存在两大缺点。一是步伐快、项目多、待遇过高，与人口多、底子穷的国情现状不相适应；二是公费医疗存在浪费、苦乐不均的问题。1965 年卫生部、财政部出台了《关于改进公费医疗管理问题的通知》，明确规定公费医疗的待遇享受者个人支付门诊挂号费和出诊费，自费支付营养滋补药品，对需方的道德风险和过度医疗行为进行了一定约束限制。

（二）劳保医疗

1. 定义与特征　劳保医疗即指根据 1951 年《中华人民共和国劳动保险条例》建立的企业职工基本保健制度。主要特征如下：①福利性强：免费参保，由企业出资和在税前列支（1969 年停止），在职和退休职工均无需缴费；覆盖全家，覆盖对象不仅包括单位职工，也包括职工供养的直系亲属；保障范围广泛，包括疾病、伤残、生育的基本保健和抚恤制度；待遇水平高，职工医疗费用全额报销，供养直系亲属的费用报销 50%。②缺乏约束机制：医疗费用由企业统筹管理，超支由企业负担，职工和医疗机构都缺乏费用控制意识，过度医疗现象普遍，医疗费用总额不断上升。③管理分散：劳保医疗基金由企业工会自行管理，坐收坐支，结余上解，重复建设管理机构，成本高、效率低。④均衡性差：体现在制度内、外两方面。在体制内，经济效益好的企业基本全免费，经济效益差的企业难以得到保障。在制度外，非公企业没有劳保医疗制度。

2. 政策与制度建设　1951 年 2 月政务院发布《中华人民共和国劳动保险条例》，明确指出“职员一百人以上的国营、公私合营、私营及合作社经营的工厂、矿场及其附属单位”应当实行劳动保险制度。1953 年 1 月政务院修正公布，进一步将劳动保险的覆盖范围扩展到铁路、航运、邮电的各企业单位与附属单位，工、矿、交通事业的基本建设单位和国营建筑公司，同时将工人职员供养的直系亲属纳入保障范围。

综上所述，新中国劳动医疗保险制度形成企业内部集体协商、工会管理、人民银行托管的保险基金管理模式和相应的财务制度；培育了企业诊所、企业医院、地方医院、工人疗养院等基本保健机构。

二、农村合作医疗

农村合作医疗发展可分为四个阶段：1954 年之前的萌芽期，1955—1968 年快速发展期，

1969—1978 年的普及期，1979—1985 年的衰落期。

（一）定义和特征

农村合作医疗是由农民和人民公社共同筹资，向参合成员提供低水平保健的互济制度。

主要特点如下：①低水平。以人民公社集体出资为主，包括个人贡献和集体补助，后期才有部分县政府补助；保障待遇低，覆盖基本公共卫生和常见病；村医以中医药为主，赤脚医生采用巡回医疗、中草药等形式，将服务成本控制在农民可以负担的水平。②广覆盖。通过政治力量干预和行政推动，1976 年农村合作医疗覆盖了全国 90% 的行政村（生产大队）和 85% 的农村人口，覆盖范围广泛。③适应性。以集体经济和公社为经济基础，采取集体公益金补助和个人缴费的形式共同筹资，只能保障农村居民获得最基本的医疗服务和预防服务。④自愿性。生产大队自行决定是否开展合作医疗，社员群众不能自愿选择是否参与，个人贡献在年终分配时自行扣除，一定程度上控制了逆向选择；不同地区之间存在差异。⑤卫生医疗协同。合作医疗不仅是医疗互济，由村医（中医药为主）、下乡医生、知青赤脚医生共同形成基本保健人才队伍，对接农村三级公共卫生服务体系，为农民提供了可及、可负担的服务。

（二）政策与制度建设

农村合作医疗制度萌芽于抗日战争时期陕甘宁边区创办的“保健药社”“医药合作社”，群众集资兴办医疗，需要个人付费。新中国成立后，东北三省为解决农村地区缺医少药问题，探索了合作制和集资举办卫生机构的办法，但没有筹资机制。1955 年，在农业合作化运动高潮时期，山西、河南及湖北农村等地区的农业生产合作社开始正式举办合作医疗和保健站，兼顾了医疗保险筹资和医疗服务机构建设两方面。

基本做法如下：①由农民缴纳“保健费”，生产合作社公益补助基金 15%～20% 补助，共同筹资建立合作基金和保健站，实行互助共济；②合作社的每个参合农民每年缴纳一定额度的保健费，就可以免费享受预防保健服务，接受治疗时免收挂号费和出诊费，但药费需要自付，即“合医合防不合药”；③保健站开展巡回医疗，医生分片区负责村民的预防保健和医疗服务；④采取工分与现金相结合的方式为保健站的赤脚医生发放报酬，如山西省高平县米高乡第一个采取社员群众缴费和合作社公益基金补助相结合的方式建立了集体保健制度，并且建立了保健站，选拔并培训“赤脚医生”为社员群众提供基本医疗卫生服务。

1959 年 11 月，卫生部在全国农村卫生工作会议上肯定了农村合作医疗的形式。1960 年 2 月，中共中央转发了卫生部《关于农村卫生工作现场会议的报告》，将农村合作医疗称为“集体医疗保健制度”，要求各地参照执行。1958 年，合作医疗在全国行政村（农业生产大队）的覆盖率为 10%。1965 年 6 月，毛泽东同志作出“把医疗卫生工作的重点放到农村去”的重要批示。1968 年，批发了湖北省长阳县乐园公社办理合作医疗的经验。中共中央在此基础上也多次发文在全国推广合作医疗，广大农村掀起了兴办合作医疗的高潮。1976 年，合作医疗覆盖了 90% 的行政村（生产大队）和 85% 农村人口。

1978 年，全国人大五届一次会议将“合作医疗”写入《中华人民共和国宪法》。1979 年 12 月，卫生部和农业部等部门联合印发《农村合作医疗章程（试行草案）》，将合作医疗定义为“人民公社社员依靠集体力量，在自愿互助的基础上建立起来的一种社会主义性质的医疗制度，是社员群众的集体福利事业”，并详细规定了农村合作医疗的任务、举办形式、管理机构、基金管理制度、赤脚医生和卫生员、接生员、中草药等具体条款，尝试将合作医疗制度化。

三、本节小结

1949 年，中国约有 5.4 亿人口，人均 GDP 只有 23 美元，卫生支出占 GDP 比例不足 1%，国民平均预期寿命不足 38.8 岁。1954 年《中华人民共和国宪法》体现了民主和社会主义原则，巩固和发展公有制经济，在土地集体所有制基础上大力发展人民公社制，工业实行国营企业制，整个国家进入社会主义计划经济时代。1978 年，中国实行改革开放政策时的人均 GDP 为 381 美元，卫生支出占 GDP 的 3%，人均医疗费用为 11.5 元人民币，个人支出占比为卫生总费用的 20%，国民平均预期寿命上升到 68 岁（30 年增长 30 岁）。* 与同期典型国家进行比较（表 3-1），届时中国经济发展水平和卫生投入水平远低于发达国家，但国民平均预期寿命的产出绩效却高于三个典型国家。

表 3-1 同期典型国家与中国卫生投资与产出的比较

国别	人均 GDP，美元	卫生支出占比	个人支出占比	国民平均预期寿命
德国	接近 1 万	8%	10%	73 岁
英国	0.7 万	5%	10%	73 岁
美国	1.5 万	9%	30%	73 岁
中国	381	3%	20%	68 岁

资料来源：联合国《世界人口老龄化报告》（1950—2050），OECD 数据

在此期间，党和国家将举办公共卫生和初级保健作为政府责任，发动人民群众开展爱国卫生运动。城市以公共财政拨款为主、农村以集体经济合作为主，提供公共卫生和初级保健服务，从小学生到机关干部，每周都有大扫除活动，迅速消除了病虫害。在供给方面，先在城市举办公立医院，1956—1960 年间实行差额补贴、1961—1978 年间实行定向补贴制度，允许医疗机构用药加价 15%。1965 年 1 月，毛泽东主席做出“把卫生工作重点放到农村去”的指示，此后下乡医疗带培出了几百万以知青为主的“赤脚医生”。1974 年，政府开始对集体所有制的公社卫生院按正常收入（不含药物加成）的 35% 给予补贴。截至 1977 年底，全国 85% 生产大队实行了合作医疗、覆盖人口达到 80% 以上，农村医疗卫生工作队伍达到 500 万人（不脱产）。** 在需求方面，机关事业单位实行公费医疗、企业实行劳保医疗、农村居民实行合作医疗。

此期间制度创新的主要特征如下：①基于公有制和计划经济体制优化资源配置，低成本、高效率地促进了中国公共卫生和初级保健的发展；②发动人民群众参与爱国卫生运动，保护环境人人有责。在 1974 年世界卫生大会上，中国农村合作医疗和防控流行病取得的成绩受到关注，世界卫生组织和世界银行将此称为“发展中国家解决卫生经费的典范”。

第三节 改革开放与社会医疗保险

一、制度转型的过程

1978 年，公共卫生事业如何提升人民群众日益增长的基本保健需求如何满足是个挑战。

* 中国数据来源：http://data.stats.gov.cn/

** 参见原卫生部基层卫生与妇幼保健司编《农村卫生改革与发展文件汇编（1951—2000）》

1979 年，卫生部、财政部、原国家劳动总局在《关于加强医院经济管理试点工作的意见》中规定，对医院经费逐步实行“全额管理、定额补助、结余留用”，以激励医院和医务人员增加工作量，缓解看病难的问题。1980 年，卫生部发文允许个体开业行医。1985 年，逐步形成政府价、指导价和市场价并存的格局。医疗机构收费实行计划体制，采购实行市场体制。国务院批转了原卫生部《卫生工作改革若干政策》，仿照国企改革路子“多给政策、少拨款”“扩大经营自主权，提高医院的效率和效益”，推出承包责任制、允许有偿加班。政府卫生支出占卫生总费用的比重从 1985 年 40% 降至 2000 年的 15%。同期，国家实行财政分灶吃饭，农村地区卫生医疗经费短缺，伴随人民公社解体、知青回城、农村居民进城打工，1989 年的一项调查表明，合作医疗覆盖率从 90% 降至 4.8%。1992 年，国务院下发《关于深化卫生医疗体制改革的几点意见》，卫生部在贯彻《意见》时提出“公立医院建设靠国家、吃饭靠自己”的改革路线，允许医院“以工补医、以辅补主”，通过创收弥补医院收入不足，由此形成“以药养医”的局面。1998 年，国务院发布了《关于建立城镇职工基本医疗保险制度的决定》，提出：“适应社会主义市场经济体制，根据财政、企业和个人的承受能力，为保障职工基本医疗需求建立的社会医疗保险制度”。2010 年，国家颁布了《社会保险法》，第三章是基本医疗保险。2012 年，党的十八大报告提出，到 2020 年全面建成覆盖城乡居民的社会保障体系。2020 年，基本医疗保险基金支出 2.03 万亿元，占医院总收入 5.83 万亿元的 34.8 %，逐渐形成“吃饭靠医保”的局面。

二、城镇职工基本医疗保险

（一）定义和特征

城镇用人单位和职工依法参保和缴费，建立公益性医疗保险基金（含生育保险），分担参保患者医药费用和补偿医药服务机构的社会保险制度安排。

城镇职工医保具有以下特征：①缴费型。劳保医疗是单位职工无需缴费的集体福利制度，而城镇职工医保的保险费由用人单位和职工共同缴纳，用人单位缴费率一般是职工工资总额的 6% 左右，职工缴费率一般为本人工资收入的 2% 左右。②广覆盖。初期城镇职工医保的覆盖对象是城镇所有用人单位职工，包括企业、机关、事业单位、社会团体、民办非企业单位，后逐步扩展到灵活就业人员、混合所有制企业、非公有制经济组织从业人员、农民工等各类就业人员。③强制性。依法要求用人单位和职工依法参保和缴费，医药机构依法订立医疗保障服务协议，国家依法制定缴费基准、待遇清单、定价机制和监督机制。④保基本。医疗保险三个目录（药品目录、诊疗项目目录和服务设施范围）本着覆盖常见病的基本原则，根据居民疾病谱变化定期更新管理。⑤统账结合。城镇职工医保基金实行社会统筹和个人账户相结合（以下简称“统账结合”）的方式进行管理，社会统筹基金用于支付住院大病医疗费用，个人账户用于门诊和药店购药费用的支付。⑥地方统筹。从县市统筹开始，属地管理，同一区域内执行统一政策、资金筹集、使用和管理，不仅促进了区域内的公平性，而且，基金池规模大，抗风险能力强，还减少了管理机构的重复建设，降低了管理成本。

（二）政策与制度建设

探索时期：从 1978 年改革开放到 1992 年，劳保医疗制度改革的主要方向是控制费用支出。具体内容包括：①探索职工大病医疗费统筹和离退休人员医疗费的社会统筹；②要求个人支付 10%～20% 的医疗费用；③制定报销药品目录；④加强责任分担，政府、企业和医疗机构都要承担超支责任。虽然采取了多项措施，但控制劳保医疗基金超支的效果并不明显，而且福利性的劳保医疗与市场经济体制不适应，还导致了社会不公平问题，因此需要从根本上对劳保医疗制度进行深层次的改革。

试点时期：1989 年 3 月，**国务院批转国家体改委关于 1989 年经济体制改革要点的通知**，要求“在丹东、四平、黄石、株洲进行医疗保险制度改革试点；在深圳、海南进行社会保障制度综合改革试点”。1992 年，广东省深圳市率先开展了职工医疗保险制度改革。1993 年 11 月，中共十四届三中全会通过的《中共中央关于建立社会主义市场经济体制若干问题的决定》中提出建立多层次的社会保障体系，城镇医疗保险金由单位和个人共同负担，实行社会统筹和个人账户相结合；发展和完善农村合作医疗制度。1994 年，国家体改委等部门共同制定了《关于职工医疗保险制度改革的试点意见》，开始在江苏省镇江市和江西省九江市探索建立社会统筹和个人账户相结合的城镇职工医保制度试点，即著名的“两江试点”，初步明确了试点的目标、基本原则和具体的政策内容。1996 年，国务院办公厅转发了《关于职工医疗保障制度改革扩大试点的意见》，统账结合模式职工医保制度的试点范围扩展到 56 个城市。同期，公费、劳保医疗制度按照新制度和政策同步改革，基金独立核算。

实施时期：1998 年 11 月，国务院印发了《关于建立城镇职工基本医疗保险制度的决定》（国办发〔1998〕44 号），明确了城镇职工医保改革的目标、任务和基本原则、具体的政策框架，完成了城镇职工医保的顶层设计，并要求在全国范围内进行城镇职工医疗保险制度改革。2000 年，国务院发布《关于完善城镇社会保障体系的试点方案》（国发〔2000〕42 号），进一步加快了城镇职工医保的全国推广进程。

扩面时期：1999 年，劳动和社会保障部发布了《关于劳动系统铁路职工参加基本医疗保险有关问题的通知》（劳社部发〔1999〕20 号）要求铁路系统所有用人单位和职工，按照属地管理原则参加统筹地区的城镇职工医保。2003 年 5 月，劳动和社会保障部发布了《关于城镇灵活就业人员参加医疗保险的指导意见》（劳社厅发〔2003〕10 号），2004 年 5 月发布了《关于推进混合所有制企业和非公有制经济组织从业人员参加医疗保险的意见》（劳社厅发〔2004〕5 号），将城镇职工医保的覆盖范围扩展到灵活就业人员、混合所有制和非公有制经济组织从业人员。2006 年 5 月，劳动和社会保障部发布《关于开展农民工参加医疗保险专项扩面行动的通知》（劳社厅发〔2006〕11 号），要求全面推进农民工参加医疗保险工作，2008 年底将与城镇用人单位建立劳动关系的农民工基本纳入医疗保险。

法治时期：2010 年《社会保险法》规定：“职工应当参加职工基本医疗保险，由用人单位和职工按照国家规定共同缴纳基本医疗保险费；无雇工的个体工商户、未在用人单位参加职工基本医疗保险的非全日制从业人员以及其他灵活就业人员可以参加职工基本医疗保险，由个人按照国家规定缴纳基本医疗保险费”，依法明确了用人单位、职工和各类就业者的参保缴费义务。

三、居民基本医疗保险

2016 年，国务院发布《关于整合城乡居民基本医疗保险制度的意见》（国发〔2016〕3 号）提出：“整合城镇居民基本医疗保险（以下简称城镇居民医保）和新型农村合作医疗（以下简称新农合）两项制度，建立统一的城乡居民基本医疗保险（以下简称城乡居民医保）制度”。各统筹地区要于 2016 年 12 月底前出台具体实施方案。综合医改试点省要将整合城乡居民医保作为重点改革内容，加强与医改其他工作的统筹协调。

（一）新型农村合作医疗

1. 定义与特征 农村居民和集体组织依法参保和缴费，各级政府给予缴费补贴，建立公益性医疗保险基金，分担参保患者医药费用和补偿医药服务机构的社会保险制度安排。基于中国国情，该制度从自愿参保逐渐走向强制参保。

新农合具有以下特征：①以家庭为单位自愿参加。发挥政府参保补贴的激励作用，符合家庭联产承包责任制的经济基础，同时又可以防范逆向选择。②多方筹资。个人缴费和政府补助，有条件的乡（镇）、村集体会给予资金扶持。③以分担住院和重症医药费用为主。将住院服务纳入保障范围，并且制定了药品目录将常用药品纳入保障范围。④统筹层级提高。以县（市）为单位建立统筹基金，省级政府制定管理办法、补助标准、分级负担比例和药物目录，促进省内各县的公平，避免苦乐不均，管理效率大幅提高。

2. 政策与制度建设 2003年1月，国务院办公厅转发了卫生部等部门《关于建立新型农村合作医疗制度的意见》*，定义新型农村合作医疗制度（以下简称“新农合”）是由政府组织、引导、支持，农民自愿参加，个人、集体和政府多方筹资，以大病统筹为主的农民医疗互助共济制度。

合作医疗转型期（1978—2002年）。由于人民公社集体经济体制解体，卫生和医疗事业发展经费短缺，合作医疗制度逐渐消亡。根据1989年统计，仍然坚持实行农村合作医疗的行政村占比只有4.8%。2003年，第三次全国卫生服务调查结果显示，79%的农村居民没有参加任何医疗保险。**2002年10月，中共中央国务院发布了《关于进一步加强农村卫生工作的决定》（中发〔2002〕13号），要求“建立以大病统筹为主的新型合作医疗制度和医疗救助制度，使农民人人享有初级保健；2010年在全国农村基本建立起适应社会主义市场经济体制要求和农村经济社会发展水平的农村卫生服务体系和农村合作医疗制度”。2003年国务院印发了《关于建立新型农村合作医疗制度意见的通知》（国办发〔2003〕3号），采用家庭缴费和政府补助相结合的方式建立了新农合制度，为农村居民提供住院医疗保障。

新型合作医疗探索期（2003—2005年）。2004年1月，国务院办公厅转发了卫生部等部门《关于进一步做好新型农村合作医疗试点工作指导意见的通知》（国办发〔2004〕3号）；同年8月，国务院办公厅发布了《关于做好2004年下半年新型农村合作医疗试点工作的通知》（国办函〔2004〕56号），要求各地及时总结试点工作的经验和教训，稳妥扩大试点面，积极稳步地推进新农合制度的建立。2004年，全国新农合试点县（市、区）333个，2005年扩展到678个，经过多部门系统评估发现，新农合制度基本是成功的、可行的，符合农村实际和大多数农民意愿，可以积极地推进新农合制度在全国的覆盖。

快速发展期（2006—2009年）。2006年1月，卫生部等七部委局联合下发了《关于加快推进新型农村合作医疗试点工作的通知》，要求新农合试点县（市、区）数量达到全国县（市、区）数量的40%左右；2007年该比例扩大到60%左右；2008年要求在全国基本推行；2010年实现基本全覆盖。2010年，新农合覆盖率达到96%。

（二）城镇居民基本医疗保险

1. 定义和特征 城镇居民依法参保和缴费，各级政府给予缴费补贴，建立公益性医疗

* 国务院办公厅转发卫生部等部门《关于建立新型农村合作医疗制度意见的通知》http://www.gov.cn/ zhuanti/2015-06/13/content_2879014.htm

** 中国卫生统计年鉴2005年

保险基金，分担参保患者医药费用和补偿医药服务机构的社会保险制度安排，简称“城居保”。基于中国国情，该制度从自愿参保逐渐走向强制参保。

城居保与城镇职工基本医疗保险具有如下相似性：①覆盖城镇地区的居民，地域上有高度重合性；②均为地市统筹，具有相同的管理部门；③保障范围相似，实行“两定点、三目录”的管理方式。不同之处如下：①医疗保险费征缴渠道不同，城居保由城镇居民缴费和各级政府补贴构成；②城居保不设个人账户，个别城市试点除外。

城居保和新农合具有如下相似性：①覆盖人群具有相似性，均为无正式就业的居民，缺乏稳定收入；②均为自愿参保，以家庭为参保缴费单位；③筹资渠道相似，均为个人缴费和政府补助；④待遇清单相似。

城镇居民医保的特殊性如下：①注重大病保障的同时关注门诊保障，如规定“城镇居民医保基金用于支付参保居民的住院和门诊大病医疗支出，有条件的地区可以逐步试行门诊医疗费用统筹”；②探索将筹资水平、缴费年限和待遇水平相挂钩，既有别于城镇职工医保的按工资比例筹资，也区别于新农合的定额筹资。

2. 政策与制度建设　从 2004 年下半年起，劳动和社会保障部开始在一些地区开展试点工作。2006 年 10 月，十六届六中全会上通过的《中共中央关于构建社会主义和谐社会若干重大问题的决定》（中发〔2006〕19 号）提出“建立以大病统筹为主的城镇居民医疗保险”。2007 年 7 月，国务院发布了《关于开展城镇居民基本医疗保险试点的指导意见》（国发〔2007〕20 号），提出“2007 年在有条件的省份选择 2～3 个城市启动试点，2008 年扩大试点，争取 2009 年试点城市达到 80% 以上，2010 年在全国全面推开”。

（三）城乡居民基本医疗保险的整合

新农合和城镇居民医保在覆盖人群、筹资水平、缴费方式、待遇清单、支付方式等方面很相似。二者分别设立，城居保的主管部门是人力资源和社会保障部、农居保的主管部门是卫生健康委员会，两个部门、两套政策、两套系统。而且，农居保的参保患者遇到重症只能到县医院就诊。在城镇化率较高的地区，如重庆市、天津市等地，在 2010 年建立城居保之前已经建立了城乡一体化的居民基本医疗保险。

2012 年 3 月，国务院印发的《关于印发“十二五”期间深化医药卫生体制改革规划暨实施方案的通知》（国发〔2012〕11 号）中提出“加快建立统筹城乡的基本医保管理体制，探索整合职工医保、城镇居民医保和新农合制度管理职能和经办资源。有条件的地区探索建立城乡统筹的居民基本医疗保险制度。”截止到 2014 年，全国已有 8 个省、35 个地市整合了城乡居民基本医疗保险制度。

2016 年 1 月，国务院发布了《关于整合城乡居民基本医疗保险制度的意见》（国发〔2016〕3 号），正式拉开了整合城乡居民基本医疗保险制度的序幕。截至 2019 年，全国所有省（直辖市、自治区）均完成了整合工作，建立了市级统筹的城乡居民基本医疗保险制度。

四、本节小结

2019 年，中国人口超过 14 亿，人均 GDP 超过一万美元，卫生支出占 GDP 比例达到 6.7%，国民平均预期寿命超过 77 岁。与同期发达国家进行比较（表 3-2），届时中国经济发展水平和卫生投入水平低于发达国家，但国民平均预期寿命的产出绩效高于三个典型国家。

表 3-2　同期典型国家与中国卫生投资与产出的比较

国别	人均 GDP，美元	卫生支出占比	个人支出占比	国民平均预期寿命
德国	4.2 万	9.79%	14.93%	81 岁
英国	4.7 万	11.14%	12.41%	80.7 岁
美国	5.6 万	16.82%	11.14%	78.7 岁
中国	1.05 万	6.7%	27.00%	77 岁

资料来源：联合国《世界人口老龄化报告》(1950—2050)，OECD 数据

从 1998 年以后，我国逐步基本建立了区域统筹、社会互济的职工基本医疗保险、居民基本医疗保险（城镇居民基本医疗保险和农村新型合作医疗整合），还有社会医疗救助、生育保险、工伤保险，部分地区探索了大病补充医疗保险、商业保险公司经办居民大病医疗保险。综上所述，基本完成了医疗保障的制度架构（表 3-3）：一是基本实现了全民医保覆盖，参保率达到 95% 以上；二是稳定了筹资水平、保障范围和报销水平逐步提升，大大减轻了参保者的医疗费用负担，提升了医疗服务的可负担性；三是参保者两周就诊率和年住院率稳步提升，因经济原因应住院未住院率下降，医疗服务可及性得到改善。

表 3-3　各类医疗保障制度的现状

	职工医保	居民医保	医疗救助	大病保险	补充医疗保险	商业健康保险
性质	强制性	半强制性	政府福利	半强制性	企业福利	个人自愿
参保对象	职工	非就业人员	贫困人口	非就业人员	职工	居民
覆盖人数	3.45 亿	10.17 亿元	—	11.3 亿元	2.9 亿人（2016 年数据）	—
保障水平	住院费用政策内支付比例 85.2%	住院费用政策内支付比例 70.0%	平均次均住院救助 1 056 元、平均次均门诊救助 93 元	—	—	—
享受待遇人次	17.9 亿	19.9 亿元	资助参保 9 984 万，门诊和住院救助 8 404 万元	—	—	—
统筹层次	市级	市级	市级	市级	企业或地区	商业保险公司
基金收入（亿元）	15 732（含生育保险）	9 115		—	846（2016）	7 059
基金支出（亿元）	12 867	8 165	546.84	—	639（2016）	

数据来源：补充医疗保险数据来源《中国社会保险发展年度报告（2016）》；2020 年全国医疗保障事业发展统计公报；大病保险数据来源银保监会

2009 年，中共中央、国务院在《关于深化医药卫生体制改革的意见》中提出，“坚持公共卫生公益性”和“强化政府责任和投入”，建设具有中国特色的医药卫生体制，包括公共卫生、基本医疗、药物供给、医疗保障的顶层设计，将推进基本医疗保障制度建设作为重点工作之一，带动管理体制、运行机制、多元投入、价格机制、法律制度、监督监管、人才保障和信息系统建设，即“四梁八柱”的顶层设计。2010 年，我国颁布了《中华人民共和国社会保险法》。

2009 年以后，一方面，收支两条线项目管理模式抑制了基层医护服务的发展，有些地方财政对一级医院的床位补贴仅为 100 元 / 日，这导致一级医疗机构撤掉床位，医护资源向城市三级医院集中，分级诊疗变为分次就诊，综合医院人满为患。另一方面，基本医疗保险快速扩面，医保支付以三级医院服务数量为主，医疗费用快速上涨。

《"健康中国 2030"规划纲要》强调，要"健全以基本医疗保障为主体、其他多种形式补充保险和商业健康保险为补充的多层次医疗保障体系"。2017 年 10 月，党的十九大报告提出"深化医药卫生体制改革，全面建立中国特色基本医疗卫生制度、医疗保障制度和优质高效的医疗卫生服务体系，健全现代医院管理制度。"2018 年，国家组建了医疗保障局。2019 年，我国颁布了《中华人民共和国基本医疗卫生与健康促进法》，对基本医疗保险的覆盖范围、筹资、职工和居民的缴费权利与义务、基金支付范围和监管方式等内容做了原则性的规定，为新时期完善医疗保险制度提供了法律依据。

第四节　我国补充医疗保险及其发展

一、补充医疗保险的定义和特征

补充医疗保险是在基本医疗保险基础上，针对重疾风险的二次分担制度安排。主要特征如下：①发生在基本医疗保险不覆盖或者免赔范围，包括人群、费用（如封顶线以上部分）、诊疗项目（如罕见病）、药物（如高值药）等；②具有互济性、分担性、自愿性，既不是福利性，也不是救助性；通常用人单位或职工自愿参保，不能强制参保；③发起组织具有多样性，包括政府、用人单位、社会组织、商业保险公司等；④慈善捐助针对个人，不在本节研究范围；⑤补充目标不同。基于基本医疗保险免赔额基础上的大病医疗保险，属于社会互济范畴。商业医疗保险针对个人医疗风险，提供个性化医疗保险、重疾保险、意外伤害等多种产品和服务，具有个性化补充作用。

二、补充医疗保险的发展

（一）探索期（1994—1998 年）

1994 年，国家体改委等部门发布的《关于职工医疗保险制度改革的试点意见》，规定"发展职工医疗互助基金和商业性的医疗保险，作为社会医疗保险的补充，以满足国家规定的基本医疗保障之外的医疗需求，但要坚持个人自愿参加、自主选择的原则"。* 该文件初步明确了补充医疗保险的形式和功能定位，即作为城镇职工医保的补充，满足基本医保之外的医疗需求；明确了补充医疗保险自愿参保的原则。

1997 年，中共中央国务院颁布的《关于卫生改革与发展的决定》也提出"基本建立起城镇职工社会医疗保险制度，积极发展多种形式的补充医疗保险"，补充医疗保险的形式将不再局限于职工互助基金和商业医疗保险。

（二）发展期（1998 年以后）

1998 年《国务院关于建立城镇职工基本医疗保险制度的决定》（简称《决定》）规定的免赔责任如下：①统筹基金的起付标准和最高支付限额：起付标准原则上控制在当地职工年平均

* 关于职工医疗保险制度改革的试点意见，国家体改委 财政部 劳动部 等，http://www.law-lib.com/law/law_view.asp?id=10362

工资的 10% 左右，最高支付限额原则上控制在当地职工年平均工资的 4 倍左右。起付标准以下的医疗费用，从个人账户中支付或由个人自付。②共付制：起付标准以上、最高支付限额以下的医疗费用，主要从统筹基金中支付，个人也要负担一定比例。③服务范围目录制：制定国家基本医疗保险药品目录、诊疗项目、医疗服务设施标准及相应的管理办法。④医药机构定点签约。基本医疗保险实行定点医疗机构（含中医医院）和定点药店管理。此外的医护服务需要自付（共付制下的自付比例）和自费（现金支付）。

1. 大病补充医疗保险 大病主要指医疗费用超过封顶线和个人负担重的病种，尚缺乏临床研究和循证研究。

一是居民大病医疗保险。2010 年前后，厦门市和太仓市等地区通过为城乡居民购买商业大额医疗保障或实行大病医疗费用梯度递增的报销方式，积极开展了建立大病保险制度的探索。2012 年，发改委、卫生部和财政部等六个部委发布了《关于开展城乡居民大病保险工作的指导意见》规定："向商业保险机构购买大病保险"，开始在多个省份和地区试点建立大病保险制度。2015 年，国务院发布了《关于全面实施城乡居民大病保险的意见》（国办发〔2015〕57 号）规定："从城乡居民基本医保基金中划出一定比例或额度作为大病保险资金。城乡居民基本医保基金有结余的地区，利用结余筹集大病保险资金；结余不足或没有结余的地区，在年度筹集的基金中予以安排"，进一步稳定了大病保险的资金来源。

2021 年 6 月，银保监会召开新闻发布会通报，截至 2020 年末，18 家保险公司在全国 31 个省（区、市）开展了大病保险业务，覆盖了 12.2 亿城乡居民（包含部分城镇职工）。居民大病保险制度实施 6 年，累计赔付 5 535.88 万人。从居民基本医疗保险基金中提取 40～80 元，基本医保分担比例平均提升了 10%～15%，最高报销金额 111.6 万元，在一定程度上缓解了城乡居民"因病致贫""因病返贫"的社会问题，商业保险经办机构处于亏损状态。

二是职工大病医疗保险。例如，北京市职工大病医疗保险、重庆职工大额医疗保险等。再如，深圳市在基本医疗保险内分设了大病统筹基金和社区门诊统筹基金，另外建立了地方补充医疗保险，在基本医疗保险支付目录外增加了支付范围。总之，职工大病医疗保险的资金筹集、待遇清单、支付方式、经办机构属于地方管理，地区差异很大。

2. 医疗补贴

一是公务员医疗补贴。2000 年，国务院办公厅转发了劳动和社会保障部《关于实行国家公务员医疗补助意见的通知》，明确了公务员医疗补助的原则、范围、经费来源、保障范围、统筹管理方式和经办工作。医疗补助目标是否针对大病并不明确。

二是企业职工医疗补贴。2002 年，财政部和劳动保障部发布了《关于企业补充医疗保险有关问题的通知》（财社〔2002〕18 号）明确了补充医疗保险的参保方式（自主建立）、保障范围（补助城镇职工医保制度支付以外由职工个人负担的医药费用）、筹资水平（工资总额 4% 以内）和统筹管理方式（企业或行业集中使用和管理，单独建账，单独管理）。2009 年财政部、国家税务发布了《关于补充养老保险费、补充医疗保险费有关企业所得税政策问题的通知》规定"补充医疗保险费在不超过职工工资总额 5% 标准内的部分，在计算应纳税所得额时准予扣除"。医疗补助目标是否针对大病并不明确。

3. 社会医疗救助 中华人民共和国成立后，医疗救助纳入社会保障体系在城市、农村、企业以各种方式发展起来。在农村人民公社的五保制度中包括"保医"，在城市居民最低生活保障制度中也包括医疗救助，在职工失业保险制度中包括医疗救助，在企业职工福利制度中包括医疗救助。

医疗救助的定义和特征。医疗救助是针对因病发生灾难性支出的家庭，通过政府和社会筹集资金，分担其医药费用或者全额支付医药费用的制度安排。医疗救助是医疗保障制度体系中的兜底性措施。主要特征如下：①救助对象主要是家庭人均收入低于最低生活标准的低保户、困难户成员和残疾人等弱势群体；②资金主要来源于财政拨款、福利彩票、国际组织援助和其他组织资金；③救助方式包括为救助对象缴纳医疗保险个人缴费、支付医疗保险封顶线之上的高额医疗费用、为危急重症患者或患重特大疾病的经济困难患者支付医疗费用等。

2003 年，民政部、卫生部和财政部发布的《关于实施农村医疗救助的意见》（民发〔2003〕158 号）规定："农村医疗救助制度是政府拨款和社会各界自愿捐助等多渠道筹资，对患大病农村五保户和贫困农民家庭实行医疗救助的制度"，提出"力争到 2005 年，在全国基本建立起规范、完善的农村医疗救助制度"。具体措施如下：①救助对象是农村五保户、贫困户或其他符合条件的农村贫困居民；②救助办法包括资助缴纳新农合保费、医疗费用救助和补助特定传染病救治费用；③救助基金来源于财政拨款、社会捐赠及其他资金；④地方政府负责制订管理办法，民政部门实施管理，医疗卫生机构提供农村医疗救助服务。

2005 年，民政部、卫生部、财政部等部门下发了《关于加快推进农村医疗救助工作的通知》，各省市区也纷纷制订了本省的实施办法，农村医疗救助在全国快速推广。2005 年 3 月，国务院办公厅转发民政部等部门《关于建立城市医疗救助制度试点工作意见的通知》（国办发〔2005〕10 号）*，目标是"从 2005 年开始，用 2 年时间在各省、自治区、直辖市部分县（市、区）进行试点，之后再用 2～3 年时间在全国建立起管理制度化、操作规范化的城市医疗救助制度"。

2009 年，为落实新医改方案，民政部等四部门印发了《关于进一步完善城乡医疗救助制度的意见》（民发〔2009〕81 号），将城市和农村医疗救助并列，明确了城乡医疗救助的范围、方式、服务内容、补助方案、经办程序和基金筹资管理方式。2013 年，财政部印发了《城乡医疗救助基金管理办法》（财社〔2013〕217 号），合并了城市医疗救助基金和农村医疗救助基金。

2012 年，各省开始开展重特大疾病医疗救助试点工作。2013 年，国务院办公厅发布了《关于建立疾病应急救助制度的指导意见》（国办发〔2013〕15 号），针对需要急救的患者因身份不明、无能力支付医疗费用的情况，建立疾病应急救助制度。

2015 年，国务院办公厅转发了民政部等部门《关于进一步完善医疗救助制度全面开展重特大疾病医疗救助工作意见的通知》（国办发〔2015〕30 号），提出整合城市医疗救助制度和农村医疗救助制度，全面开展重特大疾病医疗救助，扩大救助对象范围，资助参保参合，规范门诊救助，完善住院救助，健全筹资、即时结算、监管和衔接等工作机制。

综上所述，医疗救助覆盖面迅速扩大，救助人次大幅增加，救助标准不断升高，"一站式结算"和救助效率提升。但是仍然存在医疗救助资金来源渠道单一、救助标准地区差异大、法制建设滞后、被动式救助成效不显著等问题；医疗救助制度与基本医疗保险制度的衔接和协同是个难点问题。

4. 慈善捐赠和医疗互助 慈善捐赠包括机构捐赠、纳税人捐赠和个人捐赠。捐助医疗的善款占慈善捐助资金总额的比例较高，慈善捐助基金管理机构包括官方机构和民间非营利机构。《中华人民共和国公益事业捐赠法》于中华人民共和国第九届全国人民代表大会常务

* http://www.gov.cn/gongbao/content/2005/content_63211.htm

委员会第十次会议通过，自1999年9月1日起施行。2006年，中国全社会的慈善捐赠总额是100亿人民币。2014年，《中国慈善捐助报告》显示，我国境内接收国内外社会捐款捐物总额共计1 042.26亿元。**其中，医疗健康领域的捐款占比达37.1%，多流向西部贫困地区，以药品和医疗器具等物资捐赠为主，医疗设备捐赠占比低。**2021，中国慈善联合会发布《2020年度中国慈善捐赠报告》数据显示，2020年我国共接受境内外慈善捐赠2 253.13亿元人民币。

第三次分配是成功企业和高收入人群自愿发起社会服务和积累社会财富的分配。自愿发展基金（Voluntary fund）用于发展社会服务，如举办公益医院、护理机构和养老机构，捐资者成立理事会，称为社会服务企业的决策者和监督者，可以聘请专业经理。2014年春，这一发展趋势的显著特点是“捐赠圈”（Giving Circles）和“圈基金”的兴起。这引起公益项目投资“主导权”的争论，只有创新性政府才有税制改革的勇气，还需要社会参与，最终通过法律来加以规范。中国民营非营利企业在基本保健和养老服务领域快速发展，由于缺乏持续的公益资金投入，有些机构转入营利机构，有些机构难以生存。

医疗互助意义广泛，包括工会举办的医疗互助基金、商业相互保险、医护义工义诊等多种形式。我国公立医院承担着国内国外赈灾义诊的责任，社会团体甚至个人参加赈灾义诊的事例很多。

专栏3-1　工会医疗互济项目

XM市总工会决定自2022年1月1日起，在该市职工中组织开展第十七期职工医疗互助保障活动。XM在职职工每人每年60元参加保障计划，最高可补助20万元。本次活动的保障对象为本市机关、企事业单位、社会团体、民办非企业单位（包括省部属在XM的单位）未达到法定退休年龄、身体健康的在职从业人员，可依据自愿原则，由职工本人所在单位工会统一组织参加保障活动。本期活动保障期限为一年。参保职工在保障期限内首次确诊罹患办法规定的重大疾病，给予一次性补助30 000元；职工住院医保起付线以上产生的个人自付部分，根据住院收费专用票据“个人自付”栏的金额，扣除超出普通住院的床位费用部分，按20%的比例予以补助，最高补助金额20万元，未经医保机构结算的全自费项目不在保障范畴。

专栏3-2　商业相互保险

国内ZH商业相互保险公司，经允许用一个儿童罕见病保费收入的8%建立相互治理基金，与某市的医院儿科、社区医院、家庭医生、信息公司建立共同治理机制。通过举办50种儿科常见病培训与考核、服务能力认证和重症转诊直通渠道，提高了家庭医生的儿科诊治能力。邀请妈妈客户参与项目管理，为信息平台建设的第三方付费，建立了相互保险基金的支付方式，基金结余用于奖励参与管理的各方当事人。在松散型专医专科联盟中嵌入了半紧密型利益机制，社区儿科就诊率达到90%以上。

第五节　多层次医疗保障体系建设

一、新中国医疗保障制度建设的成绩与挑战

党的十八大报告指出：“我们工作中还存在许多不足，前进道路上还有不少困难和问题。主要是发展中不平衡、不协调、不可持续问题依然突出。”2019年，我国人均GDP超过1万美元后，人民对医疗卫生需求将更加多层次多样化，需要通过优化资源配置和加强制度建设

满足人民多层次多样化的基本保健需求。

（一）基本医疗保险发展的不平衡问题

我国基本医疗保险制度架构基本形成。不平衡的主要问题如下：①缺乏统筹规划和顶层设计。在地方统筹的基础上，缴费基准、待遇清单、支付方式、药物定价与采购、经办机构建设等方面出现各自为政、差异扩大的发展趋势。在几个经济发达地区将 30 余种罕见病纳入基本医疗保险支付范围，在欠发达地区基本支付门诊费用。②部分统筹地区出现用医疗保险送大礼包的福利倾向，由此导致基本医疗保险难以持续发展；由于基本医疗保险政策边界不清，也导致商业健康保险难以发展。③按人口户籍和就业状态设立的医疗保险制度虽然实现全民覆盖，但重复参保和漏保现象同时存在。

（二）基本医疗保障制度发展可持续性的问题

基本医疗保障制度的可持续发展遇到三个重大挑战：一是国民基本保健需求快速增长；二是科技成果转化提高了基本保健的服务质量也加大了成本；三是人口老龄化带来的减收增支压力（表 3-4），2020 年基本医疗保险基金收入增长率出现下降。2022 年，1963 年生育高峰的一代人（婴儿潮）年满 60 岁和进入退休高峰。同时，新增就业人员灵活就业占比不断增加，亟待解决参保难的问题。

表 3-4 基本医疗保障基金收支情况（2018—2020）

项目	2018	2019	增长率	2020	增长率
基本医保参保人数，万人	134 459	135 407	0.007 1	136 131	0.005 3
医保基金总收入（含生育保险），亿元	22 165	25 282	0.140 6	24 846	−0.017 2
基本医保基金总支出（含生育保险），亿元	18 584	20 854	0.122 1	21 032	0.008 5
累计结存（含生育保险），亿元	24 022	27 697	0.153 0	31 500	0.137 3
职工医保个人账户累计结存，亿元	7 284	8 426	0.156 8	10 096	0.198 2

数据来源：国家医疗保障事业统计公报（2018—2020）

（三）多层次医疗保障制度建设不协调问题

多层次医疗保障制度建设缺乏整体设计难以协调发展。主要问题如下：①各层次项目功能定位、责任边界尚不清晰；②在各项制度之间缺乏衔接机制，处于分散管理，互相补充作用不足，有些地区加大了企业缴费负担；③基本医疗保险一支独大，商业健康保险创新能力不足且发展缓慢。

二、医疗保障制度深化改革部署

2020 年 2 月，中共中央、国务院《关于深化医疗保障制度改革的意见》（以下简称《意见》）提出："坚持系统集成、协同高效，增强医保、医疗、医药联动改革的整体性、系统性、协同性，保障群众获得高质量、有效率、能负担的医药服务。"

（一）指导思想

坚持以人民健康为中心，加快建成覆盖全民、城乡统筹、权责清晰、保障适度、可持续的多层次医疗保障体系，通过统一制度、完善政策、健全机制、提升服务，增强医疗保障的公平性、协调性，发挥医保基金战略性购买作用，推进医疗保障和医药服务高质量协同发展。

（二）基本原则

①坚持应保尽保、保障基本，基本医疗保障依法覆盖全民，尽力而为、量力而行，实事求

是确定保障范围和标准。②坚持稳健持续、防范风险，科学确定筹资水平，均衡各方缴费责任，加强统筹共济，确保基金可持续。③坚持促进公平、筑牢底线，强化制度公平，逐步缩小待遇差距，增强对贫困群众基础性、兜底性保障。④坚持治理创新、提质增效，发挥市场决定性作用，更好发挥政府作用，提高医保治理社会化、法治化、标准化、智能化水平。⑤坚持系统集成、协同高效，增强医保、医疗、医药联动改革的整体性、系统性、协同性，保障群众获得高质量、有效率、能负担的医药服务。

（三）改革发展目标

到 2025 年，医疗保障制度更加成熟定型，基本完成待遇保障、筹资运行、医保支付、基金监管等重要机制和医药服务供给、医保管理服务等关键领域的改革任务。

到 2030 年，全面建成以基本医疗保险为主体，医疗救助为托底，补充医疗保险、商业健康保险、慈善捐赠、医疗互助共同发展的医疗保障制度体系，待遇保障公平适度，基金运行稳健持续，管理服务优化便捷，医保治理现代化水平显著提升，实现更好保障病有所医的目标。

（四）改革发展路径

医疗保障制度成熟定型的四个机制和两个支撑。①公平适度的待遇保障机制。要推进法定医疗保障制度更加成熟定型，健全重特大疾病医疗保险和救助制度，统筹规划各类医疗保障高质量发展，根据经济发展水平和基金承受能力稳步提高医疗保障水平。②健全稳健可持续的筹资运行机制。要建立与社会主义初级阶段基本国情相适应、与各方承受能力相匹配、与基本健康需求相协调的筹资机制，切实加强基金运行管理，加强风险预警，坚决守住不发生系统性风险底线。③建立管用高效的医保支付机制。要聚焦临床需要、合理诊治、适宜技术，完善医保目录、协议、结算管理，实施更有效率的医保支付，更好保障参保人员权益，增强医保对医药服务领域的激励约束作用。④健全严密有力的基金监管机制。要织密扎牢医保基金监管的制度笼子，着力推进监管体制改革，建立健全医疗保障信用管理体系，以零容忍的态度严厉打击欺诈骗保行为，确保基金安全高效、合理使用。⑤协同推进医药服务供给侧改革。要充分发挥药品、医用耗材集中带量采购在深化医药服务供给侧改革中的引领作用，推进医保、医疗、医药联动改革系统集成，加强政策和管理协同，保障群众获得优质实惠的医药服务。⑥优化医疗保障公共管理服务。要完善经办管理和公共服务体系，更好提供精准化、精细化服务，提高信息化服务水平，推进医保治理创新，为人民群众提供便捷高效的医疗保障服务。探索建立共建共治共享的医保治理格局。规范和加强与商业保险机构、社会组织的合作，完善激励约束机制。

三、多层次医疗保障定义和公共选择

在进入 21 世纪之际，世界卫生组织提出“让人人享有基本保健，拥有体面的、有质量的生活”，可以将其理解为医疗保障定义。由此决定医疗保障的主要特征如下：①覆盖全体居民，即全覆盖；②发展与国家经济发展水平相适应的基本保健服务体系，即保基本；③多项措施组合，包括医疗保险、医疗救助、商业健康保险，甚至包括免费医疗，即多层次。多层次医疗保障体系即多主体、多层次、多功能协同发展的制度安排和操作平台。主体规范、层次合理、功能互补和一体化运行是构建多层次医疗保障体系的必要条件。

20 世纪 70 年代以后，面对科技进步、人口老龄化和国民医护需求的不断增长，各国均按照鸡蛋不放在一个篮子的风险管理做法，构建多层次医疗保障体系，抑制单一制度安排的风险和局限性。多层次制度安排的公共选择如下：①按照收入划分。如德国试用以月收入 5 000 欧元为界，以下者继续参加基本医疗保险、以上者推出基本医疗保险和购买商业健康保险，二者任选一，一旦退出基本医疗保险即不能再返回。②按照保障水平划分。基本医疗保险设定年度支付封顶线，以上部分由个人支付或者商业医疗保险支付。此外，商业健康保险还可以分担意外伤害、高值药品、个性化医疗服务的费用。国民医护需要和有效需求之间存在差异，由国民收入决定医护消费支付能力的差异；为实现医护服务供给价格弹性小于1，实现人人享有基本医护的目标，需要分层筹资和分层供给。政府在承担基本医疗保障责任的同时，还有责任鼓励中高收入人群购买商业健康保险，满足他们个性化、高标准医护服务需求，促进国家卫生医疗和健康产业高质量发展。

此前，在城镇化率和就业率较高的地区，如东莞市、深圳市、佛山市、金华市等地，通过分档缴费等方式，先行先试了职工和居民基本医疗保险的制度整合。主要措施如下：在建立基本医疗保险制度一体化管理体系和信息系统的基础上，统一职工医保和居民医保的基金池和医保目录，同时设置 1～3 个缴费与待遇档次，参保者可以选择一个缴费档次并享受相应的待遇。制定地方社会医疗保险办法，强制用人单位和职工按照国务院规定缴费和享有待遇，居民、灵活就业人员可以自行选择缴费档级。在深圳市，允许流动人口参加最低档级缴费，与家庭医生全队签约，实行首诊制和紧密型医共体内住院制（20 种大病除外）。这些先行地区的探索，为未来全面建立全民一体化基本医疗保险和医疗保障制度积累了经验。

四、我国多层次医疗保障体系架构

中共中央 5 号文提出："坚持以人民健康为中心，加快建成覆盖全民、城乡统筹、权责清晰、保障适度、可持续的多层次医疗保障体系"，解决医疗保障发展不均衡、不充分的问题。《"十四五"全民医疗保障规划》提出："以基本医疗保险为主体，医疗救助为托底，补充医疗保险、商业健康保险、慈善捐赠、医疗互助等共同发展的多层次医疗保障制度框架基本形成，更好满足了人民群众多元化医疗保障需求。统一的城乡居民基本医疗保险和大病保险制度全面建成。基本医疗保险统筹层次稳步提高。生育保险与职工基本医疗保险合并实施。长期护理保险制度试点顺利推进。"综上所述，中国多层次医疗保障体系架构如下（图 3-2）。

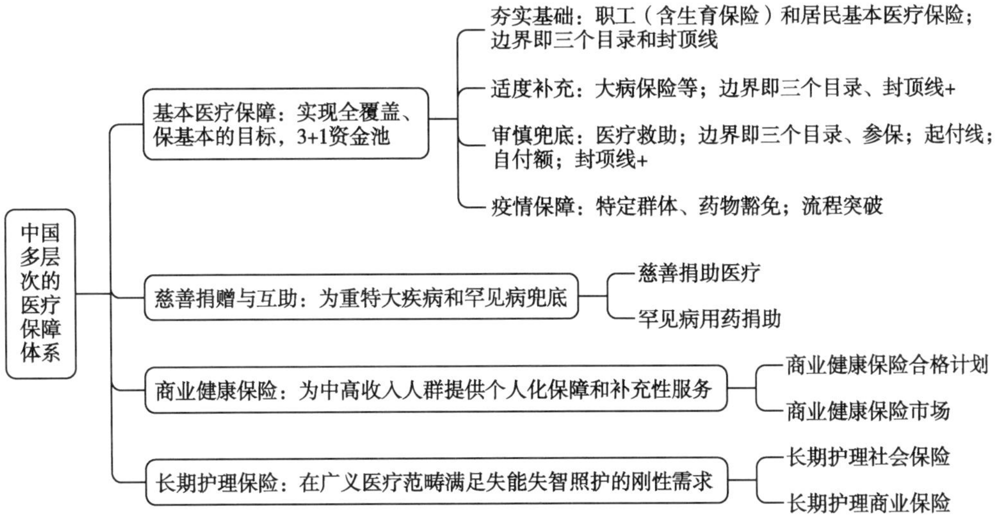

图 3-2 多层次医疗保障制度架构和体系

五、多层次医疗保障体系建设的主要措施

（一）整合基本医疗保障的三项制度

十四五规划提出完善基本医疗保障的制度安排如下：①促进基本医疗保险公平统一。基本统一全国基本医疗保险用药范围，规范医保支付政策确定办法；坚持保基本定位，建立健全医疗保障待遇清单制度；合理确定待遇保障水平，做好门诊待遇和住院待遇的统筹衔接。②规范补充医疗保险。完善和规范城乡居民大病保险制度，加强与基本医疗保险和医疗救助的衔接，提高保障能力和精准度。逐步规范职工大额医疗费用补助、企业补充医疗保险等制度。③统一规范医疗救助制度。建立救助对象及时精准识别机制。实施分层分类救助，规范救助费用范围，合理确定救助标准。建立健全防范和化解因病致贫返贫长效机制，协同实施大病专项救治，积极引导慈善等社会力量参与救助保障，强化互联网个人大病求助平台监管。④完善疾病应急救助管理运行机制，确保需急救的急重危伤病患者不因费用问题影响及时救治。以上项目都属于基本医疗保障范畴，规范和整合三个制度可以提高基本医疗保障的保障水平，逐步解决发展不均衡和不充分的问题。综上所述，需要规范和统一具有基本医疗保障属性的职工和居民基本医疗保险、大病保险和财政补贴、社会医疗救助的三个资金池，在发生重大疫情期间，针对特殊人群和医药的特殊支付政策。具体措施如下：

1. 统一待遇清单制度 前述三个项目执行统一的基本医疗保障待遇清单制度。统一目录、统一支付方式、统一结算流程、经办管理和监督机制，避免断档和重复，给参保患者造成不便（专栏 3-3）。建立分层次支付机制，大病保险实施二次给付、社会救助实施三次给付。

专栏 3-3 医院为患者办理分解住院手续的原因

2016 年，国家卫计委对县域公立医院进行评估。在海南省 L 县某公立医院发现，住院患者孙先生患恶性肿瘤，在 2016 年 8 月 16 日办理出院手续，次日又办理了入院手续，违反了医疗保险关于禁止**分解住院的规定**。**分解住院**是指医院在住院患者尚未痊愈的前提下，为患者办理多次出院、住院手续的行为，其实这位患者并没有离开医院。医院为其分解住院的原因是孙某属于贫困户，按照当地民政部门的有关规定，他需要带着出院证明去申请医疗救助资金。该医院为了孙某能够支付住院的医疗费用，不得不为他办理了分解住院手续。

2. 适度发展大病保险 在实施病组支付和协议定价与带量采购之后，应当将超封顶线、自付比例纳入对医保医师和医保定点服务机构的监督和绩效考评，控制大病发生率。在不增加企业负担的基础上，建立适度的筹资机制。未经国家医疗保障行政部门批准，不得随意建立大病保险项目。

3. 提高医疗救助绩效 《意见》提出："健全统一规范的医疗救助制度的要求"。《医疗保障法（征求意见稿）》第十九条规定："县级以上人民政府应当健全医疗救助制度，为符合医疗救助条件的困难人员实施资助参保和直接医疗费用救助。医疗救助对象、救助方式和救助费用范围，按照国家有关规定执行。医疗救助基金通过财政补助、彩票公益金、社会捐赠等多渠道筹集。县级以上人民政府根据经济社会发展水平和医疗救助基金筹集情况，科学合理确定医疗救助标准"。国家医保局、财政部《关于建立医疗保障待遇清单制度的意见》（医保发〔2021〕5 号）的规定，纳入国家医疗保障待遇清单（2020 版）的内容包括医疗救助，一是对救助对象参加居民医保的个人缴费部分给予资助；二是对救助对象经基本医疗保险、补充

医疗保险支付后，个人及其家庭难以承受的符合规定的自付医疗费用给予救助。

具体措施如下：一是建立全国统一和兼顾地方情况的救助对象及时精准识别机制，如家庭经济状况调查制度和灾难性医疗支出核定标准；科学确定救助范围，建立阶梯式救助政策，解决“三只羊”断崖问题，如果拥有三只羊以下的为贫困户，拥有四只羊的家庭即得不到救助，人们可能为此杀掉第四只羊。二是全面落实资助重点救助对象参保缴费政策，健全重点救助对象医疗费用救助机制。三是建立防范和化解因病致贫返贫长效机制，增强医疗救助托底保障功能，通过明确诊疗方案、规范转诊等措施降低医疗成本，尝试建立平价病床制度（专栏 3-4）。四是提高年度医疗救助限额，合理控制贫困群众政策范围内自付费用比例。

专栏 3-4　新加坡医疗救助与平价病房

新加坡的医疗保健制度分为三个层次。一是急诊急救，覆盖所有新加坡公民；二是全国性保健储蓄计划，于 1984 年 4 月 1 日开始，要求每个就业的公民每月把部分收入存入自身保健储蓄账户，以支付自己及其家属未来的医药费用；三是健保双全计划和乐龄健保计划，可以分担重大疾病或顽疾时的医药费用。最后，政府还设立了保健基金，在享受其他层次保障后仍无力支付应负担的医疗费用时可以获得资金援助，援助金根据申请者的家庭境况和现有条款而定。同时，新加坡政府，在非营利医院中购买平价病房，为援助金获得家庭提供质量可靠、成本低的医护服务。

4. 疫情制度保障　《医疗保障法（征求意见稿）》第二十四条规定：“国家完善重大疫情等紧急情况医疗救治费用保障机制，健全医疗救治医保支付政策，统筹做好医疗保障基金和公共卫生服务资金等使用。”具体措施如下：一是统筹医疗保障基金和公共卫生服务资金使用，提高对基层医疗机构的支付比例，实现公共卫生服务和医疗服务有效衔接，打造一防、二控、三救治的公共卫生、疫情防控和基本保障医防融合、平战结合的服务体系。二是为应对突发性重大情况等确有必要突破国家清单限定的，要及时向国务院医疗保障行政部门和财政部门报告。国家规定的民族药纳入医保药品目录等特殊政策措施，以及基本医保省级统筹等重大政策调整，要在向国务院医疗保障行政部门和财政部门报告后，按规定推进并备案。具体措施如下：①确保医疗机构先救治、后收费；②健全重大疫情医疗救治的医保支付政策，完善异地就医直接结算制度，确保患者不因费用问题影响就医；③探索建立特殊群体、特定疾病医药费豁免制度，有针对性免除医保目录、支付限额、用药量等限制性条款，减轻困难群众就医就诊后顾之忧。

（二）规范慈善捐赠与互助医疗

慈善捐赠包括机构捐赠、纳税人捐赠和个人捐赠。捐助医疗的善款占慈善捐助资金总额的比例较高，慈善捐助基金管理机构包括官方机构和民间非营利机构。

1. 慈善捐助为罕见病兜底　《意见》提出：“探索罕见病用药保障机制”。在中国，江苏、浙江、广东等几个经济发达地区将近 30 种罕见病用药纳入医保支付范围，在经济欠发达地区是做不到的。在国家实行统一待遇清单制度之后，应当统一考虑罕见病用药保障机制。主要措施如下：①基本医疗保险分担基本保障范围以内的部分，如当地社会平均工资的 4～6 倍；社会医疗救助分担剩余部分或者一部分；②有条件的家庭购买商业医疗保险，再分担剩余部分；③通过社会捐助分担剩余部分，为患者和困难家庭兜底，让人间充满爱。但是，应当建立“基本医疗保险支付额 / 占比、社会救助支付额 / 占比、商业保险支付额 / 占比”依次支付的信息，再发动社会捐助，让如此美好的事情有序发展（专栏 3-3）。

专栏3-5 罗XX事件缺点儿什么?

深圳市白血病患者罗××患上白血病，多次住院治疗，2016年11月23日住进重症监护室。26日罗××家长罗先生一篇名为《罗××，你给我站住》的文章引发网友纷纷慷慨解囊，通过微信及公众号捐款，罗先生及某P2P营销公司公众号在收到捐款270万元时紧急叫停捐款。

11月30日，舆情忽然反转，有网友开始质疑罗××家长罗先生有3套房产1辆汽车，深度参与此事件的P2P公司是“带血营销”“透支善意”。罗先生列出了各种理由解释房产无法变现的原因，并表示希望通过小范围筹集30万～50万元，再加上P2P公司承诺的一对一配捐数额（最高额50万元）来保障罗××的治疗费用。

11月30日傍晚，深圳市社保部门公布，罗××在2016年9月8日至今三次住院，共产生医疗费用20.42万元，医保范围内费用18.41万元，医保记账16.81万元，个人现金支付3.62万元。网友进一步质疑罗先生，在网上求助时是否知道医疗费用开支情况。深圳民政局调查之后表示，网友微信赞赏不是募捐行为，可能公众以为是募捐行为。律师认为，慈善法没有限制个人求助。

案例分析：该事件暴露出来的主要问题是缺乏规范的信息披露和捐助秩序。首先，应当建立统一公开的医疗求助信息平台，禁止由营利机构经营。其次，披露求助者医疗费用需求和专业机构的证明。然后，进入费用支付情况的信息披露，第一顺序是披露基本医疗保险支付情况；第二顺序是披露个人家庭资产状况、购买商业健康保险和支付情况；第三顺序是社会医疗救助的支付情况；第四顺序是进入社会捐助过程。

2. 培育基本保健服务的“圈基金” 伴随人均GDP的增长和高收入人群的增加，人们会抱怨高收入的税负太重、公共财政投资社会服务不足等。一些发达国家通过税制改革，允许个人选择个人所得税的税点，并将达到一定税点之后的收入放入自愿发展基金（voluntary fund），用于发展社会服务。这类基金成为发展公益医院，特别是社区医院的主要资金来源。中国民营非营利企业在基本保健和养老服务领域快速发展，由于缺乏持续的公益资金投入，有些机构转入营利机构，有些机构难以生存。

《意见》提出：“鼓励社会慈善捐赠，统筹调动慈善医疗救助力量，支持医疗互助有序发展”。《医疗保障法（征求意见稿）》第二十二条规定：“慈善医疗救助款项筹集及使用按国家有关规定执行”。创新慈善医疗新局面的主要措施如下：①深化税制改革和制定自愿发展基金法律法规。在经济发达地区先行试点，通过企业捐赠、纳税人捐赠和个人捐赠，建立自愿发展基金和投资项目的管理模式，为发展公益性社会服务提供资金来源和奠定社会基础，走出非财政即市场的困境。②大力培养医务社工。医务社工包括专职服务和兼职服务，让他们成为家庭医生的助手、养老机构的业务骨干，为发展慈善医疗救助和支持医疗互助培育人力资源。这应当成为健康中国重要组成部分。③将慈善医疗资金和医疗互助行动计划纳入中国优质高效医护服务体系建设，建立统一公开的信息平台和规章制度，成为重症家庭医疗救助的社会兜底措施。

（三）大力发展商业健康保险

1. 商业健康保险的定义和特征 以被保险人的身体为保险标的，保证被保险人在疾病或意外事故所致伤害时的直接费用或间接损失获得补偿，包括意外伤害保险、疾病保险、医疗保险、医疗责任险、收入保障保险和长期照护保险等。

主要特征：①针对个人风险，由个人购买，主要覆盖中高收入人群；与前述的大病保险不同，在基本医疗保障的基础上，商业健康保险的价值是发挥个性化补充作用；例如，在专栏 3-5 中，罗先生本次住院医疗费用中个人自付和自费合计费用的占比为 72%，如果有商业健康保险分担，则大大减轻罗先生的个人负担。②商业健康保险的标的十分丰富，可以广泛的、持续的根据消费者需求进行开发；从医疗保险、重疾保险、意外伤害、疾病赔偿、经济补偿到健康管理。③商业健康保险市场包括个人购买者和团体购买者，团体保险丰富了员工福利。④商业健康保险理赔方式多样化，包括理财型产品、保障型产品、相互保险型计划等，发展空间大于基本医疗保险。⑤商业健康保险与基本医疗保险具有同样的健康大数据需求，一要建立信息安全保障机制，为商业健康保险合法使用二手数据打开通道；二要选择优质商业健康保险公司与基本医疗保险建立合作机制，共同开发和使用建立医疗保险智能监控与评估平台，共同使用医疗大数据决策。

2. 我国商业健康保险的发展 社会医疗保险和商业健康保险本是两条轨道上跑的车。20 世纪 70 年代以来，面对国民不断增长的基本保健需求、科技进步拉高的医疗成本、人口老龄化提出的长期照护需求，各国政府在提供公共品的基础上，开始探索通过多种组织形式、有效地生产各种准公共物品。政府通过减免税收、联合营销等方式共同举办医疗保险合格计划。在合格计划内，由总额预算、收入和支出计划，对商业保险公司减免税收和规定成本与利润空间，最终实现政策目标、公众利益和商业保险公司共赢。

20 世纪 80 年代，我国商业健康保险开始发展。1983—1985 年，上海市试办的合作社职工医疗保险、母婴安康保险、合资企业中国职工健康保险是较早的商业健康保险。1990 年后，保险公司也推出了中小学生平安保险、住院医疗保险、综合医疗保险和防癌保险等险种。

1998 年以后，商业健康保险开发了与城镇职工医保相衔接的补充医疗保险，如住院安心保险、团体高额医疗保险等，同时引入了重大疾病保险，20 多种疾病保险上市，极大地激发了市场需求。商业保险主体也不断增加，非国有商业保险公司成立。

2002 年修正的《中华人民共和国保险法》，允许“经营财产保险公司业务的公司经保险监督管理机构核定，可以经营短期健康保险业务和意外伤害保险业务”，加剧了健康保险市场的竞争。2005 年，中国保监会批准设立了 5 家专业健康保险公司，商业健康保险逐渐走向专业化发展，同时，各类险种也快速增加，越来越多样化，开发了失能收入损失责任险和长期护理责任保险等产品。

2006 年 9 月，中国保监会颁布了规范商业保险的部门规章《健康保险管理办法》，并在 2019 年进行了修正。2014 年 11 月，国务院办公厅发布了《关于加快发展商业健康保险的若干意见》（国办发〔2014〕50 号），明确了商业健康保险的定义、功能定位，并且从扩大商业健康保险供给、推动完善医疗保障服务体系、提升管理和服务水平和完善发展商业健康保险的支持政策等方面加强了顶层设计，对商业健康保险的发展具有重大指导意义。2015 年 5 月 6 日，国务院常务会议决定试点对购买商业健康保险给予个人所得税优惠，每人每年享受的税前扣除限额为 2 400 元。2019 年修订了《健康保险管理办法》。

商业健康保险行业发展存在如下问题：①产品开发能力不足。由于很难获取完整的健康和医疗数据，影响到健康保险产品开发的针对性，并制约了产品的开发速度和能力；②运营模式创新动力不足。商业健康保险需要走出传统寿险和财险的运营模式，从理赔支付型向健康管理型转变。目前中国大多数商业健康保险公司尚不具备这种创新的积极性和能力。

3. 商业健康保险的补充保障功能 各国发挥商业健康保险补充保障功能的具体措施如下：①按人群划分，以美国为例，在职职工由雇主购买商业健康保险，同时缴纳社会医疗保险费，退休后享有社会医疗保险；②按收入划分，以德国为例，正在鼓励月收入 5 000 欧元以上的职工直接购买商业健康保险；③按待遇划分，以中国为例，基本医疗保险覆盖全体国民，鼓励中高收入人口购买商业健康保险，对接医疗机构的特需服务。

《意见》规定："到 2030 年，全面建成以基本医疗保险为主体，医疗救助为托底，补充医疗保险、商业健康保险、慈善捐赠、医疗互助共同发展的医疗保障制度体系"。截至 2020 年底，市场上经营健康保险的公司总计 150 余家。2012—2020 年末，商业保险公司承保全国 90% 以上的居民大病保险业务，服务人口超过 10.7 亿人，保费收入达 389 亿元。2021 年，各地政府和商业健康保险合作开发了一系列惠民保类产品，是地方政府、基本医疗保险和商业健康保险合作的开端。

《意见》提出："加快发展商业健康保险"。《医疗保障法（征求意见稿）》第二十一条规定："国务院医疗保障行政部门会同有关部门规范商业健康保险管理，突出健康保险产品设计、销售、赔付等关键环节监管，提高健康保障服务能力，推进商业健康保险有序发展。"

发挥商业保险补充保障功能存在如下挑战：①与医疗服务机构衔接不紧密。我国公立医院管理体制存在不确定性，公立医院能否承接由商业保险支付的特需服务尚未确定。社会办医规模较小，商业健康保险发展的市场规模存在不确定性。②与基本医疗保险衔接不紧密。一方面，基本医疗保障与商业健康保险之间边界模糊、定位不清，缺乏法律定位和协调机制。另一方面，社商合作的信息互联、数据互通、合作互信缺乏可行办法和实际措施。

主要措施如下：①发挥税优政策的激励作用。通过税式改革，建立用人单位、职工和居民购买商业健康保险的激励机制。②激励商业健康保险运行模式创新，走出寿险和财险的困区，激励适合健康管理的商业健康保险的运营模式，研究扩大健康保险产品范围，支持商业保险公司扩大重疾险、长期护理等保险产品范围。③在疾病风险较大的领域，探索运行社会医疗保险与商业健康保险合作的普惠型合格计划。在此基础上，鼓励商业健康保险公司开发满足高收入人群的健康保险产品和针对个人和家庭的综合理财规划服务。④社会医疗保险经办机构选择优质的商业健康保险公司联合共建医疗保障信息平台和数据库，在保障信息安全的基础上，建立社会医疗保险使用一手数据和商业健康保险使用二手数据的医疗与健康数据管理体制。

（四）创新发展长期护理保险

1. 长期护理保险的定义与特征 长期护理（照护）保险即向用人单位和职工或者向全体居民征缴费用，建立专用基金，分担失能失智老人照护费用和补偿照护机构的制度安排。

长期护理保险的主要特征如下：①保障对象是高龄失能失智老年人，德国、日本等先行进入高度人口老龄化社会的数据显示，80 岁以上年龄的长期照护需求为 20% 左右。②保险标的介于医疗照护和生活照护之间。医疗照护以专业机构为主，生活照护以家庭为主。美国长者护理全包计划（PACE）的创新价值在于，大力发展院外康复护理，送进社区照护中心和家庭病床。各国长期护理保险的支付方式差异较大。③长期照护属于广义医护范畴，确定保险理赔标准没有临床数据，需要开发失能失智和伴随症状的评估标准和评估记录。伴随国民预期寿命的不断延长，其评估标准需要与时俱进的发展。

以阿尔茨海默病（Alzheimer's disease，AD）为例，是一种发生于老年期的以进行性认知障碍和记忆力损害为主的中枢神经系统退行性病变的疾病，自然病程约 3～15 年 。2016 年，WHO 发布的全球前十位死因显示 AD 排第六位，全球死亡人数超过 200 万。中国精神卫生调查的数据显示，老年期痴呆终生患病率 75～79 岁人群为 8.10%，80 岁及以上人群为 17.25%。

2. 长期护理保险的产生与发展　失能失智照护发展经历三个阶段：在第一个阶段里主要由家庭照护；在第二个阶段里，伴随慢性病管理一些失能失智症状被纳入临床治疗范畴，由基本医疗保险基金支付，由此延长了住院日和医疗费用增加；在第三个阶段里，将长期照护纳入广义医护范畴，从狭义医护范畴中挪出，不再由医疗保险基金支付，另立评价标准、照护规范以建立长期护理保险制度。长期照护服务业兴起，其产值从占 GDP 的 0.5% 上升到 1.5%（表 3-5）。

表 3-5　高龄失能失智长期照护需求与产值的变化

发展阶段	国民平均预期寿命	长期照护产值
初级人口老龄化社会 1950 年以后	70～75 岁	占 GDP 的 0.5%
中度人口老龄化社会 1970 年以后	75～80 岁	占 GDP 的 1.0%
高度人口老龄化社会 2010 年以后	80 岁以上	占 GDP 的 1.5%

注：根据 OECD 官方数据库自制

3. 中国发展长期护理保险的思考　中国人口老龄化发展速度快、程度深，企业五险一金缴费负担重，建立长期护理保险制度是个挑战，需要借鉴先行发达国家的经验和教训，继续发挥制度创新的优势，建立适合中国国情的长期护理保险制度。

具体措施如下：①坚持全覆盖、保基本的原则，建立基准费率制度，规范缴费基数政策，合理确定费率，实行动态调整。均衡个人、用人单位、政府三方筹资缴费责任，优化个人缴费和政府补助结构，研究应对老龄化长期照护负担的多渠道筹资政策。②借鉴德国经验，将长期护理保险筹资缴费与家庭生育关联，增加生育少和不生育家庭的缴费责任。③尝试建立社会长期护理保险和商业长期护理保险合作的普惠型合格计划，满足社会大众购买长期护理保险的需求。科学拟定费率、免税额度和各自的支付范围，合理确定商业保险公司的成本和利润，建立多方共赢的运营机制。在此基础上，鼓励商业健康保险公司开发满足高收入人群的长期护理保险产品和针对个人和家庭的综合理财规划服务。

本章小结

研究中国医疗保险需要从中国共产党的政治承诺开始。中国医疗保险经历了计划经济时期的劳动医疗保险（1949—1997 年）、改革开放时期的社会医疗保险（1998—2019 年），进入社会主义建设新时期的多层次医疗保障体系建设（2020 年以后）。在城镇化率不足 65% 的国家，人均 GDP 刚超过一万美元的中国，建立了一个覆盖 13.6 亿人口（覆盖率 95%）的社会医疗保险制度，是坚持人民利益和制度创新的结果。

思考与练习题

1. 一个国家的医疗保障发展与执政理念相关 1935 年美国罗斯福政府颁布了《老遗残持续收入保障法》，否定了医疗保险议案；1964 年美国通过了《老遗残医疗保险法》，否定了雇员医疗保险法案；至今美国在职职工仍然实行商业医疗保险；请研究社会背景和分析主要原因。

2. 中华人民共和国建国初期以最短时间消除了天花、痢疾等流行病，国民平均预期寿命快速延长，被世界银行称为最佳筹资方式和运营模式，为什么？

3. 1998 年职工基本医疗保险为什么采用住院和门诊分离的“板块模式”，并设置了个人账户，怎样理解 2021 年门诊统筹和职工医保个人账户属于权益置换式改革，门诊应当在哪里？

4. 如何整合基本医疗保险、大病保险和社会医疗救助三个资金池，夯实基本医疗保险的保基本功能。

5. 分析惠民保的特征和问题，请思考如何规范和持续发展惠民保。

6. 分析西方国家公益医疗机构的资金来源和运行模式，看我国医疗捐助和医疗互助的发展趋势，及其与第三次分配的关系。

7. 通过案例分析看相互保险嵌入专科医生联盟的多元价值。

【案例】 相互保险指具有同质风险保障需求的单位或个人，通过订立合同成为会员，并缴纳保费形成互助基金，由该基金对合同约定的事故发生所造成的损失承担赔偿责任的保险组织。相互保险起源于中世纪欧洲的基尔特组织——为组织会员及其家庭成员在生老或病亡时提供经济保障的行会。2015 年 1 月 23 日，中国保监会出台了《相互保险组织监管试行办法》，此后一个嵌入相互保险的妇儿家庭医生互助计划诞生了。具体做法如下：ZH 相互保险公司依法实行 92 制，提取保费的 8% 用于建立利益相关人补偿与治理机制。包括 HX 医院提供培训、考核的专家费用、家庭医生签约服务、后台信息系统服务、妈妈团成员参与管理等，将松散型专科联盟转化为半紧密联盟。ZH 保险公司介入了健康管理过程和拥有了特定人群和特定病种的信息和大数据。家庭医生具有了儿科常见病的诊疗能力，增进患者信任感，续约率高、收入增加，基层就诊率达到 98% 以上。

参考文献

[1] 郑功成，申曙光. 中国医疗保障发展报告（2021）. 北京：社会科学文献出版社，2021.
[2] 罗伯特. D. 利伯塔尔. 简明健康保险经济学：健康保险的好处是什么？王文，范娟娟，译. 北京：中国金融出版社，2018.

第四章
医疗保障管理运行

教学目标

中共中央5号文提出："要完善经办管理和公共服务体系，更好提供精准化、精细化服务，提高信息化服务水平，推进医保治理创新，为人民群众提供便捷高效的医疗保障服务。"熟悉和理解我国医疗保障管理体制、运行机制、部门分工的制度安排和发展趋势。

主要内容

医疗保障管理体制；医疗保障运行机制；医疗保障监督机制；医疗保障综合治理。

第一节 医疗保障管理体制

管理体制是围绕组织目标进行的人财物与信息的资源配置和领导关系的制度安排，涉及中央、地方和基层医疗保障行政机构之间的责权关系、医疗保障经办机构的性质、定点医药机构的性质。

中共中央5号文提出："建立部门协同机制，加强医保、医疗、医药制度政策之间的统筹协调和综合配套。国务院医疗保障主管部门负责统筹推进医疗保障制度改革（图4-1），会同有关部门研究解决改革中跨部门、跨区域、跨行业的重大问题，指导各地区政策衔接规范、保障水平适宜适度。"

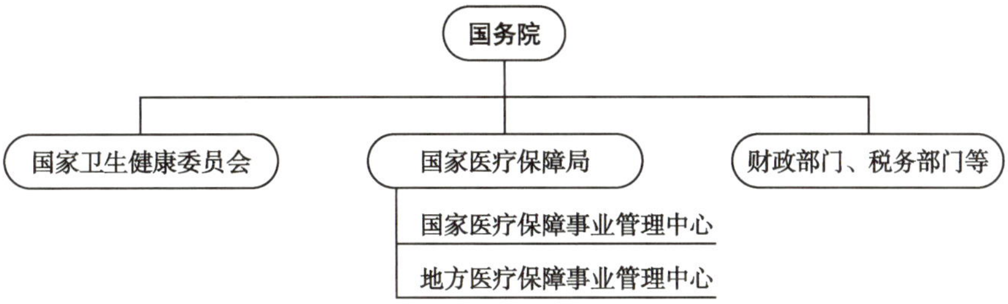

图4-1 中国医疗保障管理体制

一、国家医疗保障局的主要职责

2018年，第十三届全国人民代表大会第一次会议《关于国务院机构改革方案的决定》提出："实现人力资源和社会保障部城镇职工和城镇居民基本医疗保险和生育保险责任，国家卫生和计划生育委员会新农合责任，国家发展和改革委员会的药品和医疗服务价格管理的责任，民政部的医疗协助职责的整合，国务院直属机构设立国家医疗保障局"。国家医疗保障局是国务院直属机构，为副部级。根据省级《党政机构改革方案》成立的医疗保障局为政府直属机构，多数为副厅级。市县根据党政机构限额规定，设立医疗保障局。

主要职责如下：①拟订医疗保险、生育保险、医疗救助等医疗保障制度的法律法规草案、政策、规划和标准，制定部门规章并组织实施。②组织制定并实施医疗保障基金监督管理办法，建立健全医疗保障基金安全防控机制，推进医疗保障基金支付方式改革。③组织制定医疗保障筹资和待遇政策，完善动态调整和区域调剂平衡机制，统筹城乡医疗保障待遇标准，建立健全与筹资水平相适应的待遇调整机制。组织拟订并实施长期护理保险制度改革方案。④组织制定城乡统一的药品、医用耗材、医疗服务项目、医疗服务设施等医保目录和支付标准，建立动态调整机制，制定医保目录准入谈判规则并组织实施。⑤组织制定药品、医用耗材价格和医疗服务项目医疗服务设施收费等政策，建立医保支付医药服务价格合理确定和动态调整机制，推动建立市场主导的社会医药服务价格形成机制，建立价格信息监测和信息发布制度。⑥制定药品、医用耗材的招标采购政策并监督实施，指导药品、医用耗材招标采购平台建设。⑦制定定点医药机构协议和支付管理办法并组织实施，建立健全医疗保障信用评价体系和信息披露制度，监督管理纳入医保范围内的医疗服务行为和医疗费用，依法查处医疗保障领域违法违规行为。⑧负责医疗保障经办管理、公共服务体系和信息化建设。组织制定和完善异地就医管理和费用结算政策。建立健全医疗保障关系转移接续制度。开展医疗保障领域国际合作交流。⑨完成中共中央、国务院交办的其他任务。⑩职能转变。国家医疗保障局应完善统一的城乡居民基本医疗保险制度和大病保险制度，建立健全覆盖全民城乡统筹的多层次医疗保障体系，不断提高医疗保障水平，确保医保资金合理使用、安全可控，推进医疗、医保、医药"三医联动"改革，更好保障人民群众就医需求、减轻医药费用负担。⑪与国家卫生健康委员会的有关职责分工。国家卫生健康委员会、国家医疗保障局等部门在医疗、医保、医药等方面加强制度、政策衔接，建立沟通协商机制，协同推进改革，提高医疗资源使用效率和医疗保障水平。

二、医疗保障局的内设机构

（一）业务部门

待遇保障司主要职能：拟订医疗保障筹资和待遇政策，统筹城乡医疗保障待遇标准；统筹推进多层次医疗保障体系建设；建立健全医疗保障关系转移接续制度；组织拟订长期护理保险制度改革方案并组织实施；承担局党组、局领导交办的其他事项。

医药服务管理司主要职能：拟订医保目录和支付标准，建立动态调整机制，制定医保目录准入谈判规则并组织实施。拟订定点医药机构医保协议和支付管理、异地就医管理办法和结算政策。组织推进医保支付方式改革。组织开展药品、医用耗材、医疗技术的经济性评价。承担局党组、局领导交办的其他事项。

医药价格和招标采购司主要职能：拟订药品、医用耗材价格和医疗服务项目、医疗服务设施收费等政策并组织实施，建立价格信息监测和发布制度。拟订药品、医用耗材的招标采购、配送及结算管理政策并监督实施，推进招标采购平台建设。承担局党组、局领导交办的其他事项。

基金监管司主要职能：拟订医疗保障基金监督管理办法并组织实施。建立健全医疗保障基金安全防控机制，建立健全医疗保障信用评价体系和信息披露制度。监督管理纳入医保支付范围的医疗服务行为和医疗费用，规范医保经办业务，依法查处医疗保障领域违法违规行为。承担局党组、局领导交办的其他事项。

（二）内部管理部门

办公室主要职能：负责机关日常运转，承担安全、保密、信访、政务公开和国际合作交流等工作。承担局党组、局领导交办的其他事项。

机关党委（人事司）主要职能：负责机关和在京直属单位的党群工作。承担机关和直属单位的人事管理、机构编制、教育培训、队伍建设等工作。承担局党组、局领导交办的其他事项。

规划财务和法规司主要职能：组织拟订医疗保障工作规划。承担机关和直属单位预决算等工作，推进医疗保障信息化建设。组织起草法律法规草案、规章和标准，承担规范性文件的合法性审核工作，承担行政复议、行政应诉等工作。承担局党组、局领导交办的其他事项。

（三）强化协同配合

加强医疗保障领域立法工作，加快形成与医疗保障改革相衔接、有利于制度定型完善的法律法规体系。建立部门协同机制，加强医保、医疗、医药制度政策之间的统筹协调和综合配套。国务院医疗保障主管部门负责统筹推进医疗保障制度改革，会同有关部门研究解决改革中跨部门、跨区域、跨行业的重大问题，指导各地区政策衔接规范、保障水平适宜适度。

三、医疗保障局的直属机构和关联机构

（一）医疗保障直属机构

县级以上人民政府医疗保障行政部门应当加强对相关单位和个人遵守医疗保障法律、法规情况的监督检查。根据以上职能，地方医疗保障局设立了直属事业单位——医疗保障综合执法大队和支队。

机构宗旨和业务范围：①拟定医疗保障综合执法工作制度，并组织实施；②受理全市关于违反医疗保障法律、法规和规章行为的投诉举报；③参与医药机构的医疗保险、生育保险、长期护理保险等定点资格认定工作；④监督检查医疗保障服务协议执行情况；⑤负责对全市医疗保障定点医药机构及其工作人员和参保人员遵守医疗保障法律法规规章情况进行监督检查；⑥依法纠正和查处违反医疗保障法律法规规章和违反医疗保障服务协议的行为；⑦负责组织实施对全市定点医药机构医疗保障服务行为的网络监控工作；⑧负责对参保人意外伤害情况的执法调查工作；⑨负责异地就医稽查工作；⑩完成市医疗保障局交办的其他事项。

2020年，国家医疗保障局印发《规范医疗保障基金使用监督管理行政处罚裁量权办法》的通知，同年印发了《国家医疗保障局行政执法事项清单（2020年版）》，公布了16项国家医疗保障局为执法主体的行政执法事项，对项目名称、执法类别、承办机构、执法依据、实施对象、办理时间等进行了明确规定。同年国家医疗保障局印发《医疗保障系统全面推行行政执法公示制度执法全过程记录制度重大执法决定法制审核制度实施办法（试行）》的通知。

（二）医疗保障局的关联机构：医药集中采购中心

中共中央5号文要求，深化药品、医用耗材集中带量采购制度改革。坚持招采合一、量价挂钩，全面实行药品、医用耗材集中带量采购。以医保支付为基础，建立招标、采购、交易、结算、监督一体化的省级招标采购平台，推进构建区域性、全国性联盟采购机制，形成竞争充分、价格合理、规范有序的供应保障体系。推进医保基金与医药企业直接结算，完善医

保支付标准与集中采购价格协同机制。国家医疗保障局设立了医药价格和招标采购指导中心。地方医药集中采购服务中心原是卫计委直属单位，后迁移至医疗保障局官网，可通过首页“政务服务”登录访问，或者由医疗保障局支持新办。还有独立的第三方集中采购平台，待条件成熟后会依法在全国布局若干个独立的第三方集中采购平台，实现上游和下游信息共享，支持定价、采购和派送。

该中心负责拟订药品、医疗器械集中采购目录；承担地区医疗机构药品和医疗器械集中采购的实施工作；管理、维护医药集中采购信息系统，对网上采购及供货等情况进行动态监控，定期发布药品和医疗器械集中采购的相关信息。

第二节　医疗保障运行机制

运行机制是在组织管理体制确定之后的组织工作规则、秩序、流程和系统。中共中央5号文要求：“要完善经办管理和公共服务体系，更好提供精准化、精细化服务，提高信息化服务水平，推进医保治理创新，为人民群众提供便捷高效的医疗保障服务。”

一、医疗保障事业管理中心

按照《中华人民共和国社会保险法》的规定，统筹地区设立医疗保障经办机构，统一机构名称为“医疗保障事业管理中心”，属于公益一类事业单位。根据工作需要可以设立分支机构和服务网点，加强医疗保障公共管理服务能力配置，实现省、市、县、乡镇（街道）、村（社区）医疗保障公共服务全覆盖。提供医疗保障公共服务所需费用由同级财政根据国家规定予以保障。

医疗保障事业管理中心是医疗保障行政机构的执行机构、医保服务协议的甲方；在管理体制上实行三级管理和服务窗口制，即国家管理中心、省级监督平台、地市实际运营和基层服务窗口。基于全国统一的待遇清单制度和信息系统，建立健全全国统一的医疗保险管理服务体系（图4-2）。

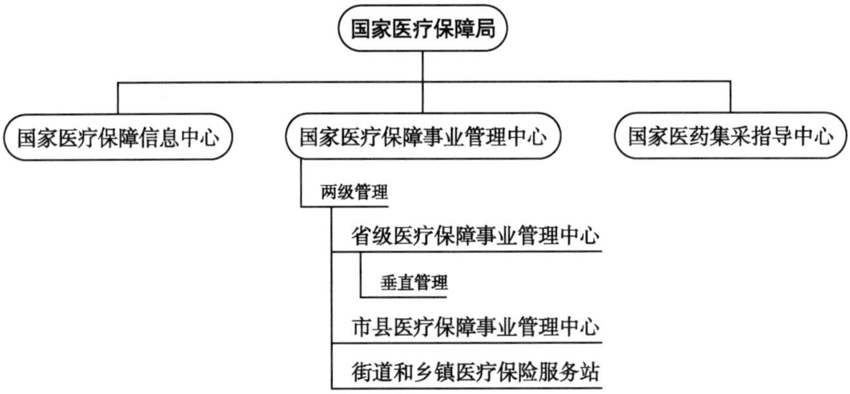

图4-2　医疗保障事业管理服务体系结构图

2019年，广西壮族自治区在总结柳州市病组分值付费（DRG）试点经验的基础上，按照国家技术规范，实行全区医保病组分值付费改革三年行动计划，截至2021年12月底，全区15个统筹地区共464家定点医疗机构实行病组分值付费，覆盖全区88.21%二级以上定点医疗机构和

79.4%的住院医保基金支出。这项改革实现了三降一升的效果：次均住院费用、平均住院日、个人医药负担同比分别下降了16.4%、14.33%、13.35%，病例组合指数（CMI）同比上升15.87%。

2021年1月1日，贵州省按照省委省政府、国家医疗保障局打造的全国第一家医疗保障服务热线省级平台投入使用。在贵州省内各地的群众可以拨打热线电话12393进行医保政策咨询、举报投诉登记，对医保工作提出意见和建议。贵州省医疗保障局全面开通了医保定点医院异地就医住院直接结算服务，参保的群众按流程进行异地就医备案后，即可实现异地就医购药“一码通”。贵州省医疗保障局还不断优化服务流程、简化备案手续，开通电话、电子转诊等服务，方便群众异地就医。

二、医疗保障事业管理中心的主要职责

医疗保障事业管理中心的主要职责如下：①参保人权益管理与服务。建立健全业务、财务、安全和风险管理制度，负责参保登记、个人权益记录、医保关系转移接续办理；应当及时为参保单位及个人建立档案，完整、准确地登记参保人员信息，以及享受医疗保障待遇的个人权益记录等。这项工作需要从人力资源和社会保障经办机构中转移出来，部分地区由人社部门与医疗保障部门合并办公。②医疗保险费征收。应当按照国家有关规定征收医疗保险费，完整、准确地记录参保人员缴费信息等，并及时向医疗保障经办机构报送。医疗保障经办机构和税务部门通过业务经办、费用征收、统计、调查获取医疗保障工作所需的数据，有关单位和个人应当及时、如实提供。用人单位有权查询单位缴费记录，参保人员有权查询个人权益记录，并要求医疗保障经办机构提供医疗保障咨询等相关服务。个人有权监督本单位为其缴费情况。③医疗保障经办机构均应履行服务协议，对医药机构服务协议履行情况进行管理、监督和考核。接受医疗保障行政部门对服务协议订立、履行等情况进行监督。定点医药机构违反服务协议的，医疗保障经办机构按照服务协议约定给予相应处理，包括约谈相关责任人员、暂停或者不予拨付费用、追回违规费用、要求定点医药机构按照服务协议约定支付违约金、中止相关责任人员或者所在部门涉及医疗保障基金使用的医药服务，直至解除服务协议；定点医药机构及其相关责任人员有权进行陈述、申辩。医疗保障经办机构违反服务协议的，要接受定点医药机构的纠正请求和医疗保障行政部门协调处理、督促整改。在定点医药机构依法申请行政复议或者提起行政诉讼时，配合应诉。④科学合理确定医疗保障基金支付标准和支付方式，引导定点医药机构合理诊疗，促进患者有序流动，提高医疗保障基金使用效益。按照服务协议的约定，及时与定点医药机构结算和拨付医疗保障基金。异地就医直接结算制度，及时预付和清算异地就医结算资金，方便参保人员享受医疗保障待遇。⑤建立全国统一的医疗保障信息系统，推动数据有效共享、运用，实施大数据实时动态智能监控，规范数据管理和应用权限，保护信息和数据安全。定点医药机构有关信息系统应当与医疗保障信息系统进行对接。⑥积极推进医疗保障公共管理服务现代化治理，积极引入符合条件的社会力量参与经办服务，建立共建共治共享的医保治理格局。规范和加强与商业保险公司、社会组织的合作，完善激励约束机制。

三、医疗保障公共服务系统

医疗保障公共服务应标准化规范化，实现医疗保障一站式服务、一窗口办理、一单制结算，适应人口流动需要，做好各类人群参保和医保关系跨地区转移接续，加快完善异地就医

直接结算服务。深化医疗保障系统作风建设，建立统一的医疗保障服务热线，加快推进服务事项网上办理，提高运行效率和服务质量。

（一）高起点推进标准化和信息化建设

统一医疗保障业务标准和技术标准，建立全国统一、高效、兼容、便捷、安全的医疗保障信息系统，实现全国医疗保障信息互联互通，加强数据有序共享。规范数据管理和应用权限，依法保护参保人员基本信息和数据安全。加强大数据开发，突出应用导向，强化服务支撑功能，推进医疗保障公共服务均等可及。

（二）加强经办能力建设

构建全国统一的医疗保障经办管理体系，大力推进服务下沉，实现省、市、县、乡镇（街道）、村（社区）全覆盖。加强经办服务队伍建设，打造与新时代医疗保障公共服务要求相适应的专业队伍。加强医疗保障公共管理服务能力配置，建立与管理服务绩效挂钩的激励约束机制。政府合理安排预算，保证医疗保障公共服务机构正常运行。

（三）持续推进医保治理创新

持续推进医疗保障治理创新的发展步骤如下：①推进医疗保障经办机构法人治理，积极引入社会力量参与经办服务，探索建立共建共治共享的医保治理格局；②规范和加强与商业保险机构、社会组织的合作，完善激励约束机制；③探索建立跨区域医保管理协作机制，实现全流程、无缝隙公共服务和基金监管；④更好发挥高端智库和专业机构的决策支持和技术支撑作用。目前需要夯实医保经办机构定位、法人治理和公共服务的基础设施，在未来具备条件时，可以探索社会经办问题。

（四）强化协同配合

依法建立部门协同机制，加强医保、医疗、医药管理服务之间的统筹协调和综合配套。国务院医疗保障主管部门负责统筹推进医疗保障制度改革，会同有关部门研究解决改革中跨部门、跨区域、跨行业的重大问题，指导各地区政策衔接规范、保障水平适宜适度。

（五）营造良好氛围

各地区各部门要主动做好医疗保障政策解读和服务宣传，及时回应社会关切，合理引导预期。充分调动各方支持配合改革的积极性和主动性，凝聚社会共识。重要改革事项要广泛听取意见，提前做好风险评估。遇到重大情况，及时向中共中央、国务院请示报告。

第三节　医疗保障监督机制

中共中央5号文提出："医疗保障基金是人民群众的'保命钱'，必须始终把维护基金安全作为首要任务。确保基金安全高效、合理使用"。《医疗保障基金使用监督管理条例》等法律法规，是建立和完善医疗保障监管体制、创新监管方式、建立常态化监督检查机制的依据。

一、医疗保障监督的定义和特征

（一）医疗保障监督的定义

医疗保障监督是主管部门依法对参保人和医保协议当事人监控、检查、奖惩、维护权益的总称。医疗保障监督包括广义范畴和狭义范畴。前者包括医疗保障参保缴费、基金管理和基金使用的全过程。例如，用人单位通过谎报缴费基数、漏报参保缴费人员等方式逃避参保缴费义务，由此导致医疗保障基金流失和职工权益损害。后者主要指医疗保障基金使用过程的监督管理。例如，医患勾结开具大处方和转卖药品的违法获利行为。

（二）医疗保障监督的特征

医疗保障利益相关者多、服务流程长、环节多，专业性和个性化较强，在医疗保障基金使用过程中存在很多信息不对称的地方，容易发生欺诈骗保行为。2019 年 12 月 31 日，国家医疗保障局公布 2019 年 9～12 月专项整治信息，全国共查处欺诈骗保定点医疗机构 9.16 万家，追回医保基金及违约金 26.32 亿元，处行政罚款 1.94 亿元；查处欺诈骗保定点药店 6.39 万家，追回医保基金及违约金 2.14 亿元，处行政罚款 500 万元。为此，2020 年中共中央 5 号文提出："要织密扎牢医保基金监管的制度笼子，着力推进监管体制改革，建立健全医疗保障信用管理体系，以零容忍的态度严厉打击欺诈骗保行为"。这个"笼子"应当是多部门协同和由一系列有效措施构成的综合治理机制。

主要特征如下：①参保缴费和申报信息难以监管。在实践中，用人单位通过瞒报工资基数逃避缴费责任的情况时有发生。还有以虚拟劳动关系和假职工信息参保以骗取医疗保险基金的，由此造成医疗保险基金巨额歉收损失。②骗保形式隐蔽且多样化。有参保患者以就诊为名开药、贩药，如果监督不到位，就可能形成贩药集团。也有医生开出大处方获取药企回扣。还有医院集体作假骗取医疗保险基金，有药店集体作假骗取医疗保险基金。③监督、查处、界定责任难。我国《医疗保障基金使用监督管理条例》第十五条规定："定点医药机构及其工作人员不得分解住院、挂床住院，不得违反诊疗规范过度诊疗、过度检查、分解处方、超量开药、重复开药，不得重复收费、超标准收费、分解项目收费，不得串换药品、医用耗材、诊疗项目和服务设施"。在实践中，患者情况千差万别，医生临床做出的决定也存在很多差异，难以直观判断合法与违法。例如，中医肛肠手术治疗收费项目所含麻醉，仅指局部浸润麻醉，还是包括椎管内麻醉？再如，我国实行医生举证倒置。普通感冒引起发热，如果患者提供曾经患有胸膜炎，在做血常规、胸部 X 线检查时，同时进行了细菌培养、CT 等检查，属于过度检查还是防御性医疗？④追究责任难。在实行定组分值付费的情况下，医疗机构出现亏损病组病种以后，基于绩效考核的压力可能出现高套诊断、推诿重症患者、分解手术等行为，且比较普遍，很难界定这种行为属于"违法"还是"合法"。⑤单一措施可能出现鼹鼠效应。医护服务是由一系列行为和措施组成的方案，涉及很多环节和很多当事人，素有"泥潭"之称。单一的监管措施很难实现合理使用医疗保险基金的目的。例如，严厉监管药品使用，可能出现过度检查。严格监督住院治疗过程可能增加门诊过度医疗。综上所述，医疗保障基金监管，特别是对医护服务提供方的监督，需要科技手段和制度创新，不能简单沿用其他领域或者行政监督手段。

二、医疗保障监督内容和监督原则

（一）医疗保障监督内容

我国医疗保险监督内容的发展经历了以下三个阶段。①1998—2010 年，主要任务是建立基本医疗保险基金的管理和监督机制。主要措施和内容如下：实行严格收支两条线、专款专用，防止各级政府和部门挪用医保基金，要求各级医保经办机构建立健全预决算制度、财务会计制度、内部审计制度，不得从基金中提取管理费，明确各级劳动保障和财政部门对基本医疗保险基金实施监督管理，审计部门定期对医保经办机构进行审计。综上所述，监督对象主要是医保经办机构。②2011 年实施《中华人民共和国社会保险法》以后，我国医疗保障制度覆盖面不断扩大、基金规模不断增长，医疗保险基金使用过程中各种违规现象不断增多，反欺诈工作提上议事日程。《社会保险法》对医疗保险监管作出进一步规定，监管对象扩大到经办机构、金融机构、参保单位和个人定点医药机构。监管内容覆盖到基金的征缴、管理和支付。监管主体明确为各级人民代表大会和各级人民政府部门。监管可以采取查阅、复制、封存、询问、投诉举报等多种手段。对违法机构和个人可以提请行政复议或者提起行政诉讼。对医药机构欺诈骗保医保基金定期退回，并处以罚款、解除服务协议，直至依法追究刑事责任。2014 年，人力资源和社会保障部印发《关于进一步加强基本医疗保险医疗服务监管的意见》(人社部发[2014]54 号)，要求将监管对象延伸至医务人员，建立医疗保险监控系统，要求在定点医药机构实现事前提示、事中监控预警和事后责任追溯。上海、天津等地建立了专门的医疗保障基金执法队伍。③2020 年《医疗保障基金使用监督管理条例》颁布实施以后，医保基金监管的相关制度不断健全和完善，包括常态化日常检查、突击飞行检查、借助大数据人工智能等信息技术手段智能监控，还有行业自律和信用体系建设。通过政府购买第三方服务、发挥公民和媒体等社会监督作用，特别是通过总额预算和支付方式改革抑制过度医疗，通过病组分值付费建立医保基金长效收支平衡运营机制取得初步成效。

（二）医疗保障监督原则

中共中央 5 号文提出如下原则：①改革完善医保基金监管体制。加强医保基金监管能力建设，进一步健全基金监管体制机制，切实维护基金安全、提高基金使用效率。加强医疗保障公共服务机构内控机构建设，落实协议管理、费用监控、稽查审核责任。实施跨部门协同监管，积极引入第三方监管力量，强化社会监督。②完善创新基金监管方式。建立监督检查常态机制，实施大数据实时动态智能监控。完善对医疗服务的监控机制，建立信息强制披露制度，依法依规向社会公开医药费用、费用结构等信息。实施基金运行全过程绩效管理，建立医保基金绩效评价体系。健全医疗保障社会监督激励机制，完善欺诈骗保举报奖励制度。③依法追究欺诈骗保行为责任。制定完善医保基金监管相关法律法规，规范监管权限、程序、处罚标准等，推进有法可依、依法行政。建立医疗保障信用体系，推行守信联合激励和失信联合惩戒。加强部门联合执法，综合运用协议、行政、司法等手段，严肃追究欺诈骗保单位和个人责任，对涉嫌犯罪的依法追究刑事责任，坚决打击欺诈骗保、危害参保群众权益的行为。

三、医疗保障监督的国际经验

以英国、德国、美国和新加坡为例，国家医疗保障监管制度的主要特征如下。

（一）均有较为健全的法律法规

1883 年，德国制定了《雇员医疗保险法》，后来编入德国《社会法典》第五部分，其中第四章详细规定了疾病保险基金、医疗服务提供者、所有参保人的权利、责任和义务。2004 年，德国制定了《法定医疗保险改革法案》，依法设立了联邦联合委员会，由医疗服务提供方和医保基金分别委派代表组成，主要职责为制定医保基金监管政策。2016 年，德国颁布了《卫生保健部门反腐败法》，将医疗机构收受贿赂纳入刑法典，同时，界定了医疗腐败的定义、场景和实施标的，规范了界定医务人员在开处方或提供药品、医疗器械时违规行为的标准，并制定了相应的监禁和罚款措施。

1997 年，英国颁布的《社会保障管理法案》规定虚假陈述、伪造虚假文件和信息的机构应当接受监禁和罚款，2006 年颁布的《制定反欺诈法》规定对虚假陈述、隐瞒信息和滥用职权的机构施以监禁和罚款。

1996 年，美国制定《健康保险携带和问责法案》，认定虚假陈述等行为为犯罪，并规定了监禁和罚款措施。此外，《反回扣法》《虚假索赔法》《斯塔克法》都明确规范了虚假报销的惩罚措施，禁止医生通过违规转诊患者获得不当利益，并规定了违反该法的民事制裁措施和罚款金额。

新加坡《中央公积金法》规定了公积金信息披露制度，同时，对董事会、企业、雇员的违法行为和处罚作出了详细且可执行的规定。

（二）均有行政监督的制度安排

在德国，隶属于联邦卫生部的联邦保险局负责疾病基金监管。劳工部下属的卫生部门负责各州疾病基金监督。

英国于 2017 年 11 月成立了反欺诈管理局，作为卫生部和社会福利部下设的独立部门，负责制定和修改基本保健费用反欺诈的政策、程序和工作标准。英国国家犯罪局、伦敦警察局及其属下的国家反欺诈情报局等警察系统均参与基本保健基金监督，由此形成跨部门合作机制，具体负责制订战略计划、发布年度反欺诈指标、打击欺诈行为等。英国政府购买律师团进行调查取证和提出改革建议。

美国成立了多部门合作的联合监管执法监督执法体系。隶属于健康和人类服务部的稽核办公室，负责查处欺诈和虚假申报行为，组建医保欺诈打击专案组，与联邦调查局、司法部等形成监管合力。美国老遗传医疗保险计划委托医疗保险管理服务商负责审核。

在新加坡，违反《公积金条例》者，由中央公积金局依法追究责任。

（三）均有行业协会参与医保基金监管

在德国，政府并非医疗保障监督的核心，只负责宏观层面的立法和执法监督。自我监管是德国医保监管的核心，主要通过医疗服务提供方、疾病基金支付方共同组成联合委员会履行具体监督职责，他们通过内设索赔专员、外请专家评估和大数据分析等措施实施监督。医师协会、医院协会、牙医协会等代表医疗服务提供方，负责对医务人员和医疗机构进行服务质量的监督。疾病基金作为支付方行业协会，负责制定医保基金支付协议、药品服务价格等。此外，德国质量保障办公室、医疗质量效率研究所、医疗透明管理制度与标准委员会等专业机构也参与监督管理。

在英国，律师团接受政府委托进行调查取证和提出改革建议（专栏 4-1）。

专栏 4-1　英国皇家律师调查报告

2013 年，皇家律师罗伯特•佛朗西斯公布了对某医院的 1 000 名患者的 100 页调研报告；揭露其一味控费，不吸收医护人员建议，在 2005—2009 年间导致患者得不到应有治疗的急诊死亡率上升。还有 13 家医院被曝光，共涉及患者 500 万人，其中 1.3 万人因此而死亡。报告认为主要问题如下：医生不负责任，护理人员短缺；罗伯特律师提出 290 条改革建议。同年英国发布《NHS 宪章》，强调以患者为中心。

在美国，国家卫生保健反欺诈协会，在政府和保险公司之间共享医保反欺诈调查信息，并提供专业培训保险，建立公众平台，为公众提供反欺诈实施培训。

在新加坡，公积金局通过提供 1 万新元现金奖励的方式，鼓励个人参与打击保险欺诈行动计划。

（四）均有医疗保障服务协议

在德国，由疾病基金和医疗机构订立服务协议。在英国，由公益信托基金与医疗机构订立服务协议。在美国，由社会医疗保险和医疗救助服务中心委托蓝十字蓝盾协会经办，负责为医疗机构提供结算服务，并审核费用信息。在实践中，大量日常监督工作，通过医疗服务协议管理实施。

（五）均有智能监控和大数据分析

在德国，疾病基金均积极参与反欺诈工作，通过开发欺诈识别软件和数据系统为监督机构提供欺诈信息。2011 年，德国推出在线检查患者权益系统和验证持卡人身份的密码系统（即新医疗卡系统）。德国基于一系列反欺诈专家的经验，发明了自动计算医疗保险损失的智能工具。

在英国，建立了 NHS 反欺诈数据库，搜集全国各地发生的反欺诈案件信息，以便集中调查处理欺诈案件。

美国发起了“医疗欺诈和滥用控制计划”，该计划负责通过新型信息技术集合医疗保险欺诈的所有数据，建立起全世界范围最广的保险欺诈数据库，在大数据基础上进行精准的评估、分析和审查支付环节，协助发现医疗保险欺诈行为。还开发了 SGI MineSet 系统，实现了对医疗保险数据的挖掘和可视化，通过大数据和医保监管网络促进自律和发现欺诈行为。

新加坡普通保险协会推出保险欺诈案例管理系统，利用数据分析和人工智能分析和检索保险欺诈案例。

综上所述，国外国家医疗保障监督的主要经验如下：①建立健全医疗保障法律法规，实现医疗保障监督有法可依；②通过智能监控建立当事人自律环境；③通过协议管理实现医疗服务提供方和支付方的相互监督；④政府和相关部门以及社会组织建立联合监督机制；⑤大力发展信息化和智能化提高监督能力和降低监督人工成本。然而，在德国、英国、美国还是在不断出现金额巨大的医疗欺诈案件。在德国，AOK 疾病基金与 15 家医生协会签订协议，利用回扣贿赂医生，通过故意夸大患者病情，骗取疾病保险基金 280 万欧元。在英国，伊恩•沃尔顿医生和国家基本保健基金经理丽莎希尔，通过伪造发票联手骗取 15 万英镑。在美国，医生护士和其他持证医务人员，通过滥开止痛药和伪造医疗账单骗取联邦老遗残医疗保险和医疗补助资金 13 亿美元，涉案人员 412 人。这些事实进一步证明医疗保障监督的复杂性和艰巨性，需要从综合治理入手，而不是消极的事后监督惩罚。

四、我国医疗保障监督机制

《医疗保障基金使用监督管理条例》第四条提出：“医疗保障基金使用监督管理实行政府监管、社会监督、行业自律和个人守信相结合”（图 4-3）。

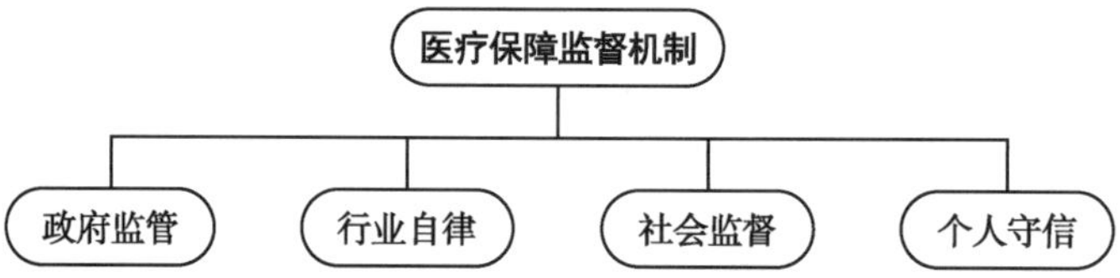

图 4-3　中国医疗保障监督机制

（一）政府监管

《医疗保障法（征求意见稿）》第五十条提出：“县级以上人民政府医疗保障行政部门应当加强对相关单位和个人遵守医疗保障法律、法规情况的监督检查。医疗保障行政部门应当加强对纳入医疗保障基金支付范围的医疗服务行为和医疗费用的监督，规范医疗服务行为，依法查处违法使用医疗保障基金的行为。医疗保障行政部门应当建立健全定点医药机构、人员、医药价格和集中招标采购的医疗保障信用评价体系，根据信用评价等级分级分类管理。医疗保障行政部门实施监督检查时，被检查的单位和个人应当如实提供与医疗保障有关的资料，不得拒绝检查或者谎报、瞒报。”

第五十一条提出：“医疗保障行政部门依法进行监督检查，发现存在问题的，应当提出整改建议，依法作出处理决定或者移送有关行政部门进行处理。检查结果应当定期向社会公布。医疗保障行政部门实施监督检查，有权采取下列措施：（一）查阅、记录、复制与监督检查相关的资料；（二）运用信息技术开展实时监测，并从相关信息系统中调取数据；（三）对可能被转移、隐匿、灭失或有初步证据证明可能被转移、隐匿或者灭失的资料等予以查封、扣押；（四）询问与调查事项有关的单位和个人，要求其对与调查事项有关的问题作出说明、提供有关证明材料；（五）聘请符合条件的会计师事务所等第三方机构和专业人员协助开展检查；（六）对隐匿、转移、侵占、挪用医疗保障基金的行为予以制止并责令改正；（七）其他依法可以采取的措施。”

具体措施如下：

1. 建立政府责任制　县级以上人民政府应当加强对医疗保障基金使用监督管理工作的领导，理顺和健全医疗保障基金使用监督管理机制和基金监督管理执法体制，处理好国家、省、市县、乡镇街道和社区的统筹与分工的协作关系，加强医疗保障基金使用监督管理能力建设。

2. 部门分工协作　国务院医疗保障行政部门主管全国的医疗保障基金使用监督管理工作。医疗保障、卫生健康、中医药、市场监督管理、财政、审计、公安等部门应当分工协作、相互配合，建立沟通协调、案件移送等机制，共同做好医疗保障基金使用监督管理工作（专栏 4-2）。县级以上地方人民政府医疗保障行政部门负责本行政区域的医疗保障基金使用监督管理工作。县级以上地方人民政府其他有关部门在各自职责范围内负责有关的医疗保障基金使用监督管理工作。

专栏 4-2　多部门联合开展打击欺诈骗取医疗保障基金专项行动

2018 年 9 月起，国家医保局会同国家卫健委、公安部、国家药监局联合开展打击欺诈骗取医疗保障基金专项行动。专项行动开展以来，各地加大打击力度，依法依规查处了欺诈骗保案。部分案例情况如下：①安徽省淮南市毛集第二医院 2016 年 8 月至 2018 年 8 月，共编造 450 人次虚假住院信息，骗取新农合基金 136 万元。医保部门依法终止与其医保服务协议，并将有关线索移交公安机关立案调查。卫计部门依法吊销了该院《医疗机构执业许可证》。经颍上县人民检察院批准，公安机关已刑事拘留 6 人，取保候审 4 人，网上追逃 2 人。②江西省萍乡市安源区人民大药房 2017 年 1 月至 2018 年 10 月，医保系统内销售数据大于其店内销售数据，替换、串换药品等涉及金额 4.9 万元被追回。医保部门依法暂停其医保服务协议 3 个月。③湖北省黄冈市蕲春县五洲医院于 2018 年 8 月，通过挂床住院、以体检为由诱导住院、无医嘱用药等方式骗取医保基金 4.1 万元。医保部门约谈该院负责人、责令其停止违规行为。从 2018 年 11 月 16 日起暂停该院的医保定点资格，按照违规金额的 5 倍从该医院医保结算款中扣减 20.5 万元，并移交卫计部门进一步查处。

（二）社会监督

第五十四条提出：“任何组织和个人有权对侵害医疗保障基金的违法违规行为进行举报、投诉。”医疗保障行政部门应当畅通举报投诉渠道，依法及时处理有关举报投诉，并对举报人的信息保密。对查证属实的举报，按照国家有关规定给予举报人奖励。此外，第三方评估评价、新闻媒体、社会舆论和人大代表提案等均属于社会监督范畴。

（三）行业自律

《医疗保障基金使用监督管理条例》第十四条规定：“定点医药机构应当建立医疗保障基金使用内部管理制度，由专门机构或者人员负责医疗保障基金使用管理工作，建立健全考核评价体系。”“定点医药机构应当组织开展医疗保障基金相关制度、政策的培训，定期检查本单位医疗保障基金使用情况，及时纠正医疗保障基金使用不规范的行为”。

具体措施如下：①实施医保智能监控（专栏 4-3）。在互联网和大数据支持医疗循证和医保规则两个知识库的建设，智能审核监控系统应运而出，为医务人员及其利益相关者实现自律创造了环境。如同交通视频与司机信用管理，在如今日益拥挤的城市马路和高速公路上，交通肇事率得到有效控制。借鉴交通治理的经验，各国均加强了医疗领域的智能审核与监控的系统建设。②发挥行业协会的作用。医疗保险研究会、医院协会、医师协会，还有各种专科专病协会，具有制定诊疗标准、开展质量控制促进活动的职能。

专栏 4-3　关于建立医保智能审核的文件

2014 年 8 月，人力资源和社会保障部发布《关于进一步加强基本医疗保险医疗服务监管的意见》（人社部发〔2014〕54 号）要求：“优化信息化监控手段，建立医疗保险费用监控预警和数据分析平台。建立医疗保险监控系统，规范医疗服务信息监控标准。在做好社会保障卡发放和基本医疗保险即时结算服务的基础上，进一步完善各统筹地区医疗保险管理信息系统建设，扩展建设医疗保险医疗服务监控子系统，及时向定点医疗机构提供监控提示信息，实现事前提示、事中监控预警和事后责任追溯。经办机构要将定点医疗机构、医务人员的医疗服务信息和参保人员的就医购药信息纳入监控范围，根据协议管理要求和多发案件特点，建立和完善监控规则，设置监控指标，规范监控标准，通过设置不同的警戒线实现分级监控。”

（四）个人守信

中共中央 5 号文提出：“要织密扎牢医保基金监管的制度笼子，着力推进监管体制改革，建立健全医疗保障信用管理体系”。信用是指依附在人之间、单位之间和商品交易之间形成的一种相互信任的生产关系和社会关系。信用管理（credit management）是指对在信用交易中的风险进行管理，即对信用风险进行识别、分析和评估。建立信用评级和信用档案，信用等级及其相应权益对等措施，是信用管理的主要工具。

根据《国务院关于建立完善守信联合激励和失信联合惩戒制度加快推进社会诚信建设的指导意见》（国发〔2016〕33 号），2020 年，国家医疗保障局发布《关于建立医药价格和招采信用评价制度的指导意见》（医保发〔2020〕34 号），提出信用评价制度建设六个方面的内容：①建立信用评价目录清单。国家医疗保障局制定信用评价目录清单，将医药商业贿赂、涉税违法、实施垄断行为、不正当价格行为、扰乱集中采购秩序、恶意违反合同约定等有悖诚实信用的行为纳入医药价格和招采信用评价范围。②建立医药企业主动承诺机制。医药企业参加或委托参加药品和医用耗材集中采购、平台挂网等，向省级集中采购机构提交书面承诺，承诺事项包括杜绝失信行为、承担失信责任、接受处置措施等。③建立失信信息报告记录机制。采取企业报告与平台记录相结合的方式，医药企业应主动及时向失信行为发生地的省级集中采购机构报告失信信息。省级集中采购机构定期梳理汇总、采集校验医药企业失信信息。后续国家医疗保障局将积极推动与相关部门建立案源信息的共享交流机制，不断提高信息获取的及时性、准确性和完备性。④建立医药企业信用评级机制。省级集中采购机构依据法院判决或行政处罚决定认定事实开展信用评级，根据失信行为性质、情节、时效、影响确定医药企业在本地招标采购市场的信用等级，动态更新。⑤建立失信行为分级处置机制。省级集中采购机构根据医药企业信用评级，分别采取书面提醒告诫、依托集中采购平台向采购方提示风险信息、限制或中止相关药品或医用耗材投标挂网、向社会公开披露失信信息等处置措施。情节特别严重时，失信企业将面临丧失集中采购市场的风险。⑥建立医药企业信用修复机制。失信行为超过一定时限或依法撤销的，不再计入信用评价范围。给予医药企业申诉和整改期，鼓励企业采取剔除价格中的虚高空间、退回或公益性捐赠不合理收益等切实措施主动修复信用。

2020 年，深圳市医疗保障局发布了《深圳市医疗保障信用管理办法（征求意见稿）》，分别提出医疗保险经办机构、商业保险机构、医保定点医药服务机构、医保医师的信用评价标准。此外，还应当为用人单位和职工、医疗保险参保人、居民、困难家庭，乃至管理医疗捐赠的机构、互助医疗基金的机构建立信用评级和信用档案制度。

第四节　医疗保障综合治理

伴随第三方支付方式的改进，医疗保障管理和监督呈现出从“事后监督、过程监控到综合治理”的发展路径。

一、数量付费与事后监督

（一）数量付费

根据医生服务数量进行付费（fee for service），包括人头、人次、项目、处方药、住院日等。医生接待的患者越多其收入越高，由此促进了医生人数、医护机构规模和医药产业的发展。早期德国医疗保险“大包大揽”，不管医生开多少药，医院给患者看病支出多少，全部由疾病基金承担，医生、医院没有控制医疗费用的动力，出现赤字可以向政府要补贴，将医疗成本风险、道德风险都转嫁给了国家财政或者医疗保险基金。在增加了医生的数量、医疗机构的规模，促进了医药企业的发展的同时，患者越来越多，各国总卫生支出快速增长，占 GDP 的比重不断提高，医疗消费的通货膨胀率不断提高，由此导致因病贫困。这引起各国对医疗资源利用效率和医护成本的关注。

（二）事后监督

医疗服务监督发生在医疗服务完成之后，且在医院门外进行，处于“过时的、外行的”监管，几乎无法分辨医疗服务中的成本风险和道德风险，更无有效治理措施。例如，取消药品加成的成果很快会被增加的检查费用所替代。

二、病组分值与过程监控

德国社会医疗保险和英国医疗福利的支付方均将监管的视角转向医疗服务的质量和成本，这要求第三方付费者走进医院、走进临床，走进医疗服务的过程。

（一）均值付费

根据疾病诊断分组的均值付费（fee for DRG）是应对成本难测和信息不对称交易的相对

公平措施。均值需要有大数据和社会契约的支持，是个治理过程。伴随病案管理的不断完善，20世纪60年代，日本医院管理者对同一病种不同医生决策进行比较，发现在一定人口特征相同的条件下，时间指数、费用指数、死亡率等具有可比较性。疾病诊断分组（diagnosis related groups，DRG）逐渐成为日本医疗评价和医院管理的工具。1976年，美国耶鲁学者在医疗资源消耗与效益方法的探索中，基于病例组合的概念推出了第一代病组分值付费方案（DRG）。1983年，DRG在美国老遗残医疗保险计划内部使用，至今DRG在美国已历经六代发展演变，已经成为医院内外质量管理的工具。此后，澳大利亚、德国、法国、芬兰和日本等先行发达国家广泛应用DRG。瑞典在引入DRG后，总卫生支出占GDP的比值由1982年的9.7%下降到1986年的9.1%。

（二）过程监控

智能监控解决了医保经办机构与医疗机构之间的信息不对称问题，引导医保经办机构和监督机构走进医院和医护工作站。智能审核与监控是指通过临床决策、合理用药、医保政策知识库和信息化的手段，带领第三方付费者走进医疗过程，对病案首页信息、医保结算清单、定点医疗机构履行协议情况，提供事前提示、事中监督、事后追溯的服务，打造了医患信誉记录和自律环境；同时，建立信息采集和评价指标，开展健康管理绩效、患者满意度评估。

1964年，美国通过了《联邦老遗残医疗保险法案》（medicare）和《医疗救助法案》（medicaid，州政府管理）和服务中心（CMS）。蓝十字蓝盾联合会和39家独立经营的蓝十字蓝盾地方医疗保险公司组成了美国历史最悠久、规模最大、知名度最高的专业医疗保险管理服务机构，受美国CMS的委托具体经办联邦老遗残医疗保险计划。联邦政府按照联邦老遗残医疗保险基金的3%支付经办费用，蓝十字蓝盾联合会用其30%投入信息化建设和支持医生临床决策，吸引医生对其的依赖性，同时，也协助CMS开创了医疗循证和医保规则两个知识库的建设，确保智能审核系统健康发展。

美国CMS发起了“医疗欺诈和滥用控制计划”，该计划负责通过新型信息技术集合医疗保险欺诈的所有数据，建立起全世界范围最广的保险欺诈数据库，在大数据基础上进行精准的评估、分析和审查支付环节，协助发现医疗保险欺诈行为。还开发了SGI MineSet系统，实现了对医疗保险数据的挖掘和可视化，通过大数据和医保监管网络促进自律和发现欺诈行为。2018年，贯彻执行《患者保护和平价医疗法案》，促使商业监控保险的平均费率降低了4.1%。

德国疾病基金均积极参与反欺诈工作，通过开发欺诈识别软件和数据系统为监督机构提供欺诈信息。2011年，德国推出在线检查患者权益系统和验证持卡人身份的密码系统（即新医疗卡系统）。德国基于一系列反欺诈专家的经验，发明了自动计算医疗保险损失的智能工具。

英国建立了NHS反欺诈数据库，搜集全国各地发生的反欺诈案件信息，以便集中调查处理欺诈案件。新加坡普通保险协会推出保险欺诈案例管理系统，利用数据分析和人工智能分析和检索保险欺诈案例。

综上所述，发达国家均在大力发展信息化和智能化，以提高监督能力和降低监督人工成本。

三、价值付费与综合治理

（一）价值医疗

价值付费即指按照医疗服务的结果和价值进行付费。一要开展医疗服务对患者健康影响的绩效进行评估；二是根据健康绩效评估结果进行付费。病组分值付费是个过渡措施。

2010年3月23日，美国总统奥巴马签署了全面医疗改革的《患者保障与平价医疗法案》(ACA)，标志着价值医疗、价值付费和医疗保障综合治理的开端。该法案的主要目的是减少无保险的美国人数，降低医疗服务的总成本，改善医疗服务效率。法案设计建立医疗保险交易所，向人们提供清晰的信息和供他们选择的、最适合自己需要的，覆盖生育保健、新生儿护理、教育、意外伤害等福利的一揽子保险计划，建立透明的、更有竞争力的商业健康保险市场。

1. 如何评价医疗服务的价值 1971年，由卫生经济学家纽豪斯博士主导，历时15年，花费数百万美元的经典蓝德医疗保险实验，将5 809例患者随机分配到不同报销比例的保险计划中，是迄今为止美国最大规模的卫生政策研究。该项目主要研究两个问题：一是如果医疗服务是免费的，人们到底会使用多少医疗服务？二是这些不同分摊比例的支付计划，对人们的健康各有什么影响？研究结果显示，参保患者自付5%医药费用，医疗服务减少了25%～30%，对大多数患者的健康几乎没有影响。但是，健康状况不佳的低收入人群，在不同程度上减少了必要的医疗服务。兰德医疗保险实验的结果表明，非穷人适度提高自付比例可以减少不必要的医疗服务，且没有实质性的健康影响。这项研究开启了20世纪80年代和90年代提高个人支付比例的讨论(表4-1)。为此，德国也引入了新政策，就医者需要支付每季度10欧元的诊疗费。2018年，德国和英国个人支付医药费用占卫生总支出的比例均超过20%；美国达到49.59%，其中72%为商业健康保险支付；新加坡达到49.65%，大部分由家庭医疗储蓄账户支付。提高个人自付比例仅为抑制过度医疗的措施之一，且不能高于25%，否则会丧失医疗保障的社会互济价值，由此增加因病致贫的社会问题。那么，更有效的第三方付费的支付策略是什么？

表4-1 典型国家个人自付医疗费用占总卫生支出的比例(2018)

国家	德国	英国	美国	新加坡
比例,%	22.32	21.38	49.59(商业健康保险支出占72%)	49.65

数据来源：世界卫生组织官方数据库 https://apps.who.int/nha/database/ViewData/Indicators/en；新加坡卫生部 www.moh.gov.sg

2. 医保定价的困惑 医疗服务环节多、流程长、涉及的利益相关人多。一个诊疗单元可能需要许多不同资源，从人员到设备，再到空间和物资供应，每种资源都具有不同的能力要求和成本。因此，医疗服务价格常常是不透明的，且很难预估、评判，甚至很难理解。

从医院收费到医保付费和医疗服务实际成本之间有很大差异，常有一个药品三个价的说法，包括政府制定价(如疫苗)、协议定价(如医保、商保)和市场价格(如非处方药)。主要差别如下：①不同医院之间，不同医生之间、不同患者之间都有很多差异。在诊所、医院和医疗联合体三种情况下的成本更是不同的。②医疗保险目录内和目录外的两种价格，定点医疗机构和非定点医疗机构的不同价格，公立医疗机构和非公立医疗机构的不同价格。③医保与医药之间存在市场定价机制，特别是本国医疗保障基金与外国医药企业、医疗设备企业之间还存在贸易竞争和信息安全等问题。通常，同患者一样，临床医生对医疗服务价格的变化也是一无所知的。

3. 转变激励机制 近年所有研究都指向临床医生们如何仔细权衡干预措施的潜在利益、风险和成本，与患者开诚布公地进行讨论，建立一个允许共同决策的联盟，这需要转变医疗体制、运行机制、激励机制，从数量补偿、成本控制到综合价值评估与补偿。

2004 年，英国推出按医护服务质量和结果的健康绩效付费时点项目（fee for the quality and outcome framework，P4P）。在这个计划中，全科医生收入的 1/4 与健康绩效挂钩。一夜之间，英国的诊所发生了巨大的变化，增加了护理人员，为糖尿病患者提供更积极、主动的慢性病管理计划。许多诊所聘请专业人员快速整理数据。健康绩效评估的结果发现，在开始的 2 年里，急性心肌梗死、肺炎等指标有很大改善。可是后期研究结果证明 P4P 有助于催化变化，但不能维持这些有意义的结果。Christofher Moriates 等认为，必须进行持续的医疗服务体系重构和打造综合治理机制，要发挥临床医生的作用，给他们创新驱动力、学习机会和社会支持，打造持续学习型医疗服务体系。

（二）综合治理

1. 控制成本的闭环管理 医疗服务不仅专业性很强，而且具有周期长、环节多，涉及众多利益相关人，且附带信息不对称的属性。美国的凯撒医疗模式之所以具有长久的生命力，就在于它的闭环管理和风险共担机制，具有抑制鼹鼠效应的综合治理功能。凯撒医疗通过稳定参保人和参保患者的客户关系，在医疗保险基金（筹资）、医疗服务机构（服务）乃至参保患者（支付）之间建立紧密型健康维护集团的组织形式，捆绑全体利益相关人、控制医疗服务的所有环节（成本），不断建立和改善信息平台，建立全部利益相关人长期合作机制，风险共担（亏损大家分摊）、盈余共享（盈余大家分配）的激励机制和游戏规则，大家共同做出均衡质量与成本的最优选择，实现医疗、患者和医保基金等利益相关人的共赢。目前，凯撒医疗集团在美国拥有 890 万会员，覆盖 8 个地区、9 个州和哥伦比亚特区。在实践中，由于美国在职雇主雇员实行商业保险支付制度，每个城市都是众多商业保险公司的竞争市场。这种医疗保障体制决定，凯撒模式不可能在一个城市和地区实现闭环管理和综合治理效应。反之，中国建立了全国统一的医疗保障制度，地方统筹都可以实行闭环管理和综合治理。

2. 风箱效应的理论框架 风箱是我国农村家庭灶台的配置，主要部件包括一个拉手、内风板、六块外板、一个出风小孔、一个进风小孔和吊搭板组成（图 4-4）。在六块外板和拉手两个洞孔均严丝无缝的条件下，前后推拉，内板与风箱之间即产生风力，通过底部一个孔将

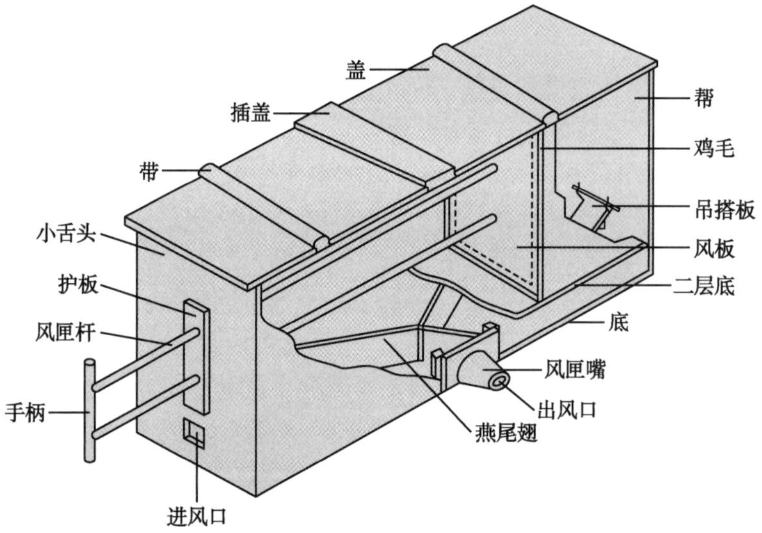

图 4-4 风箱部件与构成图

风送进灶台柴火燃烧部位。而且，一个风箱的各个部件结合得越紧密，风箱制造的风力就越大，显示出综合治理的效果。反之，风箱不严实且走风漏气，类似鼹鼠效应，即使人在使劲地推动拉手，风力仍然不足。引用中国民间的风箱及其功效，构建医疗保障综合治理的理论模型，具有通俗性、生动性和深刻性。

按照风箱构造设置医疗保障综合治理各个部件的功能的具体内容如下（图4-5）：①风箱拉手具有引擎功能，即医疗保险支付政策；②内板具有推风功能，即涉及医疗机构和医务人员管理的相关制度；③外板一即风箱上面板，决定风箱尺寸，即年度医疗保险基金支出的总额预算（含增长率）；④外板二是风箱底板，与风箱上板共同决定风箱尺寸，二者必须完全一致，即当年医疗保险基金的实际支出；⑤外板三是风箱左板，即医保服务协议和定点医药机构管理；⑥外板四是风箱右板，即医保结算和医药机构的费用收入；⑦外板五即风箱前板，即嵌入医药机构的医保智能审核系统和评价机制；⑧外板六是风箱后板，即行政监督、检查和司法监督。

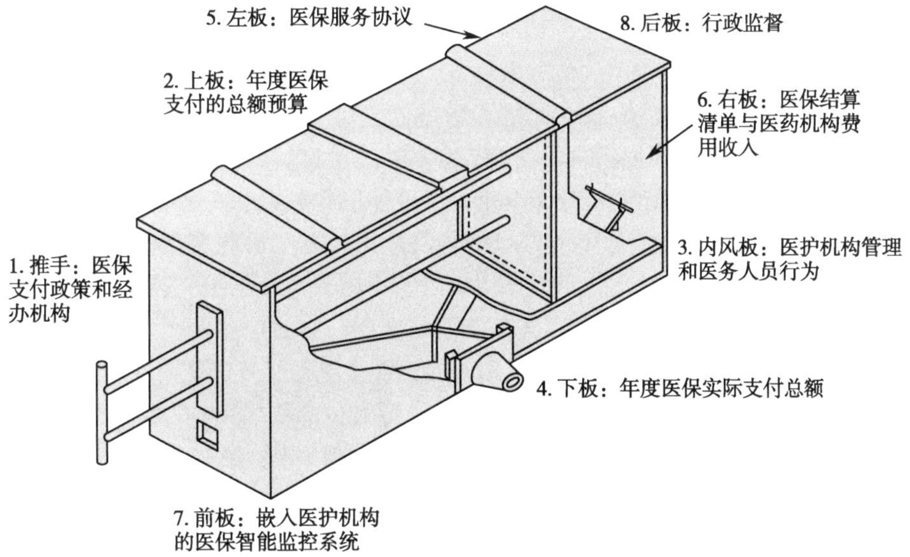

图4-5 医疗保障综合治理风箱效应的架构

四、风箱效应与作用机制

（一）实现"风箱效应"的必要条件

1. 利益相关人参与和既定利益确定 根据利益相关者理论建立综合治理机制的必要条件如下：一是所有与医疗保障存在利害关系的人都应当参与医疗保障基金使用的决策，人们在参与医疗服务和使用医疗保障基金的活动中达成的优化指标，具有相对公平性、效率性和可持续性，即提高质量和控制成本的统一。二是既定利益确定。在既定利益确定的条件下，利益相关人才能找到妥协的标尺。中国医疗保障坚持根据经济发展水平和以收定支原则，实行地市统筹和总额预算管理，在一个城市里，基本医疗保障可分配的"蛋糕"是明确的。

我国基本医疗保险基金实行地市统筹。统筹即指如下六个统一：①统一参保范围和对象；②统一医疗保险费率政策；③统一医疗保险基金管理；④统一医保服务协议管理和定点医药机构管理；⑤统一待遇清单、定价集采和支付政策；⑥统一业务流程和公共服务信息系统。目前我国地方统筹主要在地市水平，在海南省等地区开始探索省级统筹。在国家统一缴费基准待遇清单、定价机制、集采制度、分担标准、结算制度、信息系统、监督机制的条件下，地市统筹意味着在一个地级市里，所有与医疗保障利益相关者和与医疗保障基金使用相关的机构和行为均纳入闭环管理。可见，我国医疗保障管理体制有利于闭环管理和建立综合治理机制。

城区县域紧密型医疗共同体即没有缝隙的利益相关者的制度安排。紧密型医疗共同体具有如下六个特征：①统一人事管理；②统一业务管理；③统一药物管理；④统一财务管理；⑤统一资产管理；⑥统一绩效管理。城区县域紧密型医疗共同体是实现以居民健康为中心优化资源配置，控制成本和提高质量的组织保障。以深圳罗湖区紧密型医院集团为例，为了强化社区医疗服务能力和改善居民健康水平，专科医生下基层与全科医生结合提供全专融合的医疗服务，集团内基层就诊率接近 90%，专科医生在社区工作其年薪比在集团总院工作高 10%，这在松散型医疗联合体中是不可能的。

2. 社会契约与基准定价 社会契约是政府和医疗保障利益相关人之间建立长期合作机制的必由之路。一是通过社会契约达成利益相关者之间的妥协，建立产品和服务的质量与成本之间制衡机制，如以收定支、总额预算、病组分值付费等。中共中央《意见》提出的“推行按疾病诊断相关组付费”即病组分值付费，也称基准价付费和协议价付费，还有打包付费之称。二是通过社会契约确定基准价的执行者，确保取得利益相关者实现共赢的结果。中共中央《意见》提出：“健全医疗保障经办机构与医疗机构之间协商谈判机制，促进医疗机构集体协商，科学制定总额预算，与医疗质量、协议履行绩效考核结果相挂钩”。目前，我国正在实施和完善医保服务协议制度、定点医疗机构与定点药店的管理制度。

3. 总额预付管理和激励机制 医疗保险补偿需要管用有效的支付机制（见专栏 4-4），管用即指发挥管理和监督的作用，高效则指调动医务人员的积极性，实现提质增效目标。基于总额预算管理（做蛋糕），按照人头加权预算、病组分值付费，结余留用、健康绩效评估与奖励，打造降点增值、减少疾病和患者，医院和医生增加收入的激励机制。

专栏 4-4　中共中央 5 号文提出建立管用高效的医保支付机制

持续推进医保支付方式改革。完善医保基金总额预算办法，健全医疗保障经办机构与医疗机构之间协商谈判机制，促进医疗机构集体协商，科学制定总额预算，与医疗质量、协议履行绩效考核结果相挂钩。大力推进大数据应用，推行以按病种付费为主的多元复合式医保支付方式，推广按疾病诊断相关分组付费，医疗康复、慢性精神疾病等长期住院按床日付费，门诊特殊慢性病按人头付费。探索医疗服务与药品分开支付。适应医疗服务模式发展创新，完善医保基金支付方式和结算管理机制。探索对紧密型医疗联合体实行总额付费，加强监督考核，结余留用、合理超支分担，有条件的地区可按协议约定向医疗机构预付部分医保资金，缓解其资金运行压力。

激励机制的作用机制如下：①促使医院提质增效。在当年医疗保险基金支出总额预算既定的情况下，如果疾病诊断分组增加（病组总数）、疾病复杂程度增加（权重总点数）、病案数量增加（患者人数增加），按病种分值付费的医保基金点值则下降。如果减少病组、降低病组复杂程度、减少患者，按病种分值付费的医保基金点值则上升。医保基金收支风险则转嫁到医药机构方，预期提高医院收入和产生盈余，就必须控制成本与合理接诊。②促使医院合理接诊。为了实现病组成本低于医保支付的病组费用（平均值、基准值）产生盈余，医疗机构必须根据自身定位和人财物的资源配置情况合理接诊。如果三级医院和二级医院都可以接诊的病案，二级医院成本则低于三级医院而获得盈余，三级医院则可能出现亏损。③引导三级医院主动将门诊和普通专科服务下沉，集中人力、财力、物力做好三四级手术，将术前院前工作赋能家庭医生首诊制和基层医疗机构处理，成为专医专科联盟或者紧密型医疗共同体的龙头。

（二）医疗保障综合治理“风箱效应”的作用机制

基于利益相关者（斯坦福大学研究所，1963）、均衡论和均值定价（阿罗，1963）、剩余控制权（奥列佛•哈特，2017）、宪法契约论（布坎南，1986）、治理（罗斯瑙和岑佩尔，1992）和激励相融（赫维兹，Hurwicz，1972）理论，设计“约束过度医疗 - 激励健康管理”的运行机制，构建医疗保障综合治理的“风箱效应”理论模型。具体作用机制和理论模型框架如图 4-6 所示。

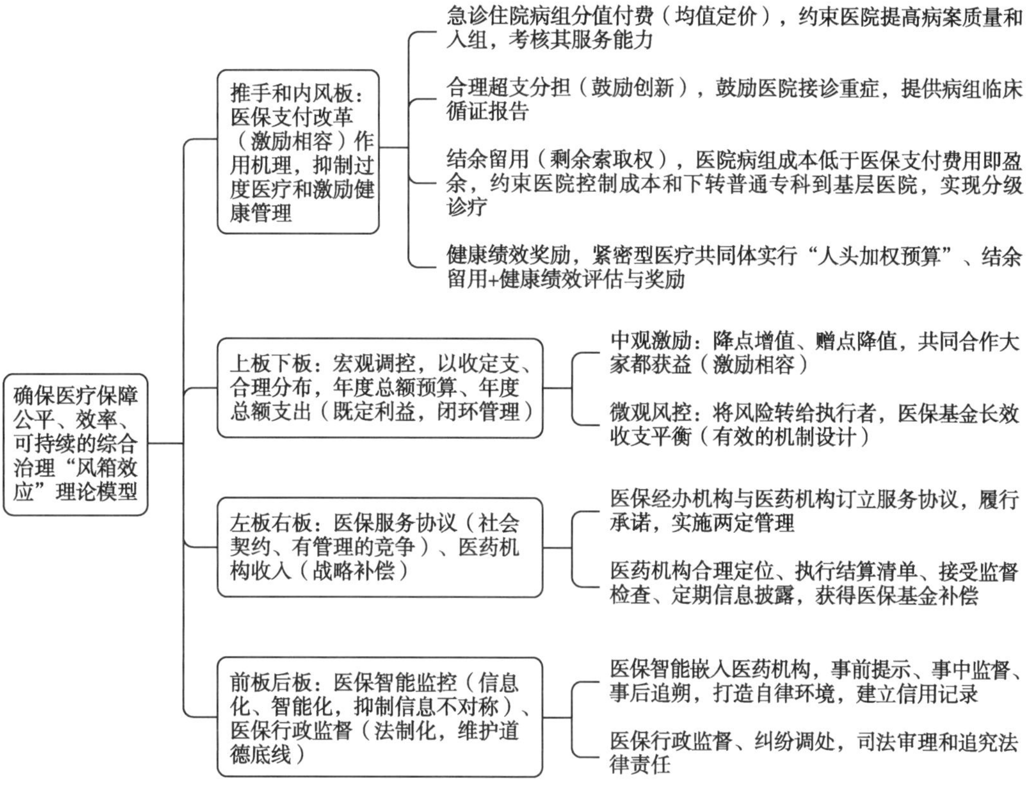

图 4-6 医疗保障综合治理的风箱效应理论模型框架

1. 医保支付改革是推手 一是基于均值定价实行病组分值付费和结余留用激励机制，推动医药机构内部改革（内风板），合理定位与合理接诊、提高服务能力（入组率）和质量（CIM）、通过精细化管理控制成本（次均费用增长率），确保病组实际成本低于医保支付的病组费用从而获得结余。在实现医疗机构利益的同时，抑制了过度医疗和有效使用了医保基金，确保实现医疗保障改革目标和整体利益。二是建立紧密型医疗共同体，推动三级医院将与之定位和资源配置不符的亏损普通专科和常见病组下放到基层医疗机构，并通过赋能基层医疗机构转移院前术前工作，由此提高三级医院的绩效。在实现医疗机构利益的同时，促进了分级诊疗和居民医疗服务的可及性。为此，医疗机构的改革措施（内风板）包括合理定位与接诊，普通专科下基层，主动分诊和整合医疗过程，改善患者就医的可及性和体验；同时，建立与服务能力、质量管理、服务效率、绩效评估对接的薪酬制度，引导医疗行为改变，促使临床执行者能够自觉按照既定原则和社会契约承诺使用医疗保障基金。三是合理超支分担原则，在于鼓励医生接治重症和开展临床创新与科研工作。四是对紧密型医共体实行人头加权预算、结余留用、健康绩效评估与奖励，从而激励健康管理。在居民健康状况改善的条件下，患者、病案、疾病复杂程度均有可能下降，医疗机构不仅可以获得结余，还能通过降点增值提高医保付费点值，这意味着医疗服务绩效的提高。

2. 宏观调控是基础 基于经济发展水平制定费基费率，做到应收尽收，坚持以收定支的原则，完善地方统筹和总额预算管理，是医疗保障制度可持续发展的基础性制度安排，也是涉及所有利益相关人权宜的大蛋糕。一是建立宏观调控机制，确保合理增长；二是做到收支平衡、略有结余；三是预算合理分布，确保医疗保障基金支出在三级医院、二级医院、社区医院和家庭医生诊所之间合理分布，构建正三角形医护体系，实现医护服务的可及性；医、药、护、技、管的费用结构合理；四是完善地方统筹闭环管理、降点增值的激励相容的运行机制，将抑制过度医疗和道德风险的风控机制前移的执行者端口，最终建立医疗保障基金长效平衡机制（没有亏损发生）。

3. 服务协议和结算清单是制约 我国医疗保障基于参保人缴费建立基金，属于准公共品，需要社会治理。社会治理是利益相关人通过社会契约长期合作与实现共赢的制度安排与实施过程。

2012 年，党的十八大报告提出“社会管理体制”；2013 年，党的十八届三中全会报告提出“改进社会治理方式”；2017 年，党的十九大报告提出“社会治理体制”，强调共建共享共治，包括党委领导、政府负责、社会协同、公众参与、法治保障的“五位一体”合作机制；2019 年，党的十九届四中全会报告提出“社会治理体系”，增加了民主协商和科技支撑，由此形成“七位一体”的社会治理体系。以此为基础，构建医疗保障社会治理体系的架构和内容如图 4-7。

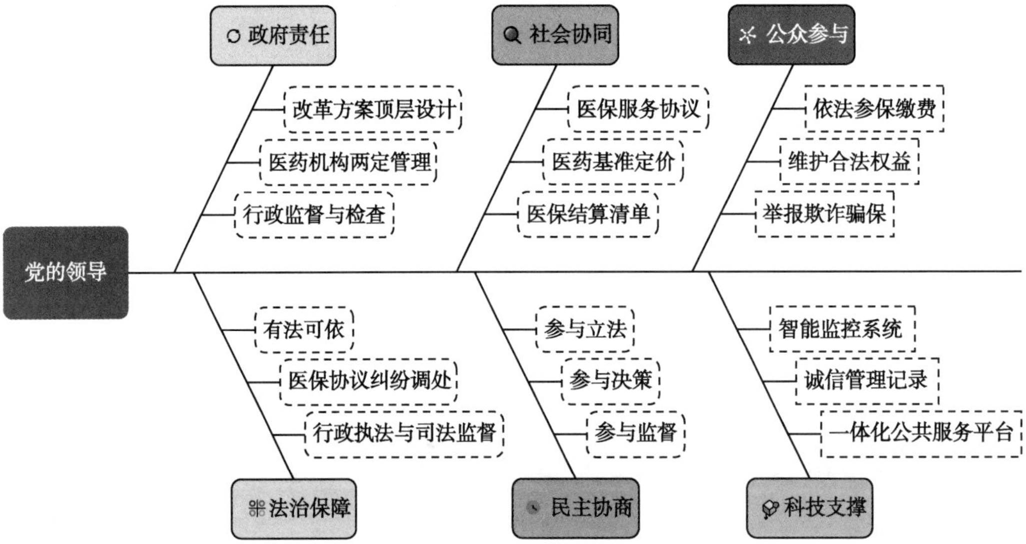

图 4-7 医疗保障七位一体的社会治理体系

2010 年，我国根据《中华人民共和国社会保险法》第三十一条规定开始建立医保服务协议制度。一是明确医保服务协议的甲方和乙方及其责、权、利，确保双方平等协商订立和履行医保服务协议。二是依法制定医保服务协议的标准范本，确保协议覆盖医疗保障基金使用和医疗服务过程的相关问题。三是建立和完善协议订立、变更、中止、解除、终止和续订的程序管理与台账管理。四是建立和完善医保服务协议纠纷调处和诉讼的制度安排。

2020 年，国家医保局完成了医疗保障领域 15 套基础标准体系建设以后，根据病组分值付费改革方案，完成了医保结算清单制度（190 项），是促进医药机构规范管理和及时结算医保费用的有效工具。

4. 智能监控和行政监督是保障　医疗服务专业性强、私密性强，长期以来处于信息不对称的状态。20 世纪 70 年代以来，计算机和互联网的出现，为医疗过程循证提供了工具，如医保智能监控系统、医疗质量监督评价、药物经济评价等：一方面，帮助人们走进医疗过程，使得监督医生行为成为可能做到的事情。另一方面，创造了医患自律的环境。2014 年，我国人社部发 54 号文件，第一次提出建立医保智能监控系统和监督医疗行为。建立医保智能监控系统，一是研究和创建循证医疗、科学用药、医保政策的知识库和专业人员队伍；二是基于医保服务协议将医保智能监控系统嵌入医护机构和医护人员的工作站，实行事前提示、事中监督、事后追溯；三是基于智能监控系统建立医药机构和医务人员信用评价标准和信用管理体系；四是基于医疗医保大数据建立行政监督检查制度，依法追究行政责任、经济责任和刑事法律责任。

5. 三医联动改革抑制鼹鼠效应　2009 年，中共中央、国务院《关于深化医药卫生体制改革的意见》（中发〔2009〕6 号，以下简称《新医改方案》），提出完善社区卫生服务，坚持基本医疗公益性的原则，要重点抓好如下五项工作：①加快推进基本医疗保障制度建设；②逐步建立国家基本药物制度；③健全基本医疗卫生服务体系；④推进基本公共卫生服务逐步均等化；⑤推进公立医院改革试点。《新医改方案》方向正确、制度安排合理，由于缺乏体制机制的配套改革，在执行中出现一些偏差。例如，国家卫健委推动的取消公立医院药品加成改革，意在解决以药养医问题，建立医药分开的运行机制。但这项制度改革的结果是在国家卫生支出中的药占比有所下降（≤40%），但检查费用和综合医院门诊量增加，出现鼹鼠效应，抑制过度医疗、强化基层医疗服务的效果并不明显。

2018 年，国家组建国家医疗保障局，整合了国家卫健委、国家发改委、人力资源和社会保障部以及民政部的相关部门和相关资源，要求其实现医保、医疗和医药的三医联动和高度协同发展。2020 年，中共中央、国务院提出《关于深化医疗保障制度改革的意见》和如下三项保障措施：①加强党的领导；②强化协同配合；③营造良好氛围。国家医保局成立以来，在统一业内 15 套基础标准、推动支付方式改革、建立药品谈判和集中采购机制、建立医保监管立法和机制、建立公共服务体系等几个方面已经取得巨大成绩，为实现医疗保障综合治理奠定了基础。

在我国实施病组分值付费改革中，金华市、佛山市等地区，市委市政府高度重视，打出宏观调控基金总额预算和增长率、中观推进医保约束与激励的支付改革、微观对医药机构进行绩效评估的组合拳，改革推进比较顺利，确保充分实现了改革的预期目标。

本章小结

贯彻中共中央5号文关于完善经办管理和公共服务体系的要求。2018年以来，我国医疗保障管理体制和运行机制建设初步取得如下成果：①国家顶层设计与监督运行、地方（省级）管理与监督实施、基层（市县）统筹与服务的三级管理体制和大数据决策与监督机制；②全国医疗保障标准化、信息化平台，包括省级上线打造的地方平台，支持一体化的医疗保障公共服务体系；③以医保服务医保定点机构协议管理为基础、总额预算管理和医保支付改革为推手，从数量付费走向按照结果付费，破解健康绩效评估难题，这需要构建医保、医疗、医药协同发展的综合治理机制，提高医疗保险基金的使用效率和促进医院高质量发展。

思考与练习题

1. 如何理解医疗保障局行政职责、医疗保障事业管理中心的执行职责、医疗保障基金使用监督执法大队职责的内涵与外延，做到在事件中不错位和不失责。

2. 为什么说地区药物招标采购机构不是医疗保障局的直属机构，只能是关联机构，如何界定“关联”关系，支持国家建立区域地区药物招标采购中心，实现上游下游药物信息共享、合理定价、合理采购与使用。

3. 如何夯实医疗保险基金地市统筹，发挥闭环管理的体制优势。实现省级统筹的基本条件是什么？

4. 请思考医疗保障基金政府监管、社会监督、行业自律和个人守信四项措施的本质区别和关联性，如何在实践中应用。

5. 回顾医疗保障监督从数量付费与事后监督、结果付费与过程监督、价值付费与综合治理的发展过程，理解风箱效应的作用机制。

参考文献

[1] 郑功成，申曙光. 中国医疗保障发展报告（2021）. 北京：社会科学文献出版社，2021.
[2] 郝春鹏，谭忠和. 中国医疗保障基金监督管理发展报告（2021）. 北京：社会科学文献出版社，2021.
[3] 俞炳匡. 医疗改革的经济学. 赵银华，译. 北京：中信出版社，2008.
[4] Moriates C，Arora V，Sheh N. 以价值为导向的医疗服务. 吴明，杨莉，译. 北京：北京大学医学出版社，2018：102.

第五章
筹资基准和待遇清单

教学目标

中共中央5号文提出："要建立与社会主义初级阶段基本国情相适应、与各方承受能力相匹配、与基本健康需求相协调的筹资机制，切实加强基金运行管理，加强风险预警，坚决守住不发生系统性风险底线。"熟悉和理解医疗保障筹资基准、待遇清单的法律和政策，知晓在实践中如何运用。

主要内容

公民基本医疗保险参保缴费义务；基本医疗保险筹资基准制度；基本医疗保险待遇清单制度。

第一节　公民基本医疗保险参保缴费义务

我国实行全民医疗保障制度。全体中国公民与合法定居的外籍居民（如持有就业绿卡的外籍居民），均为基本医疗保险的应参保人。婴幼儿在入户之日起30天以内，凭婴幼儿出生证明和母亲身份证复印件办理参保手续，从其出生之月起缴费和享受基本医疗保险待遇。目前我国基本医疗保险包括职工基本医疗保险和城乡居民基本医疗保险，二者的筹资制度安排不同，《医疗保障法（征求意见稿）》分别对职工和居民参保和缴费作出了制度安排。

一、用人单位和职工的参保缴费义务

用人单位即指**具有用人权利能力和用人行为能力，运用劳动力组织生产劳动和支付工资福利等劳动报酬的单位**。用人单位包括企业、个体经济组织、民办非企业单位、国家机关、事业组织、社会团体。职工，在西方国家称雇员，属于有用人单位和劳动关系的人。职工包括在党政机关、事业单位、国有企业、民营企业、个体工商户和各类社会组织的全体在职人员。通常，在履行参加基本医疗保险和缴费义务时，实行用人单位代理参保登记和申报相关信息与代扣代缴保费，用人单位和职工共同履行缴费义务。

《医疗保障法（征求意见稿）》第十二条第一款规定："国家机关、企业、事业单位、社会组织、有雇工的个体工商户等用人单位及其职工应当参加职工基本医疗保险"。本法条具有如下特征：①"应当"属于命令性规范，参加基本医疗保险和缴费是用人单位的强制性义务，是职工的法定权利和义务；②职工法律概念的一致性，在国家基本医疗保险制度内，不存在机关事业单位和企业职工的并轨问题。我国卫生医护机构包括公立机构、民营非营利机构、营

利机构和私人诊所，均应当依法参加职工基本医疗保险，按时履行参保登记和缴费义务。

二、居民参保缴费义务

目前尚无法律强制居民参加基本医疗保险，主要原因如下：①目前我国城镇化率超过60%，还有30%多的国民属于农村居民和农业人口，收入不稳定，社会风险意识不足，尚未达到强制居民参加基本医疗保险的社会条件；②居民不属于稳定收入群体，不宜单独建立医疗保险制度，未来的发展趋势是与职工基本医疗保险整合发展。基于中国国情，中共中央和国务院采取医疗风险教育、政府补贴和鼓励居民自愿参保的政策引导居民参保，可谓创新与妥协相结合的策略。

三、医疗保险参保登记和社会保障卡

《中华人民共和国社会保险法》**第五十七条规定**："用人单位应当自成立之日起三十日内凭营业执照、登记证书或者单位印章，向当地医疗保险经办机构申请办理社会保险登记。用人单位在办理参保登记时，必须认真填写和报送《职工基本医疗保险单位登记表》、《职工基本医疗保险花名册》，单位和开户银行盖章后的委托缴纳职工医疗保险费协议书以及本单位上月的财务报表、职工工资表。

医疗保险经办机构应当自收到申请之日起十五日内予以审核，发给医疗保险登记证件。医保经办机构将信息录入电脑和建立参保单位台账，并将资料整理成册备案和保存100年。

用人单位的社会保险登记事项发生变更或者用人单位依法终止的，应当自变更或者终止之日起三十日内，到社会保险经办机构办理变更或者注销社会保险登记。工商行政管理部门、民政部门和机构编制管理机关应当及时向社会保险经办机构通报用人单位的成立、终止情况，公安机关应当及时向社会保险经办机构通报个人的出生、死亡以及户口登记、迁移、注销等情况。

目前，在北京市等医疗保险待遇较高的地区，出现办理虚假劳动关系骗取基本医疗保险资金的企业。针对这种情况，在前端，医疗保险经办机构（可能是社会化保险经办机构）在参保登记审查环节应当与工商部门合作审查申报企业的经营范围与运营状况、劳动合同与劳动关系的实际履行情况。在中端，医疗保险经办机构发现有虚拟劳动关系骗取医疗保险基金的，应当立即启动前端参保登记环节再审工作。在后端，医疗保障基金监督检查机构立案与取证工作，在证据确凿的条件下，由两方共同报送医疗保障行政机构作出相应的行政处罚，触犯法律的由两方共同移送司法机关。

《社会保险法》**第五十八条规定**："用人单位应当自用工之日起三十日内为其职工向社会保险经办机构申请办理社会保险登记。"国家鼓励无雇工的个体工商户、未在用人单位参加职工基本医疗保险的非全日制从业人员以及其他灵活就业人员（以下统称灵活就业人员）参加职工基本医疗保险。但是，参保人员不得重复参加基本医疗保险。自愿参加社会保险的无雇工的个体工商户、未在用人单位参加社会保险的非全日制从业人员以及其他灵活就业人员，应当向社会保险经办机构申请办理社会保险登记。

国家建立了全国统一的个人社会保障号码，并实现了个人社会保障号码与公民身份号码的统一。完成社会保险参保登记和审核后，即获得社会保障号码以及社会保障卡或者电子社会保障卡（含医疗保障卡）。

第二节 医疗保障筹资基准制度

合理筹资、稳健运行是医疗保障制度可持续的基本保证。

一、筹资基准的制度安排

（一）筹资基准的定义

医疗保障筹资基准主要指基本医疗保险、生育保险缴费的费基和费率及其调整机制的制度安排。缴费基数通常基于职工工资总额、经济活动人口年总收入依法界定，由参保人如实申报，医疗保险经办机构依法审核后确定。缴费费率即按照缴费基数的一定比例征缴。国家根据基本医疗保险的收支情况进行调整，遇到疫情或者经济危机，可能暂时降低费率或者减免缴费。

中共中央 5 号文件提出："要建立与社会主义初级阶段基本国情相适应、与各方承受能力相匹配、与基本健康需求相协调的筹资机制，切实加强基金运行管理，加强风险预警，坚决守住不发生系统性风险底线。"

（二）职工基本医疗保险缴费基准

职工基本医疗保险费应当由用人单位和职工共同缴纳，并实行用人单位统一代扣代缴制。以个人身份参加职工基本医疗保险的灵活就业人员，基本医疗保险费由个人缴纳。

缴费基数是用人单位以国家规定的职工工资总额为缴费基数。职工以本人上年度工资收入为缴费基数。根据国家统计局的有关规定，职工工资总额是指各单位在一定时期内支付给本单位全部职工的劳动报酬总额。职工工资总额的计算应以直接支付给职工的全部劳动报酬为根据，它包括 6 个部分：计时工资、计件工资、奖金、津贴和补贴、加班加点工资、特殊情况下支付的工资。

本人月工资总额超过本市上年度在岗职工月平均工资 300% 的，按本市上年度在岗职工月平均工资的 300% 缴费；月工资总额低于本市上年度在岗职工月平均工资 60% 的，按本市上年度在岗职工月平均工资的 60% 缴费，各地区实际情况有所不同。待医疗保障法实施之后，应当实现全国统一。

缴费费率。1998 年《国务院关于建立城镇职工基本医疗保险制度的决定》（国发〔1998〕44 号）是建立职工基本医疗保险的第一个指导性文件，规定用人单位缴费率应控制在职工工资总额的 6% 左右，职工缴费率一般为本人工资收入的 2%，随着经济发展，用人单位和职工缴费率可作相应调整。目前，用人单位缴费率一般控制在职工个人工资总额（或者用人单位职工工资总额）的 6%～7%，职工缴费率一般为本人工资总额的 2%，合计费率为 9% 左右。例如，某职工月工资总额为 8 000 元，其用人单位缴费为 480 元、职工个人缴费为 160 元。用人单位按照本单位职工工资总额 0.5% 的比例缴纳生育保险费，职工个人不缴纳生育保险费。目前由地方政府决定费率。以东莞市为例，职工基本医疗费率为个人工资总额的 2.5%。以北京市为例，费率是职工工资总额的 11%。

无雇工的个体工商户、未在用人单位参加基本医疗保险的非全日制从业人员以及其他灵活就业人员参加基本医疗保险的，应当按照国家规定缴纳基本医疗保险费。为了鼓励灵活就业人员参加基本医疗保险，有些城市规定灵活就业人员参加基本医疗保险缴费基数和缴费费率均低于职工的基准。

记账方式。国发〔1998〕44号文件规定："建立基本医疗保险统筹基金和个人账户。基本医疗保险基金由统筹基金和个人账户构成"。**基本医疗保险统筹基金**是统一管理和统一支付的职工**基本医疗保险**的专项基金。基本医疗保险个人账户是计入参保缴费职工个人账户，在法定授权范围内自主决定支出的基本医疗保险专项基金。职工个人缴纳的基本医疗保险费全部计入个人账户。用人单位缴纳的基本医疗保险费分为两部分，一部分用于建立统筹基金，一部分划入个人账户，划入个人账户的比例一般为用人单位缴费的30%左右，具体比例由统筹地区根据个人账户的支付范围和职工年龄等因素确定。例如。某职工月工资总额1万元人民币，用人单位按6%缴费即600元、职工个人按2%缴费即200元，合计缴费800元，计入当地社会统筹基金的金额为420元，占合计缴费的52.5%，计入该缴费职工个人账户的金额为380元，占比为47.5%。该文件规定："具体比例由统筹地区根据个人账户的支付范围和职工年龄等因素确定。"很多地区按照年龄的增长不断增加划入个人账户的比例，在实践中伴随人口老龄化的发展划入个人账户的资金越来越多。该文件还规定统筹基金和个人账户要划定各自的支付范围，分别核算，不得互相挤占。伴随人口老龄化的发展，社会医疗保险的互济性就越来越小。因此，在2010年《社会保险法》中删除了职工基本医疗保险个人账户的制度安排（专栏5-1）。

专栏5-1　职工基本医疗保险个人账户的政策目标是什么？

当时中国基本医疗保险为参保职工建立个人账户的政策目标有如下四点：一是鼓励职工缴费，顺利实现从免费性劳动医疗保险向缴费型社会医疗保险的转型。二是为职工建立医疗费用储蓄，在职工健康时储蓄部分资金用于生病时使用。三是建立个人控费机制。四是用于支付门诊医疗费用。

1998—2009年间的实践证明，职工医疗保险个人账户的储蓄功能、控费功能和支付门诊功能均十分有限。因此，在2010年《社会保险法》中规定参保缴费为用人单位和职工的法定义务，删除了职工基本医疗保险个人账户的制度安排。

（三）居民基本医疗保险缴费基准

根据《社会保险法》第二十五条规定，国家建立和完善城镇居民基本医疗保险制度。城镇居民基本医疗保险实行个人缴费和政府补贴相结合。2015年以后，农村新型合作医疗与城镇居民基本医疗保险合并，统筹为居民基本医疗保险。目前，政府补贴和个人缴费均实行定额制。2020年全国医疗保障事业发展统计公报数据显示：城乡居民基本医疗保险人均财政补助标准为每人每年不低于550元，居民个人缴费金额均值为283元（200～400元），合计缴费总额均值为833元，全部计入地方社会统筹基金账户，不设立个人账户。

此外，享受最低生活保障的人、纳入特困人员救助供养范围的人、丧失劳动能力的残疾人、低收入家庭六十周岁以上的老年人和未成年人等参加城乡居民基本医疗保险所需个人缴费部分，由政府给予补贴。具备多种身份的人员，按照可享受的最高待遇给予补贴，但是不得重复补贴。

（四）退休人员缴费基准

医疗保险属于现收现付和社会互济的制度安排，没有积累功能，终生缴费是国际惯例。2010年颁布的《社会保险法》第二十七条规定："参加职工基本医疗保险的个人，达到法定退休年龄时累计缴费达到国家规定年限的，退休后不再缴纳基本医疗保险费，按照国家规定享受基本医疗保险待遇；未达到国家规定年限的，可以缴费至国家规定年限。”该法条照搬了养老保险的相关规定，不符合医疗保险的筹资规则，且忽略了中国人口老龄化的发展趋势，应当尽快进入修订程序。

以德国为例，退休人员要继续缴纳医疗保险缴费，个人缴费部分以养老金为基数履行医疗保险缴费义务，雇主缴费部分从养老保险基金中拨付。以新加坡为例，公积金计划成员在退休后停止向养老金账户供款，但需要增加向医疗账户供款，费率从8%升至8.5%（表5-1）。

表5-1　新加坡公积金账户设置及其缴费分布

雇员年龄	雇员缴纳比率（占工资%）	雇主缴纳比率（占工资%）	总缴纳比率（占工资%）	分配比率		
				普通账户（%）	特殊账户（%）	医疗账户（%）
35岁以下	16	20	36	26	4	6
35～45岁	16	20	36	23	6	7
45～55岁	16	20	36	22	6	8
55～60岁	6	12.5	18.5	10.5	0	8
60～65岁	3.5	7.5	11	2.5	0	8.5
65岁以上	3.5	5	8.5	0	0	8.5

二、基本医疗保险费征缴

（一）征收机构

2019年《社会保险费征缴暂行条例》第六条规定：“社会保险费实行三项社会保险费集中、统一征收。社会保险费的征收机构由省、自治区、直辖市人民政府规定，可以由税务机关征收，也可以由劳动保障行政部门按照国务院规定设立的社会保险经办机构（以下简称社会保险经办机构）征收”。2018年7月，中共中央办公厅、国务院办公厅印发《国税地税征管体制改革方案》，明确从2019年1月1日起，将基本养老保险费、基本医疗保险费、失业保险费、工伤保险费、生育保险费等各项社会保险费交由税务部门统一征收。医疗保险费和生育保险费的征收正在向税务部门转移，社会保险经办机构应当及时向税务机关提供缴费单位社会保险登记、变更登记、注销登记以及缴费申报的情况。

（二）征收规则

根据2019年《社会保险费征缴暂行条例》规定，基本医疗保险（含生育保险费）缴费规则如下：①缴费单位和缴费个人应当以货币形式全额缴纳社会保险费。缴费个人应当缴纳的医疗保险费，由所在单位从其本人工资中代扣代缴。医疗保险费不得减免。非因不可抗力等法定事由不得缓缴、减免。②缴费单位未按规定缴纳和代扣代缴医疗保险费的，由医疗保障行政部门或者税务机关责令限期缴纳；逾期仍不缴纳的，除补缴欠缴数额外，从欠缴之日起，按日加收2‰的滞纳金。滞纳金并入医疗保险基金。③征收的医疗保险费存入财政部门在国有商业银行开设的社会保障基金财政专户，基本医疗保险基金、生育保险基金单独核算。医疗保险基金不计征税、费。④医疗保险经办机构应当建立缴费记录，包括记录个人账户缴费情况。社会保险经办机构负责保存缴费记录，并保证其完整、安全100年，缴费单位、缴费个人有权按照规定查询缴费记录。⑤用人单位未按规定申报应当缴纳的医疗保险费数额的，按照该单位上月缴费额的110%确定应当缴纳数额；缴费单位补办申报手续后，由征收机构按照规定结算。用人单位逾期仍未缴纳或者补足医疗保险费的，征收机构可以向银行和其他金融机构查询其存款账户；并可以申请县级以上有关行政部门作出划拨医疗保险费的决定，书面通知其开户银行或者其他金融机构划拨医疗保险费。用人单位账户余额少于应当缴纳的医疗保险费的，征收机构可以要求该用人单位提供担保，签订延期缴费协议。用人单位未足额缴纳医疗保险费且未提供担保的，征收机构可以申请人民法院扣押、查封、拍卖其价值相当于应当缴纳医疗保险费的财产，以拍卖所得抵缴医疗保险费。

三、筹资分担和调整机制

中共中央5号文件提出："就业人员参加基本医疗保险由用人单位和个人共同缴费。非就业人员参加基本医疗保险由个人缴费，政府按规定给予补助，缴费与经济社会发展水平和居民人均可支配收入挂钩。适应新业态发展，完善灵活就业人员参保缴费方式。建立基本医疗保险基准费率制度，规范缴费基数政策，合理确定费率，实行动态调整。均衡个人、用人单位、政府三方筹资缴费责任，优化个人缴费和政府补助结构，研究应对老龄化医疗负担的多渠道筹资政策。加强财政对医疗救助投入，拓宽医疗救助筹资渠道"。

（一）夯实费基

医疗保险缴费基数需要依法界定、统一口径。基于劳动关系建立的社会医疗保险制度，其缴费基数均为工资总额。工资总额包括基本工资、岗位津贴、绩效奖金等。基于年度收入建立的社会保障税制或者费制，其缴费基数为年收入。夯实缴费基数需要建立和健全用人单位财务报告制度和个人收入报告制度。目前我国缴费基数约为实际工资总额的40%～70%。一方面，国家曾经允许下岗和就业困难人口降低缴费基数，没有规定该政策的实施年限。另一方面，有些企业通过降低费基的方式实现漏缴医疗保险费的目的。还有，对于遇到经营困难的小企业，社会保险经办机构采取了容忍态度。

夯实医疗保险缴费基数的制度建设包括如下三项工作：①完善相关法律制度，一方面加强工资总额申报和缴费申报的规范性，另一方面严厉惩处虚报瞒报的逃费行为；②提高政府相关部门的监控能力，包括联网式智能监控和举报追查的能力；③建立企业薪酬报告和个人收入报告制度和信用记录制度。借鉴中国香港经验，将依法缴费的企业评为好雇主，将逃费企业纳入黑名单。

（二）稳定费率

基本医疗保险费率与GDP水平、人口结构和卫生支出结构具有相关性，见公式5-1。

基本医疗保险费率/工资总额＝医疗保险支出（假设40%）/
卫生总支出（假设6%）/GDP总值　　（公式5-1）

2022年我国进入中等人口老龄化社会。目前按照工资总额8%征收基本医疗保险费，与人均GDP水平和人口老龄化程度相关的国家比较，这是一个中等偏高的水平。进入高度人口老龄化社会的德国，基本医疗保险费率为工资总额的14%，包括居民医疗保险待遇。

目前，我国基本医疗保险平均费率高于8%。职工个人费率为个人工资总额的2%，地区差异不大。企业费率在2%～9%之间，存在较大的地区差异。在劳动力流入地区和流出地区的费率差异较大，有些经济发达城市费率偏高。在我国医疗保障法实施之后，应当统一全国基本医疗保险费率，为企业创造平等的营商环境。同时，根据人口结构和经济发展水平建立调节费率，提高人口流入地区的费率，适度补贴人口流出地区。

（三）合理分担

在国际上，职工基本医疗保险雇主和雇员分担费率的比例基本是1∶1。目前我国企业基本医疗保险费率是职工的3倍。居民医疗保险缴费的政府补贴是个人缴费的2～3倍。居民属于没有稳定收入的群体，难以界定缴费基数和费率、政府补贴和个人缴费的比例。从发展看问题，居民不是稳定收入人群，不宜单独建立医疗保险制度。很多选择社会医疗保险模式的国家均实行一人参保保全家，对贫困家庭实行参保救助。伴随中国城镇化率的提高，待统计成熟时，职工和居民基本医疗保险制度整合是必然趋势。

（四）调整机制

医疗保险缴费的费基口径（如工资总额、年收入总额等）基本不改变。费率会根据收支情况进行调整，包括遇到疫情和经济危机时临时增加或者降低费率。由于各国医疗保障的范围、医疗体系和医护成本差异较大，实行医疗保险的国家的医疗保险费率差异较大，约为工资总额的5%～14%。

第三节　医疗保障待遇清单制度

公平适度的待遇保障是增进人民健康福祉的内在要求。中共中央5号文件提出："坚持应保尽保、保障基本，基本医疗保障依法覆盖全民，尽力而为、量力而行，实事求是确定保障范围和标准""建立健全医疗保障待遇清单制度，规范政府决策权限，科学界定基本制度、基本政策、基金支付项目和标准"。

一、待遇清单的制度安排

（一）待遇清单的定义

待遇清单即指医保基金支付的项目和标准、不予支付的范围。基本医疗保险实行以收定支的财务制度，其支付的项目和标准需要根据基本医疗保险的目标、往期数据和医保精算严格界定，以确保实现"保基本"的目标和收支平衡的原则。

以德国为例，在发展初期的待遇清单属于全包模式（表5-2）。1988年德国出台了《卫生改革法》，这是医疗保险制度过去100年中第一次全面改革，该法于1989年1月1日生效。这次改革开始控制医疗资源的使用，减少了待遇清单的项目和标准：①克服不必要支出，如消减牙齿矫正过度支出、控制药品消费；零散而小额医药费用免赔；②扩大预防性卫生保健支出，加强医疗救助；③提高共付比例，促进参保人控费意识。

表5-2　德国早期法定医疗保险支付待遇范围（1883—1978）

年份	法定医疗保险待遇及支付范围
1883	有限的住院和院外护理免费药品和医疗用品，死亡赔付，育婴援助
1901	患者赔付期间从13周增加至26周，患者赔付扩展至包括性传播疾病，住院患者家庭成员津贴的提高
1911	育婴援助标准的提高，高工资工人患病赔付标准的提高
1914	患病赔付时间提前，配偶和子女的家庭援助
1917/1918	增加助产士服务、产科服务、怀孕津贴、哺乳期母亲津贴
1935	育婴援助时间的增加

续表

年份	法定医疗保险待遇及支付范围
1941	所有需申报疾病治疗费用的全额赔付
1957	工人患病赔付项目标准的提高
1970	增加预防、儿科检查
1972	患病的农民临时工的工资补偿，住院治疗时间期限的取消，弥补看护小孩而导致的工资损失的补偿，住院或住院治疗期间的家庭援助，改善服务增加的项目，牙科服务项目增加
1978	避孕咨询、绝育和堕胎的咨询及医疗支援

我国《社会保险法》第二十八条规定："符合基本医疗保险药品目录、诊疗项目、医疗服务设施标准以及急诊、抢救的医疗费用，按照国家规定从基本医疗保险基金中支付。"第二十九条规定："参保人员医疗费用中应当由基本医疗保险基金支付的部分，由社会保险经办机构与医疗机构、药品经营单位直接结算。"第三十条规定了不予支付的项目："下列医疗费用不纳入基本医疗保险基金支付范围：①应当从工伤保险基金中支付的；②应当由第三人负担的；③应当由公共卫生负担的；④在境外就医的。

（二）待遇清单的原则

完善待遇清单制度需要坚持如下五项基本原则：①从基本国情出发，遵循客观规律，尽力而为、量力而行，切实维护人民群众基本医疗保障需求。②坚持稳健持续、责任均衡。守住政府责任边界，科学确定筹资待遇水平和各方负担比例，实现医保制度可持续发展。③坚持责任分担、多元保障。④坚持权利和义务对等，完善风险分担机制，鼓励发展多层次医疗保障体系。⑤坚持依法依规、科学决策，统筹制度政策安排，明确决策层级和权限，既规范决策，又鼓励探索，推进医疗保障制度管理法治化、规范化、标准化。由国务院医疗保障行政部门会同有关部门统一拟定、调整和发布医疗保障基本政策。各地方可在国家规定范围内制定具体筹资及待遇等政策，并根据国家有关要求动态调整。各统筹地区按照有关规定制订实施细则，并负责组织落实。

（三）受益资格

资格即指参保缴费人达到法律规定的条件时享有基本医疗保险待遇的资格。按照国际惯例，从缴费到受益有3～6个月的等待期。目前在中国等待期不足1个月。如某市规定，参保人自办理参保手续、缴交医疗保险费次月1日起享受本办法规定的医疗保险待遇。每月20日前申报参保的，按当月参保处理；每月20日后申报参保的按次月参保处理。

具体规定如下：①按时足额缴纳职工医保费的参保人，从缴费次月开始享受相应的职工医保待遇。失业人员按照规定从领取失业保险金的当月开始享受相应的职工医保待遇。职工医保参保人在停止缴费的次月，停止享受职工医保待遇，但个人账户余额可以继续使用。②用人单位未按照规定为职工参保的补缴应缴费用、利息和滞纳金后，累计参保人职工医保缴费年限，不补付职工医保待遇，期间参保人应当享受的职工医保待遇由负有缴费义务的用人单位承担。用人单位未按时缴纳职工医保费的：从欠缴次月起，参保人暂不享受职工医保待遇；用人单位在欠缴之日起3个月内（从开始欠缴之月起连续计算至补缴上月止，下同）补缴欠缴费用、利息和滞纳金的，延缴期间应当由统筹基金支付的医疗费用可以补付，参保人缴费年限可以累计，相应金额补划至个人账户。用人单位在欠缴之日起3个月后补缴欠缴费用、利息和滞纳金的，参保人缴费年限可以累计，职工医保待遇不予补付（含个人账户拨付待遇），期间参保人应当享受的职工医保待遇由负有缴费义务的用人单位承担。参保人个人未按时缴纳职工医保费的，不予补缴，期间参保人应当享受的职工医保待遇由负有缴费义务的个人承担。③参加职工基本医疗保险的个人，基本医疗保险关系转移接续时，基本医疗保险缴费年限累计计算。

（四）缴费年限

我国《社会保险法》**第二十七条规定**："参加职工基本医疗保险的个人，达到法定退休年龄时累计缴费达到国家规定年限的，退休后不再缴纳基本医疗保险费，按照国家规定享受基本医疗保险待遇；未达到国家规定年限的，可以缴费至国家规定年限"。退休后不再缴纳基本医疗保险费的规定，既不符合医疗保险现收现付和社会互济的基本原则，也不符合人口老龄化的发展趋势，中国需要选择合适时机，建立终生缴费制度。目前由省市自行规定，在20～25年之间。很多人在办理退休手续时尚未达到这个缴费年限，在退休之后继续缴费。

二、支付范围

《社会保险法》第二十八条规定："符合基本医疗保险药品目录、诊疗项目、医疗服务设施标准以及急诊、抢救的医疗费用，按照国家规定从基本医疗保险基金中支付"，即基本医疗保险三个目录，由此构成基本医疗保险服务包，居民基本医疗保险参照职工基本医疗保险目录协同发展。

（一）基本医疗保险药品目录

该目录是适用于基本医疗保险参保人，由基本医疗保险基金支付的药物清单，是基本医疗保险待遇清单的重要组成部分。1975 年，世界卫生组织开始向其成员国推荐制定基本药物名单。1992 年，我国开始制定了国家基本药物目录（表 5-3）。2000 年制定了第一部《国家基本医疗保险药品目录》，分别在 2004 年、2009 年进行两次重大调整，2020 年之后建立了动态调整机制。

表 5-3 国家基本药物目录

（一）青霉素类

序号	品种名称	剂型、规格	备注
1	青霉素 Benzylpenicillin	（钾盐）注射用无菌粉末：0.25g（40 万单位）、0.5g（80 万单位）（钠盐）注射用无菌粉末：0.24g（40 万单位）、0.48g（80 万单位）、0.96g（160 万单位）	
2	苄星青霉素 Benzathine Benzylpenicillin	注射用无菌粉末：30 万单位、60 万单位、120 万单位	
…			
（二十六）儿科用药			
417	培门冬酶 Pegaspargase	注射液：2ml：1 500IU、5ml：3 750IU	△

制定基本医疗保险药物目录的基本原则：一是国家统一制定基本医疗保险药物目录清单，地方政府根据需要提出补充药物目录清单，并报备国家医疗保障局备案。二是临床必需、安全有效。根据参保人临床治疗需要，保障用药安全和用药供给，首先考虑常见病的基本用药需求。三是价格合理、使用方便，市场供给有保障，通过建立药物集中采购与定价机制，控制药品费用支出，保证医疗保险基金收支平衡。四是坚持中西医并重方针，合理推行

中西医兼顾的用药行为。五是促进临床医药科技进步和发展，有效推动我国医药事业和产业的发展。

纳入基本医疗保险药物目录的条件：符合上述原则和下列条件之一的，可以纳入基本医疗保险药品目录，包括《中华人民共和国药典》(2020 年版)收载的药品；获得国家药品监督管理局注册批件的药品；获得国家药品监督管理局进口批件的药品。不能纳入基本医疗保险药品目录的条件如下，如营养制品药品，如十全大补膏；可以入药的动物及动物脏器，如海马、胎盘等；用中药材中药饮片炮制的各种酒制剂，如杜仲酒；各类药品中的果味制剂、口服泡腾剂，如果味维生素 C；血液制品，蛋白类制品(急救、抢救除外)，如人血白蛋白等；国家医疗保障局规定不予支付的其他药品。

基本医疗保险药物目录的基本结构，由西药、中成药和中药饮片三部分组成。西药和中成药采用“准入法”，所列药品为基本医疗保险准予支付的药品。中药饮片采用“排除法”，所列药品为基本医疗保险基金不予支付费用的药品。药品目录中的药品按照药物学和一致性评价、临床科学用药循证和药物经济评估相结合的办法进行分类。西药和中成药的药品名称采用通用名，并标明剂型；中药饮片采用《药典》相应名。

西药和中成药分为甲类目录和乙类目录。甲类目录的药品是临床治疗必需、使用广泛、疗效好，同类药物中价格较低的药物，基本医疗保险分担比例相对高。乙类目录的药品是可供临床治疗选择、疗效好，在同类药物中比甲类药品目录药品价格略高的药物，参保人自付比例相对高。

我国现行基本医疗保险药物目录的主要内容：**国家医保目录 2020 年版共收载药品 2 800 种**，其中西药 1 426 种、中成药 1 374 种、中药饮片 892 种。新版医保目录于 2021 年 3 月 1 日起在全国范围正式启用。

(二) 基本医疗保险诊疗项目

该目录是指临床诊疗必需、安全有效、费用适宜的，由医疗保障部门制定了收费标准的，由定点医疗机构为参保人员提供的，由医疗保险基金支付的诊疗项目，是基本医疗保险待遇清单的核心组成部分。国家确定基本医疗保险诊疗目录主要采取排除法。以德国为例，镶牙、眼镜等逐渐被排除在基本医疗保险支付范围之外。

制定基本医疗保险诊疗目录的基本原则：一是统一目录。国家统一制定基本医疗保险诊疗项目清单，考虑不同地区经济状况、人口结构和医疗技术水平，留给地方一定的制定诊疗目录的调整空间。二是临床必需。主要是临床治疗疾病必需的项目和诊疗手段，特别要考虑社区医疗的全科、外科、精神科、康复科、儿科和老年科的需求。我国目前不包括罕见病、普通健康检查(专项检查除外)、辅助治疗手段(如音乐疗法)和非疾病治疗手段(如美容)等内容。三是科学合理。既要覆盖经过临床长期使用，广泛公认安全有效、相对成熟的诊疗项目，有条件时引入器官移植等；也要费用适宜，符合基本医疗保险在经济学上的要求，考虑基本医疗保险的支付能力。

基本医疗保险诊疗项目范围(表 5-4)：基本医疗保险参保人员在定点医药机构发生的符合基本医疗保险支付范围的费用，由基本医疗保险基金按照规定予以支付。分为全额统筹基金支付项目、部分统筹基金支付项目和统筹基金范围外项目。全额统筹项目全部由统筹基金支付；部分统筹项目，个人需要负担一定比例的费用，如 CT 检查费用，个人自付 20%；统筹范围外项目的费用完全由个人自费。基本医疗保险基金不予支付费用的诊疗项目，首先是未列入区域规划的大型医疗设备；其次是一些非临床诊疗必需、效果不确定或属于特需医疗服务的诊疗项目。基本医疗保险基金支付部分费用的诊疗项目，主要是一些临床诊疗必需、效果确定，但费用昂贵的诊疗项目，如高压氧治疗、人工关节、血管支架、血液透析、骨髓移植、抗肿瘤细胞免疫疗法等。

表 5-4 基本医疗保险诊疗项目目录

序号	医保项目编码	名称	单位	医保是否支付
1	052102000010000470	磁共振平扫	每部位	是
2	052102000010000471	磁共振增强平扫	每部位	是
3	052102000010000472	脑功能成像	次	是
4	……			
4000	999999999999000539	伽马刀 20 靶点	无	是

（三）基本医疗保险服务设施

医疗服务设施是指由定点医疗机构提供的参保人员在接受诊断、治疗和护理过程中的生活服务设施。设施费用主要包括住院床位费及门（急）诊留观床位费。基本医疗保险基金不予支付的生活服务项目和服务设施费用主要包括：①就（转）诊交通费、急救车费；②空调费、电视费、电话费、婴儿保温箱费、食品保温费、电炉费、电冰箱费及损坏公物赔偿费；③陪护费、护工费、洗理费、门诊煎药费；④膳食费；⑤文娱活动费以及其他特需生活服务费用。凡不纳入统筹金支付范围的项目由个人负担；纳入范围的项目按标准予以报销，如三级医院床位费 80 元 / 床日，超过此标准的床位费部分须由个人自负。实际床位费低于报销标准的，按实际发生费用纳入统筹。

（四）门诊、急诊、抢救的医疗费用

按照中共中央 5 号文件要求，我国逐步将门诊医疗费用纳入基本医疗保险统筹基金支付范围，改革职工基本医疗保险个人账户，建立健全以特病为主的医院门诊、社区慢性病管理为主的门诊共济保障机制。

在东莞市、深圳市等地先行先试了职工居民一体化医疗保险制度安排。从三档参保人（流动人口）开始建立首诊制，门诊和住院就医转诊的，应经原结算医院同意，转出医院应向接受转诊的医院出具转诊证明。

参保人员在门急诊抢救，且医疗费用中含有大抢救、中抢救、小抢救、输血、吸氧或心电监护至少一项的，医疗保险按照门急诊抢救费用予以支付。通常，参保人在门急诊抢救有两种情况：一是门急诊抢救后在抢救医院继续住院治疗，并入当次住院费用一并结算。二是门急诊抢救后死亡，按照抢救医院医保住院支付政策支付。

（五）生育医疗费用和生育津贴

生育保险待遇包括生育医疗费用和生育津贴。未参加生育保险的妇女发生的生育医疗费用，通过参加基本医疗保险予以解决。

生育医疗费用和职工基本医疗保险按照国家规定合并实施，支付范围和待遇标准如下：产前检查费用；生育医疗费；列入职工医疗保险统筹基金结付范围的生育并发症病种包括：羊水栓塞、难治型产后大出血、妊娠期急性脂肪肝、弥散性血管内凝血（DIC）、重度妊娠高血压综合征、重度妊娠合并肝内胆汁淤积症、妊娠合并心力衰竭、妊娠合并脑血管意外、妊娠

合并重度血小板减少、重症产科感染、产科多器官功能衰竭。

生育津贴：生育津贴按照计发基数乘以职工产假天数计发。计发基数，按职工生育时所在用人单位前 12 个月生育保险月人均缴费基数除以 30 计算。计发天数为：顺产的，128 天；难产、剖宫产的，增加 15 天；生育多胞胎的，每多生育 1 个婴儿，增加 15 天。

一次性营养补助：按本市上年城镇非私营单位在岗职工平均工资的 2% 计发。2021 年 7 月 1 日起，计发标准为 2 275 元。

三、分担比例

社会互济、共付制与合理确定分担比例（即直接结算，由个人垫支后取得医保支付的称为“报销”）是社会医疗保险的基本特征。共付制的核心问题是如何确定个人支付责任（例题 5-1）。经济合作与发展组织（OECD）主要成员国国家将参保患者个人自付比例控制在 20% 左右，认为这个比例既可以消除贫困也可以达到制约浪费的目的。借鉴国际经验和立足中国国情，我国基本医疗保险参保患者的个人付费责任如下：①自费责任，在基本医疗保险确定的支付目录之外，在定点医药机构之外发生的医药费用由个人自费支付；②自负责任：在现行基本医疗保险政策规定的起付线以下、封顶线以上、统筹基金分担比例以外，发生的医疗费用由个人自己负担。目前依据统筹地区政策，执行个人自负责任。在国家统一待遇清单制度之后，全国各地的相关政策基本一致，可以避免医疗保险患者旅游就医的问题。

例题 5-1　吴先生住院费用的分担情况

2019 年 3 月，参保职工吴先生住院做手术治疗，包括重症监护室 5 天。出院收费票据显示的支付信息如下：金额合计 18.6 万元，医保统筹基金支付 5.2 万元（封顶线以下余额），个人自付 5.58 万元（个人自付 30%，可以从个人账户支出），个人账户支出自付 4.02 元（起付线 1 800 元，超过封顶线部分 3.84 万元），个人自费 3.8 万元（目录外用药）。

本题释义：①当地职工基本医疗保险政策规定：统筹基金年度支付最高限额 22 万 / 人，三级医院住院费用统筹基金分担比例 60%，在职职工住院起付线 1 800 元。②在吴先生本次住院医疗费用中，医保统筹基金分担比例占总医疗费用的 28%（因为吴先生在前几次住院治疗已经使用医保统筹基金共计 16.8 万元），个人自负占比为 51.6%，个人自费占比为 20.4%，自付和自费合计费用的占比为 72%。

四、免责范围

免责即指医保支付责任的免除。《医疗保障法（征求意见稿）》第十六条规定：“下列医疗费用不纳入基本医疗保险基金支付范围：应当从工伤保险基金中支付的；应当由第三人负担的；应当由公共卫生负担的；在境外就医的；体育健身、养生保健消费、健康体检；国家规定的基本医疗保险基金不予支付的其他费用。遇到对经济社会发展有重大影响时，基本医疗保险基金不予支付范围经法定程序，可做临时调整。

五、待遇清单和调整机制

（一）待遇清单制度化

2021 年 8 月 10 日，国家医保局会同财政部发布了《关于建立医疗保障待遇清单制度的意见》（医保发〔2021〕5 号）：在十四五期间，完善医疗保障待遇清单制度的主要工作如下：

①规范管理。科学界定基本制度、基本政策、基金支付项目和标准;促进医疗保障制度法定化、决策科学化、管理规范化,严格执行基本支付范围和标准,纠正过度保障和保障不足问题。②组织实施。各地区要**自觉提高站位**。**一要统筹推进相关工作**,加强政策解读,引导预期,确保政策平稳过渡。二要**做好衔接过渡,妥善处理有关政策**。原则上不得再出台超出清单授权范围的政策。对以往出台的与清单不相符的政策措施,由政策出台部门具体牵头,原则上 3 年内完成清理规范,同国家政策衔接。三要**加强沟通协调**,为应对突发性重大情况等确有必要突破国家清单限定的,要及时向国务院医疗保障行政部门和财政部门报告。

(二)建立调整机制

我国基本医疗保障存在过度保障和保障不足的问题。主要表现如下:①在医疗保障改革先行示范区,医疗保险支付覆盖急诊、住院、门诊、社区医疗(社区公共卫生服务中心)、康复医院和临终医院,已经形成“分类医护”的格局。在另一些地区仅覆盖住院和急诊,由此出现慢性病患者为了吃药而住院的“挂床”现象、高龄老人在重症监护室压床现象。②在三个目录适用范围和医保基金分担比例方面,地方政策和适用标准差异较大,有些地方政府在缺乏科学依据的条件下,屡次用医疗保险待遇给居民发送“大礼包”。待遇差距引发了“医保旅游者”的问题,有些参保人借助异地医疗政策到对自己最有利的地方就医,由此扰乱了就医秩序和增加了个人非医疗支出。在北京市甚至出现制造虚假劳动关系的公司,公司和职工合谋骗取医疗保险资金。

为实施医疗保障公平适度原则,纠正过度保障和保障不足的问题,中共中央 5 号文件要求,建立健全医疗保障待遇清单制度,各地区要确保政令畅通。《医疗保障法(征求意见稿)》第十五条规定:“基本医疗保险基金支付范围由国务院医疗保障行政部门组织制定。省、自治区、直辖市人民政府按照国家有关规定,补充制定本行政区域基本医疗保险基金支付的具体项目和标准,并报国务院医疗保障行政部门备案。国务院医疗保障行政部门负责组织制定国家基本医疗保险药品、医用耗材、医疗服务项目、医疗服务设施等目录和支付标准,实行动态调整”。

本章小结

1. 参保缴费是我国公民义务,用人单位、职工和居民均应当履行参保缴费义务和依法享有相关权益。目前尚未强制居民履行参保缴费义务。

2. 我国正在完善基本医疗保险筹资基准制度,统一和夯实缴费基数,合理厘定费率;用人单位和职工合理分担缴费;在职职工和退休人员合理负担医疗保险筹资。

3. 我国正在完善基本医疗保险待遇清单制度,统一全国顶层设计和执行,适度保留地方待遇,均衡各地区的待遇水平。

思考与练习题

1. 如何判定我国基本医疗保险筹资基准的合理性,按照以收定支原则根据经济发展水平适度提高缴费基准。

2. 我国用人单位医疗保险费率为6%，职工为2%，用人单位费率是职工的3倍。在多数欧洲国家的雇主和雇员按照1∶1的比例承担缴费责任。如何看待这个问题？

3. 如何制定基本医疗保险三个目录和建立动态调整机制，在我国完善基本医疗保险待遇清单制度时，如何适度保留地方待遇，均衡各地区的待遇水平。谈谈对专栏5-1、5-2、5-3的建议。

4. 参保缴费是我国公民义务，用人单位、职工和居民均应当履行参保缴费义务和依法享有相关权益。目前尚未强制居民履行参保缴费义务。

5. 我国正在完善基本医疗保险筹资基准制度，统一和夯实缴费基数，合理厘定费率；用人单位和职工合理分担缴费；在职职工和退休人员合理负担医疗保险筹资。

6. 在完善我国基本医疗保险待遇清单制度时，如何处理罕见病、孤儿药等小众问题？在部分发达地区已经覆盖了约30种罕见病的情况下，在建立全国统一待遇清单时，请尝试给出处理这个问题的最优方案。

参考文献

[1] 中共中央 国务院关于深化医疗保障制度改革的意见[EB/OL].（2020-03-05）[2022-9-30]. http://www.gov.cn/xinwen/2020-03/05/content_5487407.htm.

[2] 国家医疗保障局关于《医疗保障法（征求意见稿）》公开征求意见的公告[EB/OL].（2021-06-15）[2022-9-30]. http://www.nhsa.gov.cn/art/2021/6/15/art_113_7134.html.

[3] 国家医保局、财政部关于建立医疗保障待遇清单制度的意见. 医保发〔2021〕5号. 附件：国家医疗保障待遇清单（2020年版）[EB/OL].（2021-08-10）[2022-9-30]. http://www.nhsa.gov.cn/art/2021/8/10/art_53_5768.html.

第六章
医疗保障基金管理

教学目标

中共中央5号文提出:"科学编制医疗保障基金收支预算,加强预算执行监督,全面实施预算绩效管理。适应异地就医直接结算、"互联网+医疗"和医疗机构服务模式发展需要,探索开展跨区域基金预算试点。加强基金中长期精算,构建收支平衡机制,健全基金运行风险评估、预警机制。"熟悉和理解医疗保障基金运营和基金管理的法律法规、政策和具体要求,知晓在实践中如何运用。

主要内容

全国医疗保障基金概述;医疗保障预算管理;征收管理;账户管理;会计核算管理;支付与结算管理;投资运营管理;基金风险管理。

第一节 全国医疗保障基金概述

一、医疗保障基金的定义

医疗保障基金主要包括职工和居民基本医疗保险基金、生育保险基金、医疗救助资金。在广义上还有大病保险基金、互助保险基金、长期护理保险基金等,甚至包括商业性补充医疗保险基金。全国基本医疗保险含职工基本医疗保险、城乡居民基本医疗保险。生育保险基金并入职工基本医疗保险基金核算,不再单列生育保险基金收入,在职工基本医疗保险统筹基金待遇支出中设置生育待遇支出项目。

二、全国医疗保障基金运行情况

以2021年为例*看全国职工基本医疗保险基金的运行情况。全国基本医疗保险136 297万人,参保率稳定在95%以上。①参加职工医保35 431万人,比上年增加976万人,增长2.8%。其中在职职工26 106万人,比上年增长2.7%;退休职工9 324万人,比上年增长3.3%。在职退休比为2.80,较上年上升0.02。职工医保基金(含生育保险)收入19 003.10亿元,比上年增长20.8%**。基金(含生育保险)支出14 746.73亿元,比上年增长14.6%。其中

* 资料来源:2021年全国医疗保障事业发展统计公报。

** 2020年职工基本医疗保险实施阶段性减征政策,基数较低

职工医保统筹基金（含生育保险）收入 11 864.04 亿元，比上年增长 29.8%；统筹基金（含生育保险）支出 9 321.27 亿元，比上年增长 17.5%；统筹基金（含生育保险）当期结存 2 542.77 亿元，累计结存（含生育保险）17 685.74 亿元。2021 年，职工医保个人账户收入 7 139.06 亿元，比上年增长 8.4%；个人账户支出 5 425.46 亿元，比上年增长 9.9%；个人账户当期结存 1 713.61 亿元，累计结存 11 753.98 亿元。②参加全国城乡居民基本医疗保险（以下简称居民医保）100 866 万人，比上年减少 0.8%。其中成年人、中小学生儿童、大学生分别为 74 305 万人、24 568 万人、1 993 万人，分别比上年下降 0.9%、0.2%、3.0%，分别占参保总人数的 73.7%、24.4%、2.0%。居民医保基金收入 9 724.48 亿元，支出 9 296.37 亿元，分别比上年增长 6.7%、13.9%。居民医保基金当期结存 428.10 亿元，累计结存 6 716.58 亿元。居民医保人均筹资 889 元。③全国医疗救助基金支出 619.90 亿元，资助参加基本医疗保险 8 816 万人*，实施门诊和住院救助 10 126 万人次，全国平均次均住院救助、门诊救助分别为 1 074 元、88 元。中央财政投入医疗救助补助资金 302 亿元，比去年增长 16.2%。2021 年，全国纳入监测范围农村低收入人口**参保率稳定在 99% 以上。各项医保综合帮扶政策惠及农村低收入人口就医 1.23 亿人次，减轻农村低收入人口医疗费用负担 1 224.1 亿元。

三、医疗保障基金监管

2021 年，持续开展打击欺诈骗取医疗保障基金专项治理，全年各级医保部门共检查定点医药机构 70.8 万家，查处违法违规违约医药机构 41.4 万家，其中解除医保协议 4 181 家、行政处罚 7 088 家、移交司法机关 404 家；各地共处理违法违规参保人员 4.57 万人，其中暂停结算 6 472 人、移交司法机关 1 789 人；全年共追回资金 234.18 亿元。

国家医保局共组织开展飞行检查 30 组次，检查定点医疗机构 68 家、医保经办机构 30 家，查出涉嫌违法违规资金 5.58 亿元。

四、长期护理保险

2021 年，49 个试点城市中参加长期护理保险参保人数 14 460.7 万人，享受待遇人数 108.7 万人。2021 年基金收入 260.6 亿元，基金支出 168.4 亿元。

综上所述，以基本医疗保险为例进行分析，其人口覆盖率稳定在 95% 以上，职工基本医疗保险计划赡养比 2.82，统筹基金收入增长率大幅下降、支出增长率小幅下降，统筹基金的累计结余可以支付 23 个月。基本医疗保险风险分为三个等级：基金收入下降为一级风险，由人口结构和赡养比决定的下降属于系统性风险；出现当期收支缺口为二级风险；用尽累计结余为三级风险。目前职工基本医疗保险统筹基金的数据显示：一方面，出现一级系统性风险；另一方面，统筹基金支出增长率略有下降，累计结余可支付数月，暂时不会出现二级风险和三级风险。

第二节　预算管理与征收管理

医疗保障基金是指为了保障参保人和受益人的权益和保障待遇，根据国家法律法规规

* 医疗救助基金资助参保人数不含其他部门资助参加基本医疗保险人数。

** 纳入监测范围农村低收入人口包括农村特困人口、农村低保对象、乡村振兴部门监测的防止返贫监测对象及部分省份民政部门认定的农村低保边缘家庭成员

定，由单位和个人缴纳、政府补助以及通过其他合法方式筹集的专项资金。包括基本医疗保险基金、医疗救助基金、补充医疗保险基金、生育保险基金等。生育保险与职工基本医疗保险合并实施，不再单列生育保险基金。本节以基本医疗保险为主，描述预算管理和征收管理。

一、预算管理

基本医疗保险基金预算管理的原则和制度如下：

1. 医疗保险基金预算编制应按照《预算法》《社会保险法》《预算法实施条例》，以及国务院有关规定执行，经法定程序审批、具有法律效力。

2. 预算由基金收入预算和基金支出预算组成，坚持“以收定支、收支平衡、略有结余”的原则进行预算。

3. 医疗保险基金预算保持独立完整，与一般公共预算相衔接。按险种、不同制度和统筹地区分别编制。

4. 年度终了前，统筹地区经办机构应按照规定表式、时间和编制要求，综合考虑本年度预算执行情况、下年度经济社会发展水平以及医疗保险工作计划等因素，编制下年度基金预算草案，报本级医疗保险行政部门审核汇总。按照中共中央 5 号文件要求，适应异地就医直接结算、“互联网 + 医疗”和医疗机构服务模式发展需要，探索开展跨区域基金预算试点。由税务机关负责征收的险种，社会保险费收入预算草案由经办机构会同税务机关编制。

5. 财政部门负责审核并汇总编制社会保险年度基金预算草案，会同医疗保险行政部门上报同级人民政府，经同级人大批准后，批复经办机构具体执行，并报上级财政部门和医疗保险行政部门备案。由税务机关负责征收的险种，医疗保险费收入预算批复税务机关和经办机构。

6. 经办机构严格按照批复预算执行，定期向同级财政部门和医疗保险行政部门报告预算执行情况。财政部门和医疗保险行政部门应逐级汇总上报预算执行情况，并加强基金运行监控，发现问题及时处置。由税务机关负责征收的险种，税务机关应严格按照批准的预算和规定的程序执行，定期向同级财政部门和医疗保险行政部门报告。

7. 基金预算不得随意调整。执行中因特殊原因需要调整时，统筹地区经办机构应当编制预算调整方案，报同级医疗保险行政部门审核汇总。统筹地区财政部门审核并汇总编制预算调整方案，会同医疗保险行政部门上报同级人民政府，按要求经同级人大常务委员会批准后，批复经办机构执行，并报上级财政部门和医疗保险行政部门备案。由税务机关负责征收的险种，医疗保险费收入预算调整方案由经办机构会同税务机关提出，并批复税务机关和经办机构。税务机关应严格按照批准的预算和规定程序执行，定期向同级财政部门和医疗保障部门报告。

二、基金收入

（一）职工基本医疗保险基金收入

包括按规定计入统筹基金账户的医疗保险费收入、财政补贴收入、利息收入、上级补助收入、下级上解收入、其他收入。其中：医疗保险费收入指用人单位和个人按照规定缴费基数和费率缴纳的医疗保险费以及其他资金资助参保对象缴纳的保费收入。

（二）职工基本医疗保险个人账户收入

包括按规定计入个人账户的医疗保险费收入、利息收入、转移收入、上级补助收入、下级上解收入、其他收入。

（三）城乡居民基本医疗保险基金收入

包括城乡居民基本医疗保险费收入、财政补贴收入、利息收入、上级补助收入、下级上解收入、其他收入。其中，城乡居民基本医疗保险费收入指城乡居民按照规定缴费标准缴纳的保费收入，有条件的用人单位对职工家属参保缴费给予的资助，乡村集体经济组织对农民参保缴费给予的资助，以及城乡医疗救助基金等资助参保对象缴纳的保费收入。

（四）生育保险基金收入

包括生育保险费收入、财政补贴收入、利息收入、上级补助收入、下级上解收入，其他收入。其中，生育保险费收入是指用人单位按照规定缴费基数和费率缴纳的生育保险费。

三、基金征缴

基本医疗保险基金应按照《社会保险法》《医疗保障法》和其他有关行政法规规定按时、足额筹集，任何地区、部门、单位和个人不得截留和减免。

社会保险费征收机构应当依照法律、行政法规的规定，及时、足额征收应征社会保险费，不得违反法律、行政法规规定多征或减征，不得截留、占用或挪用。

各级财政部门应根据《预算法》《社会保险法》《医疗保障法》等法律、法规及相关制度规定安排基金财政补助，纳入同级财政年度预算并按规定程序及时办理拨付手续。

用人单位和个人应当以货币形式全额缴纳社会保险费，严禁以物抵费，对于未按规定按时足额缴纳社会保险费的用人单位，征收机构按照有关法律法规进行处理。

医疗保险费征收机构应当按时足额将征收的基金收入缴入财政专户，具体时间和方式由各省、自治区、直辖市自定。缴入资金时，须填制银行制发的进账单、划款凭证（一式多联）或其他有效凭证，有关部门或机构凭该凭证记账。

税务机关征收社会保险费的，经办机构应及时向税务机关提供征收所需的用人单位和个人参保登记等相关信息，税务机关应及时向经办机构提供征收信息、征收明细数据等相关情况。

四、基金支出与结余

（一）基本医疗保险支出

①医疗保险待遇支出，按规定支付给社会保险对象的待遇支出，包括为特定人群缴纳社会保险费形成的支出。②转移支出，参保对象跨统筹地区或跨制度流动转出的基金支出。③补助下级支出；上级拨付下级的支出，上解上级支出指下级上解上级的支出。④其他支出，经国务院批准或国务院授权省级人民政府批准开支的其他非社会保险待遇性质的支出。⑤医疗补助金，按规定支付已纳入企业职工基本养老保险基金开支范围的离休、退休、退职人员的医疗费用。⑥生育保险与职工基本医疗保险合并实施的统筹地区，职工基本医疗保险统筹基金待遇支出中包含生育待遇支出，生育待遇支出包括生育医疗费用支出和生育津贴支出。⑦职工基本医疗保险个人账户待遇支出指按规定由个人账户开支的支出，主要包括个人自付的门诊费用支出、住院费用支出、在定点零售药店发生的医药费支出，个人账户资金原则上不得用于非医疗支出。⑧职工基本医疗保险基金的补助。下级支出、上解上级支出根据具体情况分别在统筹基金和个人账户基金中列支，职工基本医疗保险基金的转移支出在个人账户基金中列支。⑨城乡居民基本医疗保险基金支出，包括城乡居民基本医疗保险待遇支出、划转用于城乡居民大病保险支出、补助下级支出、上解上级支出、其他支出。其

中待遇支出指基金对参保城乡居民医疗费用的补偿支出，主要包括住院费用支出，门诊费用纳入基金支付范围的地区也包括门诊费用支出。⑩划转用于城乡居民大病保险支出，按照规定从城乡居民基本医疗保险基金中划出一定比例或额度作为城乡居民大病保险的支出。

（二）基本医疗保险基金结余

基金结余指基金收支相抵后的期末余额。职工基本医疗保险基金和城乡居民基本医疗保险基金遵循以收定支、收支平衡、略有结余的原则，结余包括统筹基金结余和个人账户基金结余。职工基本医疗保险基金实行分账核算、统一管理。基金结余除预留一定的支付费用外，应在保证安全的前提下，按照国务院相关规定开展投资运营实现保值增值。医疗保险行政部门和财政部门对基金投资运营实施严格监管。职工基本医疗保险基金结余应当预留相当于两个月的支付费用。基金当年入不敷出时，动用历年滚存结余中的存款。

五、资产与负债

资产包括基金运行过程中形成的现金、银行存款（含收入户存款、财政专户存款、国库存款、支出户存款）、投资、暂付款项、应收款项等。其中，暂付款包括总额预付资金、先行支付资金等。经办机构和税务机关不得接受现金和现金支票、远期票据、有价证券等形式的缴费，支付基金采取安全高效的方式，减少现金支付。及时办理收付及存储手续，定期清理暂付款项。财政部门、经办机构、税务机关定期对账，保证账账相符、账款相符。确实无法收回的暂付款项，经统筹地区人民政府批准后核销。

负债包括基金运行过程中形成的借入款项、暂收款项、应付款项等。借入款项和暂收款项应定期清理、及时偿付。因债权人原因确实无法偿付的，经统筹地区财政部门批准后并入基金的其他收入。

六、基金决算

年终统筹地区经办机构应按照规定编制年度医疗保险基金决算草案，报同级社会保险行政部门审核汇总。

我国基本医疗保险实行地方统筹，从县级统筹做起，如今全国实现了地市统筹，海南省实行了省级统筹。一个地市只有一个基本医疗保险基金，覆盖全部职工和居民，与域内全部医药机构进行谈判、签约、定价和实行定点管理。在管理体制上实现了地市医疗保险基金和基本保健服务闭环管理，有利于建立综合治理机制。

经统筹地区财政部门审核并汇总编制，会同医疗保险行政部门（或人力资源社会保障部门）报本级人民政府审定后，提交同级人大常务委员会审查和批准。审批后，由同级财政部门、医疗保险行政部门分别报送上级财政部门和医疗保险行政部门。省级医疗保险基金决算草案经省级人大常委会审批后，由省级财政部门、医疗保险行政部门分别上报财政部、国家医疗保障局（或人力资源和社会保障部）和国家卫健委。

第三节　基本医疗保险账户管理

我国基本医疗保险基金使用分为社会统筹账户和职工个人医疗保险账户。根据财社〔2017〕144 号规定，基本医疗保险基金管理分为财政专户、收入户和支出户。

一、基本医疗保险基金使用账户

目前职工基本医疗保险设有个人账户，并进入改革期。居民基本医疗保险没有个人账户。

根据国发〔1998〕44号文件的规定，建立基本医疗保险统筹基金和个人账户，基本医疗保险基金由统筹基金和个人账户构成。职工个人缴纳的基本医疗保险费全部计入个人账户。用人单位缴纳的基本医疗保险费分为两部分，一部分用于建立统筹基金，一部分划入个人账户。划入个人账户的比例一般为用人单位缴费的30%左右，具体比例由统筹地区根据个人账户的支付范围和职工年龄等因素确定。统筹基金和个人账户要划定各自的支付范围，分别核算，不得互相挤占。

2002年以后，基本医疗保险统筹基金从县级政府开始做起，逐渐形成地市统筹。2010年，我国颁布的《社会保险法》没有对职工基本医疗保险个人账户进行规范，并规定基本医疗保险基金逐步实行省级统筹，具体时间、步骤由国务院规定。2021年，国务院办公厅《关于建立健全职工基本医疗保险门诊共济保障机制的指导意见》(国办发〔2021〕14号)做出如下规定：①在职职工个人账户由个人缴纳的基本医疗保险费计入，约为2%；单位缴纳的基本医疗保险费全部计入统筹基金；退休人员个人账户原则上从统筹基金按当年当地平均基本养老金的2%左右划入。增加的统筹基金主要用于门诊共济保障。②个人账户主要用于支付参保人员在定点医疗机构或定点零售药店发生的政策范围内自付费用。可以用于支付参保人员本人及其配偶、父母、子女在定点医疗机构就医发生的由个人负担的医疗费用，以及在定点零售药店购买药品、医疗器械、医用耗材发生的由个人负担的费用。探索个人账户用于配偶、父母、子女参加城乡居民基本医疗保险等的个人缴费。

二、基本医疗保险基金管理账户

(一)医疗保险基金财政专户

财政部门按照国家有关财政专户管理的规定设立财政专户。基本医疗保险基金纳入社会保障基金财政专户(以下简称财政专户)，医疗保险经办机构可以根据支付需要设立“收入户”，实行“收支两条线”管理。

1. 财政专户的主要用途 一是接收税务机关或经办机构缴入的医疗保险费收入；二是接收税务机关或收入户缴入的利息收入及其他收入；三是根据委托投资合同或有关计划接收和拨付投资运营基金；四是接收基金投资收益及支出户缴入的利息收入等；五是接收财政补贴收入、转移收入、上级财政专户划拨或下级财政专户上解基金，向上级或下级财政专户上缴或划拨基金；六是根据经办机构用款计划和预算向支出户拨付基金或按国家规定直接与有关机构办理基金结算；七是办理跨省异地就医结算业务；国家规定的其他用途。

各级财政部门国库管理机构应当按月提供对账凭证，与医疗保险经办机构核对账目。

2. 财政专户的管理规则 一是按照险种及不同制度分别建账、分账核算、分别计息、专款专用，基金之间不得相互挤占和调剂，不得违规投资运营，不得用于平衡一般公共预算；按月或按季度用社会保险行政部门、经办机构制定财政专户资金购买国债和转存定期存款计划；财政、医疗保障行政等部门和医疗保险经办机构(简称“经办机构”)按照各自职责分工，加强对社会保险基金管理和监督，逐步实现部门间财务信息共享，促进基金管理科学化、规范化和智能化；财政专户发生的收支，财政部门凭银行出具的原始凭证记账；银行出具一式多联原始凭证交财政部门和经办机构记账；加强社会保险基金账户管理，清理归并社会保险基金收入户和支出户，根据业务工作实际情况，合理确定开户数量。新设经办机构原则上只开设一个收入户和一个支出户；规范选择基金开户银行。根据资信状况、利率、网点分布、服务质量等相关因素，综合评定银行业金融机构管理服务水平，通过竞争性方式或集体决策方式，确定基金账户开户银行；社会保险基金银行存款实行统一计息办法。对存入收入户和支出户的活期存款实行优惠利率，按三个月整存整取定期存款基准利率计息。对存入财政专户的存款，利率比照同期居民储蓄存款利率管理。财政专户发生的利息收入直接计入财政专户，收入户和支出户的利息收入定期缴入财政专户，且不得跨年。银行提供一式多联的利息通知单，同时送财政部门和经办机构分别记账。财政部门应按月与经办机构沟通财政专户资金存储额变动情况，实现信息共享；财政补贴收入由国库直接划入财政专户。专户银行出具一式多联原始凭证交财政部门和经办机构记账。

3. 医疗保险资金拨付　根据经办机构的缴拨计划（以下简称"缴拨计划"），财政部门应将基金从财政专户拨入同级经办机构的支出户，经下级经办机构收入户进入下级财政专户；在发生基金上缴业务时，财政部门应根据经办机构的缴拨计划，将基金从财政专户划入同级经办机构的支出户，经上级经办机构收入户进入上级财政专户。发生基金转移业务时，财政部门应根据经办机构的缴拨计划，将基金从财政专户划入同级经办机构支出户，经基金接收地经办机构收入户进入财政专户。

不设收入户的地区发生基金上下级缴拨业务，财政部门应根据缴拨计划，将基金从上级财政专户拨入下级财政专户或从下级财政专户上解入上级财政专户。财政部门和经办机构凭财政专户缴拨凭证记账。在发生基金转移业务时，财政部门应根据缴拨计划，将基金从财政专户直接拨入基金接收地财政专户。

统筹层次较高，下级不设财政专户的地区发生基金下拨业务，上级财政部门应根据缴拨计划，将基金从财政专户拨入同级经办机构的支出户，再划入下级经办机构支出户。发生基金上缴业务时，从下级收入户直接上缴至上级收入户，再划入上级财政专户。

跨省职工基本医疗保险和城乡居民基本医疗保险基金拨付业务，财政部门应根据拨付计划，将基金从本省（区、市）省级财政专户直接划转拨入地省（区、市）省级财政专户。省本级不设财政专户的，可委托省会城市经办跨省社会保险基金拨付业务。

（二）医疗保险经办机构收入户

实行医疗保险经办机构征收社会保险费的地区，经办机构可以设立社会保险基金收入户。收入户的主要用途是：暂存由经办机构征收的社会保险费收入；暂存上级经办机构下拨或下级经办机构上解的基金收入；暂存该账户利息收入；暂存社会保险基金转移收入以及其他收入等。收入户除向财政专户划转基金、向上级经办机构缴拨基金、原渠道退回保险费收入、退回转移收入等情形外不得发生其他支付业务。医疗保险经办机构的收入户，原则上月末无余额。

实行税务机关征收社会保险费的地区税务机关不设收入户，基金及时划入财政专户。经办机构设立收入户的地区，在发生基金下拨业务时，根据经办机构的缴拨计划（简称缴拨计划，下同），财政部门应将基金从财政专户拨入同级经办机构的支出户，经下级经办机构收入户进入下级财政专户；在发生基金上缴业务时，财政部门应根据经办机构的缴拨计划，将基金从财政专户划入同级经办机构的支出户，经上级经办机构收入户进入上级财政专户。发生基金转移业务时，财政部门应根据经办机构的缴拨计划，将基金从财政专户划入同级经办机构支出户，经基金接收地经办机构收入户进入财政专户。

（三）医疗保险经办机构支出户

支出户的主要用途是：接受财政专户拨入基金；暂存社会保险支付费用及该账户利息收入；支付基金支出款项；向财政专户缴入该账户利息收入；上解上级经办机构基金或下拨下级经办机构基金。

支出户除接受财政专户拨入的基金、上级经办机构拨付基金、暂存该账户利息收入、原渠道退回支付资金外，不得发生其他收入业务。

第四节　基本医疗保险会计核算管理

《社会保险法》规定，社会保险实行统一的财务制度，按照财务规则和会计制度，以货币为表现形式，记录并核实医疗保障基金运作的过程和结果。

一、财会制度

（一）主要任务

《社会保险基金财务制度》（财社〔2017〕144 号）规定基本医疗保险基金财务管理包括以下任务：①贯彻执行国家法律法规和方针政策，依法筹集和使用基金，确保各项基金应收尽收和社会保险待遇按时足额发放；②合理编制基金预算，强化收支预算执行，严格编制基金决算，真实准确反映基金预算执行情况；③健全财务管理制度，加强基金核算分析，积极稳妥开展基本医疗保险基金投资运营，实现基金保值增值；④加强基金财务监督和内部控制，确保基金运行安全、完整、可持续。

（二）会计核算实行收付实现制

收付实现制是以本期款项收付为标准来确认本期收入和支出的一种方法。采用这种方法的主要原因如下：①将职工基本医疗保险基金纳入国家预算管理，以实际收到或实际支付的款项为确认标准，如实反映国家财政预算的收入支出和结余情况，防止财政预算的虚收虚支。②医疗保险经办机构属于事业单位，不进行盈亏计算，适宜采取收付实现制作为记账基础。基本医疗保险基金收入的确认时间，以实际收到现金、财政专户内存款的时间和合法凭证为依据进行登记，直接影响医疗保险基金当期收入水平。此外，基本医疗保险基金委托投资等部分经济业务或事项采用权责发生制。

（三）基本医疗保险会计实行借贷记账法

借贷记账法以借和贷为记账符号，账户左方为“借方”、右方为“贷方”，借贷必须相等，用于记录基本医疗保险基金业务。这是一种国际流行的复式记账方法，目前企业、事业单位记账方法趋于统一，公立医院财务制度也在朝着这个方向发展，有利于外部监督检查的实际需要。

（四）基本医疗保险基金科目分类与设置

会计科目是对基本医疗保险基金进行科目分类的一种方法。职工基本医疗保险基金会计科目分为资产、负债、基金、收入和支出五大类和 16 个科目（表 6-1）。

表 6-1　职工基本医疗保险基金会计科目

资产类科目	现金收入户存款、支出户存款、财政专户存款、债券投资、暂付款
负债类科目	暂收款、临时借款
基金类科目	基本医疗保险统筹基金、个人账户基金
收入类科目	统筹基金收入、个人账户基金收入、待转保险费收入、待转利息收入
支出类科目	基本医疗保险统筹基金支出、个人账户基金支出

二、核算管理

（一）收入核算

基本医疗保险基金收入（含生育保险基金）包括：基本医疗保险费收入，利息收入，财政补贴收入，转移收入，上级补助收入，下级上解收入（上级经办机构接收下级经办机构上解的基金收入）和其他收入。按照基本医疗保险社会统筹与个人账户相结合的管理要求，分别记入基本医疗保险统筹基金收入、职工基本医疗保险个人账户基金收入。在国家对职工基本医疗保险个人账户作出新的政策和财会制定制度规定时，再进行修正。

我国新会计制度设置了四个收入类会计科（表 6-2、表 6-3），即基本医疗保险统筹基金收入、基本医疗保险个人账户基金收入、待转保险费收入、待转利息收入。

表 6-2　基本医疗保险统筹基金收入

基本医疗保险费收入	核算税务机关或经办机构向缴费单位征收的医疗保险费
利息收入	核算用基本医疗保险基金购买国家债券或存入银行取得的利息收入
财政补贴收入	核算同级财政给予基本医疗保险基金的补贴
上级补助收入	核算下级经办机构接收上级经办机构拨付的基本医疗保险基金补助收入
下级上解收入	核算上级经办机构接收，下级经办机构上解的基本医疗保险基金收入
其他收入	核算基本医疗保险基金的滞纳金及其财政部门核准的收入，滞纳金指因用人单位拖欠缴费医疗保险缴费而按规定收取的款项

表 6-3　基本医疗保险个人账户基金收入

基本医疗保险费收入	核算税务机关或经办机构向缴费单位或个人征收的基本医疗保险费按规定记入基本医疗保险职工个人账户基金的部分
利息收入	核算用基本医疗保险基金，购买国家债券或存入银行取得的利息收入，按规定记入基本医疗保险职工个人账户基金的部分
转移收入	核算参保人跨统筹地区流动，其个人基本医疗保险基金随同转入的收入

1. 基本医疗保险费收入的财务处理　应当掌握记账依据和具体财务处理方法（见社会保险费征缴条例）。经办机构征收的医疗保险费应当区分两种情况进行处理，一是收到时能够确定归属于统筹基金或个人账户的收入户存款（经办机构设置收入户的）或财政专户存款（经办机构不设置收入户的）。二是收到时尚未确定归属于统筹基金和个人账户的医疗保险费，暂计入贷保险费收入，即待转保险费收入。年末将尚未确定归属的基本医疗保险费，根据经验比例转入统筹基金和个人账户，或下年初再做相反分录予以转回。

2. 利息收入的账务处理　在年内取得的利息收入，先在待转利息收入科目进行归集，年末将取得的各项利息收入职工基本医疗保险个人账户，剩余部分转入统筹基金。

3. 转移收入的财务处理 转移收入是指因参保人跨统筹地区流动而划入的医疗保险基金收入，计入收入户存款或财政专户存款。

4. 财政补贴收入的财务处理 在医疗保险基金出现支付困难时，由同级财政给予补贴，直接计入财政专户，借记“财政专户存款”、贷记“基本医疗保险统筹基金收入——财政补贴收入”。

5. 调剂收入的财务处理 包括上级补助收入、下级上解收入。这两种收入均应在收到时确认，借记“收入户存款”、贷记“基本医疗保险统筹基金收入——上级补助收入或下级上解收入”。

6. 其他收入的财务处理 如滞纳金、医疗保险费趸缴的年度分摊资金等。

（二）支出核算

基本医疗保险基金支出包括基本医疗保险待遇支出（统筹基金支出和个人账户支出）、转移支出、补助下级支出、上解上级支出及其他支出。新会计制度设置了如下两个总账科目。

1. 基本医疗保险统筹基金支付科目 ①医疗保险待遇支出明细科目，核算按照规定的基本医疗保险统筹基金支付目录以内、起付线以上（约为当地在职职工平均工资的10%）、最高支付限额（即封顶线，约为当地在职职工平均工资的4～6倍）以下，依法应当由基本医疗保险统筹基金支付的医疗费用支出；②上解上级支出明细科目，核算下级经办机构上解上级经办机构的基本医疗保险基金补助支出；③补助下级支出明细科目，核算上级经办机构拨付给下级经办机构的基本医疗保险基金补助支出；④其他支出明细科目核算，经财政部门核准开支的，除以上支出以外的其他支出。

2. 基本医疗保险个人账户基金支出科目 ①医疗保险待遇支出明细科目，核算按规定由医疗保险个人账户基金开支的医疗费用支出；②转移支出明细科目，核算参保人跨统筹地区流动时其医疗保险个人账户资金随同转出的支出。

3. 支出的财务处理 医疗保险待遇支出的财务处理包括两种结算方式。一是预付制。经办机构根据与定点医疗机构和定点药店签订的医保服务协议和统筹地方政府有关规定，通过“暂付款科目”将所需要款项预付给定点医药机构，借记“暂付款科目”、贷记“支出户存款科目”，定期结算时，按规定的医疗保险费开支范围和标准审定参保患者的医疗费用支出，借记“基本医疗保险统筹基金支出”、“医疗保险个人账户基金支出”科目、贷记“暂付款”等科目。在财会制度之外，公布当地医保基金当年支出的总额预算和按照疾病诊断分组支付的标准，也在预付制范围之内，由此支持医药机构制定预算方案和成本管理方案。二是后付制。先由定点医药机构垫付医药费用定期结算，经经办机构审核后，将符合法律法规和协议规定的款项付给定点医药机构，这里可能会发生因定点医药机构违反相关法律法规和协议约定产生的拒付款项。在此，补助下级支出等几项略述。

（三）结余核算

基本医疗保险基金结余指基金收支相抵后的期末余额。包括企业职工基本养老保险基金结余、城乡居民基本养老保险基金结余、机关事业单位基本养老保险基金结余、职工基本医疗保险基金结余、城乡居民基本医疗保险基金结余、工伤保险基金结余、失业保险基金结余、生育保险基金结余等。通过对基金结余的核算，能够全面完整地反映基金的存量，为制定基本医疗保险基金预算，加强基金宏观管理，提供有效的会计信息。

基金结余的结转方法(例题 6-1)。要做好期末基金结账工作，将基本医疗保险基金收入类和支出类账户的余额分别结转到“地方基本医疗保险统筹基金”科目、“职工基本医疗保险个人账户”科目，结转后，贷方余额为基金结余、借方余额为基金超支。

例题 6-1　年末某社会医疗保险经办机构将基本医疗保险统筹基金收入科目贷方 4 294 800 元结转到“基本医疗保险统筹基金”科目。其中，医疗保险费收入 3 248 000 元，利息收入 1 800 元，上级补助收入 510 000 元，下级上解收入 310 000 元，财政补贴收入 210 000 元，其他收入 15 000 元。会计分录如下：

借：基本医疗保险统筹基金收入	
-医疗保险费收入	3 248 000 元
-利息收入	1 800 元
-上级补助收入	510 000 元
-下级上解收入	310 000 元
-财政补贴收入	210 000 元
-其他收入	15 000 元
贷：基本医疗保险统筹基金	4 294 800 元

此外，在国有企业倒闭或关停并转时，财政部门对提前为职工拨付直至退休人员的医疗保险缴费，也称趸交。职工个人在退休时，如果基本医疗保险缴费不足 25 年的，也可以一次性趸交。这笔钱不能作为当期医疗保险统筹基金结余，在没有实行责权发生制之前，作为特别收入记账，将每年分摊资金按照相关规定记入基本医疗保险基金收入。

第五节　支付与结算管理

支付即兑现待遇，包括按既定比例分担参保患者的医药费用。结算的会计用语即指把某一时期内的所有收支情况进行总结、核算。二者是基本医疗保险制度运行的核心部分。

一、基本医疗保险支付的基本原则

(一) 以收定支与合理增长

统筹地区社会保险经办机构要按照以收定支、收支平衡、略有结余的原则，根据基本医疗保险的收入情况，遵守国家规定的支付目录和待遇清单，合理确定基本医疗保险基金的年度支出总量，由此形成基本医疗保险年度支出预算总额和预定增长率。以统筹基金为例，当年统筹基金预算总额等于上年度统筹基金决算总额 ×(1+ 统筹基金年度支出增长率)。基金支出增长率由医保、卫健、财政共同确定并向社会公布。

(二) 有法可依和遵守待遇清单

按照国家规定的项目和标准安排基金支出，任何地区、部门、单位、个人不得增加支出项目、扩大享受人员范围、提高开支标准、虚报冒领及骗取、套取基金。基金不得用于运行费用、财务费用(含银行手续费)、管理费用、兴建改建办公场所和支付人员经费，或者违反法律法规规定挪作他用。

基金支付需严格履行申报审核程序。经办机构根据财政部门批复的社会保险基金预算，在规定时间内向同级财政部门提交用款计划。对不符合规定的用款计划，财政部门有权不予拨款并责成经办机构予以纠正。除国家另有规定外，财政部门对用款计划审核无误后，应在规定时间内从财政专户拨付基金。医疗保险经办机构应在规定时间内支付待遇。

（三）建立战略补偿机制

中国基本医疗保险基金实行地方统筹、定点医药机构协议管理、复合型支付方式等，以健全医保支付机制和利益调控机制，实行精细化管理，激发医疗机构规范行为、控制成本、合理收治和转诊患者的内生动力，引导医疗资源合理配置和患者有序就医，支持建立分级诊疗模式和基层医疗卫生机构健康发展，切实保障广大参保人员基本医疗权益和医保制度长期可持续发展。

（四）结算规范且方便

1. 参保患者结算 我国《社会保险法》第二十九条规定："参保人员医疗费用中应当由基本医疗保险基金支付的部分，由社会保险经办机构与医疗机构、药品经营单位直接结算。社会保险行政部门和卫生行政部门应当建立异地就医医疗费用结算制度，方便参保人员享受基本医疗保险待遇。"我国已结束了参保患者在医院先垫付现金、后去医疗保险经办机构窗口报销的做法（特殊人群除外），可以使用社会保障电子凭证就医和直接结算。为适应人口流动需要，正在改善异地就医直接结算服务。

2. 定点医药机构结算 为统一医保结算清单数据采集标准，提高医保结算清单数据质量，根据《国家医疗保障局关于印发医疗保障定点医疗机构等信息业务编码规则和方法的通知》（医保发〔2019〕55号）和《关于印发疾病诊断相关分组（DRG）付费国家试点技术规范和分组方案的通知》（医保办发〔2019〕36号）有关要求，国家医疗保障局研究制定了《医疗保障基金结算清单填写规范（试行）》，要求做好基础信息质量控制，提高数据管理能力。

二、基本医疗保险支付范围

根据国家医保局、财政部《关于建立医疗保障待遇清单制度的意见》（医保发〔2021〕5号）要求，各地因地制宜，在国家规定范围内（表6-4），制定住院和门诊起付标准、支付比例和最高支付限额，不得自行制定个人或家庭账户政策，逐步规范缴费年限政策。

表6-4　2020年某市年度总额控制下按病组分值付费病组表

序号	ICD-10GBT	病种名称	分组逻辑代码	病种分组详情判断	项目编码	编码对应名称
1	A04.900	细菌性肠道感染	1	不做区分		
2	A08.000	轮状病毒性肠炎	1	不做区分		
3	A08.500	肠道感染	1	不做区分		
4	A09.004	感染性腹泻	1	不做区分		
5	A09.901	胃肠炎	1	不做区分		
6	A09.902	结肠炎	4	纤维结肠镜检查（含活检）	ZL310903005	纤维结肠镜检查（含活检）
…						
1387	Z98.801	玻璃体切除硅油充填状态	1	不做区分		

（一）住院待遇支付政策

1. 起付标准 职工医保的起付标准原则上不高于统筹地区年职工平均工资的10%，具体标准由各地根据本地实际情况确定。不同级别医疗机构适当拉开差距。大病保险起付标准原则上不高于统筹地区居民上年度人均可支配收入的50%。低保对象、特困人员原则上全面取消救助门槛，暂不具备条件的地区，对其设定的年度起付标准不得高于统筹区上年居民人均可支配收入的5%，并逐步探索取消起付标准，低收入家庭成员按10%左右确定，因病致贫家庭重病患者按25%左右确定。

2. 支付比例 对于起付标准以上、最高支付限额以下的政策范围内的费用，基本医保总体支付比例达到75%左右，职工医保和城乡居民医保保持合理差距，不同级别医疗机构适当拉开差距。大病保险支付比例不低于60%。医疗救助对低保对象、特困人员可按不低于70%比例给予救助，其他救助对象救助水平原则上略低于低保对象，具体比例由各统筹地区根据实际确定。

3. 最高支付限额 职工医保叠加职工大额医疗费用补助、居民医保叠加大病保险的最高支付限额原则上达到当地职工年平均工资和居民人均可支配收入的6倍左右。医疗救助年度最高限额根据经济社会发展、人民健康需求、基金支撑能力合理设定。

（二）门诊待遇支付政策

1. 普通门诊 对于起付标准以上、最高支付限额以下的政策范围内的费用，医保门诊统筹支付比例不低于50%。要借鉴东莞市、深圳市罗湖区等地的经验，重点在社区发展首诊、普通门诊和家庭病床。

2. 慢病、特病门诊 把高血压、糖尿病等门诊用药纳入医保报销。恶性肿瘤门诊放化疗、尿毒症透析、器官移植术后抗排斥治疗、重性精神病患者药物维持治疗、糖尿病胰岛素治疗、肺结核、日间手术等，可参照住院管理和支付。对罹患慢性病需要长期服药或者患重特大疾病需要长期门诊治疗，导致自负费用较高的符合救助条件的对象给予门诊救助。门诊年度救助限额由县级以上人民政府根据当地救助对象需求和救助资金筹集情况研究确定。

（三）倾斜政策

1. 大病保险 对低保对象、特困人员和返贫致贫人口，大病保险起付标准降低50%，支付比例提高5%，并取消最高支付限额。

2. 医疗救助 对低保对象、特困人员等符合条件的救助对象按规定给予救助。对规范转诊且在省域内就医的救助对象，经三重制度保障后政策范围内个人负担仍然较重的，给予倾斜救助，具体救助比例由统筹地区根据实际确定。在部分统筹地区还包括社区首诊、家庭医生和家庭病床的待遇支付（专栏6-1）。

专栏6-1 柳州市医疗保险关于家庭病床的规定

2007年《柳州市基本医疗保险服务管理暂行办法》（柳政发〔2007〕60号）规定："家庭病床指的是将病床设在家庭的一种住院形式，定点医疗机构开设家庭病床，必须具备住院条件，在提出申请并成立家庭病床科经市医保中心批准后，方可开设。"

参保人员因患急性脑血管病合并严重并发症、慢性肾功能衰竭、癌症、糖尿病胰岛素依赖型、高血压3级（极高危组）、肝硬化失代偿期并腹水、骨折治疗期活动不便的，需定期、多次到定点医疗机构进行治疗的，可以申请办理家庭病床。

办理家庭病床时，由具备开办家庭病床的定点医疗机构家庭病床科主治医师填写《柳州市城镇职工医疗保险家庭病床审批表》，经市医保中心审核，进行IC卡处理后，方可办理家庭病床入院手续。家庭病床治疗期间因病情变化需转入相应科室治疗的，按院内转科办理。

生育保险与职工基本医疗保险合并实施的统筹地区，职工基本医疗保险统筹基金待遇支出中包含生育待遇支出。生育待遇支出包括生育医疗费用支出和生育津贴支出。

职工基本医疗保险个人账户待遇支出指按规定由个人账户开支的支出，主要包括个人自付的门诊费用支出、住院费用支出、在定点零售药店发生的医药费支出。个人账户资金原则上不得用于非医疗支出。

三、基本医疗保险结算管理

（一）参保患者费用结算

2021年5月实施的《医疗保障基金使用监督管理条例》第十七条规定了参保人员的相关权利和义务：①应当持本人医疗保障凭证就医、购药，并主动出示接受查验；②参保人员有权要求定点医药机构如实出具费用单据和相关资料；③参保人员应当妥善保管本人医疗保障凭证，防止他人冒名使用，因特殊原因需要委托他人代为购药的，应当提供委托人和受托人的身份证明；④参保人员应当按照规定享受医疗保障待遇，不得重复享受；⑤参保人员有权要求医疗保障经办机构提供医疗保障咨询服务，对医疗保障基金的使用提出改进建议。

参保患者的以上待遇均可以按照《社会保险法》第二十九条规定，由医疗保险经办机构与医疗机构、药品经营单位直接结算，个人仅支付自负和自费部分的医药费用。在东莞市等统筹地区（专栏6-2），先行先试了医保一卡通服务，方便了参保患者就医和即时结算。

2021年7月16日，国家医疗保障局官网发布《关于优化医保领域便民服务的意见》。意见提出，加快推进基本医保跨省异地就医直接结算，实现全国统一的异地就医备案，扩大异地就医直接结算范围。2021年底前，各省份60%以上的县至少有1家普通门诊费用跨省联网医疗机构，各统筹地区基本实现普通门诊费用跨省直接结算；2022年底前，每个县至少有一家定点医疗机构能够提供包括门诊费用在内的医疗费用跨省直接结算服务。

专栏6-2　东莞市医疗保障服务一卡通

东莞市是我国基本医疗保险费率最低，社区医疗发展最早，医疗保险基金使用效率最高的城市之一。2008年，东莞市社会保障部门与卫生健康联合建设社区医疗和健康档案管理系统。东莞市社保局直接隶属市长，三医联动建设了信息系统。2013年，二代社保卡具有如下功能：①就诊身份识别：可通过社保卡上相关信息识别使用者身份。②社保信息查询：可自助查询参保、缴费、就医结算等信息。③医保结算：实现社保卡一卡结算报销门诊、住院待遇。④金融支付：社保卡中设有医保账户和银行账户两个账户，医保账户用于支付符合规定的医药费用；银行账户用于支付个人自付费用。每次付费只能选择医保账户或银行账户其中一个账户付费。⑤诊疗一卡通：社保卡具备诊疗卡功能，可取代各医疗机构自行发放的诊疗卡，在市内各定点医疗机构互认互用，并可自助完成挂号、缴费及诊疗等，实现社保卡诊疗一卡通。⑥健康档案信息查询：社保卡兼有居民健康卡功能，日后可凭社保卡自助查阅本人健康档案信息。

（二）医疗保障基金结算清单

基本要求：医疗保障基金结算清单（以下简称“医保结算清单”，见表5-1）是指医保定点医疗机构在开展住院、门诊慢特病等医疗服务后，向医保部门申请费用结算时提交的数据清单。《国家医疗保障局关于印发医疗保障定点医疗机构等信息业务编码规则和方法的通知》(医保发〔2019〕55 号)的基本要求如下:①医保结算清单是各级各类医保定点医疗机构开展住院、门诊慢特病、日间手术等医疗服务后,向医保部门申请结算时提交的数据清单;②医保结算清单数据指标共有 190 项,其中基本信息部分 32 项、门诊慢特病诊疗信息部分 6 项、住院诊疗信息部分 57 项、医疗收费信息部分 95 项;③医保结算清单填写应当客观、真实、及时、规范,项目填写完整,准确反映患者诊疗、医疗收费等信息;④医保结算清单中常用的标量、称量等数据项应当使用国家和医保、卫生行业等相关标准。其中,诊疗信息数据指标填报主要来自于住院病案首页数据,医疗收费信息数据指标填报口径应与财政部、国家卫生健康委员会、国家医疗保障局统一的“医疗住院收费票据”信息一致。⑤西医疾病诊断代码统一使用《医疗保障疾病诊断分类与代码》,手术和操作代码应当统一使用《医疗保障手术操作分类与代码》,中医疾病诊断代码统一使用《医疗保障中医诊断分类与代码》,日间手术病种代码统一使用《医保日间手术病种分类与代码》。填写疾病诊断、手术及操作项目时应当同时填写名称及代码。⑥凡栏目中有“□”的,应当在“□”内填写相对应项的序号。⑦凡栏目中标注“*”的代表选填数据指标,其他项目为必填数据指标,有则必填,无则空项处理。⑧凡栏目中有“……”的,由各统筹地区根据本地实际情况增添数据指标。原则上,增添数据指标前应向国家医疗保障局报备。

数据采集标准:包括基本信息数据指标、门诊慢特病诊疗信息数据指标、住院诊疗信息数据指标和医疗付费信息数据指标。医疗付费信息部分含 95 项数据指标,主要反映定点医疗机构与患者结账时的实际医疗费用。医疗收费信息与“医疗住院收费票据”信息一致。①业务流水号:医疗卫生机构收费系统自动生成的流水号码。②票据代码:为定点医疗机构按照财政部门票据管理相关规定出具的医疗收费电子票据上的票据代码。③票据号码:为定点医疗机构按照财政部门票据管理相关规定出具的医疗收费电子票据上的票据流水号。④结算期间:定点医疗机构与患者当次结算费用的起止时间。⑤金额合计:定点医疗机构与患者当次结算费用的总和,其中,甲类、乙类、自费、其他按相关政策填写。金额合计含床位费、诊察费、检查费、化验费、治疗费、手术费、护理费、卫生材料费、西药费、中药饮片费、中成药费、一般诊疗费、挂号费和其他费 14 类。填报口径按照《医疗服务项目分类与代码》映射归集填写(此填报口径另行下发)。⑥医保统筹基金支付:患者本次就医所发生的医疗费用中按规定由基本医疗保险统筹基金支付的金额。⑦其他支付:患者本次就医所发生的医疗费用中按规定由大病保险、医疗救助、公务员医疗补助、大额补充、企业补充等基金或资金支付的金额。⑧大病保险支付:患者本次就医所发生的医疗费用中按规定由大病保险支付的金额。⑨医疗救助支付:患者本次就医所发生的医疗费用中按规定由医疗救助基金支付的金额。⑩公务员医疗补助:患者本次就医所发生的医疗费用中按规定由公务员医疗补助基金支付的金额。⑪大额补充:患者本次就医所发生的医疗费用中按规定由大额补充基金支付的金额。⑫企业补充:患者本次就医所发生的医疗费用中按规定由企业补充基金支付的金额。⑬个人自付:患者本次就医所发生的医疗费用中由个人负担的属于基本医疗保险目录范围内自付部分的金额,以及开展按病种、病组、床日等打包付费方式且由患者定额付费的费用。⑭个人自费:患者本次就医所发生的医疗费用中按照有关规定不属于基本医疗保险目录范围而全部由个人支付的费用。⑮个人账户支付:按政策规定用个人账户支付参保人的医疗费用(含基本医疗保险目录范围内和目录范围外的费用)。⑯个人现金支付:

个人通过现金、银行卡、微信、支付宝等渠道支付的金额。⑰医保支付方式：医保经办机构与定点医疗机构根据不同医疗服务的性质和特征，将医疗服务划分为不同的付费单元并确定付费标准的措施，分为：按项目付费、按单病种付费、按病种分值付费、按疾病诊断相关分组（DRG）付费、按床日付费、按人头付费、按定额付费等。

第六节　医疗保障基金投资运行

《社会保险法》第七十一条规定："全国社会保障基金由全国社会保障基金管理运营机构负责管理运营，在保证安全的前提下实现保值增值。全国社会保障基金应当定期向社会公布收支、管理和投资运营的情况。国务院财政部门、社会保险行政部门、审计机关对全国社会保障基金的收支、管理和投资运营情况实施监督。"

一、全国社会保障基金管理运营机构

全国社保基金会是国务院直属正部级事业单位，设立境外投资部、规划研究部、信息技术部等部门，是负责管理运营全国社会保障基金的独立法人机构。根据《社会保险法》规定，社会保险基金在保证安全的前提下，按照国务院规定投资运营实现保值增值。目前，基本养老保险金基金的累计结余基金可以委托全国社会保障理事会进行投资。

二、全国医疗保障基金投资运营情况

目前基本医疗保险基金的累计结存基金仍执行 1998 年的《国务院关于建立城镇职工基本医疗保险制度的决定》，在财政专户按照银行计息办法获得收益。①当年筹集的部分，按活期存款利率计息；②上年结转的基金本息，按 3 个月期整存整取银行存款利率计息；③存入社会保障财政专户的沉淀资金，比照三年期零存整取储蓄存款利率计息，并不低于该档次利率水平。

第七节　医疗保障基金风险管理

医疗保障基金风险即指在其运行过程中所面临的各种不确定性因素及其损害，直接危及到医疗保障制度的安全运行和可持续发展。医疗保险基金风险管控是利用风险管理的基本理论和定量分析方法，描述各种风险对医疗保险基金收入支出的影响和强度，并进行监测和控制的过程。中共中央 5 号文件提出："医疗保障基金是人民群众的保命钱，必须始终把维护基金安全作为首要任务"。《医疗保障法（征求意见稿）》第二十八条规定："国家建立全国医疗保障风险管控机制"。本节主要以基本医疗保险基金为主探索风险管理问题。

一、基本医疗保险基金风险的主要特征和分类

基本医疗保险基金风险的主要特征如下：①多主体性。医疗保险由医患保三方的社会关系构成，影响医疗保险基金安全性的风险可能来自三方中的任何一方，如医患勾结骗保、医保经办机构工作人员监守自盗等。②多环节性。医疗服务由多个环节构成，包括医生、护

理、药物、卫生材料、医疗设备和医院管理的方方面面，医疗风险可能来自其中任何一个方面，单一风控措施必然会遭遇鼹鼠效应。例如，取消药品加成后出现过度检查和医用耗材的增加。③难以识别、评价与监控。医疗服务个性化、专业性非常强，需要逐渐认识，其风险是隐蔽和难以识别的。例如，国家医疗保障法律对医疗机构和医务人员提出“合理医疗”的要求，什么是合理医疗，需要经办机构与参保人和医护人员通过不断的循证过程达成共识。以癌症晚期患者靶向用药为例，尽管有指导手册，但是指导手册的更新比较慢，也比较困难。

基本医疗保险风险分类如下。

1. 道德风险　医疗非交易、药品非普通商品，将医生当雇员、将医疗机构当作普通企业来研究是非常错误的。医疗充满伦理和文化的问题，医务人员必须坚持“对患者有利和保密”的信念，患者必须对医生有信任感，医患关系是个人健康的信托关系。因此，任何违反“有利和保密”伦理原则的行为和事件均会引起道德风险发生。例如，某市某家中医院在一段时间内，医生们都在大量开出一种药，显然背后有医院和药企勾结的问题。再如，在通过刷医保卡开药、卖药的集团背后，一定是有医院、医生和参保患者勾结骗保的问题。

2. 政策风险　科学决策有如下四个条件：一是对社会背景的准确判断，特别是供求关系的判断；二是对政策目标做出符合社会发展趋势的判定；三是制定具有创新力和可操作的政策措施，确保实现政策目标；四是需要科学的政策评价和执行情况评估。在上述四个问题中的任何一个环节出现问题都会引发政策风险。例如，1992 年我国医改政策推出公立医院“建设靠国家、吃饭靠自己”的政策，届时并没有就公共财政、基本医疗保险与公立医院之间的“内部市场”做出规制，由此导致公立医院走向“以药养医”的歧途。在美国，奥巴马政府针对低收入人群推出医疗保险平价法案，政策目标是解决近 5 000 万人没有第三方付费的社会风险。特朗普政府否定了这个平价法案，这种反复就是政策风险的表现。再如，浙江省金华市在全国首先推出门诊打包付费（AGP）改革方案，同时对与家庭医生签约服务的参保人员进行按人头加权预算和总额付费。对这样一个重大的医疗保障政策改革，金华市政府请第三方专业团队对政策进行评估，在评估中发现，金华市医疗保障局和第三方专业机构建立的大数据平台已经覆盖了全市一、二、三级所有医疗机构，并拥有比较完善的医疗数据平台，该政策可以在大数据平台上做预分配，预分配的结果完全符合分级诊疗和加强基层医疗机构的目标，且可以发现医疗机构盈余和亏损的主要原因。所以，第三方评价机构做出“风险可控、政策可行”的评估结论。

3. 管理风险　医疗过程充满风险，起司理论和冰山理论揭示了医疗过程中漏洞及其由此形成的系统性风险。在医疗保险发展初期，因缺乏互联网、病案管理、循证医学的支持，不能拥有医疗大数据，医疗保险陷入信息不对称的困境。医疗保险经办机构人员很难走进医院、走近临床，通常只在医院门外做“切豆腐”的工程，不能发挥医疗保险支付的引导、激励的治理作用，医疗保险基金被浪费甚至亏损的情况不断发生。20 世纪 70 年代开始，伴随电子病案和互联网的发展，医疗保险经办机构逐渐掌握了智能审核与监控的工具，学会如何与医院医生对话，由此开始将医疗保险支付与医疗服务的质量、安全和绩效挂钩，从外部向医疗机构和医疗过程渗透管理，加强了医疗风险管理、增加了医疗服务的合理性，大大抑制了医疗保险基金支出的风险和提高了医疗保险基金的使用效率。以医疗救助基金为例，在缺乏公共管理一体化信息平台的条件下，难以识别和掌握家庭经济状况，由此导致医疗救助面对三个挑战，一是悬崖效应；二是搭便车现象；三是应保未保。

4. **基金风险** 医疗保险基金风险来自筹资政策，征收环节使用环节。医疗保险基金风险可以分为如下三个级别：一是发展趋势出现风险，即基金收入增长率下降、基金支出增长率上升的发展趋势难以改变；二是当期支出出现缺口，即基金当期支出大于当期收入，不得不使用累计结余或财政补贴弥补缺口以保证当期支出；三是系统性风险，即用尽累计结余，当期资金缺口越来越大，甚至难以维持正常支付，即“出险”。因此，需要建立医疗保险基金风险管理机制，做到早发现、早预防，确保不出现系统性风险。

5. **外部风险** 外部风险也可以称为社会风险。例如，科技进步带动了医疗成本上升，人口老龄化导致参保缴费人员占比下降、高龄老人医疗照护需求和照护成本的上升。

二、医疗保障基金风险管控机制

中共中央5号文件提出：“加强基金预算管理和风险预警”，这需要针对医疗过程多环节、多要素的特点建立综合治理，抑制鼹鼠效应。中国全民医疗保障和地方统筹的管理体制有利于建立综合治理机制。

（一）完善医疗保障预算管理

1. **科学编制收支预算** 夯实地市医疗保险统筹管理。①严格按照“以收定支、收支平衡、略有结余”的原则，根据缴费基数（或缴费标准）、缴费率、参保人数等因素，全面、准确、完整编制基本医疗保险基金收入预算，包括职工医疗保险个人账户、地方各级财政部门要按照规定足额安排行政事业单位参加基本医疗保险单位缴费支出预算、政府对城乡居民基本医疗保险参保居民补助支出预算、社会医疗救助、生育保险等。②综合考虑以前年度支出规模、本地经济增长、医疗费用水平、医疗费用控制目标、参保人员年龄结构、享受待遇人数、待遇政策调整等因素编制年度支出预算，原则上不应编制当年赤字预算和历年累计结余赤字预算。确需动用历年累计结余弥补当年支出的，需符合医疗保险基金财务制度有关规定，并作出详细说明，报同级人民政府审批。③各地要在做好年度预算工作基础上，根据国家关于社会保险基金预算和中期财政规划具体部署和安排，结合地方中期财政规划，做好基本医疗保险基金中期收支测算工作。④适应异地就医直接结算、“互联网＋医疗”和医疗机构服务模式发展需要，探索开展跨区域基金预算试点。

统筹区**医保基金年度预算**总额＝统筹区上年度**住院医保基金支出**清算总额×（1+基金支出增长率）。还要区分急诊住院、各级门诊和社区医疗（含家庭病床）的医保基金年度预算。逐渐加大社区医疗的预算占比，支持分级诊疗和分类医护，实现“一小一老”的医养结合。

2. **加强预算执行监督** 医疗保障行政部门、财政部门、审计机关按照各自职责，对医疗保险基金的收支、管理和运营情况实施监督，依法依规及时纠正社会保险基金管理中的违法违规行为。对医疗保险基金管理中的违法行为，按照《社会保险法》《预算法》《财政违法行为处罚处分条例》等法律法规追究法律责任。涉嫌犯罪的，依法移送司法机关处理。

临床循证是改进和评价医疗质量的依据，智能监控是监督医疗行为的必要手段。2015年4月，人社部《关于全面推进基本医疗保险医疗服务智能监控的通知》（人社〔2015〕54号）要求，以业务需求为导向、信息系统建设为基础，在全国所有统筹地区普遍开展智能监控工作，**逐步实现对门诊、住院、购药等各类医疗服务行为的全面、及时、高效监控。**2016年，全国所有统筹地区开展智能监控工作。2016 年 11 月 8 日中办、国办转发国务院深化医改领导小组《关于进一步推广深化医药卫生体制改革经验的若干意见》中，再次要求**“利用信息化手段对所有医疗机构门诊、住院诊疗行为和费用开展全程监控和智能审核，做到事前提醒、事中控制、事后审核。”**以金华市为例，智能监控体系包含了事前信息查阅、事中诊间审核、事后智能审核、医保医师管理、临床知识库、药品电子监管码、全体库存监督等医保、医疗和医药等各方面，并对医疗质量评价进行了探索，为制定和执行医保基金预算和支付方式改革提供了技术支持。

3. 全面实施预算绩效管理　绩效管理即指在政策或计划目标既定的条件下，及时总结、评估和纠正不足，以确保政策或计划目标的实现。基本医疗保险基金预算，绩效管理应当从以下三个方面建立指标体系：①宏观看政府调控，包括医疗保险基金收支平衡、略有结余，合理分布、合理增长；财政预算、社会互济和个人自负比例等指标体系。②中观看医保基金支付的引导、约束和激励机制，包括医保付费方式对医疗行为、医院管理和优化医疗资源配置的引导和激励作用，由此提高基本保健的可及性、安全性和可支付性。③微观看医院管理，包括医保支付结果与医院、医药、医养协同发展，有利于完善公立医疗机构内部绩效考核和收入分配机制，引导医疗机构以健康为中心，合理定位、科学规划，整合医疗、合理接诊，提高医疗机构现代医院管理水平。同时要建立第三方评价机制，包括前期政策评估、期中执行评估和后期绩效评估。

（二）加强中长期精算，构建长效收支平衡机制

1. 医保基金精算　保险精算是对各种医疗保险计划的保费收入、支出和风险准备金及其相关影响因素进行科学测算和分析。在精算的基础上建立基金运行风险评估和预警机制，为构建 5～10 年中期和 10 年以上长期收支平衡机制奠定基础。例如，人均 GDP 的增长速度、人口老龄化和灵活就业对基本医疗保险参保率和医疗保险基金收入的影响。健全基金运行风险评估、预警机制。

2. 成本控制措施　现在医保管理已经形成保证质量、控制成本的一系列措施和综合治理机制，包括年度支出的总额控制、医保支付的待遇清单、结余留用的激励政策、智能监控的管理手段、与参保患者共付制。共付制由起付线、封顶线、分担比例等措施构成。

3. 收支平衡机制　基本医疗保险基金收支平衡机制即指基于总额预算和病组点数付费形成医保支付点值，由此形成降点增值的战略格局和激励机制，确保基本医疗保险基金的收支平衡。具体措施如下：①强化总额预算、合理控制支出增长率；②以医保支付为推手，约束过度医疗、激励健康管理，控制成本和减少患者，实现降点增值的激励机制；③加强利益相关方对话和奖惩制度，基于智能监控系统建立监督制度和信用管理；④激励风险评估（10～15 年）和预警制度，完善风险储备金和省级调剂金制度；⑤在 2022 年之后，63 婴儿潮（1963 年出生高峰的 2 900 多万人口进入 60 岁年龄组）将带来男性职工退休高峰，职工基本医疗保险收入增长率将呈现下降趋势（一级风险），部分统筹地区会出现当期支付缺口（二级风险），甚至用尽累计结余（三级风险）；⑥在保证安全的前提下，按照国务院规定投资运营，实现保值增值；目前医疗保险基金累计结余资金仍在财政专户保管，获取银行记账利息；⑦建立信息披露制度，医疗保障经办机构应当定期向社会公布医疗保障基金的收入、支出、结余等情况，接受社会监督。财政部门应当建立健全财政专户风险管理制度，定期向社会公告管理、存储结构、收益等情况，接受社会监督。

本章小结

1. 在理顺管理体制和建立一体化运营机制的基础上，我国正在完善医疗保障基金预算管理、征收管理、账户管理（职工个人账户除外）、会计核算管理、支付与结算管理的政策和操作规则。

2. 职工基本医疗保险个人账户的相关政策、待遇清单和管理运行机制正在改革，中国医疗保险制度进入“住院、门诊和社区”通道式发展模式。

3. 目前累计结余的基本医疗保险基金仍由财政专户管理，获取记账利息，尚没有投资运营的制度安排。

思考与练习题

1. 学习国家医疗保障事业统计公报的数据，分析我国医疗保障基金运行情况和发展趋势。

2. 在基本医疗保障制度内存在基本医疗保险基金、各类大病补充医疗保险基金、社会医疗救助，如何用好三个资金池，夯实基本医疗保障制度，请尝试给出具体方案和政策建议。

3. 2022 年我国“63 婴儿潮”的男职工进入 60 岁年龄组和退休高峰，基本医疗保险基金在未来一段时间内呈现收入增长率下降的趋势，部分统筹地区可能出现当期支出资金缺口，甚至用尽累计结余。如何通过医保支付方式改革激励医药机构提质增效和加强健康管理，通过减少患者提高医生收入，促使医疗保险基金进入高质量发展阶段。

参考文献

[1] 周绿林，李绍华. 医疗保险学. 第 3 版. 北京：科学出版社，2016.

[2] 郝春鹏，谭中和. 中国医疗保障基金监督管理发展报告（2021）. 北京：社会科学文献出版社，2021.

[3] 国家医疗保障局. 中国医疗保障事业发展统计公报［EB/OL］.（2020-06-24）［2022-80-30］. http://www.nhsa.gov.cn/art/2020/6/24/art_7_3268.html.

第七章
医药服务定价与采购

教学目标

学习中共中央5号文关于"坚持招采合一、量价挂钩，全面实行药品、医用耗材集中带量采购"的要求；知晓医疗非交易、药品非普通商品的含义；熟悉和理解基本保健价格管理的基本原则、主要内容和治理措施；了解基本保健价格管理的发展趋势。

主要内容

基本保健价格管理、医护服务定价机制、医药定价机制与集中采购。

第一节 基本保健价格管理

一、基本保健价格管理的基本问题

基本保健价格直接关系着人民群众就医的经济负担、医疗事业发展和医药产业发展，其价格管理是医疗保障事业发展的核心问题之一。中共中央5号文提出："要充分发挥药品、医用耗材集中带量采购在深化医药服务供给侧改革中的引领作用，推进医保、医疗、医药联动改革系统集成，加强政策和管理协同，保障群众获得优质实惠的医药服务。"

（一）卫生总费用增长的两面性

卫生总费用增长说明国民卫生医护消费需求在上升。当一个国家卫生总费用增长超过GDP增长速度，一方面标志这个国家正在从传统工业经济进入大健康经济发展阶段；另一方面，要警惕卫生医护消费通货膨胀率快速增长，以及由此导致的因病贫困的社会问题。

哈佛大学纽豪斯教授用定量化、值化方法，对美国总医疗费用增长率（1940—1990年）原因进行研究发现，医疗技术进步是影响医疗费用增长的主要原因。由此俞炳匡提出，忽略这个问题的医改只能解决微小问题。药物定价管制引起各国关注。

（二）基本保健价格需要管理

基本保健价格包括医护服务价格和药物价格，药物价格包括药品、医用材料和器械的价格。基本保健价格不能完全通过市场供需关系决定，属于典型的不充分市场问题，需要基于多种因素建立发现价格的机制。基本保健水平与国家经济发展水平相适应，由此决定基本保健服务的定价原则和制度安排。

1. 医护服务价格发现机制

（1）医疗非交易，应当合理补偿：要求医护人员在提供服务时可以考虑成本，不应当有营利动机。实现这个目标首先取决于一个国家医疗体制与医护服务的补偿机制，其次才是医护人员的职业素质和伦理道德问题。医护机构不是医患交易的场所，公益医护机构和私营医护机构都如此。补偿可能发生在提供服务之前或者之后，不是现场交易。

免费医疗的真实含义是去除医护人员的趋利动机，并非指医护服务不花钱。1948 年，英国为建设福利国家，政府买下了所有医院，以降低管理成本和支付医护人员工资，为国民免费提供住院和手术治疗。一般处方药需要付费，家庭医生开药很谨慎。此外还有灰名单，即具备一定条件时可以免费用药，俗称“看医生不付钱、吃药付钱”。2020 年英国国民个人负担的医药费用占卫生总支出的比例超过 10%。

（2）医生人力资本最高。人力资本由专业培养、岗位职责和职业风险构成，三个因素相加，医生总分值高于公共部门的其他两个群体，即教师和公务员。构建基本保健服务价格发现机制需要关注如下问题：①医护服务的人工成本难以计算。弗里德曼的持续收入理论获得诺贝尔经济学奖，揭示了伴随人力资本提升而增加收入水平的原理。传统工资理论很难解释医护人员的价值。很多国家参考公务员和教师进行定价，由此形成公共部门薪酬制度。②基本保健服务的品质取决于患者体验和健康结果，需要依赖医护服务大数据和长期循证的证明。

综上所述，公益医院的医生服务定价机制由内部占比法和外部倍数法构成。一是在医院内部，由医、药、护、技、管构成服务成本，医生收入占比约为 40%～50%；二是在公共部门内部，医生收入高于教师和公务员一定倍数。

2. 药物价格发现机制 药品非普通商品，但还是商品，吃药需要付费。中共中央 5 号文提出：“建立以市场为主导的药品、医用耗材价格形成机制，建立全国交易价格信息共享机制。”药物在此包括药品、医用材料和设备，本节主要讨论药品价格问题。

按照成本加成定价法，在成本基础上增加一定比例的利润。一是如何界定成本，需要完善财务管理制度；二是公益性医药服务如何给药企加成（即支付利润），需要在信息共享的基础上，建立评价、协商和集采机制。在实践中，公共品由政府定价，如疫苗。准公共品由利益相关人协商定价，如社会医疗保险基金药物谈判。私人物品由市场定价，如保健用品。以量换价是公益性医药服务的优势之一。

医疗药物研发成本高、风险大。药物研发分为五个阶段：第一阶段是药物的初选；第二阶段是体外实验；第三阶段是体外实验效果比较好的安排小规模的临床研究；第四阶段是组织开展较大规模临床试验，进一步确认有效性；第五阶段是对临床试验取得较好效果的药物，通过一定程序向治疗组推荐进入诊疗方案；其研发成本远远高于其他商品，新药的版权保护制度应运而生。药物研发与生产需要市场竞争和激励机制。在英格兰，家庭医生开出的每种处方药收费 3.95 英镑。在德国，患者持医生处方到药店取药，必须按照处方价格的 10% 自付费用给药剂师。因此在欧美发达国家，医生不会过度开药，患者也不会浪费药品。在中国，基本医疗保险药品目录达到 2 800 多种，在基层医疗机构取药由医疗保险基金分担 90%，接近免费吃药。相比之下，中国过度开药和浪费药的问题远比欧美发达国家严重。

药物销售成本高。药物销售需要熟悉药物的性能和客户的需求，对症销售，属于专业行为；其销售成本也远高于其他商品。中共中央 5 号文提出：“深化药品、医用耗材集中带量采购制度改革。坚持招采合一、量价挂钩，全面实行药品、医用耗材集中带量采购。以医保支付为基础，建立招标、采购、交易、结算、监督一体化的省级招标采购平台，推进构建区域性、全国性联盟采购机制，形成竞争充分、价格合理、规范有序的供应保障体系。推进医保基金与医药企业直接结算，完善医保支付标准与集中采购价格协同机制。”

综上所述，构建基本保健药物价格发现机制需要关注如下问题：①药物研发成本和版权保护期。使用成本 + 加成的方法定价。通过版权保护维护研发者的利益和研发积极性。②药物销售成本和销售规制，规范药物销售行为。③第三方支付者可以通过公共政策和团购谈判的能力影响药物、卫生材料和医疗设备价格。谈判价格、协议价格属于均值定价法。

二、我国基本保健价格管理

我国基本保健服务价格经历了计划经济时期的政府补偿、改革开放时期的医院自主管理和社会主义建设新时期的社会治理的发展过程。

（一）计划经济时期的政府补偿管理

新中国成立以后我国实行的是高度集中的计划经济体制，医疗机构公有或集体所有。卫生部发布《关于健全和发展全国卫生基层组织的决定》，这一时期公立医院实行的是“统收统支”的财政政策，医疗卫生人员都是公职人员，医疗服务价格实行政府定价，价格普遍低于成本。1953 年调整为“以收抵支，差额补助”，1954 年改为以床位计算补助的“全额管理，定额补助”。1960 年卫生部、财政部联合下发了《关于医院工作人员的工资全部由国家预算开支的联合通知》确定县级以上医院实行“全额管理、定向补助”，即医务人员的基本工资及 3% 的附加工资均由国家财政承担，其他一切支出由医院自行解决。1979 年《关于加强医院经济管理试点工作的意见》提出“全额管理、定额补助、结余留用”，按编制床位实行定额补助。这一时期由于国家经济发展缓慢，人民经济承受能力不足，片面强调社会主义制度优越性，医疗服务和药品价格多次降价，医疗服务价格管理以国家财政补偿干涉为主。

（二）改革开放时期的医院自主管理

改革开放以后，我国实行计划经济向市场经济转轨。国家财政预算和补助主要用在公立医院的基建、设备、科研、流动资金和少量的人工补偿，不足以支撑医院的快速发展，财政投入占公立医院收入比重逐渐下降。国家开始鼓励公立医院进行自主经济管理的尝试。1985 年卫生部下发《关于大型医疗检验设备有偿使用的通知》，1988 年发布《医院财务管理办法》和《医院会计制度》的通知。20 世纪 80 年代中期进行医疗收费价格改革，实行“老项目老价格”“新项目新价格” 两种价格收费机制，即手术费、护理费、挂号费等既有医疗服务项目价格保持不变或调价幅度很小，对新药品、新大型设备、新技术等则制定新价格保证盈利水平高，以此弥补医疗服务价格亏损。这种不合理的医疗服务价格政策也一定程度上带来医疗机构的寻租行为，“高价处方”“高额药品”“多开检查多提成”逐渐演变为“看病贵、看病难”问题。20 世纪 80 年代后期，积极推行各种形式的医院承包责任制，很多医院走向院科两级承包制，医院成本费用急剧上升，卫生资源配置利用率低，一方面，资源浪费现象严重；另一方面，医生收入不能随着工作绩效增长。如果医疗保险支付能力不足、社会捐助圈基金发展滞后，则必然出现公立医院生存难和公益性缺失的问题。

（三）社会主义建设新时期的社会治理尝试

1997 年，中共中央国务院发布《关于卫生改革与发展的决定》（中发〔1997〕3 号），这是建国以来最高规格的医疗卫生制度改革文件，提出“完善政府对卫生服务价格的管理，区别卫生服务性质，实行不同的作价原则”。此后我国医疗服务价格改革不断深入，相关政策不断完善（表 7-1）。2001 年统一了疾病编码，2015 年开始探索医疗保险按照病种和服务单元付费，2017 年开始探索按照疾病诊断分组付费，2021 年病组分值付费在全国 100 多个城市全面推开。国家医疗保障局制定了病组分值付费的三年行动计划。地方政府和医保、医疗、医药之间的对话与合作机制日益健全，医保逐渐从后付制走向预付制。同时，国家医疗保障局组织探索医疗机构收费端的定价和价格调整机制。

表 7-1　新时期我国医疗服务价格相关政策文件

时间	政策文件	政策主要内容
1997.1.15	中共中央国务院《关于卫生改革与发展的决定》（中发〔1997〕3 号）	“完善政府对卫生服务价格的管理”，“区别卫生服务性质，实行不同的作价原则”
2000.2.21	国务院办公厅《关于城镇医药卫生体制改革的指导意见》（国办发〔2000〕16 号）	“将医疗机构分为非营利性和营利性两类进行管理，非营利性医疗机构在医疗服务体系中占主导地位，享受相应的税收优惠政策，营利性医疗机构医疗服务价格放开，依法自主经营，照章纳税；对非营利性医疗机构的收入实行总量控制，结构调整”
2000.7.20	《关于改革医疗服务价格管理的意见的通知》（计价格〔2000〕962 号）	“对医疗服务价格实行政府指导价和市场调节价，取消政府定价”
2001.10	国家计委、卫生部、国家中医药管理局联合印发《全国医疗服务价格项目规范（试行 2001 年版）》	首次统一了全国医疗服务价格项目的名称和编码，颁布医疗服务价格项目 3 966 项
2006.5.19	《关于进一步整顿药品和医疗服务市场价格秩序的意见的通知》（发改价格〔2006〕912 号）	“进一步降低药品价格，对实行市场调节价的药品，推行由生产企业在药品零售外包装上标示建议零售价格的制度，以增加价格透明度”
2009.11.9	《关于印发改革药品和医疗服务价格形成机制的意见的通知》（发改价格〔2009〕2844 号）	“药品价格实行分级管理”，“实行政府指导价的药品，生产经营单位在不突破政府规定价格的前提下，根据市场供求情况自主确定实际购销价格”
2012.9.3	《关于推进县级公立医院医药价格改革工作的通知》（发改价格〔2012〕2787 号）	“取消试点医院药品加成政策”，“调整医疗服务价格，要结合财政补偿和医保支付水平的具体情况，补偿取消药品加成政策后减少的合理收入”
2015.4.23	《国务院办公厅关于全面推开县级公立医院综合改革的实施意见》（国办发〔2015〕33 号）	“建立以成本和收入结构变化为基础的价格动态调整机制”，“根据需要可将价格调整权限下放到县（市）”
2015.5.6	《国务院办公厅关于城市公立医院综合改革试点的指导意见》（国办发〔2015〕38 号）	“逐步减少按项目定价的医疗服务项目数量，积极探索按病种、按服务单元定价”，“逐步理顺不同级别医疗机构间和医疗服务项目的比价关系”
2015.10.12	《中共中央 国务院关于推进价格机制改革的若干意见》（中发〔2015〕28 号）	“公立医疗机构医疗服务项目价格实行分类管理，对市场竞争比较充分、个性化需求比较强的医疗服务项目价格实行市场调节价，其中医保基金支付的服务项目由医保经办机构与医疗机构谈判合理确定支付标准”
2016.7.1	《关于印发推进医疗服务价格改革意见的通知》（发改价格〔2016〕1431 号）	“改革医疗服务项目管理，改进价格管理方式，结合公立医院综合改革同步调整医疗服务价格”，“公立医疗机构提供的特需医疗服务及其他市场竞争比较充分、个性化需求比较强的医疗服务，实行市场调节价”

续表

时间	政策文件	政策主要内容
2016.8.24	《国家发展改革委办公厅关于贯彻落实推进医疗服务价格改革意见的通知》(发改办价格〔2016〕1864 号)	“建立多种形式并存的定价方式，合理确定和调整医疗服务政府定价范围及价格，强化价格行为监管”，“综合考虑东中西部地区特点，选择部分城市作为改革联系示范点，跟踪指导示范点城市加快推进改革”
2017.6.20	国务院办公厅《关于进一步深化基本医疗保险支付方式改革的指导意见》(国办发〔2017〕55 号)	“探索建立按疾病诊断相关分组付费体系。可以疾病诊断相关分组技术为支撑进行医疗机构诊疗成本与疗效测量评价，加强不同医疗机构同一病种组间的横向比较，利用评价结果完善医保付费机制。”
2021.8.25	《深化医疗服务价格改革试点方案》的通知(医保发〔2021〕41 号)	“建立更可持续的价格管理总量调控机制”，“通用型医疗服务的政府指导价围绕统一基准浮动，复杂型医疗服务的政府指导价引入公立医疗机构参与形成”
2021.9.23	《关于印发“十四五”全民医疗保障规划的通知》(国办发〔2021〕36 号)	医疗服务价格合理调整机制初步形成，国家组织药品和高值医用耗材集中带量采购价格平均降幅 50% 以上

第二节　医护服务定价机制

医护服务主要指由公立医护机构和公益医护机构提供的非营利性保健服务，私营医护机构提供个性化服务。公益性医护服务定价是补偿医护服务的依据，一要满足国民基本保健需求，二要为私营保健服务定价提供参考。

一、医护服务定价方法

医护服务定价方式包括倍数法、占比法、成本加成法、均值加成法等。

1. 倍数法　倍数法即指医生收入与教师和公务员的比较。公立医院医务人员薪酬纳入公共部门统一管理，基于医务人员的人力资本、岗位职责和职业风险三要素进行评估和确定工资水平。

医生人力资本构成具有如下特征：①专业培养成本高。医学基础教育学制需要 5～8 年。2022 年 3 月 1 日实施的《医师法》**第三十七条规定**：“国家制定医师培养规划，建立适应行业特点和社会需求的医师培养和供需平衡机制，统筹各类医学人才需求。国家采取措施，加强医教协同，完善医学院校教育、毕业后教育和继续教育体系。”②岗位职责要求高。《医师法》**第二十二条第（一）项**规定：“在注册的执业范围内，按照有关规范进行医学诊查、疾病调查、医学处置、出具相应的医学证明文件，选择合理的医疗、预防、保健方案”。**第二十四条规定**：“医师实施医疗、预防、保健措施，签署有关医学证明文件，必须亲自诊查、调查，并按照规定及时填写病历等医学文书，不得隐匿、伪造、篡改或者擅自销毁病历等医学文书及有关资料。”医师对自己做出的处方负有终生责任。③职业风险相对高。《医师法》**第三十二条规定**：“遇有自然灾害、事故灾难、公共卫生事件和社会安全事件等严重威胁人民生命健康的突发事件时，县级以上人民政府卫生健康主管部门根据需要组织医师参与卫生应急处置和医疗救治，医师应当服从调遣。”

在公共服务部门，公务员、教师和医生三类人员工资呈现倍数关系。在 OECD 成员国家中，同年、同地、同级的医生工资是教师和公务员的一定倍数。非公立医疗机构会参考这个水平为其医务人员制定工资水平。以中国台湾为例，公益医院医生工资是公务员的 2.8 倍。

2. 占比法 占比法是指医生工资在医疗服务总成本中的占比。医护不是个体户和单体产品，属于系列生产，需要基于区域卫生医护规划和体系，通过全科、专科、专家之间的分工与协作，依赖居民签约服务的家庭医生团队，以及其背后的医务人才培养体系、医药卫生材料和医用设备的研发与生产等多环节共同完成，即医、药、护、技、管五个环节，还有医疗科研和后勤服务。2021 年国家公立医院改革试点方案要求，人员支出占业务支出比例达到 60%、在人员薪酬中固定的工资收入占比达到 60%。人员包括医生、护理、医技人员和各类管理人员。其中，医生收入占比达到 40%～50% 是国际惯例。

3. 成本加成法 医疗服务成本核算是指在**医疗服务中消耗的医务人员劳务价值和药物材料价值的总和**。《关于印发公立医院成本核算规范的通知》(国卫财务发〔2021〕4 号)**第三条规定：**“医院成本是指医院特定的成本核算对象所发生的资源耗费，包括人力资源耗费，房屋及建筑物、设备、材料、产品等有形资产耗费，知识产权等无形资产耗费，以及其他耗费。”**第六条规定：“医院进行成本核算应当满足内部管理和外部管理的需求。**医院应当在统一核算原则和方法的基础上准确核算医疗服务成本，为政府有关部门制定医疗服务相关价格或收费标准提供依据和参考。”

医护机构普遍开展服务均质化程度高的诊察、护理、床位、部分中医服务等列入通用型医护服务目录清单，是测算成本和定价的主要依据。

成本加成即指在运营成本的基础上，按照一定的评估依据实施加成。这种定价方法主要用于公立医护机构和公益医护机构。例如，在中国某经济特区，按照协议由政府资助运行 5 年的一家外资医院，在进入独立运行时发现其运营成本低于本地其他公立医院约 15%，该经济特区政府决定给该医院的医师费增加 15%。

4. 均值加成法 医护服务均值通常指同类医护机构往期实际费用的均值。在成本难以测定的条件下，均值法可以弥补成本管理不足的问题。按照疾病诊断分组的病组分值付费(DRG)和按病种分值付费(DIP)均为均值法。均值加成法即指在均值基础上依据一定的规则进行加成。例如，根据医护机构的级别制定系数，再根据系数增加医保支付金额。再如，为儿科、老年科和精神科增加系数和医保支付金额，以支持这些科室的发展。

二、医护服务定价机制

2021 年 8 月 31 日，国家医保局、国家卫生健康委、国家发展改革委、财政部、人力资源社会保障部、市场监管总局、国家中医药局、国家药监局发布了经中央全面深化改革委员会第十九次会议审议通过的《深化医疗服务价格改革试点方案》(医保发〔2021〕41 号)，明确 5 个试点城市，有序推进医疗服务价格改革。我国公立医疗机构提供的基本医疗服务实行政府指导价，特需等非基本医疗服务实行市场调节价，非公立医疗机构提供的医疗服务实行市场调节价。医疗保障行政部门负责开展药品和医用耗材成本价格调查，实施医药价格和招标采购信用评价制度，依法加强对以价格垄断、哄抬价格等方式侵害医疗保障基金的违法行为的监督检查。

1. 基本保健服务实行政府指导价 医保发〔2021〕41 号文提出：“建立规范有序的价格分类形成机制，将公立医疗机构医疗服务分类定价，一类是通用型医疗服务，另一类是复杂性医疗服务，这两类服务需实行不同的价格构建机制。”

(1) 通用型医疗服务的政府指导价围绕统一基准浮动，属于均值加成法。通用项目是指各级医疗机构均可以开展的、频次比较高的、均质化比较高的、大众使用程度较高的，通常说的门诊检查费、住院检查费、护理费等费用，通用项目不会频繁调价。基于服务要素成本大数据分析，结合宏观指数和服务层级等因素，制定通用型医疗服务政府指导价的统一基准，不同区域、不同层级的公立医疗机构可在一定范围内浮动实施，促进通用型医疗服务规范化标准化和成本回收率均等化。通用型医疗服务项目基准价格参照城镇单位就业人员平均工资、居民消费价格指数变化进行定期评估、动态调整。城镇单位就业人员平均工资累计增幅达到触发标准、居民消费价格指数低于一定水平的，按规则调整基准价格。

（2）复杂型医疗服务的政府指导价引入公立医疗机构参与形成，属于成本加成法。未列入通用型医疗服务目录清单的复杂型医疗服务，构建政府主导、医院参与的价格形成机制，尊重医院和医生的专业性意见建议。复杂项目是体现专业技术劳务价值的成分，引入医院和医生参与定价，建立协商机制。公立医疗机构在成本核算基础上按规则提出价格建议，即复杂病组疗效价值综合分析报告，各地集中受理，在价格调整总量和规则范围内形成价格，严格控制偏离合理价格区间的过高价格，统一公布政府指导价。

建立学科调查监测和政策指引机制。允许历史价格偏低、医疗供给不足的薄弱学科项目价格优先调整，推动理顺比价关系。充分考虑中医医疗服务特点，支持中医传承创新发展。支持技术难度大、风险程度高、确有必要开展的医疗服务适当体现价格差异。支持新技术应用，如微创手术和无创手术的应用，无创手术应当介于手术和治疗之间定价。引导公立医疗机构加强成本管理和精算平衡、统筹把握调价项目数量和幅度，指导公立医疗机构采取下调偏高价格等方式扩大价格调整总量。

建立健全调价综合评估指标体系，将医药卫生费用增长、医疗服务收入结构、要素成本变化、药品和医用耗材费用占比、大型设备收入占比、医务人员平均薪酬水平、医保基金收支结余、患者自付水平、居民消费价格指数等指标列入评估范围，明确动态调整的触发标准和限制标准。定期开展调价评估，符合标准时集中启动和受理公立医疗机构提出的价格建议。

2. 特需保健服务实行市场调节价 非公立医疗机构提供的医疗服务实行市场调节价。依法实行市场调节价的药品和医用耗材，以及医疗服务应当按照公平、合法、质价相符、诚实守信的原则形成价格。特需服务和试行期内新增项目实行市场调节价。《深化医疗服务价格改革试点方案》的通知（医保发〔2021〕41号）指出公立医疗机构确定特需服务和试行期内新增项目（试行期1至2年）的价格，并报医疗服务价格主管部门备案。定价要遵守政府制定的价格规则，与医院等级、专业地位、功能定位相匹配，定价增加的医疗服务费用占用价格调整总量。严格控制公立医疗机构实行市场调节价的收费项目和费用所占比例，不超过全部医疗服务的10%。新增项目试行期满后，按通用型或复杂型项目进行管理。

医疗机构应当以明确清晰的方式公示药品、医用耗材和医疗服务价格，加强合理使用药品和医用耗材的管理，如实出具费用单据和相关资料，接受医疗保障等部门的价格监测、指导、检查和成本调查。

三、探索基本保健服务价格形成机制

医疗保障行政部门负责开展药品和医用耗材成本价格调查，实施医药价格和招标采购信用评价制度，依法加强对以价格垄断、哄抬价格等方式侵害医疗保障基金的违法行为的监督检查。医疗保障行政部门应当建立医疗服务价格宏观管理、分类管理、动态调整、监测考核机制，确定医疗服务定调价程序，对医疗机构开展医疗服务价格监测、指导、检查、成本调查和考核。

1. 成本调查 医疗保障行政部门负责开展药品和医用耗材成本价格调查，监测公立医疗机构重要项目价格变化。《深化医疗服务价格改革试点方案》指出建立严密高效的价格监测考核机制，加强公立医疗机构价格和成本监测，对监测发现医疗服务价格异常、新增项目定价偏高的，必要时组织开展成本调查或监审、成本回收率评价、卫生技术评估或价格听证。实行医疗服务价格公示、披露制度，编制并定期发布医疗服务价格指数。对监测发现医疗服务价格异常、新增项目定价偏高的，必要时组织开展成本调查或监审、成本回收率评价、卫生技术评估或价格听证，防止项目价格畸高畸低。建立完整的管理体系和政策闭环，使价格管理和医院运行之间形成正向的互动关系。

2. 信用评价 根据《国家医疗保障局关于建立医药价格和招采信用评价制度的指导意见》（医保发〔2020〕34号）实施医药价格和招标采购信用评价制度，依法加强对以价格垄断、哄抬价格等方式侵害医疗保障基金的违法行为的监督检查。第一，建立信用评价目录清单。国家医疗保障局建立医药价格和招采失信事项目录清单，实行动态调整。第二，实行医药企业主动承诺制。第三，建立失信信息报告记录渠道。通过企业报告和平台记录相结合的方式，及时全面、完整规范地采集医药企业失信行为信息，建立失信信息库。第四，开展医药企业信用评级。根据失信行为的性质、情节等因素，将医药企业在本地招标采购市场的失信情况评定为一般、中等、严重、特别严重四个等级，每季度动态更新。第五，分级处置失信违约行为。第六，鼓励医药企业修复信用。第七，正确运用医药价格和招采信用评价。第八，共同推进信用评价制度建设。密切跟踪医疗服务价格项目管理机制改革进展，定期评估新增项目执行效果。科学运用评估成果，与制定和调整医疗服务价格挂钩，支撑医疗服务价格新机制稳定高效运行。

3. 动态管理 医疗保障行政部门应当建立医疗服务价格宏观管理、分类管理、动态调整、监测考核机制，确定医疗服务定调价程序，对医疗机构开展医疗服务价格监测、指导、检查、成本调查和考核。实行公立医疗机构价格责任考核制度。制定公立医疗机构医疗服务价格主体责任考核办法。稽查公立医疗机构内部价格管理和定价的真实性、合规性，检查公立医疗机构医疗服务价格执行情况，考核公立医疗机构落实改革任务、遵守价格政策、加强经营管理、优化收入结构、规范服务行为等情况。稽查、检查和考核结果与公立医疗机构价格挂钩。

医疗服务价格涉及14亿人民群众，787万医务人员，5万多医护机构的庞大主体。应从问题症结出发，着力构建“宏观调控、分类管理、动态调整、规范项目、监测考核”的新思路，探索医疗服务价格形成新机制。将价格监测从一般性的工作要求，上升为专门的价格机制，紧密配合总量调控、分类形成、动态调整等价格机制，形成完整的管理体系和政策闭环，使价格管理和医院运行之间形成正向的互动关系。

综上所述，完善公立医院医生补偿制度面临如下三个挑战：一是建立公立医院财务制度和成本管理制度，实现医务人员服务成本占比达到60%的目标。二是建立公共部门薪酬制度和治理机制，通过倍数法体现医生的劳务价值和社会地位，消除任意攀比的坏风气。三是通过第三次分配开发资源。例如，建立捐助基本保健服务的圈基金制度，用于补偿公益性医疗机构的医生劳务。

第三节　药物定价机制与集中采购

一、药品管制与定价

药品非普通商品，需要有管制的市场定价机制。药品管制源于19世纪对华鸦片战争之后，在海牙会议之后逐渐形成麻醉药品的国际管制体制。先行发达国家十分重视药品管制，在制定相关法律同时，设立专门的政府管制机构，对药品实行高度统一的垂直管制体制，在提高执法效率的同时，还能取得执法资源和技术资源的规模经济，在世界各国被广泛采用。

（一）药品管制的双重目标

主要内容如下：①社会性目标，药品管制的社会性目标与药品产业的准福利性是密不可分的。医疗保障部门参与药品质量评价和价格管理，可以提高参保患者的医疗保障水平。②经济性目标，解决因市场失灵而产生的效率低下问题，从而提高整个产业的资源配置，促进市场有效竞争，维护产业的市场秩序与产业的健康发展。针对药品价格虚高的问题，通过药品管制使得药品费用增长率与国民经济发展水平基本同步。通过阻断了国内外游资投入制药业力求短平快收益的热情，减少药品生产企业过度的低水平重复建设，推动药品产业结构调整与健康发展。

（二）药品价格发现机制

药品定价方法包括成本价、底价、出厂价、开票价、结算价、批发价、售价、中标价、最高零售限价等。在成本难测的条件下，通过大数据分析和谈判形成的均值加成价被使用，特别是罕见病用药。

药品定价涉及国家政策法规、药品营销渠道、药品价格体系、现行医疗体制、药物经济学等内容。药品价格发现有三个机制，即政府定价（公共卫生和疾控用药）、政府指导定价（进入国家医疗保障目录的药品实行协议价格，具有期权价值）和市场调节价（医疗保障范围之外的药品），适用于不同的医疗范围和医疗体制。2021 年，通过谈判新增 67 种药品，覆盖肿瘤、慢性病、抗感染、罕见病等用药需求，涉及 21 个临床组别，平均降价幅度达 61.7%*。如治疗罕见病脊髓性肌萎缩症的特效药诺西那生钠注射液价格曾高达 70 万元一针，经过两轮 9 次谈判，去年以 3.3 万元的价格进入医保目录。

二、药品集中招标采购

（一）药品集中招标采购的定义和平台

药品集中采购即指多个医疗机构通过药品集中招标采购组织，以招投标的形式购进所需药品的采购方式。药品集中带量采购是协同推进医药服务供给侧改革的重要举措。重大意义如下：①从源头上建立医药购销治理机制，纠正不正之风，规范医疗机构药品购销工作；②有利于整合上游、中游和下游的药品大数据，服务于药品研发、生产、销售和使用，减少不确定性带来的成本；③以量换价，建立实现利益相关者共赢机制，减轻社会医药费用负担。

药品集中采购平台建设，应当以医保支付为基础，在药品集中采购主管部门领导下，对招标、采购、交易、结算进行管理，提高透明度。有利于加强药品集中采购平台规范化建设，统一基本操作规则、工作流程和药品挂网撤网标准，统一医保药品分类和代码，统一药品采购信息标准，实现省际药品集中采购信息互联互通，加快形成全国统一开放的药品集中采购市场，建立健全医药价格和招采信用评价制度，依法依规实行全网动态守信激励和失信惩戒。促进医保信息平台、国家药品供应保障综合管理信息平台、区域全民健康信息平台和全国信用信息共享平台信息共享。

* 数据来源：医疗保障网站；2021 年医疗保障事业发展统计快报

（二）我国药品集中采购政策与平台建设的发展历程

1. 药品集中采购初探期 20 世纪 90 年代，部分地区为了整治医药行业中的不正之风，解决药品定价虚高等问题，逐渐开始探寻药品采购的新模式。1993 年，河南省卫生厅成立药品器材采购咨询服务中心，要求直属医院在通过公开招标所定的 7 家医药企业进行药品定点采购，在控药价上取得了良好的效果。之后，其他地区也逐渐开始创新药品采购方式。同时，国家出台了多项政策来整治医药行业乱象，维护市场秩序，先后发布了《医药行业关于反不正当竞争的若干规定》等文件，大力纠正医药行业的不良之风。1996 年，国务院通过发布《关于继续整顿和规范药品生产经营秩序加强药品管理工作的通知》文件，要求各地区按照国务院的部署，对本地区、本部门的药品管理状况进行清查。通过此次清查整顿，取缔了一批非法的药品集贸市场，查处了一批非法的药品生产、经营单位和个体工商户，打击了制售假劣药品的违法犯罪活动，整顿和规范药品生产经营秩序的工作取得了一定效果。无论是从地方还是从中央来说，这些政策措施均能够起到整治医药行业不良之风的作用，但值得注意的是，这一时期中央相关政策仅针对行业乱象，并没有关注到对于药品采购制度的创新。

2. 药品集中采购形成期 为从源头上治理药品市场中存在的不良风气，解决采购分散、追求回扣定价虚高等乱象，国务院办公厅于 2000 年发布《关于城镇医药卫生体制改革的指导意见》，首次提出要探索药品集中采购试点工作，规范相关医疗机构的购药行为。同年 7 月，卫生部联合其他四部发布《医疗机构药品集中招投标采购试点工作若干规定》，要求各地区要尽快抓好药品集中采购工作试点，通过试点对集中采购的招标、投标、开标、评标、中标以及中标药品配送等工作程序和相关法律责任进行探索。2001 年，国家卫生部印发了《医疗机构药品集中招标采购工作规范（试行）》《医疗机构药品集中招标采购和集中议价采购文件范本（试行）》等多项文件，除规定政府行政部门不得以任何借口、任何方式利用集中招标采购牟取部门或者个人利益外，还规定医疗机构药品集中招标采购当事人是指在医疗机构药品集中招标采购活动中享有权利并承担义务的各类主体，包括招标人、投标人和药品招标代理机构。原国家计委于同年年初发布《关于集中招标采购药品有关价格政策问题的通知》，规定集中招标采购药品降价后产生的价差（指政府定价药品的规定零售价格或市场调节价药品的实际零售价格与中标价格之差），应按照大部分利益让给患者，兼顾医疗机构招标采购积极性的原则，在患者和医疗机构之间合理分配，分配比例由省级价格主管部门根据本地实际情况统一确定。2004 年，国家卫生部印发了《关于进一步规范医疗机构药品集中招标采购的若干规定》，扩大了集中采购的药品范围，要求医疗机构药品集中招标采购以省或市（地）为组织单位，县（市）或单一医疗机构不得单独组织招标采购活动。同年，国家发改委发布《集中招标采购药品价格及收费管理暂行规定》，规定价格高的药种顺加低差率，价格低的药种顺加高差率，其主要作用在于抑制医疗机构采购、使用高价药的行为，保护廉价药、普通药。

3. 药品集中采购逐步规范期 各地区陆续开始建设集中采购省级平台，探索集中采购的新模式。2005 年 12 月，药品集中采购座谈会在四川成都举行，会议强调集中采购学习四川做法，并推荐以政府为主导、以省为单位开展工作。2009 年，卫生部等有关部门印发了《关于进一步规范医疗机构药品集中采购工作的意见》，明确规定医疗机构药品集中招标采购应当坚持质量优先、价格合理，遵循公开、公平、公正和诚实信用原则，任何地区或者部门不得限制、排斥本行政区外的投标人参与投标，同时积极利用现代信息网络技术，在政府有关部门的监督管理下建立和完善医药商品电子商务系统，减少中间环节，提高工作效率，降低交易成本。2010年出台的《医疗机构药品集中采购工作规范》进一步明确集中采购应以政府为主导，省级为单位成统一要求，同时药品集中采购工作管理机构要设在卫生行政部门，要明确承办日常事务的处室。2010年11月，国务院办公厅下发《建立和规范政府办基层医疗卫生机构基本药物采购机制的指导意见》，指出对实施基本药物制度的政府办基层医疗卫生机构使用的基本药物（包括各省区市增补品种，下同）实行以省（区、市）为单位集中采购、统一配送，发挥集中批量采购优势，最大限度地降低采购成本，促进基本药物生产和供应。2014年，为解决部分临床常用药品供应不足甚至断货、影响患者临床用药的问题，国家卫生计生委等8部门联合印发了《关于做好常用低价药品供应保障工作的意见》，指出完善采购办法对纳入低价药品清单的药品实行以省（区、市）为单位的集中采购。省级药品集中采购机构将具备相应资质条件的生产企业直接挂网，由医疗机构网上采购交易。对纳入国家定点生产的药品加强政策引导，提高配送集中度。

4. 药品集中采购稳步发展期　2018年11月14日，中央全面深化改革委员会第五次会议审议通过《国家组织药品集中采购和使用试点方案》，明确了国家组织集中带量采购的总体思路，选择北京、天津、上海、重庆和沈阳、大连、厦门、广州、深圳、成都、西安11个试点城市，从通过质量和疗效一致性评价的仿制药对应的通用名药品中遴选试点品种，国家组织药品集中采购和使用试点，实现药价明显降低，减轻患者药费负担、净化流通环境、改善行业生态、引导医疗机构规范用药、支持公立医院改革并探索完善药品集中采购机制和以市场为主导的药品价格形成机制。

2021年6月16日，国家医保局在国家医疗保障局关于《医疗保障法（征求意见稿）》公开征求意见的公告中提出，省级医疗保障行政部门组织辖区内公立医疗机构开展药品和医用耗材集中采购并监督实施，按照国务院医疗保障行政部门统一规划和标准建立集中采购平台，由省级集中采购机构负责管理。省级集中采购机构应当执行医疗保障行政部门制定的交易规则和标准，开展药品和医用耗材招标、采购、交易、结算等工作，并监测相关信息。公立医疗机构应按规定从省级集中采购平台采购所需的药品和医用耗材，同时鼓励非公立医疗机构参与药品、医用耗材集中采购。2021年，* 全国通过省级医药集中采购平台网采订单总金额9 573亿元，比2020年增加261亿元。其中，西药（化学药品及生物制品）7 672亿元，中成药1 901亿元，分别比2020年增加151亿元和110亿元。医保目录内药品网采订单金额为7 670亿元，占网采订单总金额80.1%。全年共开展2批化学药集中带量采购，覆盖106种药品，平均降价幅度54%，开展1批胰岛素专项采购，覆盖16种胰岛素，平均降价48%。自2018年以来，共开展6批国家组织药品集中带量采购，共采购234种药品，涉及金额占公立医疗机构化学药品年采购总额的30%，按集采前采购金额计算，累计节约费用2 600亿元以上。在高值医用耗材集采方面，冠脉支架中选结果实施满一年，中选产品年度采购量169万个，达到协议采购量近1.6倍。人工关节平均降价82%。

综上所述，我国集中采购制度是在实践中发展起来的，经历了从分散到集中，从地市集中到政府主导、依托省级平台，再到如今采购模式、监管制度、监管体制都相对成熟的阶段，其发展历程中的每个政策都针对当时发展所遇到的典型问题，能够与社会经济发展、公立医院改革、人民群众需要相适应（表7-2）。

* 数据来源：医疗保障网站；2021年医疗保障事业发展统计快报

表 7-2 国家药品集中采购政策与平台建设发展历程相关政策

阶段	时间	文件名
初探期（1993—1999 年）	1993 年	《医药行业关于反不正当竞争的若干规定》
	1996 年	《关于继续整顿和规范药品生产经营秩序加强药品管理工作的通知》
形成期（2000—2005 年）	2000 年	《关于城镇医药卫生体制改革的指导意见》
	2000 年	《医疗机构药品集中招投标采购试点工作若干规定》
	2001 年	《医疗机构药品集中招标采购工作规范（试行）》
	2001 年	《医疗机构药品集中招标采购和集中议价采购文件范本（试行）》
	2001 年	《关于集中招标采购药品有关价格政策问题的通知》
	2004 年	《关于进一步规范医疗机构药品集中招标采购的若干规定》
	2004 年	《集中招标采购药品价格及收费管理暂行规定》
逐步规范期（2005—2017 年）	2009 年	《关于进一步规范医疗机构药品集中采购工作的意见》
	2010 年	《医疗机构药品集中采购工作规范》
	2010 年	《建立和规范政府办基层医疗卫生机构基本药物采购机制的指导意见》
	2014 年	《关于做好常用低价药品供应保障工作的意见》
稳步发展期（2018—至今）	2018 年	《国家组织药品集中采购和使用试点方案》
	2021 年	《医疗保障法（征求意见稿）》

（三）国家药品集中采购统一管理办法

2019 年 1 月 1 日，国务院办公厅《国务院办公厅关于印发国家组织药品集中采购和使用试点方案的通知》提出，在北京、天津、上海、重庆和沈阳、大连、厦门、广州、深圳、成都、西安 11 个试点城市按照《国家组织药品集中采购和使用试点方案》（简称《方案》）中的要求，结合实际制定实施方案和配套政策，标志着我国四个直辖市，即北京、天津、上海、重庆；七个副省级城市，即沈阳、大连、厦门、广州、深圳、成都和西安开始共同试点实行“4+7”带量采购政策。《方案》对药品的质量要求、生产企业的产能要求、各地区预采购量都作出了明确规定，在保障药品质量的情况下，真正实现了“带量采购”。同年 2 月 28 日，国家医保局又发布了《关于国家组织药品集中采购和使用试点医保配套措施的意见》，这表明我国正式实行第一批国家组织“4+7”带量采购。同年 9 月 30 日，国家医保局等 9 部门颁布《关于国家组织药品集中采购和使用试点扩大区域范围实施意见》，将在全国 25 个省（市、自治区）推广实行带量采购，坚持了国办发〔2019〕2 号文的配套衔接政策，形成“三医联动”政策合力：①探索试点城市医保支付标准与采购价的协同，原则上对同一通用名下的原研药和通过一致性评价的仿制药，采用相同医保支付标准。②腾笼换鸟，推动公立医疗机构改革，允许公立医院使用中选药品形成的结余，用于医务人员薪酬支出。③鼓励医院使用质优价廉的中选药品，加强对医院和医务人员的绩效考核和宣传培训，促进科学合理用药，保障患者用药安全。

1. 医药企业投标规制 2020 年 11 月 20 日，国家医保局发布的《医药价格和招采信用评价的操作规范（2020 版）》中医药企业包含药品生产许可持有人、药品和医用耗材生产企业、与生产企业具有委托代理关系的经销企业，以及配送企业。其中，药品上市许可持有人包括境外药品上市许可持有人指定的境内代理人。2018 年国家医保局成立以来，出台了一系列政策致力于保障医药价格和招标采购工作顺利开展（表 7-3）。

表 7-3　医药企业投标规制相关政策

时间	文件	主要内容
2021.6	国家医疗保障局关于《医疗保障法（征求意见稿）》	参加投标的医药企业应遵循公平、合法和诚实信用、质价相符的原则，合理定价，不得以低于成本的报价竞标，不得以欺诈、串通投标、滥用市场支配地位等方式竞标。中标的医药企业应当保障药品、医用耗材的安全性、有效性和质量可控性，及时签订购销协议，按照购销协议要求保障供应、配送到位
2020.12	国家医疗保障局办公室关于加快落实医药价格和招采信用评价制度的通知 医保办发〔2020〕59 号	实现守信承诺基本覆盖。有效应对拒绝承诺情况。强化信用评价工作调度
2020.11	《医药价格和招采信用评级的裁量基准（2020 版）》（医保价采中心函〔2020〕25 号）	规定医药企业失信等级评定“一般”“中等”“严重”“特别严重”四个等级，并设立主动修复信用裁量基准
2020.11	《医药价格和招采信用评价的操作规范（2020 版）》的通知 医保价采中心〔2020〕24 号	规定信用评价目录清单，落实企业守信承诺，采集记录失信信息，对失信行为信用评级，对失信责任进行分级处置，规定医药企业信用修复机制，完善信用评价制度的信息化建设
2020.9	《关于建立医药价格和招采信用评价制度的指导意见》（医保发〔2020〕34 号）	一是目录清单。将给予回扣等有悖诚实信用的行为纳入评价范围。二是企业承诺。要求参加药品和医用耗材集中采购的医药企业作出守信承诺。三是信息记录。采取企业报告与平台记录相结合的方式掌握医药企业失信信息。四是信用评级。五是分级处置。六是信用修复。鼓励企业整改
2020.9	最高人民法院 国家医保局签署《关于开展医药领域商业贿赂案件信息交流共享的合作备忘录》，建立医药商业贿赂案件信息交流共享机制	建立医药领域商业贿赂案件定期通报制度，积极拓展医药领域商业贿赂案件司法成果在医药价格和招采领域运用，共同推动全系统各层级开展信息交流共享
2019.1	《国务院办公厅关于印发国家组织药品集中采购和使用试点方案的通知》（国办发〔2019〕2 号）	通过招标、议价、谈判等不同形式确定的集中采购品种，试点地区公立医疗机构应优先使用，确保 1 年内完成合同用量
2018.8	《关于印发 2018 年纠正医药购销领域和医疗服务中不正之风专项治理工作要点的通知》国卫医函〔2018〕186 号	一是规范药品耗材产销用行为，健全供应保障体系。包括鼓励自主生产，加强质量监管；净化流通秩序，提倡集中采购；规范医疗使用，净化服务环境。二是推进医药代表备案管理，构建回扣治理体系。包括完善医药代表管理制度，规范院内工作行为；完善医药耗材监管制度，形成综合治理体系

2. 投标原则

（1）公平性原则：要求给予所有投标人平等的机会，使其享有同等的权利并履行相应的义务，不歧视任何一方。每个潜在投标人都享有参与平等竞争的机会和权利，不得设置任何条件歧视排斥或偏袒保护潜在投标人，招标人与投标人应当公平交易。要根据规定的交易流程，在合同条款中明确双方权利义务及风险责任分配方案，以维护交易双方之间的公平地位。

（2）合法性原则：医药企业的投标行为必须严格遵守和执行《中华人民共和国招标投标法实施条例》，一切投标活动都要以法律为依据，严格遵守法律的有关规定，不得享有法外的特权，超越其权限的行为无效，违反法律导致相应的后果，一切投标违法行为都必须承担相应的法律责任。有法可依是投标合法性原则的前提，违法必究是投标合法性原则的关键。

（3）诚实信用原则：诚实信用是民事活动的基本原则，我国民法通则和合同法都规定了这一原则。招标投标活动是以订立采购合同为目的的民事活动，在招投标活动中当然也适用这一原则，根据这一原则，要求招标投标各方都要诚实守信，不得有欺骗、背信的行为。如招标人不得以任何形式搞虚假招标；投标人递交的资格证明材料和投标书的各项内容都要真实。中标订立合同后，各方都要严格履行合同，对违反诚实信用原则，给他方造成损失的，应依法承担赔偿责任。

（4）质价相符原则：投标服务收费应"质价相符"，不得对未提供实质性服务、未带来实质性收益、未提升实质性效率的产品和服务收取费用。同时也要厘清服务收费项目及价格，列出收费目录清单，并按照要求进行公示公开。

3. 投标规制要求

（1）合理定价：一是不得以低于成本的报价竞标，不得以欺诈、串通投标、滥用市场支配地位等方式竞标。二是医药企业定价、营销、投标、履约过程中不得实施法律法规禁止、有悖诚信和公平竞争的行为以牟取不正当利益，如在医药购销中给予回扣或其他不正当利益（以下简称"医药商业贿赂"）、实施垄断行为、价格和涉税违法、恶意违反合同约定、扰乱集中采购秩序等。

具体内容包括：①医药购销中，给予各级各类医疗机构、集中采购机构及其工作人员回扣或其他不正当利益。②取得虚开的增值税发票。③因自身或相关企业实施垄断协议、滥用市场支配地位等被依法处罚，不主动纠正涉案产品的不公平高价。④捏造、散布涨价信息，哄抬价格，推动价格过高上涨等违反《价格法》的行为。⑤医药企业因不正当价格行为，被医药价格主管部门函询、调查、约谈、告诫、检查等，推诿、拒绝、不能充分说明原因或作出虚假承诺的。⑥属于"以低于成本的报价竞标，以欺诈、串通投标、滥用市场支配地位等方式竞标，扰乱集中采购秩序"。⑦无正当理由拒绝履行承诺事项、拒绝履行购销或配送合同。

（2）质量控制：中标的医药企业应当保障药品、医用耗材的安全性、有效性和质量可控性。医药企业的经营者从管理的目标和需求出发，坚持以人民群众的健康作为首位管理宗旨，切实提高医药企业的社会责任意识及管理安全性，对医药企业实施质量风险评估与管理、质量体系审核与验证等管理，促进医药企业质量管理措施能有效落实和深入发展，防止类似阿斯利康事件的发生（专栏 7-1）。

专栏 7-1　阿斯利康篡改肿瘤患者基因检测结果骗保案

深圳医保局通报：阿斯利康骗保案**涉案人员多达 17 人，属于团队诈骗性质，17 人均已抓获。医保局在 2021 年 7 月接到举报线索。**2021 年 7 月，深圳市医保局根据举报线索，核查发现阿斯利康工作人员涉嫌欺诈骗保，后在国家医保局指导下，联合深圳市公安局等相关单位进行专案查办。国家医保局已经联合公安部、国家卫健委，在全国范围内对篡改基因检测结果骗取医保基金行为开展专项整治。

在医药企业经营管理的过程中相关人员都应当严格履行《药品经营质量管理规范》《医疗机构医用耗材管理办法》的标准，借鉴国外药品流通管理的先进理念和管理经验，将供应链管理理念引入实际工作中，并结合医药企业的发展现状重视多媒体信息技术的先进管理措施，如药品冷链管理、仓储温湿度自动监测管理及计算机信息化管理等。

最后，医药企业在药品和医用耗材的采购和销售过程中应对首营供应商、首营药品提出纸质版资质符合法律法规及行业标准的要求，并在国家食品药品监督管理网站中查询其合法性，最大程度上保证药品和医用耗材生产、存储、流通、使用等过程的安全性。

（3）企业信用：一是投标前期，参加药品和医用耗材集中采购的医药企业要作出守信承诺。医药企业守信承诺包括，承诺对于其员工（含雇佣关系，以及劳务派遣、购买服务、委托代理等关系），或具有委托代理关系的经销企业，实施失信行为使己方药品或医用耗材获得或增加交易机会、竞争优势的，承担失信违约责任。

二是履约期间，医药企业要及时签订购销协议，按照购销协议要求保障供应、配送到位。医药企业或其具有独立法人资格的下属子公司作为医药产品挂网、中标或配送主体的，亦作为承诺主体和承担失信责任的主体。下属子公司作为承诺主体和承担失信责任的主体时，违背承诺的失信责任不自动扩展到母公司和母公司的具有独立法人资格的其他子公司。

三是信用评级，相关政府部门对未履行自我承诺、垄断市场、拒绝配送等违反法律法规和医药采购相关政策的生产（经营）企业，列入“失信企业名单”，在规定时间内不得参与全省公立医疗机构医药集中采购。同时对失信企业进行分级处置，规定医药企业信用修复机制，鼓励失信企业进行整改。

三、医保付款方式

中共中央5号文指出：“要推进医保基金与医药企业直接结算，完善医保支付标准与集中采购价格协同机制”。开展药品集中带量采购，推进医保基金与医药企业的直接结算是深化医药卫生体制改革的重要举措之一，通过直接支付，提高药品货款的支付效率，缩减药品流通的环节，不仅可以有效解决药品生产企业回款压力大的问题，还可以有效降低药品的采购价格，让群众看病更便宜。医保经办机构与医药企业的直接结算将成为我国药品集中采购过程中的主要结算方式。我国近年来药品集中采购过程中涉及支付方式的部分政策，基本呈现“多票制”到“两票制”再到“直接结算”的政策发展趋势，见表7-4。

表7-4　药品集中采购结算方式相关政策

发文时间	政策文件	相关内容
2015.2	《关于完善公立医院药品集中采购工作的指导意见》（国办发〔2015〕7号）	鼓励医院与药品生产企业直接结算药品货款、药品生产企业与配送企业结算配送费用
2016.12	《关于在公立医疗机构药品采购中推行“两票制”的实施意见（试行）的通知》（国医改办发〔2016〕4号）	在公立医疗机构药品采购中推行“两票制”，鼓励公立医疗机构与药品生产企业直接结算药品货款、药品生产企业与流通企业结算配送费用
2019.11	《关于以药品集中采购和使用为突破口进一步深化医药卫生体制改革的若干政策措施》（国医改发〔2019〕3号）	鼓励由医保经办机构直接与药品生产或流通企业结算药品货款
2020.6	《关于深化医疗保障制度改革的意见》	推进医保基金与医药企业直接结算，完善医保支付标准与集中采购价格协同机制
2021.6	《医疗保障法（征求意见稿）》	医疗机构应按照购销协议约定及时支付款项，鼓励医疗保障基金与医药企业直接结算

1. 两票制　2016年12月，《关于在公立医疗机构药品采购中推行“两票制”的实施意见（试行）的通知》（国医改办发〔2016〕4号）发布，我国开始推行“两票制”。两票制即药品生产

企业到流通企业开一次发票，流通企业到医疗机构开一次发票。以往由于药品流通环节不够规范，药品代理经销层次过多，层层加码，“过票”“倒票”的现象十分严重，不仅降低了药品流通效率，而且明显提高了药品的虚高价格。实行“两票制”后，可以压缩药品流通环节，使中间加价透明化，进一步推动降低药品虚高价格，减轻群众用药负担。两票制也存在一些问题：①药企对药品出厂价格的可能“高开”；②药企回款压力的增大；③“潜在”药品流通环节很难根除等。

2. 直接结算 2021 年 9 月，国务院办公厅印发《“十四五”全民医疗保障规划》（国办发〔2021〕36 号，简称《规划》）。《规划》再次强调：“推进并规范医保基金与医药企业直接结算，完善医保支付标准与集中采购价格协同机制”。不同于“两票制”，通过医保基金直接结算进行药械采购将使得以往药械采购过程中“经办机构 - 医院 - 医药企业”的多主体关系变成“经办机构 - 医药企业”的双主体关系，各级医院的采购权力将被进一步约束，采购环节也将再次减少。医保基金直接结算的意义如下：①提升药品货款支付效率，有效解决医保、医院、供应商之间的“三角债”问题，从源头上解决企业的回款问题；②通过医保经办机构与医药企业直接结算，在医用耗材的采购环节中剔除经销商，可以进一步压缩药品流通环节，推动医保部门“以量换价”的力度，最大幅度地降低医用耗材的虚高价格。

四、零售药店管理办法

零售药店是指符合《中华人民共和国药品管理法》的规定，拥有药品经营许可证的药品零售企业，定点零售药店是零售药店的重要组成部分，其是指自愿与统筹地区经办机构签订医保协议，为参保人员提供药品服务的实体零售药店。

（一）我国零售药店管理的发展历程

1998 年，国务院印发《关于建立城镇职工基本医疗保险制度的决定》（国发〔1998〕44 号，以下简称《决定》），确定了基本医疗保险实行定点医疗机构和定点药店管理，1999 年，为贯彻《决定》要求，劳动和社会保障部等三部门联合印发了《城镇职工基本医疗保险定点零售药店管理暂行办法》（劳社部发〔1999〕16 号），确定了定点医药机构管理的基本框架。2015 年，为落实“放管服”要求，人社部印发了《关于完善基本医疗保险定点医药机构协议管理的指导意见》（人社部发〔2015〕98 号），全面取消“两定”资格审查，完善协议管理。随着医保定点管理工作形式与环境的剧烈变化，我们需要对定点零售药店的规范化与法制化做出新的要求，为此，2020 年 12 月，《零售药店医疗保障定点管理暂行办法》公布，为我国定点零售药店的管理树立了新的规章（表 7-5）。

表 7-5 零售药店管理的基本历程

发布时间	政策名称	主要内容
1998.12	《关于建立城镇职工基本医疗保险制度的决定》（国发〔1998〕44 号）	确定了基本医疗保险实行定点医疗机构和定点药店管理
1999.4	《城镇职工基本医疗保险定点零售药店管理暂行办法》（劳社部发〔1999〕16 号）	确定了定点医药机构管理的基本框架
2015.12	《关于完善基本医疗保险定点医药机构协议管理的指导意见》（人社部发〔2015〕98 号）	全面取消“两定”资格审查，完善协议管理
2020.12	《零售药店医疗保障定点管理暂行办法》	加强和规范零售药店医疗保障定点管理

（二）零售药店医疗保障服务协议与定点管理

1. 定点零售药店的准入机制　我国《零售药店医疗保障定点管理暂行办法》第四条规定："统筹地区医疗保障行政部门根据公众健康需求、管理服务需要、医疗保障基金收支、参保人员用药需求等确定本统筹地区定点零售药店的资源配置。"

申请定点医疗保障的零售药店除获得药品经营许可证以外，还必须符合：①在注册地址正式经营至少3个月；②至少有1名取得执业药师资格证书或具有药学、临床药学、中药学专业技术资格证书的药师，且注册地在该零售药店所在地，药师须签订1年以上劳动合同且在合同期内；③至少有2名熟悉医疗保障法律法规和相关制度规定的专（兼）职医保管理人员负责管理医保费用，并签订1年以上劳动合同且在合同期内；④按药品经营质量管理规范要求，开展药品分类分区管理，并对所售药品设立明确的医保用药标识；⑤具有符合医保协议管理要求的医保药品管理制度、财务管理制度、医保人员管理制度、统计信息管理制度和医保费用结算制度；⑥具备符合医保协议管理要求的信息系统技术和接口标准，实现与医保信息系统有效对接，为参保人员提供直接联网结算，建立医保药品等基础数据库，按规定使用国家统一医保编码；⑦符合法律法规和省级及以上医疗保障行政部门规定的其他条件。

2. 定点零售药店权利与义务　《零售药店医疗保障定点管理暂行办法》第十二条规定："定点零售药店具有为参保人员提供药品服务后获得医保结算费用，对经办机构履约情况进行监督，对完善医疗保障政策提出意见建议等权利。"

定点零售药店应该履行如下义务：①为参保人员提供药品咨询、用药安全、医保药品销售、医保费用结算等服务；②严格执行医保支付政策（鼓励在医疗保障行政部门规定的平台上采购药品）；③按照公平、合理、诚实信用和质价相符的原则制定价格，遵守医疗保障行政部门制定的药品价格政策；④凭处方销售医保目录内处方药，药师应当对处方进行审核、签字后调剂配发药品；⑤组织医保管理人员参加由医疗保障行政部门或经办机构组织的宣传和培训；⑥在显著位置悬挂统一格式的定点零售药店标识；⑦按要求及时如实向统筹地区经办机构上传参保人员购买药品的品种、规格、价格及费用信息，定期向经办机构上报医保目录内药品的"进、销、存"数据，并对其真实性负责；⑧配合经办机构开展医保费用审核、稽核检查、绩效考核等工作，接受医疗保障行政部门的监督检查，并按规定提供相关材料；⑨提供药品服务时应核对参保人员有效身份凭证，做到人证相符；⑩将参保人员医保目录内药品外配处方、购药清单等保存2年，以备医疗保障部门核查；⑪做好与医保有关的信息系统安全保障工作，遵守数据安全有关制度，保护参保人员隐私。

3. 医保经办与协议管理　医保经办机构有权掌握定点零售药店的运行管理情况，从定点零售药店获得医保费用稽查审核、绩效考核和财务记账等所需要的信息数据等资料。在对定点零售药店进行管理的过程中，经办机构需要：①完善定点申请、组织评估、协议签订等流程管理，制定经办规程，为定点零售药店和参保人员提供优质高效的经办服务；②做好对定点零售药店医疗保障政策、管理制度、支付政策、操作流程的宣传培训；③落实医保支付政策，加强医疗保障基金管理；④建立完善的内部控制制度，明确对定点零售药店医保费用的审核、结算、拨付、稽核等岗位责任及风险防控机制；⑤加强医疗保障基金支出管理，通过智能审核、实时监控、现场检查等方式及时审核医保药品费用；⑥依法依规支付参保人员在定点零售药店发生的药品费用；⑦向社会公开医保信息系统数据集和接口标准，遵守数据安全有关制度，保护参保人员隐私，确保医疗保障基金安全。

（三）定点零售药店的动态管理

1. 定点零售药店的信息变更与续约 定点零售药店的名称、法定代表人、企业负责人、实际控制人、注册地址和药品经营范围等重要信息发生变更的，应自有关部门批准之日起30个工作日内向统筹地区经办机构提出变更申请，其他一般信息变更应及时书面告知。

续签应由定点零售药店于医保协议期满前3个月向经办机构提出申请或由经办机构统一组织。统筹地区经办机构和定点零售药店就医保协议续签事宜进行协商谈判，双方根据医保协议履行情况和绩效考核情况等决定是否续签。

2. 医保协议终止 医保协议中止是指经办机构与定点零售药店暂停履行医保协议约定，中止期间发生的医保费用不予结算。中止期结束，未超过医保协议有效期的，医保协议可继续履行；超过医保协议有效期的，医保协议终止。根据《零售药店医疗保障定点管理暂行办法》第三十九条规定，定点零售药店有以下情形之一的，经办机构应中止医保协议：①根据日常检查和绩效考核，发现对医疗保障基金安全和参保人员权益可能造成重大风险的；②未按规定向医疗保障行政部门及经办机构提供有关数据或提供数据不真实的；③根据医保协议约定应当中止医保协议的；④法律法规和规章规定的应当中止的其他情形。

3. 医保协议解除 医保协议解除是指经办机构与定点零售药店之间的医保协议解除，协议关系不再存续，医保协议解除后产生的医药费用，医疗保障基金不再结算。根据《零售药店医疗保障定点管理暂行办法》第四十条规定，定点零售药店有下列情形之一的，经办机构应解除医保协议：①医保协议有效期内累计2次及以上被中止医保协议或中止医保协议期间未按要求整改或整改不到位的；②发生重大药品质量安全事件的；③以弄虚作假等不正当手段申请取得定点的；④以伪造、变造医保药品“进、销、存”票据和账目、伪造处方或参保人员费用清单等方式，骗取医疗保障基金的；⑤将非医保药品或其他商品串换成医保药品，倒卖医保药品或套取医疗保障基金的；⑥为非定点零售药店、中止医保协议期间的定点零售药店或其他机构进行医保费用结算的；⑦将医保结算设备转借或赠予他人，改变使用场地的；⑧拒绝、阻挠或不配合经办机构开展智能审核、绩效考核等，情节恶劣的；⑨被发现重大信息发生变更但未办理变更的；⑩医疗保障行政部门或有关执法机构在行政执法中，发现定点零售药店存在重大违法违规行为且可能造成医疗保障基金重大损失的；⑪被吊销、注销药品经营许可证或营业执照的；⑫未依法履行医疗保障行政部门作出的行政处罚决定的；⑬法定代表人、企业负责人或实际控制人不能履行医保协议约定，或有违法失信行为的；⑭因定点零售药店连锁经营企业总部法定代表人、企业负责人或实际控制人违法违规导致连锁零售药店其中一家分支零售药店被解除医保协议的，相同法定代表人、企业负责人或实际控制人的其他分支零售药店同时解除医保协议；⑮定点零售药店主动提出解除医保协议且经经办机构同意的；⑯根据医保协议约定应当解除协议的；⑰法律法规和规章规定的其他应当解除的情形。

专栏7-2　药品零售行业代表赴京递交自律公约

药品零售行业需要“他律”，更需要“自律”。2019年1月7日，为表达全国主流连锁药店企业规范经营，提升专业，呼应医保新政的决心，老百姓大药房董事长谢子龙、鸿翔一心堂董事长阮鸿献、益丰大药房董事长高毅等药品零售行业代表赴京与相关领导进行交流，并在

1月7日向国家医保局正式递交行业自律公约。全国排名靠前的28家连锁药店企业作为发起单位，共同签署了《医保定点药店诚信经营自律公约》(以下简称《公约》)。这28家企业的门店遍布全国除港澳台和西藏自治区之外的所有省份，据不完全统计，年销售规模在千亿元以上，接近全产业规模三分之一。

《公约》分别从合规经营、诚信经营、专业经营等角度提出自律要求。在制订《公约》的过程中，“坚决反对诱导或放任参保人超范围刷卡的消费需求”、“把改善参保人的健康状况作为工作核心”等指导思想，给医保定点药店经营提出了新时代的要求。参与《公约》制定的连锁企业都意识到，在今后医保严管时代，行业自律会变成常态，因此，要开展企业自查和相互监督，共同维护医保定点药店经营的秩序，不能为了追逐眼前利益，跟风不规范经营行为。

国家医保局领导对《公约》表示欢迎，对药品零售行业积极响应医保新政的态度表示赞赏，希望《公约》签约企业言行一致，真正起到示范作用，让整个行业的规范经营、诚信经营提速。

资料来源：https://health.ifeng.com/c/7jIfxYW6AK0

五、医保谈判药品实行双通道管理

2021年4月22日，国家医保局、国家卫生健康委发布了《关于建立完善国家医保谈判药品“双通道”管理机制的指导意见》(医保发〔2021〕28号，以下简称《意见》)。2021年4月30日，据国家医保局最新消息，国家医保局已经组织专家，从2020年新增的谈判药品中筛选出首批19种临床需求迫切，可替代性不强的药品，安排相关企业报送已配备的定点医疗机构和定点零售药店信息，方便有需求的参保人员就医购药。

医保谈判药品即通过谈判进入国家医保药品目录的药品，药品原来不在医保药品目录内，经过国家医保局与药品生产企业的谈判，在价格、生产、供应等方面形成共识、达到一致后，纳入国家基本医疗保险的药品目录范围。医保谈判药品通常具有如下三个特征：①临床价值高、患者急需；②种类少、可替代性差；③价格昂贵、可及性低。纳入医保目录的谈判药品，在实际使用中通常划为乙类医保药品。双通道即指通过定点医疗机构和定点零售药店两个渠道，满足谈判药品供应保障、临床使用等方面的合理需求，并同步纳入医保支付的机制。

医保谈判药品双通道管理的保障措施如下：①实行定医疗机构、定零售药店、定责任医师的“三定管理”。结合谈判药品使用情况，合理调整定点医疗机构医保总额。施行单独支付政策的药品，可不纳入定点医疗机构医保总额控制范围。依托全国统一的医保信息平台，部署处方流转中心，连通医保经办机构、定点医疗机构、定点零售药店，保证电子处方的顺畅流转。实行“双通道”管理的谈判药品费用的一站式结算。②参保人员就医购药实行实名制管理。参保人员因特殊原因无法亲自取药、须委托代理人取药的，须提供本人和代理人的有效身份证件，并登记相应信息。③建立药品质量安全全程监管和追溯机制，落实存储、配送、使用等环节安全责任。对储存等有特殊要求的药品，要遴选具备相应资质和能力的机构承担储存、配送任务。通过医保信息平台完整保留参保人员诊疗过程中的电子病历、电子处方、购药记录等信息，实现诊疗、处方、配药等全程可追溯。④双通道药品流转处方实行双通道医药机构双重审方制度。

本章小结

1. 中共中央5号文提出:“坚持招采合一、量价挂钩，全面实行药品、医用耗材集中带量采购。以医保支付为基础，建立招标、采购、交易、结算、监督一体化的省级招标采购平台，推进构建区域性、全国性联盟采购机制。推进医保基金与医药企业直接结算，完善医保支付标准与集中采购价格协同机制。”

2. 目前我国基本保健实行政府指导、复杂病组协议、特需服务引入竞争的复合型定价机制。公立医院基本保健服务价格为非公立医院服务树立标杆。公立医护机构的人员费用占业务支出的比例将达到60%。

3. 我国正在建立和完善医保药品目录动态管理、招采合一、量价挂钩，全面实行药品、医用耗材集中带量采购的招标、采购、交易、结算、监督一体化的省级招标采购平台、区域性、全国性联盟采购机制正在形成，价格虚高、流通欠规范的情况得到改善，用药成本和占比得到有效控制。

思考与练习题

1. 如何理解“医疗非交易”? 医患之间不存在交易关系，医护机构不是医患交易场所，这是所谓免费医疗的内涵，并非医护服务完全免费。国家需要制定合理的医护服务定价和补偿机制，包括财政预算、医疗保险和个人支付。

2. 如何理解“药品非普通商品”? 怎样构建有管制的药品市场定价机制，支持药品研发、生产与规范流通规程，让患者用到疗效好、价格合理的药。

3. 如何以医保支付为基础，建立招标、采购、交易、结算、监督一体化的省级招标采购平台，推进构建区域性、全国性联盟采购机制。

4. 如何推进医保基金与医药企业直接结算，完善医保支付标准与集中采购价格协同机制。

参考文献

[1] 胡善联. 药物经济学的政策转化. 上海：复旦大学出版社，2014.

[2] 于保荣，王庆. 中国医疗服务价格管理的历史、现状及发展——兼言《深化医疗服务价格改革试点方案》. 卫生经济研究，2021，38(10)：3-7.

第八章
医疗保障服务协议

教学目标

熟悉中共中央5号文关于“创新医保协议管理”的法律法规，掌握医疗保障服务协议订立和履行的基本规范、医疗保障服务协议管理、医疗保障服务协议纠纷处理的相关规定，能够准确界定违约责任，知晓如何通过履行医疗保障服务协议保障参保患者的合法权益。

主要内容

医疗保障服务协议概述，医疗保障服务协议的主要内容，医疗保障服务协议订立和履行，医疗保障服务协议管理，医疗保障服务协议纠纷处理。

第一节　医疗保障服务协议概述

一、医疗保障服务协议的定义

（一）协议的基本原理

协议（agreement）即指经过协商取得一致和共同遵守的文件。协议是在特定领域，经过利益相关人协商取得一致的，对国家法律法规的补充性规定和执行性规定。主要特征如下：①协议是国家法律法规补充，协议维护的主要受益人可能是第三方；不同于民事主体之间的合同，以维护合同双方当事人利益为主，不对第三方当事人造成损害即可；②协议属于社会契约范畴，非公法、非私法；具有软法约束功能；③协议发生在特定领域，其当事人是特定领域的利益群体，而不是民事主体的个人。

合同是民事主体之间设立、变更、终止民事法律关系的合意文件。

（二）医疗保障服务协议的定义

医疗保障服务协议简称“医保协议”。由医疗保障经办机构与医疗机构、零售药店经过协商签订的，用于规范医药服务行为以及明确双方权利、义务及责任等的合意文件。定点医疗机构是指自愿与统筹地区医疗保障经办机构签订医保协议，为参保人员提供医疗服务的医疗机构，包括与定点医疗机构有协议关系的互联网医院。定点零售药店是指自愿与统筹地区医疗保障经办机构签订医保协议，为参保人员提供药品服务的实体零售药店。

2010年，我国《社会保险法》第三十一条规定：“社会保险经办机构根据管理服务的需要，可以与医疗机构、药品经营单位签订服务协议，规范医疗服务行为。医疗机构应当为参保人员提供合理、必要的医疗服务。”2015年，**人力资源社会保障部《关于完善基本医疗保险定点医药机构协议管理的指导意见》(人社部发[2015]98号)规定，医疗保障服务协议(简称“医保协议”)是**社会保险(即医疗保险)经办机构与通过审查的医疗机构和零售药店(以下简称“医药机构”)签订的定点服务协议。2021年1月11日，国家医保局《医疗机构和零售药店医保定点管理办法》(简称“2号令”)第三条规定:“经办机构负责确定定点医药机构，并与定点医药机构签订医疗保障服务协议(以下简称“医保协议”)，开展医保协议管理、考核等。定点医药机构应当遵守医疗保障法律、法规、规章及有关政策，按照规定向参保人员提供医药服务。”

二、医疗保障服务协议的主要特征

(一)医保协议是医疗保障法律法规的补充

医疗保障法律是规范医疗保障社会关系的法律规范的总称。国务院制定的医疗保障法规是执行国家医疗保障法律的具体规则。例如，国务院《医疗保障基金使用监督管理条例》第一条规定:“为了加强医疗保障基金使用监督管理，保障基金安全，促进基金有效使用，维护公民医疗保障合法权益。”在医保协议中，双方将约定具体权利和义务，如甲方对乙方协议履行医保协议提供服务和实施监督，包括按照结算和支付医疗保险资金；乙方为参保人提供医疗服务，在药品管理、费用结算、医保信息化等方面要符合协议要求。

(二)外部公益性

医保协议是维护基本保健秩序和医疗保障基金安全运营的软法工具，具有强烈的公益性。首先，医疗保障经办机构是医疗保障全体参保人的法定受托人(公益信托)，其职责不是维护经办机构自身利益，而是维护全体参保人和参保患者的利益。因此，在医疗协议中甲方具有优先要约权利。第二，定点医疗机构以公益机构为主，不以营利为目标，作为医保协议的乙方，以维护公民医疗保障合法权益为目标，同时满足医护机构运营与发展需要，并合理补偿医务人员。定点药店属于微利经营的私营机构。医保协议核心价值是维护参保人医疗保障合法权益，协议的甲方和乙方均应当以参保患者的利益为中心。

(三)医保协议属于第三法域的社会契约

医保协议具有非公法、非私法的特征，属于第三法域，即社会契约范畴。医保服务协议双方地位平等、相互制约，共同目标是提供合理的基本保健服务，保障公民医疗保障合法权益。

医疗保障经办机构作为协议的甲方具有如下优先权：①根据国家法律法规规定筛选乙方的标准，选择定点服务机构和订立医保协议的短名单；②根据国家法律法规的规定和协议的规定内容，对定点医药机构实施指导和监督管理；对定点医疗机构违法、违规和违约行为，依法作出处理。这使得医保服务协议具有了“亦公”的特征，强调对参保患者健康权的保护，对医疗保障利益相关人利益共赢的承认。

医疗保险属于准公共品，医疗保险基金、参保患者和医药机构是三类社会群体，都是医疗保险的利益相关人，应当坚持平等协商、相互制约的原则，建立利益共赢的运行机制，这属于社会契约范畴。医疗保险经办机构的甲方优先权，意在以参保患者为中心履行社会契约，实现保障公民医疗保障合法权益的目标，并不违背社会契约原则。

(四)医疗保障行政机构监督下的医保协议行政特征

医疗非交易、药品非普通商品。国家设立医疗保障行政部门，对医疗服务和药品医用耗材等实施管理，意在建立合理分担与补偿机制，促使更多医药服务从奢侈品转化为维护人民健康的必需品。国家有责任设立医疗保障行政部门并通过指导与监督、调处争议、行政处罚等方式实施对医保协议的管理，使得医保协议关系具有了部分行政特征。

中国缺乏社会契约文化和社会法语境下的协议，在私法与民法、公法与行政法之间软法发展不足，社会群体自治机制不够完善。政府和市场均有边界和刚性，缺乏社会契约则社会发展的韧性不足。2020 年以来，我国新型冠状病毒感染疫情防控成绩显著，后疫情时代的疾控体系应当在居民和社区建立第一道防线，减少行政管控压力；在区域紧密型医共体建立患者管理的第二道防线，减少建设方舱医院和次生灾害；在城市做好重症救治的第三道防线。2021 年，《中华人民共和国民法典》实施，在保护公民私有房产业主和租户权利的基础上，为维护社区居民的公共利益，社区党建服务中心和居委会正在发动居民培养社会契约精神，如支持老旧楼房安装电梯的讨论。伴随我国多层次医疗保障体系的建设，医保协议订立和履行的过程，是促进我国社会契约精神和社会法文化深入发展的过程。在实践中，要处理好医保协议和医疗保障行政管理的关系，不能混淆、也不能替代，要建立有效衔接机制。应当以参保患者为中心，维护协议双方平等协商、相互制约的社会契约关系为主，建立良好的医保协议关系，尽可能地通过医保协议双方协商与妥协解决认识分歧和违约纠纷，维护参保人的合法权益。在危及参保人合法权益、医药服务机构和责任人违反法律法规的情况下，实施行政监督和处罚。

（五）定点医药机构的地位和作用

《医疗保障基金使用监督管理条例》规定：“定点医药机构应当按照规定提供医药服务，提高服务质量，合理使用医疗保障基金，维护公民健康权益”。定点医药机构是提供医疗保障服务的专属机构，以政府举办的医护机构和社会资金举办的非营利医护机构为主。定点药店以商业机构为主。定点医药机构承担如下职能：①按照医疗保障的目录和要求提供基本保健服务；②引领基本保健的临床创新、人才培养和改善服务质量；③合理使用医疗保障基金，支持医保支付改革和建立长效收支平衡机制；④以维护公民健康为中心，参与构建优质高效医护体系，合理定位，做好基层紧密型医共体的龙头。

在定点医护机构中有医保医师。医保医师指依据医保服务协议履行基本医疗保障服务职责的医师、药师、护理人员、医技人员等医务人员的总称。在《医疗保障法（征求意见稿）》中提出，他们是执行医疗保障法律和履行医保定点服务协议的责任人，应当承担相关的法律责任。

（六）医疗保障制度下的三类市场机制

在医疗保障制度下的医疗服务，属于有管理的内部市场和外部市场的有机集合。医疗保障经办机构与公益医疗机构之间属于内部市场的协议关系，医疗保障经办机构与药品、医用耗材供应商之间的带量采购和协议价格属于准市场关系，医疗机构与药品、医用耗材供应商之间属于特殊的外部市场关系。由此形成三类市场和价格形成机制：①在医疗保障经办机构与公立公益医疗机构之间是内部市场、在公立公益医疗机构之间有适度竞争关系，由财政预算、医疗保障基金和患者合理分摊医药成本，没有税收和股东利益；定价机制以成本加成、市场均值为主。②医疗保障经办机构与药品和医用耗材供应商之间属于准外部市场，通过带量采购和参考市场均值发现协议价格。③医疗服务机构与药品和医用耗材供应商之间也属于准外部市场，一方面，医疗机构要执行带量采购协议及其价格；另一方面，医疗机构有部分自主采购权。

第二节　医保协议的主要内容

医保协议内容包括规定性内容和补充性内容。规定性内容即范本，是所有医保协议均必须具备的内容，包括甲乙双方约定的责任和义务、权利和利益。医保协议内容的客体，即责、权、利所指向的对象，包括人、财、物、信息、时间等要素。补充内容是在特定地区，经过与特定机构协商后增加或者保留（即暂时不执行规定内容的说明）的内容。如某市规定："市医保中心应与定点医疗机构签订包括医保服务人群、服务范围、服务内容、服务质量、医疗费用结算办法、医疗费用支付标准以及医疗费用审核与控制等内容的服务协议，明确双方的权利和义务。服务协议有效期一般为2年以上。"

国务院医疗保障行政部门制作并定期修订医保协议范本，国家医疗保障经办机构制定经办规程并指导各地加强和完善医保协议管理。地市级及以上的医疗保障行政部门及经办机构在此基础上，可根据实际情况分别细化制定本地区的医保协议范本及经办规程。医保协议内容应与法律、法规、规章和医疗保障政策调整变化相一致，医疗保障行政部门调整医保协议内容时，应征求相关定点医疗机构意见。

协议总则阐明订立医保协议的依据和目的，指导医保协议订立、履行和终止的全过程。

一、定点医疗机构协议双方的权利和义务

1. 甲方（经办机构）的履约责任　《医疗机构医疗保障定点管理暂行办法》提出九项权利性规定：①经办机构有权掌握定点医疗机构运行管理情况，从定点医疗机构获得医保费用稽查审核、绩效考核和财务记账等所需要的信息数据等资料；②定点医疗机构实行属地管理，对属地定点医疗机构为本地和异地参保人员提供的医疗服务承担管理服务职责。③经办机构应当完善定点申请、组织评估和协议签订、协议履行、协议变更和解除等管理流程，制定经办规程，为定点医疗机构和参保人员提供优质高效的经办服务。④做好对定点医疗机构医保政策、管理制度、支付政策、操作流程的宣传培训，提供医疗保障咨询、查询服务；落实医保支付政策，加强医疗保障基金管理。⑤应当建立完善的内部控制制度，明确对定点医疗机构申报费用的审核、结算、拨付、稽核等岗位责任及风险防控机制；完善重大医保费用支出集体决策制度。⑥应当加强医疗保障基金支出管理，通过智能审核、实时监控、现场检查等方式及时审核医疗费用；对定点医疗机构进行定期和不定期稽查审核；按协议约定及时足额向定点医疗机构拨付医保费用，原则上应当在定点医疗机构申报后30个工作日内拨付符合规定的医保费用。⑦有条件的统筹地区经办机构可以按国家规定向定点医疗机构预付一部分医保资金，缓解其资金运行压力；在突发疫情等紧急情况时，可以按国家规定预拨专项资金；定点医疗机构违规申报费用，经审查核实的，经办机构不予支付。⑧应当依法依规支付参保人员在定点医疗机构发生的医疗费用，为参保人员提供医保政策咨询；除急诊和抢救外，参保人员在非定点医疗机构就医发生的费用医疗保障基金不予支付。⑨经办机构或其委托符合规定的第三方机构，对定点医疗机构开展绩效考核，包括健康评估，建立动态管理机制；考核结果与年终清算、质量保证金退还、协议续签等挂钩；绩效考核办法由国家医疗保障部门制定，省级医疗保障部门可制定具体考核细则，经办机构负责组织实施。

三项义务性规定：①对于定点医疗机构结算周期内未超过总额控制指标的医疗费用，经

办机构应根据协议按时足额拨付；对定点医疗机构因参保人员就医数量大幅增加、接诊重症等形成的合理超支，建立申报评审制度，给予适当补偿。②应遵守数据安全有关制度，保护参保人员隐私，确保医疗保障基金安全。③向社会公开医保信息系统数据集和接口标准，定点医疗机构自主选择与医保对接的有关信息系统的运行和维护供应商，经办机构不得以任何名义收取任何费用及指定供应商。

2. 乙方（医护机构）的履约责任　《医疗机构医疗保障定点管理暂行办法》提出三项权利性规定：①定点医疗机构具有依法依规为参保人员提供医疗服务后获得医保结算费用；②对经办机构履约情况进行监督；③对完善医保政策提出意见建议等权利。上述责任人包括医疗机构、主要负责人和在岗医师等。例如，xx 市医保局接到群众举报，黎某某医师使用伪造的中级职称证书受聘于某医院，开具二线抗生素并纳入医保结算。xx 医保局依法核查属实后，作出追回违规医保费用 3.07 万元的决定并立即执行，同时解除黎某某履行医保服务协议资格。该市医保局自 2019 年 1 月成立以来，累计暂停医保医师服务费用结算 54 人次。

十项义务性规定：①应当严格执行医保协议，合理诊疗、合理收费，严格执行医保药品、医用耗材和医疗服务项目等目录，优先配备使用医保目录药品，控制患者自费比例，提高医疗保障基金使用效率；不得为非定点医疗机构提供医保结算；经办机构不予支付的费用、定点医疗机构按医保协议约定被扣除的质量保证金及其支付的违约金等，定点医疗机构不得作为医保欠费处理；②定点医疗机构及其工作人员应当执行实名就医和购药管理规定，核验参保人员有效身份凭证，按照诊疗规范提供合理、必要的医药服务，向参保人员如实出具费用单据和相关资料，不得分解住院、挂床住院，不得违反诊疗规范过度诊疗、过度检查、分解处方、超量开药、重复开药，不得重复收费、超标准收费、分解项目收费，不得串换药品、医用耗材、诊疗项目和服务设施，不得诱导、协助他人冒名或者虚假就医、购药；确保医疗保障基金支付的费用符合规定的支付范围；除急诊、抢救等特殊情形外，提供医疗保障基金支付范围以外的医药服务的，应当经参保人员或者其近亲属、监护人同意；③应当制定相应的内部管理措施，严格掌握出入院指征。按照协议执行医保总额预算指标，执行按项目、按病种、按疾病诊断相关分组、按床日、按人头等支付方式；不得以医保支付政策为由拒收患者；④按有关规定执行集中采购政策，优先使用集中采购中选的药品和耗材；医保支付的药品、耗材应当按规定在医疗保障行政部门规定的平台上采购，并真实记录“进、销、存”等情况；应当严格执行医疗保障行政部门制定的医药价格政策；⑤应当参加由医疗保障行政部门或经办机构组织的宣传和培训；应当组织开展医疗保障基金相关制度、政策的培训，定期检查本单位医疗保障基金使用情况，及时纠正医疗保障基金使用不规范的行为；⑥在显著位置悬挂统一样式的定点医疗机构标识；⑦应当按要求及时向统筹地区经办机构报送医疗保障基金结算清单等信息，包括疾病诊断及手术操作，药品、医用耗材、医疗服务项目费用结算明细，医师、护士等信息，并对其真实性负责；应当按要求如实向统筹地区经办机构报送药品、耗材的采购价格和数量；应向医疗保障部门报告医疗保障基金使用监督管理及协议管理所需信息，向社会公开医药费用、费用结构等信息；⑧应当配合经办机构开展医保费用审核、稽核检查、绩效考核等工作，接受医疗保障行政部门的监督检查，并按规定提供相关材料；⑨应当优化医保结算流程，为参保人员提供便捷的医疗服务，按规定进行医保费用直接结算，提供费用结算单据和相关资料；为符合规定的参保人员提供转诊转院服务；参保人员根据有关规定可以在定点医疗机构购药或凭处方到定点零售药店购药；⑩应当做好与医保有关的信息系统安全保障工作，遵守数据安全有关制度，保护参保人员隐私；重新安装信息系统时，应当保持信息系统技术接口标准与医保信息系统有效对接，并按规定及时全面准确向医保信息系统传送医保结算和审核所需的有关数据。

二、定点药店协议双方的权利和义务

1. 甲方（经办机构）的履约责任 《零售药店医疗保障定点管理暂行办法》做出六项权利性规定：①有权掌握定点零售药店的运行管理情况，从定点零售药店获得医保费用稽查审核、绩效考核和财务记账等所需要的信息数据等资料。②应当完善定点申请、组织评估、协议签订、协议履行、协议变更和解除等流程管理，制定经办规程，为定点零售药店和参保人员提供优质高效的经办服务。③应做好对定点零售药店医疗保障政策、管理制度、支付政策、操作流程的宣传培训，提供医疗保障咨询、查询服务。④应当落实医保支付政策，加强医疗保障基金管理；建立完善的内部控制制度，明确对定点零售药店医保费用的审核、结算、拨付、稽核等岗位责任及风险防控机制；完善重大医保药品费用支出集体决策制度。⑤应当加强医疗保障基金支出管理，通过智能审核、实时监控、现场检查等方式及时审核医保药品费用。⑥经办机构或其委托的第三方机构，对定点零售药店开展绩效考核，建立动态管理机制。考核结果与年终清算、质量保证金退还、医保协议续签等挂钩。绩效考核办法由国家医疗保障部门制定，省级医疗保障部门可制定具体考核细则，经办机构负责组织实施。四项义务性规定如下：①对定点零售药店进行定期和不定期稽查审核，按医保协议约定及时足额向定点零售药店拨付医保费用。原则上，应当在定点零售药店申报后30个工作日内拨付符合规定的医保费用。定点零售药店经审查核实的违规医保费用，经办机构不予支付。②经办机构应当依法依规支付参保人员在定点零售药店发生的药品费用。参保人员应凭本人参保有效身份凭证在定点零售药店购药。不得出租（借）本人有效身份凭证给他人，不得套取医疗保障基金。在非定点零售药店发生的药品费用，医疗保障基金不予支付。③向社会公开医保信息系统数据集和接口标准。定点零售药店自主选择与医保对接的有关信息系统的运行和维护供应商。经办机构不得以任何名义收取任何费用及指定供应商。④应遵守数据安全有关制度，保护参保人员隐私，确保医疗保障基金安全。

2. 乙方（定点药店）的履约责任 《零售药店医疗保障定点管理暂行办法》提出四项权利性规定：①符合规定条件的定点零售药店可以申请纳入门诊慢性病、特殊病购药定点机构，相关规定由统筹地区医疗保障部门另行制定；②定点零售药店具有为参保人员提供药品服务后获得医保结算费用；③对经办机构履约情况进行监督；④对完善医疗保障政策提出意见建议等权利。十一项义务性规定：①应当为参保人员提供药品咨询、用药安全、医保药品销售、医保费用结算等服务；经办机构不予支付的费用、定点零售药店按医保协议约定被扣除的质量保证金及其支付的违约金等，定点零售药店不得作为医保欠费处理。②应当严格执行医保支付政策，鼓励在医疗保障行政部门规定的平台上采购药品，并真实记录“进、销、存”情况。③按照公平、合理、诚实信用和质价相符的原则制定价格，遵守医疗保障行政部门制定的药品价格政策。④应当凭处方销售医保目录内处方药，药师应当对处方进行审核、签字后调剂配发药品；外配处方必须由定点医疗机构医师开具，有医师签章。定点零售药店可凭定点医疗机构开具的电子外配处方销售药品。⑤应当组织医保管理人员参加由医疗保障行政部门或经办机构组织的宣传和培训；开展医疗保障基金相关制度、政策的培训，定期检查本单位医疗保障基金使用情况，及时纠正医疗保障基金使用不规范的行为。⑥在显著位置悬挂统一格式的定点零售药店标识。⑦应按要求及时如实向统筹地区经办机构上传参保人员购买药品的品种、规格、价格及费用信息，定期向经办机构上报医保目录内药品的“进、销、存”数据，并对其真实性负责。⑧应当配合经办机构开展医保费用审核、稽核检查、绩效考核等工作，接受医疗保障行政部门的监督检查，并按规定提供相关材料。⑨应核对参保人员有效身份凭证，做到人证相符。特殊情况下为他人代购药品的应出示本人和被代购人身份证；为参保人员提供医保药品费用直接结算单据和相关资料，参保人员或购药人应在购药清单上签字确认；凭外配处方购药的，应核验处方使用人与参保人员身份是否一致。⑩应将参保人员医保目录内药品外配处方、购药清单等保存2年，以备医疗保障部门核查。⑪应做好与医保有关的信息系统安全保障工作，遵守数据安全有关制度，保护参保人员隐私。定点零售药店重新安装信息系统时，应当保持信息系统技术接口标准与医保信息系统有效对接，并按规定及时全面准确向医保信息系统传送医保结算和审核所需的有关数据。

此外，还有违约处理，约定甲乙双方各自违约的处理方式；争议处理，约定双方协商解决、申请行政复议或提起行政诉讼；附则，规定协议期限，协议生效时间，协议变更，协议续签等。

第三节　医保协议的订立和履行

医保协议管理涉及订立、履行、变更、中止、解除、终止和续订七个台账。

一、医保协议的订立

订立是第一个环节，即协议主体坚持自愿、公平和诚实信用原则进行意思表示和达成合意的过程。

1. 申请医保定点　以下取得医疗机构执业许可证或中医诊所备案证的医疗机构，以及经军队主管部门批准有为民服务资质的军队医疗机构可申请医保定点：①综合医院、中医医院、中西医结合医院、民族医医院、专科医院、康复医院；②专科疾病防治院（所、站）、妇幼保健院；③社区卫生服务中心（站）、中心卫生院、乡镇卫生院、街道卫生院、门诊部、诊所、卫生所（站）、村卫生室（所）；④独立设置的急救中心；⑤安宁疗护中心、血液透析中心、护理院；⑥养老机构内设的医疗机构；⑦互联网医院可依托其实体医疗机构申请签订补充协议，其提供的医疗服务所产生的符合医保支付范围的相关费用，由统筹地区经办机构与其所依托的实体医疗机构按规定进行结算。

申请医保定点的医疗机构应当同时具备以下基本条件：①正式运营至少3个月；②至少有1名取得医师执业证书、乡村医生执业证书或中医（专长）医师资格证书且第一注册地在该医疗机构的医师；③主要负责人负责医保工作，配备专（兼）职医保管理人员；100张床位以上的医疗机构应设内部医保管理部门，安排专职工作人员；④具有符合医保协议管理要求的医保管理制度、财务制度、统计信息管理制度、医疗质量安全核心制度；⑤具有符合医保协议管理要求的医院信息系统技术和接口标准，可以实现与医保信息系统有效对接，按要求向医保信息系统传送全部就诊人员相关信息，为参保人员提供直接联网结算。设立医保药品、诊疗项目、医疗服务设施、医用耗材、疾病病种等基础数据库，按规定使用国家统一的医保编码；⑥符合法律法规和省级及以上医疗保障行政部门规定的其他条件。

医疗机构向统筹地区经办机构提出医保定点申请，至少提供以下材料：①定点医疗机构申请表；②医疗机构执业许可证或中医诊所备案证或军队医疗机构为民服务许可证照复印件；③与医保政策对应的内部管理制度和财务制度文本；④与医保有关的医疗机构信息系统相关材料；⑤纳入定点后使用医疗保障基金的预测性分析报告；⑥省级医疗保障行政部门按相关规定要求提供的其他材料。

2. 定点申请评估 省级医疗保障行政部门可以在执行国家两定机构管理办法的基础上，根据实际情况，制定具体评估细则。医疗机构提出定点申请，统筹地区经办机构应即时受理。对申请材料内容不全的，经办机构自收到材料之日起5个工作日内一次性告知医疗机构补充。

统筹地区经办机构应组织评估小组或委托第三方机构，以书面、现场等形式开展评估。评估小组成员由医疗保障、医药卫生、财务管理、信息技术等专业人员构成。自受理申请材料之日起，评估时间不超过3个月，医疗机构补充材料时间不计入评估期限。评估内容包括：①核查医疗机构执业许可证或中医诊所备案证或军队医疗机构为民服务许可证；②核查医师、护士、药学及医技等专业技术人员执业信息和医师第一注册地信息；③核查与服务功能相适应的诊断、治疗、手术、住院、药品贮存及发放、检查检验放射等基础设施和仪器设备；④核查与医保政策对应的内部管理制度和财务制度，卫生健康部门医疗机构评审的结果；⑤核查与医保有关的医疗机构信息系统是否具备开展直接联网结算的条件。

评估结果分为合格和不合格。统筹地区经办机构应将评估结果报同级医疗保障行政部门备案。对于评估合格的，应将其纳入拟签订协议医疗机构名单，并向社会公示。对于评估不合格的，应告知其理由，提出整改建议。自结果告知送达之日起，整改3个月后可再次组织评估，评估仍不合格的，1年内不得再次申请。

医疗机构有下列情形之一的不予受理定点申请：①以医疗美容、辅助生殖、生活照护、种植牙等非基本医疗服务为主要执业范围的；②基本医疗服务未执行医疗保障行政部门制定的医药价格政策的；③未依法履行行政处罚责任的；④以弄虚作假等不正当手段申请定点，自发现之日起未满3年的；⑤因违法违规被解除医保协议未满3年或已满3年但未完全履行行政处罚法律责任的；⑥因严重违反医保协议约定而被解除协议未满1年或已满1年但未完全履行违约责任的；⑦法定代表人、主要科室负责人或实际控制人曾因严重违法违规导致原定点医疗机构被解除医保协议，未满5年的；⑧法定代表人、主要负责人或实际控制人被列入失信人名单的；⑨法律法规规定的其他不予受理的情形。

3. 协议订立过程 统筹地区经办机构与评估合格的医疗机构协商谈判，达成一致的，双方自愿签订医保协议。原则上，由地市级及以上的统筹地区经办机构与医疗机构签订医保协议并向同级医疗保障行政部门备案。医保协议应明确双方权利、义务和责任。签订医保协议的双方应当严格执行协议约定。协议期限一般为1年。

统筹地区经办机构应向社会公布签订医保协议的定点医疗机构信息，包括名称、地址等，供参保人员选择。统筹地区参保人将根据公布的信息，根据个人居家就近、专科需求和综合医院需求选择就医机构。

二、医保协议的履行

履行协议是医疗保险经办机构和定点医药机构，依据法律和按照协议全面履行各自职责的过程，任何依法的违约行为均应当依据法律和协议的规定进行处罚，确保医疗协议履行即保障参保人权益的法治保障措施。

1. 医保协议履行原则 ①全面履行，又称适当履行原则或正确履行原则。要求当事人按协议约定内容、标准、方式、地点、期限等，全面完成协议义务。依法成立的协议对订立协议的双方均具有约束力。②诚实信用，根据合同的性质、目的和交易习惯履行通知、协助、保密等义务。诚信是医保协议管理的重要内容之一，要求人们在市场活动中讲究信用，恪守诺言，诚实不欺，在不损害他人利益和社会利益的前提下追求自己的利益。③协作原则。医患保不可分，相互协作是诚信的组成部分。④情势变更。在协议生效后、履行前，因不可归责的原因而使履行协议的基础发生变化，如定点医院进入紧密型医疗共同体，责权和功能发生变化，要求协议内容随之进行调整。如果继续履行协议将会造成显失公平的后果，法律允许当事人协商变更协议内容或者解除协议。情势变更也是诚信原则的具体运用，不允许单方变更协议内容。

2. 地方经办机构履责要求　①掌握定点医疗机构运行管理情况，从定点医疗机构获得医保费用稽查审核、绩效考核和财务记账等所需要的信息数据等资料。定点医疗机构实行属地管理，经办机构对属地定点医疗机构为本地和异地参保人员提供的医疗服务承担管理服务职责。②完善定点申请、组织评估和协议签订、协议履行、协议变更和解除等管理流程，制定经办规程，为定点医疗机构和参保人员提供优质高效的经办服务。③做好对定点医疗机构医保政策、管理制度、支付政策、操作流程的宣传培训，提供医疗保障咨询、查询服务。④落实医保支付政策，加强医疗保障基金管理。完善的内部控制制度，明确对定点医疗机构申报费用的审核、结算、拨付、稽核等岗位责任及风险防控机制。完善重大医保费用支出集体决策制度。⑤有条件的可以按国家规定向定点医疗机构预付一部分医保资金，缓解其资金运行压力。在突发疫情等紧急情况时，可以按国家规定预拨专项资金。⑥依法依规支付参保人员在定点医疗机构发生的医疗费用，为参保人员提供医保政策咨询。除急诊和抢救外，参保人员在非定点医疗机构就医发生的费用医疗保障基金不予支付。对于定点医疗机构结算周期内未超过总额控制指标的医疗费用，经办机构应根据协议按时足额拨付。对定点医疗机构因参保人员就医数量大幅增加等形成的合理超支给予适当补偿。⑦向社会公开医保信息系统数据集和接口标准，定点医疗机构自主选择与医保对接的有关信息系统的运行和维护供应商，经办机构不得以任何名义收取任何费用及指定供应商。经办机构应遵守数据安全有关制度，保护参保人员隐私，确保医疗保障基金安全。

3. 定点医疗机构履责要求　①应当严格执行医保协议，合理诊疗、合理收费，严格执行医保药品、医用耗材和医疗服务项目等目录，优先配备使用医保目录药品，控制患者自费比例，提高医疗保障基金使用效率。不得为非定点医疗机构提供医保结算。②定点医疗机构及其工作人员应当执行实名就医和购药管理规定，核验参保人员有效身份凭证，按照诊疗规范提供合理、必要的医药服务，向参保人员如实出具费用单据和相关资料，不得分解住院、挂床住院，不得违反诊疗规范过度诊疗、过度检查、分解处方、超量开药、重复开药，不得重复收费、超标准收费、分解项目收费，不得串换药品、医用耗材、诊疗项目和服务设施，不得诱导、协助他人冒名或者虚假就医、购药。③应当确保医疗保障基金支付的费用符合规定的支付范围；除急诊、抢救等特殊情形外，提供医疗保障基金支付范围以外的医药服务的，应当经参保人员或者其近亲属、监护人同意。④应当制定相应的内部管理措施，严格掌握出入院指征。按照协议执行医保总额预算指标，执行按项目、按病种、按疾病诊断相关分组、按床日、按人头等支付方式。不得以医保支付政策为由拒收患者。⑤按有关规定执行集中采购政策，优先使用集中采购中选的药品和耗材。医保支付的药品、耗材应当按规定在医疗保障行政部门规定的平台上采购，并真实记录“进、销、存”等情况。严格执行医疗保障行政部门制定的医药价格政策。⑥参加由医疗保障行政部门或经办机构组织的宣传和培训。组织开展医疗保障基金相关制度、政策的培训，定期检查本单位医疗保障基金使用情况，及时纠正医疗保障基金使用不规范的行为。在显著位置悬挂统一样式的定点医疗机构标识。⑦按要求及时向统筹地区经办机构报送医疗保障基金结算清单等信息，包括疾病诊断及手术操作，药品、医用耗材、医疗服务项目费用结算明细，医师、护士等信息，并对其真实性负责。定点医疗机构应当按要求如实向统筹地区经办机构报送药品、耗材的采购价格和数量。向医疗保障部门报告医疗保障基金使用监督管理及协议管理所需信息，向社会公开医药费用、费用结构等信息。⑧配合经办机构开展医保费用审核、稽核检查、绩效考核等工作，接受医疗保障行政部门的监督检查，并按规定提供相关材料。⑨优化医保结算流程，为参保人员提供便捷的医疗服务，按规定进行医保费用直接结算，提供费用结算单据和相关资料。为符合规定的参保人员提供转诊转院服务。参保人员根据有关规定可以在定点医疗机构购药或凭处方到定点零售药店购药。⑩做好与医保有关的信息系统安全保障工作，遵守数据安全有关制度，保护参保人员隐私。定点医疗机构重新安装信息系统时，应当保持信息系统技术接口标准与医保信息系统有效对接，并按规定及时全面准确向医保信息系统传送医保结算和审核所需的有关数据。

4. 定点药店履责要求 ①取得药品经营许可证，并同时符合以下条件的零售药店均可申请医疗保障定点：在注册地址正式经营至少3个月；至少有1名取得执业药师资格证书或具有药学、临床药学、中药学专业技术资格证书的药师，且注册地在该零售药店所在地，药师须签订1年以上劳动合同且在合同期内；至少有2名熟悉医疗保障法律法规和相关制度规定的专（兼）职医保管理人员负责管理医保费用，并签订1年以上劳动合同且在合同期内；②按药品经营质量管理规范要求，开展药品分类分区管理，并对所售药品设立明确的医保用药标识；③具有符合医保协议管理要求的医保药品管理制度、财务管理制度、医保人员管理制度、统计信息管理制度和医保费用结算制度；④具备符合医保协议管理要求的信息系统技术和接口标准，实现与医保信息系统有效对接，为参保人员提供直接联网结算，建立医保药品等基础数据库，按规定使用国家统一医保编码；⑤符合法律法规和省级及以上医疗保障行政部门规定的其他条件。

统筹地区经办机构向社会公布签订医保协议的定点零售药店信息，包括名称、地址等，供参保人员选择。有下列情形之一的，不予受理定点申请：①未依法履行行政处罚责任的；②以弄虚作假等不正当手段申请定点，自发现之日起未满3年的；③因违法违规被解除医保协议未满3年或已满3年但未完全履行行政处罚法律责任的；④因严重违反医保协议约定而被解除医保协议未满1年或已满1年但未完全履行违约责任的；⑤法定代表人、企业负责人或实际控制人曾因严重违法违规导致原定点零售药店被解除医保协议，未满5年的；⑥法定代表人、企业负责人或实际控制人被列入失信人名单的；⑦法律法规规定的其他不予受理的情形。

三、医保协议的中止、解除与终止

1. 医保协议的中止 协议中止是指**因某种原因的发生而暂时停止履行协议，当该原因消失后，可以继续履行协议。例如，按照《医疗保障基金使用监督管理条例》（以下简称“监督条例”）第三十条的规定，**参保人员涉嫌骗取医疗保障基金支出且拒不配合调查的，医疗保障行政部门可以要求医疗保障经办机构暂停医疗费用联网结算。暂停联网结算期间发生的医疗费用，由参保人员全额垫付。经调查，属于骗取医疗保障基金支出的，依照本条例第四十一条的规定处理；不属于骗取医疗保障基金支出的，按照规定结算。

2021 年 2 月 1 日起施行的《零售药店医疗保障定点管理暂行办法》（国家医疗保障局令第 3 号，以下简称“3 号令”）规定，定点零售药店的名称、法定代表人、企业负责人、实际控制人、注册地址和药品经营范围等重要信息发生变更的，应自有关部门批准之日起 30 个工作日内向统筹地区经办机构提出变更申请，其他一般信息变更应及时书面告知。医保协议中止是指经办机构与定点零售药店暂停履行医保协议约定，中止期间发生的医保费用不予结算。中止期结束，未超过医保协议有效期的，医保协议可继续履行；超过医保协议有效期的，医保协议终止。

定点零售药店可提出中止医保协议申请，经经办机构同意，可以中止医保协议但中止时间原则上不得超过 180 日，定点零售药店在医保协议中止超过 180 日仍未提出继续履行医保协议申请的，原则上医保协议自动终止。定点零售药店有下列情形之一的，经办机构应中止医保协议：①根据日常检查和绩效考核，发现对医疗保障基金安全和参保人员权益可能造成重大风险的；②未按规定向医疗保障行政部门及经办机构提供有关数据或提供数据不真实的；③根据医保协议约定应当中止医保协议的；④法律法规和规章规定的应当中止的其他情形。对于医疗保障经办机构作出中止协议决定的依据和理由，定点医药机构及其相关责任人员有权进行陈述、申辩。

2. 医保协议的解除　协议解除是指合同关系成立以后，因当事人一方或双方的意思表示而使协议关系提前消灭的一种行为。协议解除即提前终止尚未完成的协议，总会导致一方或者双方权益损失，因此各国各类合同法律均对解除环节做出“一个规范、多个条款”的严格规定。根据监督条例第四十条规定，定点医药机构通过下列方式骗取医疗保障基金支出的，由医疗保障行政部门责令退回，处以罚款；责令相关责任部门暂停医药服务，直至由医疗保障经办机构解除服务协议。3 号令规定，续签应由定点零售药店于医保协议期满前 3 个月向经办机构提出申请或由经办机构统一组织，统筹地区经办机构和定点零售药店就医保协议续签事宜进行协商谈判，双方根据医保协议履行情况和绩效考核情况等决定是否续签。协商一致的，可续签医保协议；未达成一致的，医保协议解除。对于医疗保障经办机构作出解除协议决定的依据和理由，定点医药机构及其相关责任人员有权进行陈述、申辩。

3. 医保协议的终止　协议终止即指协议当事人之间的权利义务履行完毕，协议到期和协议约束效力正常终止。这是协议关系最理想的状态。医保服务并非一次性交易，在协议到期终止后还要做好续订工作，以保持工作的连续性和低成本、高效率的运行。

第四节　医保协议监督管理

根据《社会保险法》和《医疗保障法》的规定，各级人民代表大会常务委员会听取和审议本级人民政府对医疗保障基金的收支、管理、投资运营以及监督检查情况的专项工作报告，组织对本法实施情况的执法检查等，依法行使监督职权。县级以上人民政府医疗保障行政部门应当加强对相关单位和个人遵守医疗保障法律、法规情况的监督检查。医疗保障行政部门对定点申请、申请受理、专业评估、协议订立、协议履行和解除等进行监督，对经办机构的内部控制制度建设、医保费用的审核和拨付等进行指导和监督。建立健全医疗保障行政监督需要有法可依、专业机构与人员、规范流程和科技手段四个条件。

一、行政监督

医疗保障行政部门依法依规通过实地检查、抽查、智能监控、大数据分析等方式对定点医疗机构和定点零售药店的协议履行情况、医疗保障基金使用情况、医疗服务行为、购买涉及医疗保障基金使用的第三方服务等进行监督。各级人民代表大会常务委员会听取和审议本级人民政府对医疗保障基金的收支、管理、投资运营以及监督检查情况的专项工作报告，组织对本法实施情况的执法检查等，依法行使监督职权。

医疗保障行政部门和经办机构应拓宽监督途径（专栏 8-1）、创新监督方式，通过满意度调查、第三方评价、聘请社会监督员等方式对定点医疗机构进行社会监督，畅通举报投诉渠道，及时发现问题并进行处理。

专栏 8-1　全国依法打击欺诈骗保犯罪专项整治行动

2021 年 4 月 9 日，国家医保局会同公安部、国家卫健委部署开展全国依法打击欺诈骗保犯罪专项整治行动。截至 9 月底，**全国公安机关共打掉犯罪团伙 251 个，抓获犯罪嫌疑人 3 819 名，追缴被骗的医保基金 2.3 亿元，联合医保部门关停处置医药机构 277 家**，形成了严厉打击诈骗医保基金违法犯罪的强大声势和有力震慑。

据公安部食品药品犯罪侦查局介绍，由于医保回收药品的收购价格和转卖价格之间存在较大获利空间，一些不法分子在利益驱使下，从事非法经营医保回收药品犯罪活动。当前，此类犯罪主要呈现以下特点：一是非法回收手段多样，有的不法分子在医院周边摆摊设点收购药品，有的通过代刷医保卡直接从医院骗取药品，还有少数不法分子勾结医药机构、医保定点药店或其工作人员合伙骗开药品。二是犯罪活动职业化、团伙化。犯罪团伙往往成员众多、分工明确，形成庞大犯罪网络，将从一些医疗资源丰富的大中城市低价非法回收的药品，层层加价后销售牟利。三是涉案药多为慢性疾病用药，中药注射液、中药材特别是单体价格较高的滋补中药材也占有一定的比例。四是利用互联网即时通信手段勾结日趋明显。

针对此类犯罪特点，公安部部署全国公安机关深入开展“昆仑”行动，始终保持对药品犯罪特别是非法经营医保回收药品犯罪高压态势，实施“全要素、全环节、全链条”依法打击，集中侦破了一批大要案件，有力震慑了此类犯罪活动，维护了药品安全和医保基金安全。据统计，2021 年以来，各地公安机关食品药品犯罪侦查部门共侦破非法经营医保药品案件 300 余起，抓获犯罪嫌疑人 1 000 余名，涉案金额 11.6 亿余元。

同年，国家医保局将专项整治行动与日常监管有力结合，强化打击欺诈骗保工作的针对性与全面性，提升基金监管效能，主要做了以下工作：

一是“全覆盖”。压实地方监管责任，组织各级医保部门对辖区内定点医药机构开展全覆盖检查，确保监管无“漏洞”，检查无“死角”。**2021 年 1 至 8 月份，全国共检查定点医药机构 51.66 万家，查处 21.25 万家，其中行政处罚 3 297 家，暂停协议 9 777 家，取消协议 2 398 家，追回医保基金 88.12 亿元。**

二是“强震慑”。持续开展飞行检查，发挥国家飞检的威慑效应、示范效应，进一步擦亮飞检“利剑”，强化对欺诈骗保行为的打击和震慑作用。2021 年 1 至 8 月份，国家医保局直接开展飞检 7 组次，检查医疗机构 14 家，医保经办机构 7 家，查出涉嫌违法违规资金 1.31 亿元。

三是“聚合力”。加强与公安、卫生健康等部门合作，发挥部门优势互补作用，强化部门综合监管合力。截至 8 月份，专项整治行动共查处涉及“三假”类型案件 2 637 起，共暂停医保服务协议 78 家、解除医保服务协议 45 家、移交司法机关 438 家（人），移交纪检监察机关 26 家（人），追回医保基金及违约金 0.71 亿元，处行政罚款 0.18 亿元。

经办机构发现违约行为，应当及时按照协议处理，作出中止相关责任人员或者所在部门涉及医疗保障基金使用的医药服务、中止和解除医保协议等处理时，要及时报告同级医疗保障行政部门。医疗保障行政部门发现定点医疗机构存在违约情形的，应当及时责令经办机构按照医保协议处理，经办机构应当及时按照医保协议处理。医疗保障行政部门依法查处违法违规行为时，认为经办机构移交相关违法线索事实不清的，可组织补充调查或要求经办机构补充材料。

医疗保障行政部门实施监督检查，有权采取下列措施：①查阅、记录、复制与监督检查相关的资料；②运用信息技术开展实时监测，并从相关信息系统中调取数据；③对可能被转移、隐匿、灭失或有初步证据证明可能被转移、隐匿或者灭失的资料等予以查封、扣押；④询问与调查事项有关的单位和个人，要求其对与调查事项有关的问题作出说明、提供有关证明材料；⑤聘请符合条件的会计师事务所等第三方机构和专业人员协助开展检查；⑥对隐匿、转移、侵占、挪用医疗保障基金的行为予以制止并责令改正；⑦其他依法可以采取的措施。为此，医疗保障行政部门下设实施监督检查职能的执法类机构和专业人员。

二、智能监控

信息化和智能化是处理大量诊疗信息的工具，也是监督医疗行为和医院管理的必要条件。通过临床知识库和医保规则知识库建设，对接医疗机构 HIS 系统，提供事前提示、事中预警、事后追溯式服务，对重点医疗机构科室和医务人员药械使用行为具备提取、分析和预警的功能。实现了过程监管、数据监测、结果评价、信息查询等综合监督，打造当事人自律环境。同时，要处理好专业性、信息安全和成本问题。

（一）政策支持

《关于进一步加强基本医疗保险医疗服务监管的意见》（人社部发〔2014〕54 号，以下简称“54 号文件”）和（人社厅发〔2015〕56 号，以下简称“56 号文件”）提出，在总结医疗保险医疗服务监控重点联系城市做法经验的基础上，决定全面推进基本医疗保险医疗服务智能监控（以下简称智能监控）工作。《医疗保障法（征求意见稿）》提出：“国家建立全国统一的医疗保障信息系统，推动数据有效共享、运用，实施大数据实时动态智能监控，规范数据管理和应用权限，保护信息和数据安全。定点医药机构有关信息系统应当与医疗保障信息系统进行对接”。

（二）目标任务

①以业务需求为导向、信息系统建设为基础，用两年左右时间，在全国所有统筹地区普遍开展智能监控工作，逐步实现对门诊、住院、购药等各类医疗服务行为的全面、及时、高效监控。2015 年，全国 50% 的统筹地区开展智能监控工作，已开展智能监控工作的地区进一步完善监控规则、扩大监控范围、提高监控质量与效率，完善相关知识库建设。2016 年，全国所有统筹地区开展智能监控工作。同时，完善相关知识库，建成一支专业化的智能监控人员队伍，不断提高监控质量与效率。②优化监控体系。执行《关于印发基本医疗保险定点医疗机构医疗服务协议范本（试行）的通知》（人社险中心函〔2014〕112 号），将智能监控纳入协议管理。监控对象应包括定点医疗机构、定点零售药店、为参保人员提供医疗服务的医务人

员（简称医保医生）和参保人员，并实现对门诊、住院、药店购药等全方位监控，综合运用监控规则，密切跟踪监控指标，发现疑似违规行为，进而查实和处理违规行为。③选择监控规则和指标。结合本地医疗保险制度运行和付费方式的特点，深入研究医疗服务监控需求，对潜在的欺诈违规问题进行分类判断，确定适合本地的监控规则和指标。监控工作初期可以选择单项监控规则和指标开展工作；积累一定经验后，将单项指标组合为复合式监控规则和指标进行监控。④合理确定指标阈值。各地要根据本统筹地区医疗保险管理服务能力，按选定的监控规则和指标，结合智能监控系统建设和医疗机构的级别、专科特色等情况，根据疑似违规行为数量、查实违规数量与监督检查能力相匹配的原则确定指标阈值。针对不同的监控对象，合理确定监控周期、指标和阈值。⑤优化监控流程。医疗服务监控以事后监控为重点，对有明确特征的违规行为，在费用结算过程中给予事中控制；对医保政策、用药诊疗合理性等提示性信息，通过向定点医疗机构和零售药店前端传递，实现事前违规提醒。医疗服务监控以发现疑似违规信息为起点，对违规信息进行分析，对有重大违规嫌疑的信息，经办机构应向监控对象了解情况或到现场检查核实，检查结果应向对方反馈确认，并接受定点医疗机构对检查结果的申诉，根据反馈确认情况对违规行为依据协议进行处理。⑥引导定点医疗机构建立医生工作站，将一些成熟的监控规则和指标嵌入医疗机构信息系统，第一时间发现疑似违规信息，阻止违规行为的发生和蔓延。⑦发挥医学知识库的作用。起步阶段可重点利用医保监控指标实现监控，逐步扩充监控内容。在此基础上，有条件的统筹地区，可结合本地实际，引入医学知识库（包含诊疗知识和药学知识），帮助发现疑似违规和确定违规诊疗及就医行为。⑧做好基础数据管理。各地要按照统一监控基础指标（包括药品、医疗机构、医务人员、疾病、就诊结算等指标及其代码）的规范要求，以社会保险管理信息系统（以下简称业务系统）为源头建设规范标准的监控基础信息库。首先完成业务系统现有数据的指标对照、代码转换、数据采集等工作，支持智能监控系统的起步应用。然后进一步规范就诊结算源头数据，明确细化与定点医疗机构和零售药店的接口信息规范，利用业务系统接口上传原始数据，并提高数据的完整性和规范性，为监控规则的实现及医疗保险精细化管理打下坚实的数据基础。⑨规范监控系统建设。国家医保局组织制定监控基础指标、监控规则和国家（行业）标准，研发并升级智能监控系统，作为各地开展医疗服务监控工作的基础条件。尚未建设智能监控系统的地区，原则上应在部里组织研发的统一软件基础上开展建设；已基于部智能监控系统或原自行开展建设的地区，应结合部里监控基础指标、监控规则以及部智能监控系统升级版进一步完善。随着智能监控系统建设，同步推进《社会保险药品分类与代码》（LD/T90-2012）等行业标准的贯彻执行。

三、医保稽核管理

2021 年，国家医疗保障局制定了《医疗保障稽核管理暂行办法（征求意见稿）》。医疗保障稽核是指医疗保障经办机构依法依规对定点医疗机构、定点零售药店（以下统称“定点医药机构”）履行医保协议情况，参保人员享受医疗保障待遇情况以及其他单位和个人涉及医疗保障基金使用情况实施的检查。稽核工作坚持以事实为依据，以法律为准绳，以协议约定为框架，以规范为目的，遵循依法依规、公平公正、廉洁高效的原则，由县级以上医疗保障经办机构（以下简称经办机构）具体实施。各级经办机构之间应当加强联合协作，信息交流共享，同一时期对同一被稽核对象实施核查应当联合进行，避免重复、多头检查。

（一）稽核职责

①通过定点医药机构获得医保费用稽核所需要的信息数据资料，包括但不限于医疗保障基金结算清单，药品、医用耗材的“进、销、存”数据等；②对被稽核对象落实医疗保障政策、履行医保协议、使用医保基金、享受医保待遇等情况进行调查、询问；采取记录、复制、拍照、录音、录像等方式收集稽核有关情况和资料；③依据医保协议约定，对协议履行情况进行稽核。定点医药机构申报费用有不符合医保支付政策规定及违反医保协议的，经核查属实，依据协议给予相应处理；④督促定点医药机构在规定期限内落实整改检查意见，并确认整改结果。

（二）稽核内容

①就医和购药管理、医疗服务、价格管理、支付范围、支付标准、支付方式、费用结算等规定的执行情况；②医疗保障基金结算清单，药品、医用耗材的“进、销、存”数据，与医疗保障基金结算有关的处方、病历、治疗检查记录、费用明细、会计凭证、财务账目等；③申请支付的医疗服务项目、药品、医用耗材等费用情况；④参保人员享受医保待遇情况及遵守医疗保障政策规定情况；⑤其他事项。

（三）稽核人员

①取得开展医疗保障稽核工作的相关证件；②熟悉医疗保障业务及相关法律、法规和政策，具备开展稽核工作的相应能力；③坚持原则，作风正派，公正廉洁。

（四）稽核守则

①不得妨碍被稽核对象正常的工作秩序；②不得泄露被稽核对象的商业秘密和个人信息，不得将工作中获取、知悉的被稽核对象相关资料或者信息用于医疗保障以外的其他目的；③不得泄露举报人的相关信息；④不得参与被稽核对象安排的任何有碍公平公正开展稽核工作的活动；⑤稽核人员遵守回避规则。

（五）稽核类型及方式

主要稽核方式：①稽核类型包括日常稽核、专项稽核与重点稽核。经办机构根据医疗保障基金风险评估、数据分析、业务运行中的突出问题或突发事件等情况以及医疗保障行政部门交办转办的投诉举报线索，实施重点事项稽核。②方式主要包括网络方式、实地方式、书面方式、问询方式，可以多种方式联合使用。实施稽核时，经办机构根据实际稽核需要，报请医疗保障行政部门及时将有关数据与公安、人社、民政、卫健、税务、司法等部门相关业务信息系统进行共享，实行大数据分析比对。

（六）稽核实施

①稽核人员应不少于 2 人，向被稽核对象表明身份并出示医疗保障稽核检查相关证件。②通过实地、书面、问询方式稽核时，稽核人员应当制作医疗保障检查记录，将稽核内容和重要事项予以记录和摘录。需要异地调查取证的，可发书面函或通过全国异地就医结算平台网络委托相关经办机构协助调查取证；必要时，可以派人直接调查取证或者参与就医地经办机构的调查取证。将稽核信息、证据、资料等汇总分析并依据有关规定及协议约定条款形成稽核结论。③经办机构稽核发现问题的，应当向被稽核对象发送医疗保障稽核情况告知书；被稽核对象如有异议，有权在 5 个工作日内书面或口头进行陈述申辩，并提供有关资料；经办机构应进行复核，必要时组织合议，邀请相关医疗、医保、财务、法律等专家，经讨论后形成合议结论。④稽核结束后形成医疗保障稽核意见书，并于 7 个工作日内送达被稽核对象。⑤被稽核对象对稽核处理意见仍存在异议的，可以请求同级医疗保障行政部门协调处

理，也可以依法申请行政复议或者提起行政诉讼。在稽核过程中，对可能涉及行政处罚、司法处理或需要其他专案处理的，经办机构应当依法报请同级医疗保障行政部门处理。需要医疗保障行政部门提前介入的，要报请联合调查。⑥发现定点医药机构存在违反协议约定情形的，应当督促定点医药机构根据稽核结果进行改正，按协议约定进行相应处理。医疗保障稽核资料应当按有关法律法规和档案管理规定归档存储，经办机构应当汇总稽核情况并报告医疗保障行政部门，可以通过网站等渠道通报典型案例，接受社会监督。

四、定点医药机构绩效考核

2019 年，在全国启动三级公立医院绩效考核工作，绩效考核指标体系、标准化支撑体系、国家级和省级绩效考核信息系统初步建立，探索建立绩效考核结果运用机制。到 2020 年，基本建立较为完善的三级公立医院绩效考核体系，三级公立医院功能定位进一步落实，内部管理更加规范，医疗服务整体效率有效提升。国务院要求各地方要强化组织领导，财政、发展改革、教育、人力资源社会保障、卫生健康、医保、中医药等部门要建立协调推进机制，及时出台政策措施，确保绩效考核工作落到实处。各级医疗保障部门应当组织开展定点医药机构医疗保障绩效考核，建立动态管理机制。绩效考核办法由国务院医疗保障部门制定，省级医疗保障部门可制定具体考核细则，经办机构负责组织实施。

第五节　医保协议的纠纷处理

协议纠纷即指因协议的生效、内容与责权的解释、履行要求、变更与解除请求、终止等行为而引起的协议当事人之间的争议。纠纷处理是在协议履行过程中不可避免出现的问题，是协议法律法规、协议履行和协议管理不可回避的内容。

医疗保障经办机构违反服务协议的，定点医药机构有权根据《医疗保障基金使用监督管理条例》第十三条规定采取如下措施：①要求医疗保障经办机构及时纠正，这属于针对违约行为的提示行为，不属于纠纷处理范畴。②提请医疗保障行政部门协调处理、督促整改。这种情况应当发生在医药机构要求医疗保障经办机构及时纠正违约行为未果的情况下，属于医保协议纠纷处理的行政调解范畴。③对协作调处决定不满的，可以申请上级医疗保障行政部门进行复议或者提起行政诉讼，进入医保协议纠纷的行政处理和对行政调处不满的司法诉讼范畴。

定点医药机构违反服务协议的，医疗保障经办机构可以根据《医疗保障基金使用监督管理条例》第十三条规定采取如下措施：①发现违约行为的，督促其履行服务协议，按照服务协议约定暂停或者不予拨付费用、追回违规费用；中止相关责任人员或者所在部门涉及医疗保障基金使用的医药服务，直至解除服务协议；定点医药机构及其相关责任人员有权进行陈述、申辩。②发现违规行为的，提请医疗保险行政机关立案稽查和追究行政责任；③发现违法行为的，提请医疗保障行政机关立案和移送司法机关处理。

综上所述，智能监控和协议管理是促进医保协议履行；处理协议纠纷是程序简便、周期短、成本低的有效措施；必要时再适用行政调处、行政处罚。一旦提起行政诉讼即进入司法的三审程序。由于司法程序复杂且周期长，国际贸易和医疗纠纷一般不进入司法程序，尽量通过和解、调处和专业仲裁来处理。

本章小结

1. 2010 年《社会保险法》第 31 条规范了医疗保险经办机构（甲方）和医院服务机构（乙方）的医保协议制度，国家医疗保障局正在组织制定全国统一的协议版本。医保协议是医疗保险利益相关人长期合作机制，促进医药行业自律的工作，医疗保险经办机构开展工作的主要渠道，大大促进了我国社会治理的发展。

2. 医保协议应当依法订立、变更、中止、解除、终止、续订和全面履行。我国医保协议管理的法律法规和工作台账系统正在健全，并嵌入了两个知识库和医保智能监控系统，甲方乙方信息不对称的状况得以缓解。

3. 医保协议纠纷处理包括自律自决、双方协商、行政调处。

思考与练习题

1. 熟悉医保协议管理订立、履行、中止、解除、终止和续订的环节和要求，是医保管理和医药管理的重要环节。

2. 如何分清医保协议的社会契约属性和行政监督、行政调处中的行政属性。

3. 分析刑事处罚与行政处罚的主要区别。

4. 在医疗保障经办机构违约的情况下，定点医药机构应当如何依法进行提示、申请医疗保障行政机构调处和复议，为什么说进入司法程序要十分谨慎？

5. 请分析下面案例的属性，区分案中的违约责任、违规责任和违法责任。

2022 年 3 月，国家医保局根据举报线索，联合国家卫生健康委、市场监管总局，对武汉同济医院进行飞行检查，指导湖北省医保局、武汉市医保局对有关问题进行核实处理。经查发现，2017 年 1 月至 2020 年 9 月期间，武汉同济医院存在串换、虚记骨科高值医用耗材问题，骗取医保基金支付 23 343 609.64 元。武汉市医保局根据《中华人民共和国社会保险法》《医疗保障基金使用监督管理条例》作出如下处理：①责令整改；②对该院自查并主动退回骗取医保基金金额 19 157 462.10 元处 2 倍罚款 38 314 924.20 元；对检查发现的骗取金额 4 186 147. 54 元处 5 倍罚款 20 930 737.70 元，合计 59 245 661.90 元；③责令该院暂停骨科 8 个月涉及医疗保障基金使用的医药服务；④依法依规向公安、市场监管、药监、卫生健康、纪检监察等有关部门移送该案问题线索。目前，医保基金损失已全部退回，罚款已全部执行完毕。

参考文献

[1] 卢梭. 社会契约论. 李平沤，译. 北京：商务印书馆，2017.
[2] 张卿. 论医保基金协议管理模式的优化. 中国医疗保险杂志，2019（10）：45-48.
[3] 国家医疗保障局. 医疗机构医疗保障定点管理暂行办法. 国家医疗保障局令第 2 号.（2021-01-08）［2022-09-30］. http://www.nhsa.gov.cn/art/2021/1/8/art_53_4249.html.

第九章
医保补偿与医院管理

教学目标

学习中共中央5号文关于“建立管用高效的医保支付机制”的要求；熟悉医保支付改革的相关法律政策；掌握操作规则、管理方法等，尝试走进医院、接近临床，学会与医务人员对话；了解本领域的发展趋势。

主要内容

医疗保险补偿战略和支付方式变革、中国医保补偿战略和支付方式改革，医保补偿促进现代医院管理。

第一节　医疗保险补偿战略和支付方式变革

一、社会背景、基本原则和发展目标

20世纪70年代以后，伴随医疗保障制度的普及，其补偿成为公立医院和公益医院的主要收入来源。管用高效的医保支付机制是引导医院高质量发展的必要条件。

（一）社会背景

20世纪70年代以后，各国医疗保障税/费率达到工资总额的5%～10%，各类医疗保障基金（以下统称“医保”）对参保患者医药费用的分担率普遍达到75%左右，个人负担降至25%以下。三个因素影响医保补偿战略和支付方式的变革：①伴随人均GDP水平的提高，一方面国民基本保健可及性需求不断增长、医药科技进步提高了医疗服务质量和成本，在OECD成员国家卫生总费用占GDP的比例从6%快速增长到12%；另一方面重复就医导致资源浪费。②医保按照医疗机构服务数量补偿和后付制，激励医疗机构盲目增加服务数量和扩大机构规模，维护健康的意识有所降低，挑战了有利于患者的医疗伦理，医疗应当向何处发展。③伴随人口老龄化的快速发展，大龄人口慢性病管理、高龄人口失能失智照护的需求不断增长，引起人们对长寿与健康的关系、医护体系建设的思考。

（二）基本原则

1. 医疗保障与经济发展水平相适应　国家应当根据经济发展水平动态调整医疗保障的缴费基准和待遇清单，坚持以收定支原则，建立医疗保障基金长效收支平衡机制。总额预算管理、病组打包定价与分值付费、控制医药费用快速增长等措施，是引导国民医疗消费需求在合理区间和减少过度医疗、抑制医疗消费通货膨胀和减少因病致贫的制度安排。为此，中

共中央 5 号文提出："科学编制医疗保障基金收支预算，加强预算执行监督，全面实施预算绩效管理。加强基金中长期精算，构建收支平衡机制，健全基金运行风险评估、预警机制。"

2. 激励医疗机构高质量发展　高质量发展的必要条件是优化结构和完善体系，向整合式医疗发展。响应 1978 年 WHO 的《阿拉木图声明》，强化社区基本保健服务，建设区域紧密型医共体和学科建设型专科联盟，让人人享有与国家经济发展水平相适应的基本保健。医院单体发展的时代结束了，公立医院需要科学定位，在国家和地区卫生医护体系中发挥作用。中共中央 5 号文提出："健全全科和专科医疗服务合作分工的现代医疗服务体系，强化基层全科医疗服务"、"坚持系统集成、协同高效，增强医保、医疗、医药联动改革的整体性、系统性、协同性，保障群众获得高质量、有效率、能负担的医药服务。"

3. 研究广义医疗和建立长期护理保险　积极应对人口老龄化，从全生命周期维护健康的视角研究医疗问题，人们开始研究大龄人口和高龄人口的功能衰退与维护问题，避免将功能衰退混淆为疾病，造成过度用药和治疗。对高龄人口失能失智照护经历了家庭照护和住院压床两个阶段之后，人们理性地将其纳入"广义医疗"范畴，不再由医疗保险基金支付照护费用，不再受到住院天数的限制，另外探索长期护理保险制度。长期照护保险制度属于医疗保障范围，拓展了医疗保障的内容，是积极应对人口老龄化的举措之一。

（三）改革目标

从按照服务数量补偿到按照结果 / 价值补偿和实现预付制，即要实现医疗保障基金收支平衡和持续发展，也要促进医疗机构高质量发展，是各国医保改革的目标。为此，中共中央 5 号文提出："到 2025 年，医疗保障制度更加成熟定型，基本完成待遇保障、筹资运行、医保支付、基金监管等重要机制和医药服务供给、医保管理服务等关键领域的改革任务。到 2030 年，全面建成以基本医疗保险为主体，医疗救助为托底，补充医疗保险、商业健康保险、慈善捐赠、医疗互助共同发展的医疗保障制度体系，待遇保障公平适度，基金运行稳健持续，管理服务优化便捷，医保治理现代化水平显著提升，实现更好保障病有所医的目标。"

二、医保补偿原则和支付方式改革的路径

从按照服务数量补偿到按照服务结果补偿，其价值取向不断向善发展，需要一个医疗、医药和医保互动的管理体制、运行机制的创新发展过程，即从关注数量、关注质量到关注结果与价值的发展路径（表 9-1）。

表 9-1　医保补偿机制发展三个阶段和主要特征

阶段	补偿机制	支付方式	启动时间，年
工业化初期	按数量补偿：人头人次、住院床日、医护项目，价值取向是以医院为中心，激励医院做大规模和增加服务	后付制	德国 1883、中国 1998
工业化中期	按质量补偿：病组（DRG）、病种（DIP）打包定价，适度保留数量补偿，如住院康复、特殊病种等，即复合型补偿机制。价值取向是以学科和医生为中心，引导医院科学定位和学科建设，实现精细化管理	预付制	日本 20 世纪 60 年代、美国 20 世纪 80 年代、中国 2017
互联网时代	按结果补偿：人头加权预算、总额付费、结算管理，结余留用；健康绩效评估与奖励。价值取向是以患者为中心，维护健康	预付制 + 绩效奖励	美国 2010、中国开始试点

（一）医保按数量补偿

1. 定义 1883—1980年是医疗第三方补偿制度发展的第一个阶段，即数量补偿（fee for service）。基于工业化发展初级阶段的生产方式，第三方管理以人工统计为主，医保数量补偿即指根据医疗机构提供服务的数量进行补偿的制度安排。

2. 主要特征 一是医保被动补偿。医保按照数量补偿激励医护机构规模式发展，医保支出不断增加。一方面促进了医疗服务事业和产业的发展规模；另一方面可能诱发过度医疗和医疗机构趋利，医保管理监督处于被动局面。二是医院被动管理。医保总额控制与后付制不利于医护机构提高管理能力。为了实现收支平衡，医保实行年度总额控制，再按照往期医护机构提供服务的数量分配资金，在医护机构提供服务后，经过核实、统计，延迟一段时间进行结算，由此形成后付制，医疗机构没有谈判能力和预算管理能力，只能追求数量式发展。综上所述，医保和医疗机构处于不合作的双方被动局面。哈佛大学纽豪斯教授采取定量化、数值化方法，对美国总医疗费用增长率（1940—1990年）进行研究的结果显示，医保制度普及对医疗费用增长的影响占17%。

（二）医保按质量补偿

1. 定义 20世纪60年代至80年代是医疗第三方补偿制度发展的第二个阶段。工业化进入中期发展阶段，伴随计算机和信息化的发展，第三方管理者通过智能监控系统走进医院和接近临床，逐渐找到与医生对话通道。医保质量补偿（fee for DRG）即指对医疗机构提供服务的病组和病种的复杂程度、安全性和成本进行评估，按照当地均值定价和补偿的制度安排。预付制，即指预先公布预算总额（做蛋糕）、支付标准（切蛋糕）和结算规则（分蛋糕）的制度安排。质量补偿和预付制是医保补偿通向按照服务结果和价值付费的中间站，主要解决急性治疗 / 住院治疗的价格发现机制和抑制过度医疗两个问题。

2. 主要特征 一是医保主动补偿。医保实行病组均值定价，需要主动介入病案质量、分组规则、病组复杂程度权重、医疗机构服务时间和费用指数的管理和监督。医保支付越来越接近医疗行为和医院管理，从被动补偿和后复制，到积极的过程监督、质量补偿和预付制。二是医院主动管理。医保总额预算、病组分值、结余留用与预付制，激发了医疗机构预算管理、精细化管理的积极性，在医疗机构之间形成适度竞争机制。综上所述，医保和医疗机构成为主动管理与协同发展的伙伴。

20世纪60年代，日本首先以“病种”和“疾病诊断相关分组”（diagnosis related groups，DRG）为单位进行医疗服务质量管理和绩效考核。疾病诊断相关分组即根据住院患者人口统计特征（性别、年龄）和病情严重程度（含合并症、并发症等）、治疗方法的复杂程度、诊疗资源消耗程度等因素，将病案归入若干组。例如，一个65岁、男性阑尾炎患者需要手术，即归为消化系统阑尾疾病手术组，如果有穿孔再进一步归到更细分的组里。

20世纪80年代，美国老遗残社会医疗保险计划将疾病诊断分组作为医保补偿的定价单元，不断更新版本，开拓了按照同类医疗服务的成本或均值定价和预付的新局面。具体操作机制如下：用年度医保基金应支出总额，除以病组数量、权重值和病例数，即形成医保基金支付的点值。在年度医保基金应支出总额既定的条件下，控制医疗服务成本和减少患者可以实现“降点增值”的效果。同时需要建立智能监控、绩效评估制度，鼓励医疗机构和患者合理医疗和控制成本的“好孩子”行为，防止出现套高编码、推诿重症患者等恶性竞争行为。

病组分值付费是DRG的中国专业术语。基于大数据的总额预算和分值付费（big data

diagnosis-intervention packet，DIP）是中国实践经验的总结。实施病组分值付费后，医院将面对如何管理复杂病案、标准病案和亏损病案的三个问题。①复杂病案与合理超支分担。复杂病案的患者情况很复杂（伴随症等）、治疗方式（跨学科等）和手术方式（同时操作几个手术等）均呈现出复杂性，由此导致不能入组或者费用超支。医院应当组织相关部门建立课题组，将以上三个方面的复杂性和由此导致的超支费用作出专题报告，递交地方医疗保障事业管理中心进行审核，争取获得超支分担的补偿，避免出现推诿重症患者和分解手术等问题。②标准病案与结余留用。在医院建立和完善合理使用医疗保险基金的规章制度，以医保支付为抓手建立科室和医生绩效管理制度，管理临床路径、提质增效，获得结余留用资金。③亏损病案与服务下沉。成本高于医保支付费用即出现亏损。造成亏损有两个主要原因：一是可能存在过度医疗，可以通过精细化管理降低成本，二是一些非重症病案治疗成本低，与医院的重型设备和专家型人员队伍不匹配。应当通过专医联盟和紧密型医共体下转二级医院和社区医院进行治疗。

如今经合组织（OECD）国家成员国中的奥地利、智利、捷克、立陶宛、法国、德国、匈牙利、日本、荷兰、波兰、斯洛文尼亚、瑞士等国家陆续实施了病组分值付费，但是各国的具体做法是有差异的。

（三）医保按结果补偿

1. 定义　21 世纪前 10 年进入医疗第三方补偿制度发展的第三个阶段。计算机、互联网、信息化和智能化的快速发展，大数据成为第三生产力。健康医疗大数据的生产和使用支持医保补偿进入绩效评估和结果补偿阶段。其价值即医护服务可及性、安全性和可支付性的均衡点，也称三角价值链。2007 年，美国基本保健改善研究所基于医疗大数据提出了一个基于三重目标实现的优化卫生系统绩效的框架，包括改善患者就诊体验、改善人群健康状况和减少人均医疗费用，这些目标相互依存和实现平衡。医保价值补偿（fee for performance/value）是以患者为中心，对医疗服务可及性，以及数量、质量、成本进行综合评估，按照结果和绩效补偿的制度安排。实现价值补偿需要新型医护服务供给体系。价值网络是通往成功的低成本捷径（克莱顿 . 克里斯坦等，2009），包括管理体制、运行机制的颠覆式创新和信息技术支持等，属于综合治理范畴。2010 年，美国奥巴马医改法案提出，以按价值补偿代替传统的按服务项目和数量补偿。提供综合服务的责任性医疗组织（Accountable Care Organizations，ACO）、以患者为中心的医疗之家（Patient-centered medical home，PCMH）、按服务绩效付费（Pay for Performance，P4P）、与医护质量相关的捆绑支付（bundled payments）等都是探索价值付费的措施。医院信息化建设和专业化的管理团队是计算医护服务价值的必要条件。美国哈佛大学经过 10 年研究，建立一种以资源耗费为基础的相对价值标准（RBRVS），包括医生服务的时间、复杂程度、技术及努力程度、机会成本、接受培训的时间、管理费用等因素形成分摊系数和计算指数。使用这种定价和付费方式的结果使全科医生增加了收入。

2. 主要特征和基本要求　实现医保价值补偿的基本要求如下：①完善区域总额预算管理。按照人头加权预算，嵌入年龄结构、疾病谱、健康状况、就医模式、往期费用、经济发展水平等指标和权重，在医保统筹区域之间形成适度竞争机制。②健康绩效评估，基于医疗资源耗费和患者健康状况的临床数据建立绩效评估模型，评估医保基金使用绩效和患者健康结果，促使医疗机构以患者为中心、以维护健康为目标，构建优质高效的医护体系，在医疗服务可及性、安全性和成本管理之间找到均衡点，进入高质量发展阶段。③医保和医疗机构成为紧密的合作伙伴。以药品谈判定价和集中采购为例，医疗机构用药大数据是医保药品目录管理和价格发展机制的基础，医保谈判与集采的成功帮助医疗机构控制成本，医疗机构积极使用集采药品支持医保谈判和集采的持续发展。同时，疗效好与价格合理的药物生产企业将得到更多的发展机会。

第二节　中国医保补偿战略与支付方式改革

中共中央5号文要求，要聚焦临床需要、合理诊治、适宜技术，完善医保目录、协议、结算管理，实施更有效率的医保支付，更好保障参保人员权益，增强医保对医药服务领域的激励约束作用，建立“管用高效”的支付机制。

一、总额预算管理

中共中央5号文要求：“完善医保基金总额预算办法，健全医疗保障经办机构与医疗机构之间协商谈判机制，促进医疗机构集体协商，科学制定总额预算，与医疗质量、协议履行绩效考核结果相挂钩。”2020年10月，国家医疗保障局发布了《区域点数法总额预算和按病种分值付费试点工作方案的通知》（本章简称“通知”），实行区域总额预算管理。我国基本医疗保险实行全覆盖、地方统筹的管理体制，即一个地区一个基金。该地区全部参保人、医保服务定点医药机构和医疗保险基金都是利益相关人，这种管理体制有利于建立激励相容的综合治理机制，比较美国学者提出的闭环管理的凯撒模式更具有普及推广的优势。

1. 定义　总额预算管理即总额预算、预付和结算结合的机制性制度安排。①总额预算即指统筹地区要按照以收定支、收支平衡、略有结余的原则，综合考虑各类支出风险、考虑物价水平、参保人医疗消费行为、经济增长率、医疗保险基金收入等因素，合理确定医保年度预算总额、增长率。2021年，职工基本医疗保险实行住院与门诊两个统筹制度，门诊将逐步进入居民社区，医疗保险基金支出在住院、门诊和社区应当合理分布。②区域点数法即指基于预算总额，按照人头加权和病组均值等方法分配医疗保险基金的制度安排。《通知》提出：“坚持以人民为中心，把点数法和区域总额预算结合，促进医疗资源有效利用。”③预付制即指预算总额、支付标准预先告知和支付部分预付款的制度安排。

2. 主要特征和基本要求　预算总额并非结算总额，包括做减法和做加法的结算结果，用医保支付率进行衡量。做减法包括异地就医异地结算资金、违法违规违约拒付资金、超支不付资金等。做加法包括合理超支分担资金、管理绩效和健康绩效奖励资金等。综上所述，总额预算管理即在统筹地区之间形成适度竞争的补偿机制。

基本要求如下：①合理增长。合理确定医保总额预算指标和年度支出总额，年均增长率不得超过10%。②合理分配。不再细化明确各定点医疗机构的总额控制指标。住院病例、门诊病例、项目、病种、床日等付费单元被全部转换为一定点数，根据地区医保基金的支付点值和定点医疗机构的贡献进行分期结算。三是合理分布。医保基金支出在住院、门诊和社区（全科、专科、精神科、康复科等）之间形成合理分布。

以金华市为例，在上年度决算总额的基础上，乘以增长率（1+统筹基金年度支出增长率），计算统筹区当年的基金总额预算。基金支出增长率在考虑当地经济发展水平、当年统筹基金收入增长水平、重大政策调整等因素的基础上，由医保、卫健、财政、医护机构共同确定并公布。住院和门诊实行病组分值点数付费（DRG/APG），与家庭医生签约服务的实行人头加权预算和总额预付给签约服务的基层医疗机构，医疗保险基金支出的分布趋于合理。

二、病组分值和点数付费

中共中央5号文提出："大力推进大数据应用，推行以按病种付费为主的多元复合式医保支付方式，推广按疾病诊断相关分组付费"、"加强监督考核，结余留用、合理超支分担"。2021年11月19日，国家医疗保障局制定并印发《DRG/DIP支付方式改革三年行动计划》。

1. 定义与特征

（1）基本定义包括：①病组病种付费即指按照疾病诊断分组和病种实施医保补偿的制度安排；②结余留用即指医护服务提供方的病组病种实际成本低于医保支付病组病种平均分值的部分，属于医护服务提供方的病组病种盈余的制度安排；③合理超支分担即指符合诊疗标准的超支部分由医护服务提供方、医疗保险基金和其他机构共同分担，主要覆盖诊治疑难重症和使用新型医药设备的情况。实施合理超支分担政策需要具备如下条件：①合理诊疗标准；②诊治疑难重症和使用新型医药设备的描述性分析报告；③申报和评审评价机制；④多方合理分担机制。此外，医疗康复、慢性精神疾病等长期住院按床日付费，门诊特殊慢性病按人头付费，即以按病种付费为主的多元复合式医保支付方式。有条件的地区可按协议约定向医护机构预付部分医保资金，缓解其资金运行压力。

（2）主要特征如下：①医保从总额控制向总额预付管理转变，从数量补偿转向质量补偿转变；从外部监督向医疗机构内部管理延伸，逐步健全智能监控、协议管理和行政监督机制；②定点医疗机构以医保补偿机制变革为抓手，建立精细化的、提质增效的管理机制。

病组病种分值付费的局限性如下：①仅限于住院治疗且面对医疗科技的挑战。一是如何准确反映病组病种复杂程度是个与时俱进的发展过程。二是如何融入医疗科技临床转化成功是个挑战。例如，对微创手术和无创手术的分组和分类需要统一认识。三是如何界定复杂病组是个挑战，要避免由此导致医疗机构推诿重症患者。②缺乏整体改革效果。例如，没有加入紧密型医疗共同体的医院，不愿意放弃门诊和专科服务下沉到社区医院，或者不愿意将术前院前工作由社区医院完成，病组付费亏损问题难以解决导致公立医院过度谈判，或者通过增加病组服务数量维持医院运行，形成以病组病种为单位的新型数量补偿。

2. 病组的形成　2018年，国家医保局印发《关于申报按疾病诊断相关分组付费国家试点的通知》。2019年，国家医疗保障局印发《疾病诊断相关分组（DRG）付费国家试点技术规范和分组方案的通知》（医保办发〔2019〕36号，以下简称（通知）），同时公布《国家医疗保障DRG分组与付费技术规范》（以下简称《技术规范》）和《国家医疗保障DRG（CHS-DRG）分组方案》（以下简称《分组方案》）。《通知》提出数据要求，要按照《国家医疗保障局关于印发医疗保障标准化工作指导意见的通知》（医保发〔2019〕39号）和《国家医疗保障局关于印发医疗保障定点医护机构等信息业务编码规则和方法的通知》（医保发〔2019〕55号）要求，统一使用医保疾病诊断和手术操作、医疗服务项目、药品、医用耗材、医保结算清单等5项信息业务编码标准。CHS-DRGs成为国家医保付费病组的"通用语言"，主要包括26个主要诊断大类（MDC），依照"临床过程一致性"和"资源消耗相似性"的分组原则进行核心疾病诊断相关组（adjacent diagnosis related groups，ADRGs）分组，1.0版设立376个ADRGs，包括167个外科手术操作组、22个非手术操作组和187个内科诊断组。其所使用的诊断和手术操作编码分别为《医疗保障疾病诊断分类及代码（ICD-10）》和《医疗保障手术操作分类与编码（ICD-9-CM-3）》，包含疾病诊断2 048个类目、10 172个亚目、33 392个条目，手术和操作890

个亚目、3 666 个细目和 13 002 个条目。病组编码由 4 位码构成，均以英文 A～Z 和阿拉伯数字 0～9 表示。各位编码的具体含义如下：第一位表示主要诊断大类，根据病案首页的主要诊断确定，进入相应疾病主要诊断大类，用英文字母 A～Z 表示。第二位表示 DRGs 的类型，根据处理方式不同，分为外科部分、非手术室操作部分（接受特殊检查，如导管、内镜检查等）和内科部分，用英文字母表示，其中 A～J 的 10 个字母表示外科部分，K～Q 的 7 个字母表示非手术室操作部分，R～Z 的 9 个字母表示内科部分。第三位表示 ADRGs 的顺序码，用阿拉伯数字 1～9 表示。第四位表示是否有合并症和并发症或年龄、转归等特殊情况，用阿拉伯数字表示，其中“1”表示伴有严重合并症和并发症，“3”表示伴有一般的合并症和并发症，“5”表示无合并症和并发症，“7”表示死亡或转院，“9”表示未作区分的情况，“0”表示小于 17 岁组，其他数字表示其他需单独分组的情况。

3. 点数的形成 在年度医保支出预算总额既定、病组数量和权重既定的条件下，点数形成的几项工作如下：①统一使用全国统一的相关医保信息业务编码。使用统一的医保结算清单、医保费用明细表等，制定数据填写、采集、传输、储存、使用等有关管理办法。开展医保信息系统数据库动态维护、编码映射和有关接口改造等工作。②国家统一确定病种分值目录库、核心与综合病种的划分标准等，按实际费用确定病种分值。确定精神类、康复类及安宁疗护等住院时间较长的病例使用床日付费，制定配套的结算方式。开展病种费用测算，分类汇总病种及费用数据，根据各病种平均费用等因素计算分值。③试行分值浮动机制。例如，引入医护机构等级系数，区分不同级别医护机构分值，并进行动态调整。对适合基层医护机构诊治且基层具备诊治能力的病种，制定的病种分值标准在不同等级医护机构应保持一致。最后，年底对定点医疗机构开展绩效考核，按照协议约定将绩效考核与年终清算挂钩，由此形成降点增值的激励机制。

4. 配套措施 针对病种分值付费医疗服务的特点，充分发挥大数据的作用，制定有关监管指标，实行基于大数据的监管。加强基于病种的量化评估，促进地区医疗服务透明化，避免高套编码、冲点数等行为。加强重点病种监测，确保医疗质量。主要措施如下：①完善协议管理。规范协议文本，完善按病种分值付费相关内容，对总额预算、数据报送、分组、结算等予以具体规定，强化医疗行为、服务效率等内容。明确医护机构、经办机构等权责关系，落实有关标准、制度。②加强专业技术能力建设。成立包括医保经办机构、医护机构以及大学、科研机构人员等组建的专家队伍。形成以保证质量、控制成本、规范诊疗、提高医务人员积极性为核心的按病种分值付费和绩效管理体系。探索将门诊按人头、按项目，紧密型医共体总额付费转化为点数，并与住院服务点数形成可比关系，实现全区域点数法总额预算。③执行考核监管指标。《技术规范》规定的考核监管指标包括组织管理和制度建设、病案质量、医疗服务能力、医疗行为、医疗质量、资源效率、费用控制和患者满意度等（表 9-2）。

表 9-2 病组分值付费的评价指标和评价内容

指标		评价内容
组织	规范化、信息化	病案首页、电子病例、信息系统
能力	DRGs 组数	治疗病例所覆盖疾病类型的范围
	病例组合指数（标化 CMI）值	各学科治疗病例的平均技术难度水平
	学科发展均衡性	专业缺失及专业能力指数情况
	总权重数	住院服务总产出

续表

	指标	评价内容
效率	费用消耗指数	治疗同类疾病所花费的费用
	时间消耗指数	治疗同类疾病所花费的时间
安全	低风险组死亡率	疾病本身导致死亡概率极低的病例死亡率

三、人头加权与总额付费

中共中央5号文提出："探索对紧密型医疗联合体实行总额付费，加强监督考核，结余留用、合理超支分担"。医疗联合体是实现整合式医疗的体制性制度安排，包括治病救人的松散型专业专科联盟、维护居民健康的紧密型区域医共体。中国区域总额付费从县域紧密型医共体做起。

（一）人头加权预算

1. 定义　人头加权预算是按照参保患者医疗风险配置医保基金的补偿机制的制度安排，是实施医保健康绩效评估的基础。机制是基于政策目标制定和实施改革措施，通过绩效评估纠正偏离的行为，确保实现战略目标的制度安排。人头加权即指按照参保人或者签约服务人，根据医保补偿原则和嵌入激励机制相关指标及其权重的医保预算管理。人头加权指标包括参保人年龄组、疾病谱、往期医药费用、患者就医模式、健康绩效评估、经济发展水平等（图9-1）。

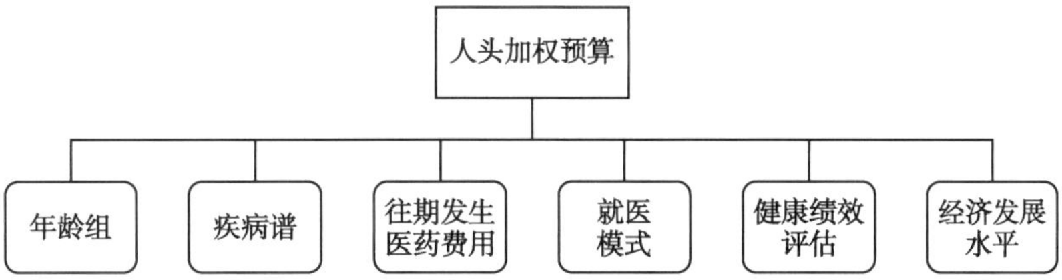

图9-1　**人头加权预算指标**

2. 主要特征和基本要求　①关注医疗风险。上述指标选取和权重确定，取决于参保患者疾病风险分布与医保补偿目标。②运用医疗大数据。基于医疗保障管理信息平台和大数据管理，对参保患者进行分组，实施预算、测算和制定预算方案，对参保患者康复状况进行绩效评估和奖励。③支持按结果补偿。由此形成以居民健康为中心的、强基层的医保引导机制。在城区和县域以及县域内部的不同区域之间形成适度竞争机制。

（二）健康绩效评估

1. 定义　健康绩效评估即指对患者康复状况及其医保和医药资源耗费情况进行统计分析和综合评估。绩效评估是企业衡量投入产出和劳动生产率的常用管理方式。《中华人民共和国基本医疗卫生与健康促进法》第七十条规定："对健康绩效进行评估，并根据评估结果制定、完善与健康相关的法律、法规、政策和规划。"调整临床病例组合系统（adjusted clinical group，ACG）即对患者和医护资源耗费进行分组和评价健康绩效的工具（Barbara Starfield，1970s）。引入健康绩效评估是医保实现按照结果和价值补偿的重要环节。

2. 主要特征和基本要求　①具有合理的参保患者分组，真实的、合理的、连续的医药资源耗费和患者康复状况的临床数据，是实施统计分析与评估的基础；②坚持以健康为中心的医保补偿战略，针对参保患者康复状态建立科学指标，是建立健康绩效评估模型的基础；③改变医保数量付费的底层逻辑，根据健康绩效评估结果实施健康绩效奖励机制，增加健康和减少患者可以获得奖励。

（三）紧密型医共体总额付费

1. 定义 医疗联合体主要有两种类型，一是学科建设型非法人式松散联合体，即专科专医专病联盟；二是维护健康的法人式紧密型医共体，即县域、城区医疗集团、医疗健康集团等。紧密型医共体即指在区域/县域内依托全民健康信息平台和数据共享，以县人民医院、中医医院等为纽带，向下辐射乡镇卫生院和村卫生室，实现医疗服务、公共卫生服务、财政管理、人事管理和绩效管理统一的法人型组织。

总额付费即指按照人头加权预算形成医保预付总额，并非实际发生的医保结算总额，实施复合型结算管理，扣除异地医疗费用，本地住院、门诊、康复等实际发生的、合理的医药费用，对于剩余资金实施结余留用激励机制的制度安排。

结余留用资金来自紧密型医共体年度实际医药成本低于医保预付总额的部分。医保按照预付总额支付后，结余部分由紧密型医共体留用，可以用于改善医务人员待遇和医疗机构发展。法人型医疗集团与地区医疗中心之间建立了学科建设性医联体，要奖励服务购买机制。例如，基层医疗机构将检测检验结果按照协议规定的程序上传上级医疗机构后，上级医疗机构专家应当在规定的时间内给出诊断意见，下级医疗集团应当支付费用。

2. 主要特征和基本要求 ①建立筹资、服务和绩效管理的一个利益共同体，即一个法人治理。实现人财物统一管理、风险共担、利益共享。②通过强基层提高医护服务可及性。以居民为中心，按照区域优化资源配置，构建全专融合、医防融合、医养结合的整合式服务，实现居民基本保健的可及性、安全性和可支付性。③激励医疗集团进行全专融合的大科学建设和引导服务下沉，支持家庭医生签约服务和首诊制；减少异地医疗和重复医疗，提高医疗服务质量、医保基金使用效率和改善患者体验。

综上所述，按照中共中央5号文的要求，探索对紧密型医疗联合体实行总额付费。要坚持系统集成、协同高效，建立医保、医疗、医药联动改革的整体性、系统性、协同性的医疗保障综合治理机制。

第三节　医保补偿促进现代医院管理

一、现代医院的定义和特征

现代是个时态词，其内涵包括过去、现在和未来。医疗服务经历了从个人诊所、综合医院到建设卫生医护体系实现整合式医疗的三个发展阶段。

1. 现代医院定义 现代医院即指传承历史医学经验、满足当今医护需求和面对未来发展的医护机构和互联网服务平台。现代医院是国家和地区卫生医护体系的一部分，包括社区诊所、1～2级医院、综合医院、跨地区的医疗中心。

2. 现代医院的四大要素 互联网时代需要系统思维。现代医院需要基于卫生规划进行科学定位，制定发展战略，以人为本和以健康为中心，形成医护文化和组织建设、学科建设和人才培育、质量控制和绩效管理（图9-2）。

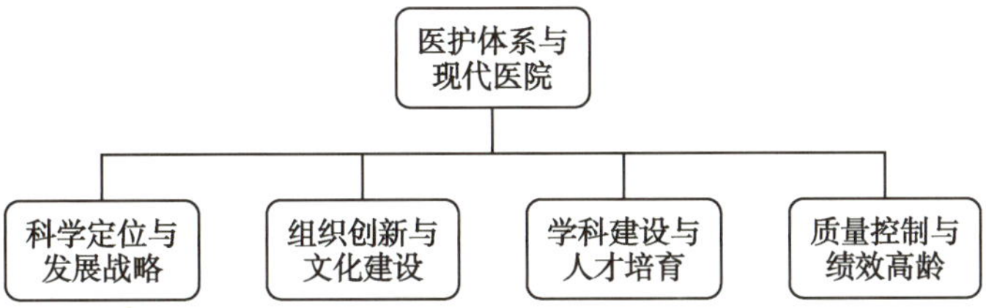

图 9-2　现代医院管理的四大要素

二、公立医院高质量发展

公立医院应当准确定位、科学发展，在专医联盟和紧密型医共体中发挥龙头作用。医院包括政府医院（如美国军人医院）、社会医院（各类资源捐助资金举办的非营利医院）和私营医院。我国公立医院是政府预算建设资金和医保补偿运营成本（含参保人付费）的公益医院。

（一）公立医院发展的基本原则

①公益性原则。为国民提供基本保健和抗疫救治服务，不以盈利为目的，但应当提供管理绩效，实现盈余用于改善医务人员待遇和医院持续发展。②整体性原则。立足全局制订年度运营管理计划，动员全员参与运营活动各环节，统筹全部需求，有效配置各类资源。③融合性与适应性原则。将运营管理与医疗、教学、科研、预防等核心业务活动充分融合，发挥医疗联合体的牵头作用。

目前我国基本保健捐助资金总量不足，第三次分配下的自愿捐助基本保健服务的“圈基金”尚未形成。一方面，政府举办的公立医院存在补偿不足的问题，更加需要压缩规模、合理定位，夯实公共卫生服务和基本保健服务的基础；另一方面，社会举办的民营非营利医院存在缺乏持续发展资金不足的问题，应当加快推进第三次分配，依法培育捐助普惠型基本保健服务的圈基金。

（二）公立医院高质量发展的主要内容

2021 年，国务院办公厅《关于推动公立医院高质量发展的意见》（国办发〔2021〕18 号，简称《公立医院高质量发展意见》）提出构建公立医院高质量发展新体系的主要内容。

1. 打造国家级和省级高水平医院　以推动国家医学进步为目标，依托现有资源规划设置国家医学中心、临床医学研究中心、区域医疗中心（均含中医）和中医药传承创新中心，形成临床重点专科群，集中力量开展疑难危重症诊断治疗技术攻关，开展前沿医学科技创新研究和成果转化，实施高层次医学人才培养，带动全国医疗水平迈上新的大台阶。以省域死亡率高、外转率高的疾病为重点，强化国家级高水平医院对省级医院的技术和人才支持，加快补齐专业专科短板，提升省域诊疗能力，减少跨省就医。

2. 全专融合发挥专科联盟的学科建设作用　专医专科联盟由专家领队组成医疗科技研发、临床成果转化和迭代升级发展的合作联盟，克服卡脖子问题，提高诊疗能力，促进健康产业发展。统筹负责网格内居民预防、治疗、康复、健康促进等一体化、连续性医疗服务。联盟内各医院加强协作，结合实际建设优势专业专科，形成特色鲜明、专业互补、错位发展、有序竞争的发展格局，带动基层医疗卫生机构提升服务能力和管理水平。

3. 发挥公立医院在县域紧密医共体的龙头作用　按照县乡一体化、乡村一体化原则，医院去行政化，全专融合构建整合式医疗服务体系。加强县级医院（含中医医院）能力建设，提升核心专科、夯实支撑专科、打造优势专科，提高肿瘤、心脑血管、呼吸、消化和感染性疾病等防治能力，提高县域就诊率和抑制重复就医。城市三级医院要对县级医院实施对口帮扶，逐步使县级公立医院达到二级甲等水平。县级医院支持社区医院和家庭医生首诊制（并非开具转诊单，是从首次问诊开始的全程个案管理），帮助居民做好个人健康的“守门人”。加快实现县办中医医护机构全覆盖，支持中医医院牵头组建县域医共体。

4. 医防融合建立一防、二控、三救治的疫情防控体系 一防在社区。建立居民自检、家庭医生咨询、社区医院和社区组织帮扶的公共卫生和疾控体系，取代行政管控。二控在紧密型医共体。县域紧密型医共体解决发烧门诊，加强感染性疾病科和相对独立的传染病病区建设。发挥中医药在重大疫情防控救治中的独特作用，规划布局中医疫病防治及紧急医学救援基地，打造高水平中医疫病防治队伍。发挥军队医院在重大疫情防控救治和国家生物安全防御中的作用。持续强化医院感染防控管理，提高重大疫情应对能力，取代方舱医院。三救治在医疗中心。依托现有资源，加快推进传染病、创伤、重大公共卫生事件等专业类别的国家医学中心、区域医疗中心和省级医疗中心、省级区域医疗中心设置建设。支持部分实力强的公立医院在控制单体规模的基础上，适度建设发展多院区，发生重大疫情时迅速转换功能。每个地市选择一家综合医院针对性提升传染病救治能力，对现有独立传染病医院进行基础设施改善和设备升级。防止发生挤兑医疗资源和造成次生灾害的情况。

三、以医保补偿为抓手建立现代医院管理制度

公立医院应当积极申报成为医疗保障服务的定点医护机构，在医院党委领导下，以医保支付为抓手，研究和运用医院医保管理的理论和方法，形成院长领导力，探索建立现代医院医疗保险管理体系，成为中国现代医院管理的示范区。

2009 年，中共中央、国务院发布《关于深化医药卫生体制改革的意见》（中发〔2009〕6 号）将医疗保障作为四个支柱之一。2010 年，《社会保险法》颁布实施以后，医疗保险人口覆盖率快速上升，2022 年参保人数达到 13.6 亿人，总人口覆盖率达到 95% 以上，基本实现了全覆盖的目标，由此形成公立医院“建设靠国家、吃饭靠医保”的局面。《医护机构医疗保障定点管理暂行办法》（简称 2 号令）自 2021 年 2 月 1 日起施行。2 号令要求：“医护机构医疗保障定点管理应坚持以人民健康为中心，遵循保障基本、公平公正、权责明晰、动态平衡的原则，加强医保精细化管理，促进医护机构供给侧改革，为参保人员提供适宜的医疗服务。”

（一）医保定点医护机构规范管理

1. 依法订立医保协议 按照相关规定提出申请，评审合格的医护机构与统筹地区经办机构协商谈判，达成一致的，双方自愿签订医保协议，明确双方权利、义务和责任。在显著位置悬挂统一样式的定点医护机构标识。

定点医护机构应当严格执行协议约定，依法依规为参保人员提供医疗服务后获得医保结算费用，对经办机构履约情况进行监督，对完善医保政策提出意见建议等权利。例如，遇到复杂病组有权提出特病单议的申请，争取适用合理超支分担的补偿政策。以海扶刀无创手术为例，应对归入手术组还是治疗组，需要定点医疗机构与医保共同研究和做出合理选择。依法监督医疗经办机构履行协议，遇到纠纷有申请医疗保障行政部门进行行政调处、申请复议和提供行政诉讼的权利。

医保协议期限一般为 1 年。绩效考核结果好的定点医疗机构可以采取固定医保协议和

年度医保协议相结合的方式，简化签约手续。续签应由定点医护机构于医保协议期满前3个月向经办机构提出申请或由经办机构统一组织。统筹地区经办机构与定点医护机构就医保协议续签事宜进行协商谈判，双方根据医保协议履行情况和绩效考核情况等决定是否续签。协商一致的，可续签医保协议；未达成一致的，医保协议到期后自动终止。

公立医院一般不得主动提出中止或解除医保协议。定点医护机构的部分人员或科室有违反协议管理要求的，可对该人员或科室中止或终止医保结算。定点医护机构与统筹地区经办机构就医保协议签订、履行、变更和解除发生争议的，可以自行协商解决或者请求同级医疗保障行政部门协调处理，也可以依法提起行政复议或行政诉讼。

2. 设立医疗保险管理科室　定点医护机构应当设立主管医疗保险的院长和科室，作为现代医院组织体系的组成部分。要培养熟悉医疗保险政策的医院管理的专业人才，便于了解临床需求，方便与院长和医务人员沟通。要建立医护机构内部和外部的工作机制。在医护机构内部，病组病种的成本管理涉及医、药、护、技、管多部门，需要医生组与科室、药剂科、医技平台、麻醉科、手术室以及管理部门的紧密合作。在医护机构的外部，需要与当地医疗保障经办机构合作，并接受医疗保障行政部门以及相关部门的监督。

在德国，由疾病基金向协议医护机构派驻审核结算员。我国将医保工作嵌入现代医院组织体系。医保科的主要工作职责如下：①在分管院长的领导下，全面负责本院医保管理工作，制定相应的管理制度和工作流程；依托医院信息化建立医保信息化、精细化管理。②建立医院医疗保险药品目录、诊疗项目、医用设备使用的管理制度，检查临床各科室的执行情况。③加强就医管理，掌握和了解医保患者入院出院标准，对医保患者的转诊转院条件进行审核；推动多科室与职能部门合作（MDT）的整合医疗，提高医护服务质量。④加强病组病种和医保医师管理，建立医院医疗保险收费及结算管理制度，检查医保患者的医疗收费是否严格按照目录规定的标准执行；注重综合绩效管理。⑤强化培训与宣传工作，负责医保政策的宣传和解释，负责和医保中心进行门诊住院费用核对。⑥完成院领导交代的其他工作。

3. 全面履行医保服务协议　一是全面履行医保服务协议：①合理诊疗。严格执行国家和地区卫生医护规划，合理定位、合理接诊。②合理收费。公立医护机构提供的基本医疗服务实行政府指导价，特需等非基本医疗服务实行市场调节价。非公立医护机构提供的医疗服务实行市场调节价。依法实行市场调节价的药品和医用耗材，以及医疗服务应当按照公平、合法、质价相符、诚实守信的原则形成价格。③合理采购。国家建立公立医护机构药品和医用耗材集中采购制度。医疗保障行政部门制定药品、医用耗材的招标采购政策，并监督实施，指导药品、医用耗材集中采购平台建设。省级集中采购机构应当执行医疗保障行政部门制定的交易规则和标准，开展药品和医用耗材招标、采购、交易、结算等工作，并监测相关信息。公立医护机构应按规定从省级集中采购平台采购所需的药品和医用耗材。国家鼓励非公立医护机构参与药品、医用耗材集中采购。定点医护机构应按照购销协议约定及时支付款项，鼓励医疗保障基金与医药企业直接结算。优先配备使用医保目录药品，控制患者自费比例，提高医疗保障基金使用效率。不得为非定点医护机构提供医保结算。定点医护机构应当以明确清晰的方式公示药品、医用耗材和医疗服务价格，加强合理使用药品、医用耗材管理，如实出具费用单据和相关资料，接受医疗保障等部门的价格监测、指导、检查和成本调查。

二是执行实名就医和购药的管理规定。要核验参保人员有效身份凭证，按照诊疗规范提供合理、必要的医药服务，向参保人员如实出具费用单据和相关资料，不得分解住院、挂床住院，不得违反诊疗规范过度诊疗、过度检查、分解处方、超量开药、重复开药，不得重复收费、超标准收费、分解项目收费，不得串换药品、医用耗材、诊疗项目和服务设施，不得诱导、协助他人冒名或者虚假就医、购药。

三是确保医疗保障基金支付的费用符合规定。除急诊、抢救等特殊情形外，提供医疗保障基金支付范围以外的医药服务的，应当经参保人员或者其近亲属、监护人同意。

四是制定相应的内部管理措施，严格掌握出入院指征。按照协议执行医保总额预算指标，执行按项目、按病种、按疾病诊断相关分组、按床日、按人头等支付方式。不得以医保支付政策为由拒收患者。

五是按要求规范病案首页、完成五级以上电子病例和医护机构精细化管理系统，及时向统筹地区经办机构报送医疗保障基金结算清单等信息（表 9-3）。严格执行《国家医疗保障局关于印发医疗保障定点医疗机构等信息业务编码规则和方法的通知》（医保发〔2019〕55 号）、《关于印发疾病诊断相关分组（DRG）付费国家试点技术规范和分组方案的通知》（医保办发〔2019〕36 号）和《医疗保障基金结算清单填写规范（试行）》的要求，包括疾病诊断及手术操作，药品、医用耗材、医疗服务项目费用结算明细，医师、护士等信息，并对其真实性负责。

六是如实向统筹地区经办机构报送药品、耗材的采购价格和数量，医疗保障基金使用监督管理及协议管理所需信息。向社会公开医药费用、费用结构信息。

七是配合经办机构开展医保费用审核、稽核检查、绩效考核等工作，接受医疗保障行政部门的监督检查，并按规定提供相关材料。

八是优化医保结算流程，为参保人员提供便捷的医疗服务，按规定进行医保费用直接结算，提供费用结算单据和相关资料。为符合规定的参保人员提供转诊转院服务。参保人员根据有关规定可以在定点医护机构购药或凭处方到定点零售药店购药。

九是做好与医保有关的信息系统安全保障工作，遵守数据安全有关制度，保护参保人员隐私。定点医护机构重新安装信息系统时，应当保持信息系统技术接口标准与医保信息系统有效对接，并按规定及时全面准确向医保信息系统传送医保结算和审核所需的有关数据。

表 9-3　医疗保障基金结算清单

清单流水号____________________

定点医护机构名称______________　定点医护机构代码______________　医保结算等级_________

医保编号______________________　病案号________________________　申报时间____年__月__日

一、基本信息
姓名_______性别□　1. 男　2. 女　出生日期____年__月__日　年龄____岁　国籍_______
（年龄不足 1 周岁）年龄____天　民族_______　患者证件类别_______　患者证件号码__________
职业______________　现住址_______省（区、市）_______市_______县______________
工作单位名称______________工作单位地址______________单位电话____________邮编______
联系人姓名_______关系____　地址_______省（区、市）_______市_______县_______电话_______
医保类型_______　特殊人员类型_______　参保地_______　新生儿入院类型_______
新生儿出生体重____克　新生儿入院体重____克

续表

<table>
<tr><th colspan="4">二、门诊慢特病诊疗信息</th></tr>
<tr><td colspan="2">诊断科别________</td><td colspan="2">就诊日期________</td></tr>
<tr><td>诊断名称</td><td>诊断代码</td><td>手术及操作名称</td><td>手术及操作代码</td></tr>
<tr><td></td><td></td><td></td><td></td></tr>
<tr><td></td><td></td><td></td><td></td></tr>
<tr><td></td><td></td><td></td><td></td></tr>
</table>

<table>
<tr><th colspan="8">三、住院诊疗信息</th></tr>
<tr><td colspan="8">住院医疗类型□ 1. 住院　2. 日间手术</td></tr>
<tr><td colspan="8">入院途径□ 1. 急诊　2. 门诊　3. 其他医护机构转入　9. 其他</td></tr>
<tr><td colspan="8">治疗类别□ 1. 西医　2. 中医（2.1 中医　2.2 民族医）　3. 中西医</td></tr>
<tr><td colspan="8">入院时间____年____月____日____时　入院科别________　转科科别______</td></tr>
<tr><td colspan="8">出院时间____年____月____日____时　出院科别________　实际住院______天</td></tr>
<tr><td colspan="8">门（急）诊诊断（西医诊断）________　疾病代码________
门（急）诊诊断（中医诊断）________　疾病代码________</td></tr>
<tr><td colspan="2">出院西医诊断</td><td>疾病代码</td><td>入院病情</td><td colspan="2">出院中医诊断</td><td>疾病代码</td><td>入院病情</td></tr>
<tr><td colspan="2">主要诊断：</td><td></td><td></td><td colspan="2">主病：</td><td></td><td></td></tr>
<tr><td colspan="2">其他诊断：</td><td></td><td></td><td colspan="2">主证：</td><td></td><td></td></tr>
<tr><td colspan="2"></td><td></td><td></td><td colspan="2"></td><td></td><td></td></tr>
<tr><td colspan="2"></td><td></td><td></td><td colspan="2"></td><td></td><td></td></tr>
<tr><td colspan="8">诊断代码计数________</td></tr>
<tr><td>手术及操作名称</td><td>手术及操作代码</td><td>手术及操作日期</td><td>麻醉方式 *</td><td>术者医师姓名</td><td>术者医师代码</td><td>麻醉医师姓名</td><td>麻醉医师代码</td></tr>
<tr><td>主要：</td><td></td><td></td><td></td><td></td><td></td><td></td><td></td></tr>
<tr><td>其他：</td><td></td><td></td><td></td><td></td><td></td><td></td><td></td></tr>
<tr><td></td><td></td><td></td><td></td><td></td><td></td><td></td><td></td></tr>
<tr><td></td><td></td><td></td><td></td><td></td><td></td><td></td><td></td></tr>
<tr><td></td><td></td><td></td><td></td><td></td><td></td><td></td><td></td></tr>
<tr><td colspan="8">手术及操作代码计数________</td></tr>
<tr><td colspan="8">呼吸机使用时间________天________小时________分钟</td></tr>
<tr><td colspan="8">颅脑损伤患者昏迷时间：入院前________天________小时________分钟
入院后________天________小时________分钟</td></tr>
<tr><td colspan="2">重症监护病房类型 *
（CCU、NICU、EICU、SICU、PICU、RICU、其他）</td><td colspan="2">进重症监护室时间 *
（__年__月__日__时__分）</td><td colspan="2">出重症监护室时间 *
（__年__月__日__时__分）</td><td colspan="2">合计（小时）*</td></tr>
<tr><td colspan="2"></td><td colspan="2"></td><td colspan="2"></td><td colspan="2"></td></tr>
<tr><td colspan="2"></td><td colspan="2"></td><td colspan="2"></td><td colspan="2"></td></tr>
<tr><td colspan="2"></td><td colspan="2"></td><td colspan="2"></td><td colspan="2"></td></tr>
<tr><td colspan="8">输血品种________　输血量________　输血计量单位________</td></tr>
<tr><td colspan="8">特级护理天数 *______　一级护理天数 *______　二级护理天数 *______　三级护理天数 *______</td></tr>
<tr><td colspan="8">离院方式 □ 1. 医嘱离院　2. 医嘱转院，拟接收机构名称________　拟接收机构代码________
3. 转社区、转卫生院机构，拟接收机构名称________　拟接收机构代码________　4. 非医嘱离院
5. 死亡　9. 其他</td></tr>
<tr><td colspan="8">是否有出院 31 天内再住院计划□ 1. 无　2. 有，目的________</td></tr>
<tr><td colspan="4">主诊医师姓名 *________</td><td colspan="4">主诊医师代码 *________</td></tr>
</table>

续表

<table>
<tr><th colspan="6">四、医疗收费信息</th></tr>
<tr><td>业务流水号：________
票据代码：________
票据号码：________</td><td colspan="5">结算期间：______年____月____日—______年____月____日</td></tr>
<tr><td>项目名称</td><td>金额</td><td>甲类</td><td>乙类</td><td>自费</td><td>其他</td></tr>
<tr><td>床位费</td><td></td><td></td><td></td><td></td><td></td></tr>
<tr><td>诊察费</td><td></td><td></td><td></td><td></td><td></td></tr>
<tr><td>检查费</td><td></td><td></td><td></td><td></td><td></td></tr>
<tr><td>化验费</td><td></td><td></td><td></td><td></td><td></td></tr>
<tr><td>治疗费</td><td></td><td></td><td></td><td></td><td></td></tr>
<tr><td>手术费</td><td></td><td></td><td></td><td></td><td></td></tr>
<tr><td>护理费</td><td></td><td></td><td></td><td></td><td></td></tr>
<tr><td>卫生材料费</td><td></td><td></td><td></td><td></td><td></td></tr>
<tr><td>西药费</td><td></td><td></td><td></td><td></td><td></td></tr>
<tr><td>中药饮片费</td><td></td><td></td><td></td><td></td><td></td></tr>
<tr><td>中成药费</td><td></td><td></td><td></td><td></td><td></td></tr>
<tr><td>一般诊疗费</td><td></td><td></td><td></td><td></td><td></td></tr>
<tr><td>挂号费</td><td></td><td></td><td></td><td></td><td></td></tr>
<tr><td>其他费</td><td></td><td></td><td></td><td></td><td></td></tr>
<tr><td>金额合计</td><td></td><td></td><td></td><td></td><td></td></tr>
</table>

<table>
<tr><td rowspan="10">基金支付</td><td>基金支付类型</td><td>金额</td><td rowspan="10">个人支付</td><td rowspan="2">个人自付</td><td rowspan="2"></td></tr>
<tr><td>医保统筹基金支付</td><td></td></tr>
<tr><td>其他支付：</td><td></td><td rowspan="2">个人自费</td><td rowspan="2"></td></tr>
<tr><td>大病保险</td><td></td></tr>
<tr><td>医疗救助</td><td></td><td rowspan="3">个人账户支付</td><td rowspan="3"></td></tr>
<tr><td>公务员医疗补助</td><td></td></tr>
<tr><td>大额补充</td><td></td></tr>
<tr><td>企业补充</td><td></td><td rowspan="3">个人现金支付</td><td rowspan="3"></td></tr>
<tr><td>……</td><td></td></tr>
<tr><td>……</td><td></td></tr>
<tr><td colspan="6">医保支付方式□ 1. 按项目　2. 单病种　3. 按病种分值　4. 疾病诊断相关分组（DRG）　5. 按床日　6. 按人头……</td></tr>
</table>

医护机　填报部门________　　　　医保机构____________

医护机　填报人__________　　　　医保机构经办人________

（注：“*”代表选填数据项）

（二）定点医护机构财务管理

医疗保险基金实行总额预算意味着一个地区年内医保支付总额是既定的，定点医护机构需要做好预算管理。实行病组病种分值付费、结余留用，使得医护机构管理的最小单位是病组病种，在同类医院之间存在成本的竞争关系，只有成本低于医保支付费用才可以获得结余。医护机构要非常重视预算管理细化，包括病组成本管理，细化到医、药、护、技、管各个环节，建立相关部门合作机制。既要关注成本效益、也要顾及成本效率，不再追求规模最大化。

总额预算管理的主要内容和流程见图 9-3。在做好本年度预算执行情况分析的基础上，包括基础数据、统计分析、未来预测，形成下一年度工作目标和计划，由此推算床位、学科、技术、设备等硬件方面和引进人才软件方面的变化，以及由此带来的收治人次、病组病种成本、住院与门诊的总费用收入。还要就院内科室预算、额度分配和管理指标等与相关科室达成共识，确保行动计划具体、明确、可以操作。考核工作要及时准确，确保预算目标的实现。

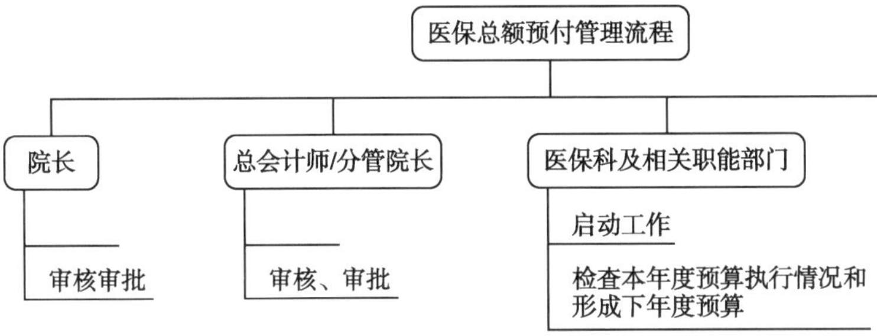

图 9-3　定点医护机构总额预算管理流程

（三）医保定点医护机构绩效管理

基于医疗保险基金补偿战略下的复合型支付方式，主要包括两个部分：一是病组病种分值付费与结余留用、合理超支分担政策；二是紧密型医共体人头加权预算、健康评估与结余留用和健康评估绩效奖励。以医保支付为抓手加强医护机构绩效管理，提高基本保健服务能力和质量，要从以下几项工作做起。

1. 病组病种分值付费绩效管理　病组病种成为医院精细化管理的最小单位，预算管理到病组病种。以规范病案首页、电子病例、大数据为基础，建立四级绩效管理平台（图 9-4），覆盖医护机构、科室、病组病种、医师（药师、护理等），实施组合标准考核、分析、评估和绩效指标，在疾病的严重程度（CMI）、时间指数、费用指数、低风险死亡率等指标中求均值（也可以根据医护机构发展需要进行调整）。利用 DRG 数据实现专科间绩效评价，以全院平均情况（或标杆值）划分象限图比较各科室、各医生组的效率（图 9-5、图 9-6）。根据病组成本与医保支付费用的比较区分亏损病组和盈余病组，再进一步分析原因和制定发展措施。

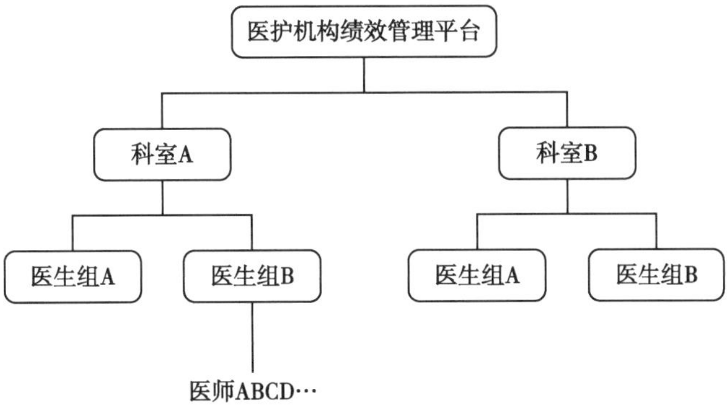

图 9-4　定点医护机构绩效管理四级平台

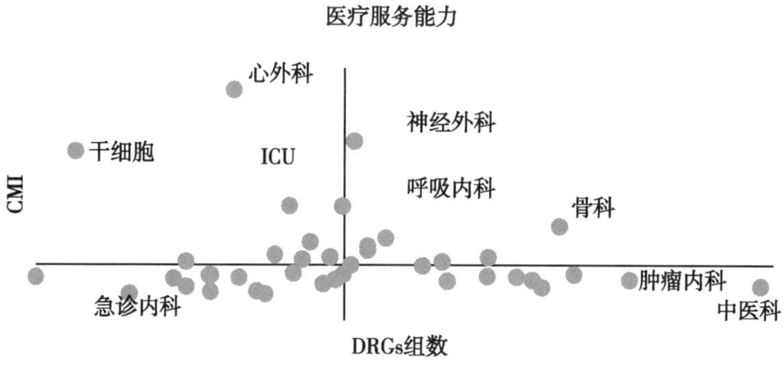

图 9-5　科室服务能力评估

	服务能力						服务效率				医疗质量		TOPSIS 得分	
	DRG组		CMI		总权重		时间消耗指数		费用消耗指数		低风险组死亡率（%）			
1	汪医生	86	董医生	2.51	陈医生	1 115	曾医生	0.87	陈医生	1.53	李医生	0	董医生	0.793
2	廖医生	81	王医生	2.18	曾医生	1 090	程医生	0.87	黎医生	1.53	曾医生	0	王医生	0.519
3	黄医生	79	黎医生	1.65	董医生	1 024	李医生	0.87	程医生	1.53	刘医生	0	黎医生	0.461
4	张医生	78	卢医生	1.46	黎医生	912.6	董医生	0.88	汪医生	1.56	袁医生	0	陈医生	0.446
5	程医生	76	刘医生	1.45	程医生	903.1	袁医生	0.88	卢医生	1.57	李医生	0	汪医生	0.419
6	董医生	70	李医生	1.42	李医生	897.3	廖医生	0.89	黄医生	1.58	张医生	0	张医生	0.406
7	黎医生	67	陈医生	1.37	汪医生	881.8	李医生	0.9	廖医生	1.58	程医生	0	廖医生	0.376
8	程医生A	67	张医生	1.35	张医生	870.8	汪医生	0.9	张医生	1.59	黄医生	0	曾医生	0.362
9	陈医生	63	黄医生	1.33	程医生	825.5	程医生	0.9	王医生	1.59	廖医生	0	程医生	0.354
10	李医生	62	廖医生	1.25	廖医生	797.5	黄医生	0.9	程医生	1.59	汪医生	0	黄医生	0.34
11	卢医生	60	程医生	1.24	袁医生	794.1	刘医生	0.9	李医生	1.62	陈医生	0	程医生	0.33
12	袁医生	59	曾医生	1.23	王医生	734.7	陈医生	0.92	刘医生	1.65	黎医生	0	李医生	0.309
13	王医生	56	汪医生	1.19	卢医生	723.6	黎医生	0.92	袁医生	1.65	程医生	0	卢医生	0.261
14	李医生	54	程医生	1.18	李医生	708.9	张医生	0.92	曾医生	1.66	卢医生	0.004	袁医生	0.215
15	刘医生	52	李医生	1.18	黄医生	663.2	王医生	0.92	李医生	1.72	董医生	0.005	李医生	0.197
16	曾医生	48	袁医生	1.15	刘医生	592.9	卢医生	0.92	董医生	1.74	王医生	0.01	刘医生	0.168

图 9-6　医护机构绩效管理平台操作示意图

以图 9-6 中的董医生为例，是一个实施四级手术的专家型人才。他的工作绩效如下：①入组 70 个，入组率排第六；② CMI 2.51，70 个病组难度系数（RW）加权平均值排第一；

③总权重，与全院病组病种比较后的复杂程度排第三；④时间消耗指数，以住院日为主的时间管理绩效排第四；⑤费用消耗指数，以耗费医保基金为主的成本管理绩效排第十六；⑥低风险死亡率，作为质量控制的初级指标排第十五。董医生的绩效总得分排第一，是该医护机构的业务骨干和学科带头人。在病组病种分值付费后，医护机构将直接面对“提高质量和控制成本”的挑战，这是世界性难题：一是提高医护服务的CMI值；二是降低时间费用指数；引导医护机构从合理定位、人力资源、成本管理、物资管理、空间布局、流程改造、信息系统等方面，全方位实施精细化、标准化、信息化和智能化管理。

2. 复杂病组病种分值付费与合理超支分担 合理超支分担是针对复杂病组病种制定的医保补偿政策，以支持定点医护机构接治重症和进行临床创新。目前，一些医保基金统筹地区根据原有医院级别确定病种病组分值系数，在一定程度上解决了重症病组病种分值的合理性问题。但是，这属于比较粗放的分配方式，不能准确反映重症分值需求。实施合理超值分担政策的操作规则如下：①医生组提供重症超支的临床描述性报告；②建立申报、评审和答辩制度；③测算超支金额，制定基本医疗保险补偿份额，剩余部分由财政科研经费、医护机构、患者和其他机构承担。

实施病组病种分值付费必然出现如下三种情况：①重症亏损病组病种；②收支平衡略有盈余的病组病种；③普通专科亏损病组病种。为此，医保服务定点医护机构纷纷建立运营部门和聘用医院管理专业的业务人员，分析亏损病组病种的结构和原因，以医保支付为抓手推动医护机构的绩效管理（图9-7）。

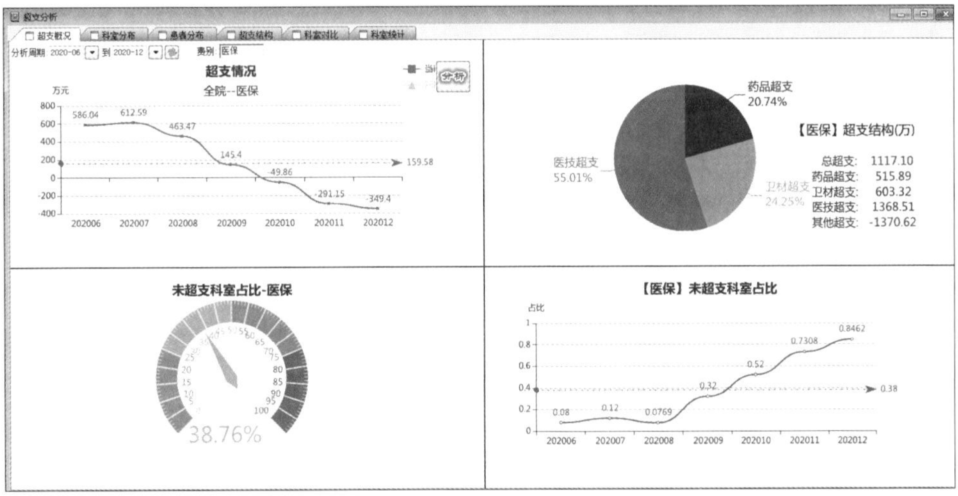

图9-7 **病组分值付费的绩效管理平台**

定点医护机构需要针对亏损病组病种制定改进措施，进而完善发展战略。一是针对重症亏损病组病种，如果根据机构定位属于重点学科，就要加强质量控制、成本管理、项目管理，撰写病组成本效益分析和描述性报告，提高同行对话和与医保经办机构的谈判能力，争取获得合理超支分担费用以及其他渠道的资金支持。二是将普通专科亏损病组病种转到下级医护机构处理。这种发展战略的结果是该医护机构的CMI值提高，大专科的救治、临床创新和人才培养能力快速提高。反之，普通专科和门诊工作量下降。

3. 总额付费与健康评估绩效奖励 城区和县域紧密型医共体实行总额付费（表9-4）。

定点医护机构的绩效来自如下三个方面：①优化资源配置。构建全专融合的服务体系，实现整合式医疗和改变就医模式，提高医护服务可及性和就医体验；②以优质服务留住患者。在实行首诊制的国家，签约患者不能直接进入三级医院或到非签约地区就诊，我国距离普遍实行首诊制还有很长一段时间，目前实行"钱随人走"的医保支付政策，这对紧密型医共体是个挑战。③提高居民健康绩效。在健康管理责任区内，只要居民少生病、多健康，即产生病组、人头的结余留用资金和健康绩效奖励。

表 9-4　紧密医疗共同体医保考核指标体系参考

指标	结构	情况描述	权重	周期	分值
医保次均费用					
医保人数增长率	住院				
	门诊				
	社区				
医保人次人头比	住院				
	门诊				
	社区				
医保耗占比					
医保自费比					
医保患者 CMI					
医保检查占比					
医保费用结构	住院				
	门诊				
	社区				
医保基金指标完成情况					
医保病案管理					
患者满意度					
医保培训与科室反馈					
健康绩效评估结果					
其他					

本章小结

1. 贯彻执行中共中央 5 号文的要求，中国医疗保障从"建基金""补需方""后付制"和"治疗中心"的发展阶段进入了附加"建机制""补供方""预付制"和"健康中心"的综合治理发展阶段。医保补偿经历了数量付费阶段，进入病组分值付费改革，目前正在建设县域总额预算管理和总额付费机制，人头加权预算、病组分值付费和健康绩效评估是重要工具。

2. 医保补偿战略与人民就医需求和国家医疗体制改革协同发展，引导公立医院合理定位、科学发展、提质增效，合理使用医疗保障基金，实现基本保健的可及性、安全性和可支付的三角价值链。

思考与练习题

1. 描述医疗第三方支付补偿战略变革的三个阶段及其社会背景和本质区别。

2. 描述就医模式从看医生、去医院到进体系的质变及其社会背景和价值取向。

3. 如何理解中共中央5号文提出的“探索对紧密型医疗联合体实行总额付费”的战略部署。

4. 以金华市为例，理解医保补偿战略和支付改革的系统工程与综合治理的意义。

2015年，金华市实现了市级统筹、基金两级管理，2018年覆盖全部县域。在2016—2023年期间，金华市有序推进了医保补偿机制改革的系列工程(图9-8)，并逐步完善信息系统、大数据管理、智能审核、对话机制、信息披露等综合治理措施。

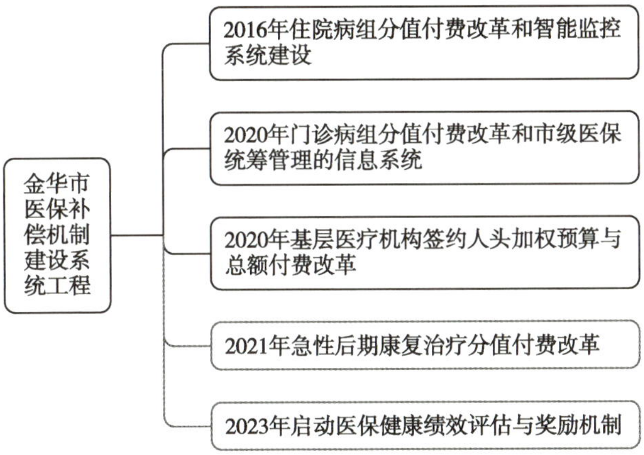

图9-8　金华市医保补偿机制改革系列工程

附件1：医保支付专业术语(仅供参考，以国家医疗保障局公布的为准)

1. 病种　即疾病的种类。具有相同诊断及相似临床特征的疾病为一个病种。

2. 病组　将同一病种根据其主要诊疗方式、合并症、并发症及患者年龄等因素分为若干不同的组，每组称为一个病组。

3. 基准病组　选择临床路径明确、并发症与合并症少、诊疗技术成熟、质量可控且费用稳定的病组，作为其余病组和其比较并确定分值的基准。

4. 常规病组　除基准病组以外的其他病组。

5. 病组原始分值　是指未添加基础分值系数和调整系数，仅用该病组的次均医疗费用和基准病组的次均医疗费用比较得出的分值。同一基金池内同病组各家医疗机构原始分值一致。

6. 基础分值系数　根据各医疗机构收费等级、医疗机构类别、省级以上重点专科建设、诚信等级、所在区域GDP、医务人员职称指数(JOB)、疾病复杂指数(CMI)、住院时间指数(LOSI)、医疗机构次均手术费用指标(AOCI)、病组规模指标(DTI)、医院年龄分布综合指数(ACI)和报销比例指数(RR)十二项指标，标化加权后计算得出，用以反映各医疗机构服务能力、服务质量、所在区域社会经济水平等差异。

7. 病组基础分值　由各病组原始分值乘以基础分值系数得出，反映各医疗机构治疗同一病组医疗服务资源消耗的差异。

8. 调整系数 调整系数在年度考核时对平均住院天数增长率、实际报销比增长率、全额自费率增长率、次均费用增长率(指次均统筹支付费用增长率)、人次人头比增长率和检查检验占比增长率六项指标进行考核,根据考核结果,标化加权后计算得出。用以反映各医疗机构年度内医疗质量管理、医保服务协议履行、医疗费用管控及参保人员负担等情况。

9. 当年该病组在该基金池次均医疗费用 指某一病组在某基金池内去除极端费用后计算出的次均医疗费用。

10. 病组结算分值 由病组基础分值乘以调整系数得出,是医保经办机构与医疗机构结算时的各病组的实际分值。

附件2:医院医保管理制度汇编

《医院关于实名就医管理的工作制度及工作流程》

《医院关于外配处方外配药物处方的管理制度和流程》

《医院关于医保人员转院转诊管理制度和流程》

《医院关于医保文书签署的管理制度》

《医院关于医保基础数据统计工作制度及工作流程》

《医院关于医保费用信息上传(故障申报)制度及流程》

《医院关于医保门诊及住院医保拒付处理制度及流程》

《医院关于医保住院病案首页上传工作制度和流程》等

参考文献

[1] 国家医疗保障局. 关于印发疾病诊断相关分组(DRG)付费国家试点技术规范和分组方案的通知(医保办发〔2019〕36号)[EB/OL]. (2019-10-24)[2022-09-30]. http://www.nhsa.gov.cn/art/2019/10/24/art_53_1879.html.

[2] 德拉内. 梅朵斯. 系统之美. 邱昭良,译. 杭州:浙江人民出版社,2012.

[3] 梁海伦. 以患者为中心的医疗服务与管理. 北京:化学工业出版社,2019.

[4] 杨燕绥,常焙筌,秦晨,等. 医保复合型付费的"约束-引导-激励"机制研究——契约科学和社会治理下金华医保改革实践. 卫生经济研究,2021,38(12):7-10.

[5] 石磊玉,道格拉斯. A. 辛格. 美国医疗卫生服务体系. 第7版. 杨燕绥,张丹,译. 北京:中国金融出版社,2019.

[6] 大卫. M. 劳伦斯. 凯撒医疗变革的领导力. 郝宏恕,管吉鹏,余秀芝,译. 北京:中译出版社,2019.

第十章
医疗保障信息系统建设

教学目标

学习中共中央5号文关于“高起点推进标准化和信息化建设。统一医疗保障业务标准和技术标准，建立全国统一、高效、兼容、便捷、安全的医疗保障信息系统”的基本要求；熟悉实现全国医疗保障信息互联互通，加强数据有序共享，规范数据管理和应用权限，依法保护参保人员基本信息和数据安全的基本规则；了解加强大数据开发，突出应用导向，强化服务支撑功能，推进医疗保障公共服务均等可及的发展趋势。

主要内容

医疗保障标准化和信息化建设；医疗保障信息系统及其结构；医疗保障数据管理及其应用；医疗保障信息系统和数据安全管理。

第一节　医疗保障标准化、信息化建设

一、医疗保障标准化

（一）医疗保障标准化的定义和内容

标准化是指在经济、技术、科学和管理等社会实践中，对重复性的事物和概念，通过制定、发布和实施标准达到统一，以获得最佳秩序和社会效益的制度安排。标准化是实现信息化的基础。根据国家《标准化工作指南》（GB/T20000.1—2002）对“标准化”的定义，可以将医疗保障标准化定义为：为了在医疗保障范围内建立最佳秩序，对现实问题或潜在问题制定共同使用和重复使用的条款的持续性活动，包括编制、发布和实施标准的过程；作用于医疗保障改革、管理和服务的适用性，防止地区和部门的壁垒，促进全部利益相关者的合作与共赢。

医疗保障标准化的具体内容如下：①基础共性标准。全国医疗保障系统共建共享、相关部门单位衔接交换的“通用语言”包括医疗保障信息业务编码标准、统一标识、档案管理规范等，以及医疗保障信息化建设涉及的网络安全、数据交换、运行维护等技术标准。②管理工作规范。包括医疗保障基金管理、业务经办管理、医药价格和招标采购管理等工作规范，审核结算支付、转移接续、异地结算、支付方式管理等基金管理和经办业务规范，经办机构建设、经办人员行为等经办体系建设规范，医疗服务项目与价格以及药品、医用耗材的招标采购管理规范等。③公共服务标准。包括基本医疗保险参保登记、信息披露、个人信息查询等公共服务

规范，医疗保障经办部门与定点医药机构等第三方机构的协议管理规范，长期护理保险失能评估标准、服务项目标准等。④评价监督标准。包括医疗保障基金管理绩效的考核、医疗保障公共服务评价标准、健康管理绩效评估等；包括对参保人、参保单位、定点医药机构及其工作人员的信用评价标准，以及医疗保障基金运行监控管理规范、医药服务价格监测规范等。

（二）医疗保障标准化的意义

标准化是建设现代医疗保障制度的重要手段和必要条件：①标准化为学术研究、立法、管理和服务奠定基础，促进统一、协调、高效率等；医疗保障的社会化程度很高，涉及利益相关者多，资金规模大，技术要求复杂，分工细、协作要求高，必须制定和使用统一标准才能建立运行秩序；②标准化是学术研究、制定政策，以及管理、服务与监督之间的桥梁。医疗保障法律和政策纳入相应标准才能具体推广和应用。以病组分值付费为例，需要病案首页标准化。③标准化是保证公共政策、管理服务质量，维护医疗保障基金、参保人、患者和医药机构等主体利益的工具。尽管医疗服务个性化较强，不能等同工业企业的标准化，但是参保登记、缴费基准、待遇清单、医保三个目录，就诊流程管理、临床路径管理、药物经济评估、医保总额预算管理、医保分值付费、健康绩效评估等也需要标准化，促进医疗保障事业全面、协调、可持续发展，进而带动医药产业健康发展。

为加快形成全国统一的医疗保障标准化体系，根据《国务院关于印发深化标准化工作改革方案的通知》（国发〔2015〕13 号）和《国家标准化体系建设发展规划（2016-2020 年）》等文件要求，结合医疗保障改革发展需求，**国家医疗保障局发布了《关于印发医疗保障标准化工作指导意见的通知》（医保发［2019］39 号，简称国家医保局 39 号文），提出按照"顶层设计、科学权威、需求导向、试点先行"的部署**，统一规划、统一分类、统一发布、统一管理，制定各项医疗保障标准，推动标准实施，形成全国统一的医疗保障标准化体系，为新时代医疗保障高质量发展提供支撑。2020 年，在全国统一医疗保障信息系统建设基础上，逐步实现了疾病诊断和手术操作等 15 项信息业务编码标准的落地使用。"十四五"期间，将形成全国医疗保障标准清单，启动部分医疗保障标准的研究制定和试用完善。

二、医疗保障信息化

（一）医疗保障信息化的定义和内容

信息化即以现代通信为基础实现人工智能的技术和制度安排。医疗保障信息化即指基于现代通信、网络、数据库技术，对医疗保障研究对象和各要素进行汇总至数据库，实现标准化、智能化操作，供医疗保障参保患者、管理和经办机构，以及相关人群使用，辅助信息披露、决策的各种行为相结合的技术和制度安排。

（二）医疗保障信息化的意义

信息化的概念起源于 20 世纪 60 年代的日本，首先由日本学者梅棹忠夫提出，后被译成英文传播到西方。"信息社会"和"信息化"的概念在 20 世纪 70 年代后期开始普及。1993 年，美国政府制定的"信息高速公路计划"大大助推了信息化的发展。

医疗保障信息化的意义如下。

1. 信息化促进医疗保障管理模式的变革 一是从手工处理的传统管理模式到业务系统计算机化，大大提高了业务处理的效率。但是，信息标准和数据口径不一致和冗余导致难以真正发挥计算机系统的作用。特别是面对大量的临床医药数据，医疗保障管理者处于信息不对称的尴尬地位，只能被动地制定医保支付政策和监管措施。二是医疗保险标准化、信息化和智能化，支持了医保智能监控知识库和信息系统的研发和使用，辅助医疗保险管理者走进医院、走近临床，带动了医疗保险支付方式改革和监管模式的变革。三是引起医疗保障组织结构的调整，支持垂直管理体制和一体化运行机制的建设，大大提高了组织建设和工作能力。

2. 信息化提高医疗保障管理质量和效率 一是有助于加强医疗保障管理功能。在实现医疗保障信息大集中后，主管部门能够更加准确地控制各经办机构、定点医药机构参保单位的业务活动和行为，大大减少了决策和监督中的信息不对称，极大地提高管理效率和降低成本。二是促进医疗保障科学决策和与时俱进的发展。国民基本保健和医疗保障需求快速提升，医药机构需要提质增效的发展，要求医疗保障的法律法规、政策制度、管理服务、定价机制、监督机制能够适用这些快速的变化，做出准确判断和科学决策，确保医疗保障事业持续发展。三是实现医疗保障有效监督。医疗保障实施过程中面对诸多的信息不对称和道德风险，科学化管理离不开对管理对象的定量分析，包括对参保单位、参保人、就诊数据、医药价格数据等多种因素，需要建立综合决策、综合治理和公共服务信息系统。以医疗保障基金使用的监督为例，主要依赖智能监控系统打造的医患自律环境，依赖大数据分析发现异常后重点监督检查，人工的飞行检查和现场检查已经变得非常有限。可以说，只有实现标准化、信息化和智能化，医疗保障管理者才能真正具有把握全局和进行监控的能力。

第二节 我国医疗保障信息系统结构与功能

一、医疗保障信息系统建设

（一）医疗保障信息系统定义

医疗保障信息系统即指以参保人为中心，利用计算机硬件、软件、网络通讯设备及其他办公设备，进行信息收集、传输、管理、存储、更新和维护大数据，支持高层决策、中层管理和基层服务的集成化的人机系统。医疗保障信息化包括基础数据信息化、业务流程和事务处理信息化、公共服务和监督检查信息化。

（二）医疗保障信息系统建设的意义

医疗保障信息系统建设的主要意义如下：①提高医疗保障业务操作效率和质量。中国医疗保障是全球最大的公共服务系统，完善医疗保障信息系统是必要条件。②实施医疗保障决策和预算的科学化。医疗保障标准化信息化是实施医疗保障总额预算、支付方式改革和预付制的前提条件。③对定点医药机构实施有效监督。医疗保障监督视角走进医院，和医生对话，需要具有临床循证功能的智能监控系统。④为参保人提供方便可及的公共服务。医疗保障业务横向覆盖大量医护级医药机构，纵向覆盖全国各地，标准化、信息化和网络化是必要条件。

（三）医疗保障信息系统建设的原则

国家医疗保障信息系统建设应当坚持如下原则：①行业**标准全国统一**。各地在建设过程中须贯彻落实全国统一的标准规范体系和中台服务。②行业**数据两级集中**。省级医疗保障信息化建设应根据国家数据标准要求，遵循全省数据集中原则，实现国家和省级数据两级集中。③业务**平台分级部署**。省级医疗保障部门根据实际情况自主选择省级集中部署模式或省市两级部署模式，并须按照国家要求部署中台服务。县级不得建设相关业务系统。各地医疗保障部门应严格按照国家要求开展本地医疗保障信息平台的设计、建设、实施、验收等工作。④医疗保障**网络全面覆盖。**核心业务区(15个业务中心)网络纵向实现国家、省、市、县互联互通,横向与人社、卫健、民政、财政、税务、公安等部门以及医院、药店、商业银行、保险公司等单位互联互通,最终建成数据共享、交互协同的全国一体化医疗保障网络体系。核心业务包括15个业务中心,其中政策中心提供疾病诊断药品、医疗服务项目、耗材、病种、政策参数等基础信息的管理服务;结算中心提供医疗保障就医结算业务服务,包括结算方式、待遇计算、结算查询、结算记录等;机构中心提供对于医疗保障定点组织机构的统一管理服务,包括机构信息维护、机构查询、机构新增、机构信用评级等;支付中心提供电子支付的统一管理服务,包括支付渠道管理、支付服务、支付对账服务、支付查询等;产品中心提供对药品和医用耗材医疗服务价格的管理服务,包括药品和医用耗材管理、医疗服务、价格管理、库存管理等。⑤**项目建设统一和规范。**省级开展可行性研究、初步设计等工作,应建立省级内部评审机制,可行性研究报告须提交国家医疗保障局备案同意。⑥**安全保障措施有力。医疗保障核心业务区的网络系统和数据需部署于医疗保障核心业务网内或政府专网环境内,按照网络安全等级保护三级标准建设信息系统,具备脱敏加密的能力,公共服务区对外应用时应采取有效办法,确保数据不泄露、不截流。**严格按照国家相关法律法规要求,落实网络安全保护等级制度,加强医疗保障信息化基础设施和安全保障体系建设,确保医疗保障信息平台安全稳定运行。

二、我国医疗保障信息系统的业务架构与功能

(一)我国医疗保障信息系统总体布局

我国医疗保障信息系统采取统一规划,选择省级集中部署模式或省市两级部署模式(图10-1)。在纵向上涉及国家、省级和地市三级信息系统及其功能区,在横向上涉及公共服务和核心业务两区信息系统和功能区。在核心业务区构建核心业务区业务中台,在公共服务区构建公共服务区业务中台。

业务中台是业务中心的集合。业务中心拥有独立的数据资源,对外提供业务服务、独立运营、独立部署,可以通过沉淀支撑上层应用系统快速迭代和形成创新能力,不断进行自我完善,实现业务的高效共享和复用。

(二)我国医疗保障信息系统的主要功能

医疗保障信息平台总体应用架构采用中台设计模式,国家统一发布业务中台基础版本及14个业务子系统和统一认证、用户、政策、结算、机构、支付、险种、产品、风控、消息、引擎、电子凭证、电子档案、财务、报表共15个业务中心。疾病诊断和手术操作、药品、医用耗材、医疗服务项目等15项全国统一的医保信息业务编码制定发布和全面推广,医保"通用语言"基本形成。一方面,在"四统一"(统一规划、统一分类、统一发布、统一管理)和"最大公约数"原则下,国家医保局发布了医保业务编码规则和方法,形成跨区域、跨层级、跨部门、跨业务的全国医保"通用语言"。另一方面,建立编码标准数据库和动态维护机制,搭建国家、省、市三级联通的动态维护平台,实现对编码标准数据库的动态维护。医保业务编码标准在全国范围内贯彻实施,推进全国医保数据全覆盖、编码全转换、系统全贯通,为全国医保基础信息标准化、全国医保大数据聚合应用打下了坚实的基础。

医疗保障智能监控子系统:提供知识库管理、规则库管理、规则引擎管理、智能审核管理、药品进销存管理、统计分析、API服务等功能。具体功能模块包括医保管理类知识、临床

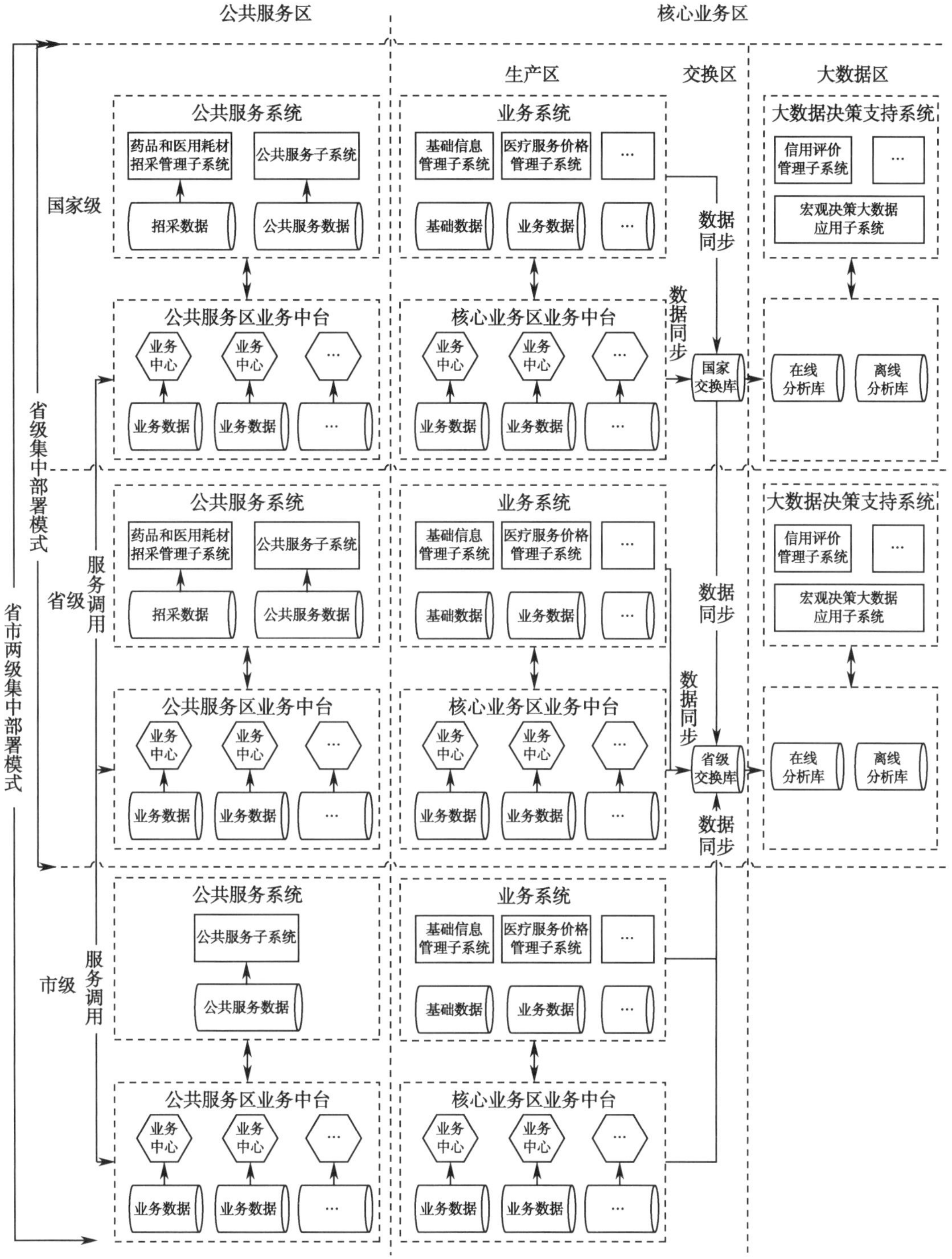

图 10-1　医疗保障信息系统结构与功能示意图

诊断类知识、药品类知识、诊疗项目类知识、临床路径类知识的维护；知识审核、发布和上报管理；知识调取，本地知识上报、目录本地化对照、规则参数配置、规则审核管理、规则发布管理、规则上报管理；规则调取，本地规则上报、规则匹配、规则调度；智能审核结果、专项数据检查、人工审核、协同审核、预警展示、监督结果上报；医保患者中心、监管结果统计、规则库统计、知识库统计、工作量统计；入库、出库、损耗、库存查询；对照分析。

信用评价管理子系统：针对参保单位、医保定点医药机构及其工作人员、各类参保人、药品医用耗材生产流通企业等医疗保障利益相关者，进行信用评价。主要包括信用信息采集、处罚信息上报、征信发布、征信指标管理、征信建模、征信分析、征信修复管理、机构信息采集和数据变更、执业人员数据采集和数据变更、黑名单管理等。

国家版本和地方版本的协调：一般情况下地方不做调整，确需要调整时由国家医疗保障局统一发布新版本，各地根据相关要求和规范使用。①强制约束类。包括基础信息管理、跨省异地就医管理和医疗服务价格管理 3 个业务子系统。由国家建设全国统一的基础信息子系统，并下发地方使用，地方负责相关配套落地。地方基础信息变更须与国家基础信息子系统对接，国家库基础信息生效后，地方库基础信息再生效。国家升级改造跨省异地就医管理子系统，跨省异地就医系统按国家接入标准进行对接。国家提供统一的医疗服务价格体系提供各地使用。②基础约束类。包括医保业务基础、内部控制、支付方式管理、药物医用耗材采管理、基金运行及审计监管、医疗保障智能监管、信用评价管理、公共服务和运行检测等 9 个业务子系统。国家下发基础版本，地方须遵循国家统一的技术框架和核心数据模型，用全国统一基础版本。确有特殊需要的地方，可在基础版本上通过调用中台服务组装本地化特殊功能。③弱约束类。内部统一门户管理和宏观决策大数据应用两个业务子系统实行弱约束管理。要遵循国家统一标准规范，由地方根据实际情况通过调用中台服务组装建设。

截至 2021 年 6 月，国家医保局信息化基础设施相关的机房以及通信基础设施、服务器和存储设备、网络和安全设备、身份认证密码体系、监控中心和机房配套、云平台 6 个分项全部完成终验，机房、各类硬件网络安全设备、核心业务区和公共服务区云平台等正式运行。建立数据中心计算资源和服务互备的同城双活机制，建成 IaaS、PaaS、DaaS 三个池化云服务体系，搭建了从国家到省级医保部门的专网线路，完成了全国医保网络 IP 地址规划和域名规划。各项基础设施的建成，为医保信息平台各业务子系统投入使用打下了坚实的基础，有效支撑了各项医保业务平稳、高效、安全运行。

三、我国医疗保障信息系统的技术架构

总体技术架构采用分布式云架构。在基础设施层上，结合云平台提供分布式服务支撑。通过业务中台构建业务中心，开展交易型应用；通过数据中台实现数据汇聚、数据治理等；开展大数据应用。基于统一的技术框架建设经办管理类、公共服务类、智能监管类、宏观决策类应用。①应用系统：所有业务应用系统都必须基于国家医疗保障应用框架，简称 HSAF。② HSAF 框架：采用分布式云架构，封装核心云支撑服务适配接口，用于实现云产品解耦设计。③适配层：基于 HSAF 的适配技术，将应用层依赖的分布式技术与具体厂商的分布式技术进行适配，实现应用层可以适配多家厂商的分布式技术。④云支撑服务层：基于云基础设施，为应用层提供通用的技术支撑服务，包括分布式服务、分布式缓存、分布式数据访问、分布式日志服务、非结构化存储和消息队列等。⑤云基础设施层：采用云架构在物理设备基础上，实现计算资源、存储资源、网络资源的动态管理和资源调配。

四、国家医疗保障信息平台

国家医疗保障信息平台是国内首例国产化平台架构的全国性政务服务系统。中台系统是大

厦的地基。在平台设计开发过程中，按照“统一、共享、稳定”原则，抽取了基本信息中心、统一认证中心、参保中心、征缴中心、结算中心、电子凭证中心、移动支付中心等基础、通用的业务中心，将业务中心按需部署在国家平台、地方平台的核心业务区和公共服务区，形成了全国统一的医保业务中台。在此基础上，分级（中央、地方）分区（核心业务区、公共服务区）部署“强约束”“基础约束”“弱约束”三种类型14个医保业务子系统，由此形成全国统一的中台化业务服务支撑体系。

采用中台理念设计的医保信息平台能够适应医保业务变化快、渠道多、横向纵向交互频繁等特点，通过中台的业务复用能力，在保持核心业务稳定的前提下，通过共享、复用的模式，加速前台开发进度，保证新的业务功能快速上线。中台的优势在国家平台地方落地应用、跨省异地就医管理子系统全面升级、医保电子凭证全面推广过程中得到了充分的验证和体现，可以发挥重要作用。

五、地方医疗保障信息平台

地方应用系统由经办管理类、公共服务类、智能监管类、宏观决策类构成。地方业务中台由公共服务区业务中台和核心业务区业务中台构成。地方系统建设应在国家局下发的基础版本基础上，根据系统对接及建设原则的具体约束要求进行使用和扩建，如与国家统一要求具有较大差距，需要及时上报国家局审核同意后方可实施。地方应用系统及中台建设模式，包括省级集中部署和省市两级部署。其中省市两级部署的药品和医用耗材招采管理子系统、运行监测子系统，只在省级建设，市级及以下不再建设。

在国家局，网络系统、云平台、安全系统等基础设施全面投入使用。在地方，大部分省份完成医保信息化基础设施建设工作，建设或租用了数据中心机房，贯通了纵向到街道乡镇、横向到各个医药机构的医保专网。2019年11月24日，医保电子凭证首发仪式在山东省济南市举行。医保电子凭证不依托实体卡，可与身份证、二维码、面部特征等相关联，支持在就医购药、医保查询、跨省异地就医备案、亲情账户绑定、医保业务系统登录等所有医保相关业务，全国范围内跨渠道通用。截至2021年，全国参保人均可激活医保电子凭证，全渠道激活用户超过6.3亿，31个省份已经支持医保电子凭证就医购药，接入定点医疗机构超17万家，定点零售药店超30万家。2022年2月15日，杭州正式启用国家医疗保障平台（浙江省“智慧医保”），举行了上线检阅仪式。

综上所述，基于国家和省两级信息平台，2020年5月，国家医保信息平台跨省异地就医管理子系统成功上线，系统覆盖全国31个省份和新疆生产建设兵团、400多个医保统筹区、29 317家医疗服务机构，实现全国范围内跨省异地就医自助备案和住院费用直接结算。2021年2月1日起，27个省（区、市）依托国家异地就医结算系统统一开展普通门诊费用（不含门诊慢特病）跨省直接结算试运行。住院费用跨省直接结算定点医疗机构4.4万家，并支持医保电子凭证、身份证、社保卡等多类身份介质。国家平台累计结算费用1 759亿元，门诊费用直接结算试点累计直接结算医疗费用7.5亿元。

第三节　医疗保障数据管理及其应用

一、医疗保障数据管理

医疗保障信息系统是实现数据处理与应用的基础。

（一）数据仓库的发展

随着计算机应用与软件的不断开发，数据管理经历了三个阶段，即人工管理阶段、文件管理阶段、数据库管理阶段。数据模型是描述数据库中记录间关系的数据结构方式，一般理解为数据结构。数据模型是用来构建数据库、维护数据库，将数据用于外部活动的工具。数据仓库是作为决策支持系统联机分析应用数据源的结构化数据环境。数据仓库所要研究和解决的问题，是从数据库中获取信息，用于联机分析领域的发展和探索。数据仓库并非仅仅是一个存储数据的简单信息库，实际上是一个以大型数据管理新系统为基础，可以从相关组织或机构所有业务数据库中获取相关信息的综合数据，并利用这些综合数据为客户提供经过处理后的有用信息的应用系统。

医疗保障数据管理包括收集数据、传递数据、加工数据、存储数据、输出信息等功能。我国医疗保障总体数据架构采用国家、省两级数据集中模式，基础信息数据和医保业务数据采用不同的归集策略。

通过建立编码标准数据库，做到码库结合，实现了医疗保障数据的统一和规范；搭建动态维护平台，最大程度兼顾各级医保部门和医疗机构、药店、企业等各方的不同。截至2021年公布的编码标准数据近1 500万条，夯实了全国医保“书同文、车同轨”的“标准底座”。如医保疾病诊断、手术操作分类与代码的特点是“多版本兼容”；医疗服务项目数据库将国家与地方代码“编码全兼容，结算不影响”，实现了编码全兼容；医保药品分类与代码的特点是“一药一码”，覆盖范围为经药品监督管理部门批准上市的全部药品（西药、中成药、中药饮片、医院制剂）；医保医疗耗材编码的特点是“一品一码，码库结合，满足应用”，有效解决了现行医用耗材种类繁多、数量庞大、“小、散、乱”等突出问题。

（二）基础信息数据管理

国家医保局下发基础信息管理子系统（含基础信息库），各级业务生产系统与同级基础信息管理系统进行基础信息的实时交互，基础信息管理子系统实行国家级——省级——地市级间的基础信息数据的实时交互。

（三）医保业务数据管理

国家级业务数据由国家医保生产库、国家交互库、国家数据仓库的业务数据构成。国家医保生产库用于支撑国家局本级业务生产；国家交换库用于接收各省同步数据；国家数据仓库由国家交换库和国家医保生产库的数据整合汇集形成，为报表、统计、决策分析提供数据支撑。

省级业务数据由省直医保生产库、省级交换库（省、国家）、省级交换库（市、省）的业务数据构成。省直医保生产库用于支撑省直本级业务生产；省级交换库（市、省）由省直和各地市子库构成，用于接收省直和本省各地市同步数据；省级交换库（省、国家）按照国家医保局下发的标准结构建立，与国家交换库中省子库结构相同，用于向国家交换库同步数据。省级交换库（省、国家）由省级交换库（市、省）的各子库数据进行转换、整合汇集形成全省数据的整体视图。

二、医疗保障大数据应用

高质量医疗保障公共服务需要“信息向上集中、数据支撑决策、服务向下派送”。中共中央5号文要求：“加强大数据开发，突出应用导向，强化服务支撑功能。”以医疗保险为例，大数据的主要用途如下：

（一）制定医疗保障发展规划

按照中共中央 5 号文的要求，国家医疗保障发展规划必须以数据为基础进行科学预测，并预测到 2035 年甚至 2050 年。我国基本实现了医疗保障全覆盖的大目标，参保人维持在 95% 以上，还需要基于医疗保险大数据检测和及时发现断保、退保人口，并及时找到原因和解决问题的措施。

（二）制定医疗保险筹资基准

建立科学合理的筹资基准，做到国家、企业和个人合理负担。在夯实费基的基础上，厘定费率特别重要，既不能过多增加企业负担，还要确保医疗保险制度平稳运行。这需要基于人口结构大数据预测医疗保障制度的覆盖率、参保缴费人情况、制度赡养比、医疗保险基金收支变化等情况。

（三）制定医疗保障待遇清单

建立健全医疗保障待遇清单制度，需要基于医疗保障大数据科学制定基本政策、基金支付项目和标准，建立诊疗项目（含中医病种）、药品和设施三个目录及其价格发现机制、动态调整与管理机制。立足基金承受能力，适应群众基本医疗需求、临床技术进步，调整优化医保目录，将临床价值高、经济性评价优良的药品、诊疗项目、医用耗材纳入医保支付范围，规范医疗服务设施支付范围。

（四）建立总额预算管理的支付机制

完善医保基金总额预算管理办法需要基于医疗保障大数据，健全医疗保障经办机构与医疗机构之间协商谈判机制，科学制定统筹地区年度预算总额和人头加权预算管理办法，与定点医药机构服务质量、医保协议履行情况，特别是区域健康绩效评估结果相挂钩，实行结余留用和健康绩效奖励，建立医疗保障基金长效平衡机制。

（五）监测医疗保险基金运行情况

监测医疗保险基金运行情况是做好如下两项工作的必要条件：①通过大数据分析评价医疗保险政策科学性和管理服务的绩效，大数据即大证据。以医疗保险结算清单的大数据为例，具有医保审核结算、实施病组病种管理、数据统计分析的三大功能。医保经办机构定期发布医疗保险基金运行数据和定点医药机构运行数据，可以指导定点医药机构用好医疗保险基金。②通过大数据分析及时发现医疗保险基金、定点医药机构、参保人就医的异常情况，并及时处理问题。以上海市为例，经过多年投入建立和健全了医疗保障信息平台、大数据分析系统和信息披露制度，每日晚上定时进行大数据归集与智能化分析，将筛查出的问题分别发送本市各区定点医药机构协议管理部门、经办机构、监督检查机构等，为相关机构及时处理问题奠定了基础，大大提高了医疗保险基金监管质量和效率。

（六）为医保改革创新提供数据支撑

在互联网时代，大数据成为第三生产力。人工智能以数据为驱动要素，可以支撑公共政策和公共管理改革的风险研判，建立确保改革顺利推进和实现目标的运行机制。

1. 支持医保支付改革　以金华市为例，2020 年实行门诊病组分值付费改革，为验证病组分值的稳定性、支付政策的合理性以及各家医疗机构的适应情况，按照改革方案在医疗保障大数据库中进行了模拟性支付。模拟结果显示如下结果：分组系统稳定、大部分医疗机构的变化均在预判之中，且出现医保资金在基层医疗机构分布增加的良好态势。因此，第三方机构给出的评价结果是“政策风险可控，可以确保实现政策设计目标”。

2. 支持医保中医病种支付改革 以柳州市为例，2018 年 6 月，通过医保以医院、医生和相关机构共同协商，建立专家投票制度，选择“腰椎间盘突出”等 10 个 DRG 病组实施中医外治和按价值疗效付费，并颁布了临床判断标准、基本点数标准为 DRG 的 80%，根据医疗机构级别附加了系数（此后取消了机构系数）。此项改革大大调动了中医院、中医科室和中医师实施中医治疗的积极性，也引发相关讨论和争论。人们发现，在缺乏中医临床路径、循证报告的统计下，医保难以制定中医病种目录，可开展的支付病种很少。但是，医保支付先行的大胆尝试，大大促进和规范了中医病案首页、临床路径管理、医师行为，生产了中医病种付费数据，为培养中医临床路径、发展中医循证报告奠定了基础。伴随中医临床路径和循证报告的发展，中医病种的医保目录建设将可以顺利实施。

第四节　医疗保障信息系统和数据安全管理

在快速推进国家医保信息平台落地应用的同时，必须不断强化安全管理。医保障信息疗安全包括系统安全和数据安全。引起系统不安全的主要因素如下：①系统信息网络自身脆弱，在信息输入、传输过程中存在信息容易被篡改、伪造、窃取、泄露等因素；②信息系统面临外部威胁，如电磁泄漏、雷击等软硬件故障，工作人员误操作，利用计算机实施盗窃、诈骗、非法访问，网络黑客攻击、计算机病毒等构成的危险。

一、在组织上加强廉洁自律，建设安全工程

在医保信息平台建设全过程中，要自觉按照相关要求合法合规搞建设，主动接受纪检监察部门监督，确保项目建设“零污点”，合力打造经得起检验的“阳光工程”。

二、在技术上加强系统安全，健全防护体系

要通过技术手段，夯实网络安全基础防护工作，形成整体的网络安全技术、安全管理和安全运维体系架构模式，确保系统安全；要制定安全技术标准、技术规范、规章制度，并抓好落实，形成全员参与、责任到人的安全防控体系。

三、在运行中确保数据安全，合理使用

数据安全：做好安全管理、数据隔离，杜绝非法访问，保障数据存储安全；要用好加密技术，防止数据传输、移动、复制时外泄，保障数据传输安全；在数据分析、报送时，要对敏感数据、隐私信息进行数据脱密、脱敏处理，确保核心关键数据不流失，建立健全数据使用安全的规章制度。

容灾系统，按国家标准《信息系统灾难恢复规范《（GB/T20988-2007）确认不低于（含）第 5 等级的实施方案。根据实际情况配套建设监控中心（含配套机房），双数据中心须实现数据层和业务应用层容灾的自动切换。双数据中心都应具备对称的基础设施和网络接入接出，保障数据管理层面、应用程序层面、访问通道层面都能平滑切换。

数据备份：双数据中心的数据库本地备份，各地需制定数据备份和灾难恢复方案，确保医疗保障数据安全。

网络安全：各地按照《信息安全技术网络等级保护基本要求》（GB/T22239-2019）文件第

三级安全要求，在安全通用、云计算安全扩展、移动互联安全扩展、物联网安全扩展、工业控制系统安全扩展各方面，结合医疗保障业务实际建设医疗保障信息平台，着重加强防病毒、网络态势感知、终端接入管理、身份认证密码等网络安全体系建设，确保医疗保障信息平台安全可靠运行。

本章小结

国家医疗保障局发布了《关于印发医疗保障标准化工作指导意见的通知》(医保发〔2019〕39号，简称国家医保局39号文)，提出按照"顶层设计、科学权威、需求导向、试点先行"的部署，统一规划、统一分类、统一发布、统一管理，制定各项医疗保障标准。2020年10月，国家医疗保障信息平台主体建设顺利完成，国家医保局制定并印发了总体标准、流程规范、技术规范3大类33项信息化标准规范，用于指导、规范和约束全国医保信息化建设。2020年11月，国家医保信息平台在广东省率先落地应用。在全国统一医疗保障信息系统建设基础上，逐步实现了疾病诊断和手术操作等15项信息业务编码标准的落地使用。"十四五"期间，将形成全国医疗保障标准清单，启动部分医疗保障标准的研究制定和试用完善，支持医疗保障数据仓库建设与科学决策、医保支付改革、基金运行监督和医疗保障改革服务。

思考与练习题

1. 熟悉全国统一、高效、兼容、便捷、安全的医疗保障信息系统。

2. 熟悉国家和省级(含省市)两级信息平台的建设规则和应用实践。

3. 如何坚持应用导向，建设支撑科学决策和公共服务的医疗保障大数据仓库，支持相关领域的改革与发展。

4. 如何做好安全管理，用好加密技术，防止数据传输、移动、复制时外泄，保障数据传输安全；在数据分析、报送时对敏感数据、隐私信息进行数据脱密、脱敏处理。

参考文献

[1] 国家医疗保障局. 医疗保障信息平台建设指南，2019.
[2] 王文君. 凝心聚力，攻坚克难，扎实推进新时代医疗保障信息化建设. 中国医疗保险，2021，6(6)：24-28.
[3] 谭中和. 医疗保险信息化管理. 哈尔滨：哈尔滨工业大学出版社，2002.

第十一章
医疗保障法治建设

教学目标

中共中央5号文提出:“持续推进医保治理创新。推进医疗保障经办机构法人治理,积极引入社会力量参与经办服务,探索建立共建共治共享的医保治理格局。”建立医疗保障法治需要熟悉医疗保障法律、法制和法治的基本原理和主要特征、医疗保障立法目标和基本原则、熟悉医疗保障法律责任与处理的制度安排。

主要内容

医疗保障法治原理、医疗保障社会治理、中国医疗保障立法、医疗保障法律责任。

第一节 医疗保障法治原理

1999年《中华人民共和国宪法(修正案)》第13条和第5条(增加款)明确提出:“中华人民共和国实行依法治国,建设社会主义法治国家。”以根本大法的形式把依法治国上升为一项基本的法律原则。十九大报告重申全面依法治国,推进科学立法、严格执法、公正司法、全民守法。有法可依是建立法治的首要条件。科学立法即以宪法为核心建立具有中国特色的社会主义法律体系,建设法治国家、法治政府、法治社会,实现依法治国和以德治国相结合,依法治国和依规治党有机统一,深化司法体制改革,提高全民族法治素养和道德素质。严格执法和司法公正是要求国家行政机关和司法机关遵守宪法、依法办事。全民守法依赖社会治理,在共建、共治、共享中提高全民法治素养和道德素质。

一、法律、法制和法治的关系

法律是由国家按照法定程序制定的,调整社会关系的法律规范的总称。法是人们对公平、公正的认知、共识和妥协。法制即指法律制度化,包括立法、执法和司法。法治即指依法治理,更强调执法的科学性,既强调法律的权威性,也尊重民主协商的重要性。法制内涵是指法律及相关制度,法治内涵是依法办事的治国理论、原则和方法以及全民守法的过程。建立医疗保障法治,法律和法制是前提要件,法治是过程要件。

社会主义法治国家的主要特征:①有完备的法律体系。宪法和法律具有最高权威性。②坚持“民主的法制化”和“法制的民主化”。③国家的权力监督和制约机制形成良性循环。

④依法行政、公正司法是有效的保障。⑤在尊重和约束中建立法治，保障人民生活幸福。

我国实行全民医疗保障和建设多层次医疗保障体系。参保患者、医药机构和医疗保险基金同属利益相关人，包括民营医护机构和商业医药机构、商业健康保险等，应当建立长期合作与实现利益共赢的社会关系和制度安排。既要尊重患者的知情权和健康权，也要尊重医生的临床决策自主权，尊重医药机构的合法运营与经营权。

综上所述，医疗保障法治要实现硬法和软法的有机结合，建立如下四个机制：一是在智能监控系统下，建立各类利益相关人的自律机制；二是利益相关人的信用机制；三是基于医疗保障协议，建立当事人之间的相互约束机制；四是建立健全行政调处、监督与执法机制。

二、法律与法制的基本原理

社会里自然存在依赖自律形成道德规范和乡规民约，由此规范社会关系和建设家园。当商品交易混乱、社会财富分配不公、环境污染到了危及经济秩序和社会稳定时，人们则不得不依赖国家强制力工具制定财富分配原则和行为规范，由此就维护公平、公正的经济秩序和社会关系达成共识，这种共识建立在利益相关人妥协的基础上。总之，法律是在人们认知、共识和妥协基础上达成的，调整社会关系的行为规范的总和。

（一）法律渊源

法律渊源即指法律存在的地方。法律渊源包括母法、硬法和软法。宪法是母法。硬法指国家立法，如《医疗保障法》，上位法包括行政法律、民商法律、社会法律、诉讼法，统称国家基本法；加上国际法律，共五大部门。下位法包括国务院行政法规和地方立法。基于国家基本法，地方立法机构和政府根据国家基本法的授权制定地方条例、制定实施细则和针对地方特殊情况制定地方法律法规。

软法即指公约、协议与合同，乃至规章制度和乡规民约等。软法是实现法治的重要工具。医保定点服务协议是医疗保障法治的重要内容。

国务院规范性文件：成功的政策是立法的假定，这是中国法治建设的特色。首先，将公共选择通过中共中央决议、决定的方式达成共识。其次，在国务院各部门，中央、地方、基层各级政府之间达成共识，并经过试点和经验总结，具有了可操作性。最后，将相关议题纳入立法程序。综上所述，中共中央决议和决定具有方向性指导性，国务院规范性文件具有很强的执行性。

（二）法律关系

有法可依的社会关系即法律关系。法律关系由相应的主体、内容和客体构成。以医疗保险法为例，其主体是医疗保险的参与者，内容是医疗保险资金筹集、管理、待遇、支付和评估，客体是医疗保障定点医药机构的服务。

（三）法律规范

法律规范的行为规则包括三种情况：①授权性规范，法律用语为“可以”，指引由当事人自己决定是否作为；②命令性规范，法律用语为“应当”和“必须”，指引当事人必须作为，不作为即可能损人不利己，将被矫正和惩罚；③禁止性规范，法律用语为“不得”，指引当事人不能作为，一旦作为即可能侵害他人权益，自己将受到法律制裁。

（四）法律部门

法律部门是指根据一定的标准和原则，按照法律调整社会关系的不同领域和不同方法等所划分的同类法律规范的总和。按照社会关系进行划分法律部门包括以行政法为龙头的公法部门；以民法典为龙头的私法部门；以劳动法和社会保障法为核心的社会法。医疗保障法属于社会法部门。

1. 公法的主要特征 古罗马法学家乌尔比安说“公法是关于罗马国家的法律”。大陆法系国家普遍认为，公法是调整国家和公共利益的法律规范的总称。一方主体应当是国家和国家行政机构（政府），与另一方主体一般是不平等的隶属或服从关系，公法否定私法自治，以强制性规范为主。

2. 私法的主要特征 古罗马法学家乌尔比安说“私法是关于个人利益的法律”。以民事权利为本位，主张民事权利人人平等。民法是调整市民之间私人利益的法律规范的总称。私法强调市民社会的意思自治和市民社会人的价值。

3. 社会法的主要特征 社会法是社会群体之间平等协商实现共赢的法律规范的总称。社会法具有“非公非私”和“亦公亦私”的特征，社会法不直接调整国家公共利益，但需要规范群体的小公共利益。社会法的法律文件具有综合性，可能涉及公法内容和私法内容。

社会法是社会契约精神的法制化。在工业经济早期，保护失去土地的农民和新兴的工人阶级是社会发展的主要问题，普遍认为社会法是保障社会特殊群体和弱势群体的权益的法律，如劳动法与社会保障法。在城市化和互联网社会，社会法是调整社会群体之间利益关系的法律规范，如医生和患者是两个社会群体。进入互联网社会，社会法正在成为公法和私法之间快速发展的第三法域。

（五）实体法与程序法

法律文件包括规范权利义务内容的实体法和确保实现权利义务内容的程序法，可能分体立法，也可能合体立法。例如，行政法和行政诉讼法即分体立法、民法典和民事诉讼法也是分体立法；医疗保障法属于合体立法，即一部法律覆盖了实体法与程序法。

三、医疗保障法治的基本问题

（一）基本定义

医疗保障法是调整医疗保障领域的社会关系的法律规范的总称。医疗保障领域的社会关系如下：①医疗保险主体之间因参保缴费、待遇清单、基金管理、监督管理、公共服务发生的社会关系；②多层次医疗保障体系内，各主体之间的社会关系。

1883年，德国雇员医疗保险法的颁布与实施标志医疗保障法的起源。随后，奥地利在1888年立法、瑞典在1891年立法、丹麦在1892年立法、挪威在1909年立法、英国在1911年立法、意大利在1912年立法、荷兰在1913年立法、日本在1922年立法、智利在1924年立法、法国在1928年立法、西班牙在1929年立法，此后均进行多次修订。

1954年《中华人民共和国宪法》第九十三条提出：“中华人民共和国劳动者在年老、疾病或者丧失劳动能力的时候，有获得物质帮助的权利。国家举办社会保险、社会救济和群众卫生事业，并且逐步扩大这些设施，以保证劳动者享受这种权利。”此条款在我国历代宪法中得以保留并不断完善，是我国医疗保障立法的宪法依据。

（二）主要特征

1. 多重利益相关人 医疗保险法律主体涉及的利益相关人较多。主要分类如下：①保障发起人，包括政府、雇主/用人单位、工会/社会组织、个人和家庭；②管理机构，包括以人民政府的医疗保障行政机构为主，以及经办机构（医疗保障中心）、执法机构（医疗保障执法所）、税费征收机构，以及医疗保障行政机构委托经办的相关机构；③医药服务机构，即指定点医疗机构、定点零售药店，依托其实体医疗机构申请签订补充协议的互联网医院，以及在医养机构内设立的医护机构；④参保缴费人，包括用人单位、职工个人、自由职业者、居民等，乃至取得在中国就业绿卡的外籍职工和经济活动人士；受益人，包括参保患者及其供养的家庭成员；⑤医药供给商，包括国内企业和国外企业。还有相关研究机构、第三方服务机构、评估机构等。

2. 医疗保障法的第三法域特征 参保人和患者、医药机构和医生是两个大众型利益群体，均享有自主决策权，医疗保障行政部门和经办机构属于公权代理人。本着决策者责任的原则，医疗保障法律应当尊重两个群体的自决权。由此决定医疗保障实体法律法规属于非公非私的第三法域。

一是非公非私特征。非公即指不完全属于行政执法与相对人的公法范畴，服务行政法和行政诉讼法的规范。合理就医与医护疗效是个经验问题，不能进入立法假定，只能通过社会群体协商达成共识和制定行业规则的方式解决。非私即指不完全属于私法的市场交易的范畴，服务民商法和民商诉讼法的规范；健康与医疗属于伦理和人权问题，不能完全通过市场交易解决，需要在国家法律、政府监督和医护服务体系内实现健康促进。

二是亦公亦私特征。亦公在特定的社会群体内部和社区群体之间具有某些公法内容。例如，基于医生行为对患者的不伤害原则，重大过失和故意伤害侵犯患者健康权的事件已经进入立法假定和刑事法律制裁，经过医疗保障行政机构立案调查，证据确凿的可依法移送司法机关处理；也可依法直接向司法机关起诉。另外，也具有社会群体内部的准公共问题，如医生行为公约、药企行为公约、患者就医行为公约等。亦私即指与私法范畴也有所交叉。例如，患者是个社会群体，特定患者即某个自然人，当他们的健康权因医务人员严重过失受到伤害时，有按照民事法律获得经济补偿的权利；当医药机构违反医保服务协议约定时，应当追究违约责任。

综上所述，医疗保障法属于社会法范畴，是宪法的延伸、社会法的龙头法，与行政法、民法、劳动法的内容有所交叉。在德国，医疗保险和医疗保障编入社会法编纂集的第四部分。此外，社会法庭、社会法官、社会契约（社会公约、集体协议）、个体商业保险合同也发挥着重要的治理作用。我国已经有了几部社会法典，如医疗卫生与健康促进法、社会保险法、劳动法、劳动合同法、集体合同（协议）法，并建立了劳动争议调解、劳动争议仲裁制度和劳动法庭制度；还有老年人权益保障法等。

3. 复合型立法特征 医疗保障是一个跨领域、跨学科、跨法律部门的领域。其管理体制和运行机制强调国家顶层设计、地方统一监督和基层提供服务，由此决定医疗保障立法具有复合型特征：①实体法和程序法同行。医疗保障实体法属于第三法域；监督、处理纠纷和行政执法属于行政法域；患者隐私保护和体验涉及私法问题。②立法内容与研究视角跨学科、跨部门、跨地区。

第二节 医疗保障社会治理

中共中央 5 号文提出："持续推进医保治理创新。推进医疗保障经办机构法人治理，积极引入社会力量参与经办服务，探索建立共建共治共享的医保治理格局。"社会力量介入医疗保障治理将开启社会治理的新局面。

一、社会治理原理

社会治理是利益相关人长期合作与实现共赢的制度安排和实施过程。需要政府代表公共利益，维护人民健康和生命安全；还需要保护社会群体利益，如医生利益、患者利益；并促进社会群体之间的妥协和共识，进一步维护公共利益，共同建设医疗保障制度体系。

多层次医疗保障体系涉及基本医疗保险、商业健康保险、慈善医疗捐助等，以及医务人员、医疗机构、医药企业和参保患者等多个利益相关人。如何建立长期合作机制，制定实现共赢的法律法规和政策，建设具有高效执行力的经办机构、信息平台和服务体系，是实现构建多层次医疗保障体系目标的必要条件。伴随中国多层次医疗保障体系建设，中国医疗保障社会治理逐步打开局面和深入发展。

二、"一法两规"的社会治理架构

2010年颁布的《社会保险法》第三十一条提出："医疗保险和医疗机构可以订立医疗服务协议，规范医疗行为、提供合理医疗服务"。

（一）依法确定协议关系

《社会保险法》依法界定我国基本医疗保险基金的法定代理人（经办机构）和医保服务定点医药医疗机构之间属于协议关系。此外，医疗保障行政机构对定点医药机构的监督检查和违规处罚则属于行政监督与行政执法关系。

（二）走出信息不对称的困区

信息对称是维护利益相关人平等协商和建立利益共赢机制的基础。2014年8月，为进一步加强医疗保险医疗服务监管，维护医疗保险基金安全，推进深化医改，人社部发布了《关于进一步加强基本医疗保险医疗服务监管的意见》（简称人社部"54号文件"）。人社部54号文件的价值如下：①引入智能审核与监控工具，找到医疗保障走进医院和走近临床与医生对话的途径。②在解决了信息不对称的问题后，大幅提高了中国医疗保障的治理现代化，进入战略补偿阶段，打开了中国医疗体制改革的突破口。

（三）引入内部竞争机制

在公益医疗机构之间适度引入竞争机制。2017年发布《国务院办公厅关于进一步深化基本医疗保险支付方式改革的指导意见》[国办发〔2017〕55号]。国办发55号文的价值如下：①通过病组分值、结余留用，在公益医院之间适度引入竞争机制，以抑制过度医疗和提高医疗保障水平；②通过区域人头加权预算、总额预算管理、结余留用，引入区域间竞争机制。

前述的"一法两规"逐渐形成中国医疗保障社会治理架构（图11-1），打开了中国医疗保障社会治理的局面，为引导私营医院、医药企业、商业健康保险公司进入多层次医疗保障体系奠定了基础。

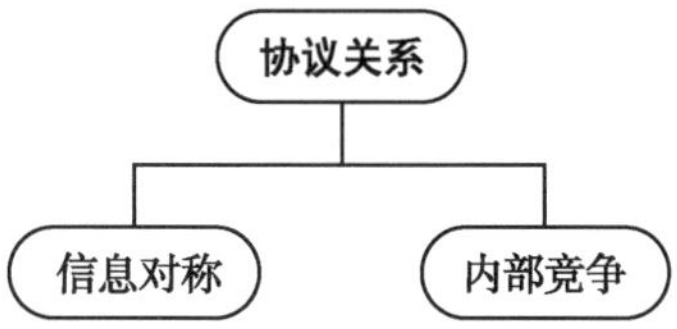

图11-1 医疗保障社会治理结构

三、"七位一体"的社会治理体系

《医疗保障基金使用监督管理条例》第四条提出："医疗保障基金使用监督管理实行政府

监管、社会监督、行业自律和个人守信相结合。”2019年，党的十九届四中全会报告提出：“社会治理是国家治理的重要方面。必须加强和创新社会治理，完善党委领导、政府负责、民主协商、社会协同、公众参与、法治保障、科技支撑的社会治理体系，建设人人有责、人人尽责、人人享有的社会治理共同体，确保人民安居乐业、社会安定有序”，由此形成“七位一体”的社会治理体系。一是中共中央确定方针政策和重大措施；二是政府承担组织实施、监督管理和提供基本公共服务的责任；三是利益相关人协同发展；四是利益相关人参与；五是信息公开与平等协商；六是依法办事、违法必究的法治保障；七是智慧医保、智慧医疗的科技支撑与医保信息平台建设。综上所述，基于国家社会治理体系可以构建我国多层次医疗保障社会治理体系的架构（图11-2）。

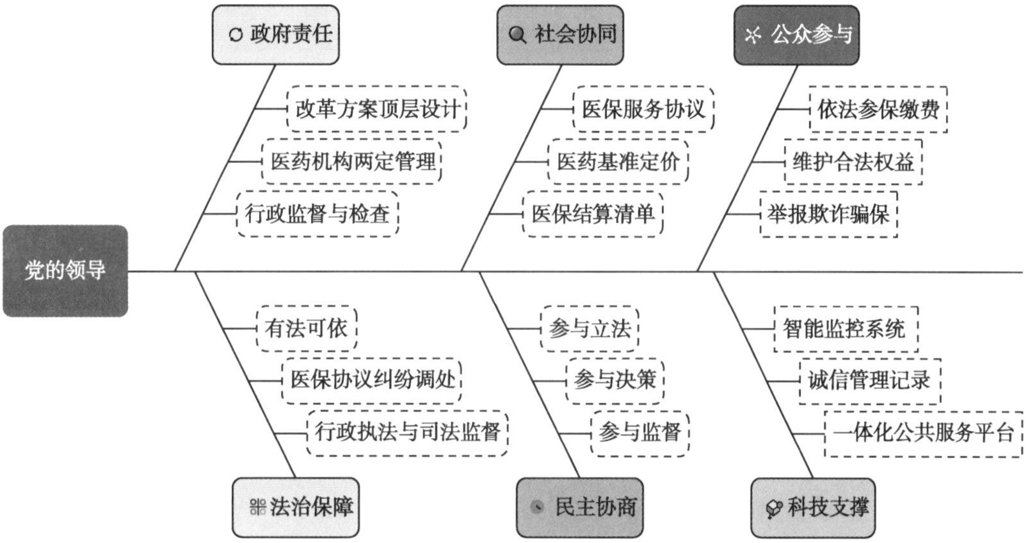

图11-2　多层次医疗保障的社会治理体系

第三节　中国医疗保障立法

中共中央5号文提出：“提高医保治理法治化”，“到2030年，医保治理现代化水平显著提升”，“加强医疗保障领域立法工作，加快形成与医疗保障改革相衔接、有利于制度定型完善的法律法规体系。”在2010年《社会保险法》第三章、2019年《中华人民共和国基本医疗卫生与健康促进法》第七章的基础上，2021年6月15日，国家医保局官网发布公告，就《医疗保障法（征求意见稿）》（简称《征求意见稿》）向社会公开征求意见。医疗保障十四五规划提出：建设法治医保。医疗保障制度法定化程度明显提升，定点医药机构管理更加透明高效，基金监管制度体系更加完善，行政执法更加规范，全社会医保法治观念明显增强。”本节参考《征求意见稿》讨论中国医疗保障法治问题。

一、适用范围

《征求意见稿》第三条提出，中华人民共和国境内从事医疗保障相关的筹资运行、待遇支付、基金管理、价格管理、招标采购、医药服务、公共管理服务、监督管理等活动，适用本法。

在境内医疗保障领域，筹资运行即指依法规范筹资基准和当事人的权责（见《征求意见稿》第二章），待遇支付即指依法规范待遇清单和当事人的权责（见《征求意见稿》第二章），基金管理即指依法规范预算、核算和决算制度及其当事人的权责（见《征求意见稿》第三章），价格管理即指依法规范定价机制和当事人的权责（见《征求意见稿》第四章），招标采购即指依法规范招采制度和当事人的权责（见《征求意见稿》第四章），医药服务即指依法规范医护医药行为和当事人的权责（见《征求意见稿》第四章），公共管理服务即指依法规范医疗保障公共服务体系建设和各类相关机构的权责（见《征求意见稿》第五章），监督管理即指依法规范医疗保障基金使用规则、监督机制及其当事人的权责（见《征求意见稿》第六章）。

最后是在上述当事人有违规违法行为时应当承担的法律责任与处罚措施。

二、立法目标与基本原则

《征求意见稿》第二条提出："国家建立以基本医疗保险为主体，医疗救助为托底，补充医疗保险、商业健康保险、慈善医疗救助等相互衔接、共同发展的医疗保障制度体系"，立法目标为建设多层次医疗保障体系。中国医疗保障制度经历了劳动医疗保险和社会医疗保险两个阶段，多层次的医疗保障体系是全面小康社会建设的重要组成部分。

立法原则是隐含在法律文件中，规范某类社会关系、指导法律推理、促进法律体系协调统一的原理与准则。价值取向是法律的灵魂和法律目标的社会基础。法是满足人和社会需要的目的而追求的理想目标（李晓安，2002 年），包括法的自由价值、法的平等价值、法的安全价值、法的秩序价值、法的正义价值以及法的效益价值等。从法律的价值取向和法律原则的关系来看，价值取向决定法律原则的内容，而法律原则是对价值取向的具体细化和表现。中国医疗保障立法原则见《征求意见稿》第四条至第十一条。

（一）以人民健康为中心

第四条提出："医疗保障事业应当坚持以人民健康为中心"。经济发展水平决定健康保障水平。伴随一个国家经济社会的发展，国民健康保障将经历从公共卫生、个人保健到健康促进三个发展阶段。2019 年，我国人均 GDP 超过一万美元。2020 年，习近平总书记在全国卫生与健康大会上强调："要坚定不移贯彻预防为主方针，坚持防治结合、联防联控、群防群控，努力为人民群众提供全生命周期的卫生与健康服务"。基本保健进入"以人为本、以健康为中心"的新发展阶段，卫生医护体系将呈现正三角形发展趋势，实现国民基本保健的可及性。

（二）覆盖全民、城乡统筹

第四条提出："医疗保障事业应当覆盖全民、城乡统筹"，无论户籍、身份、职业和收入状况如下，国家医疗保障制度要覆盖到每一个人。我国基本医疗保险制度从企业职工做起，逐渐覆盖了机关和事业单位，覆盖到农村居民。2016 年，中国基本医疗保险制度覆盖人口超过 10 亿人时，中国政府获得世界社会保障协会颁发的大奖。为此，中共中央十分关注灵活就业人员和贫困人口，在中共中央 5 号文中提出如下要求："完善灵活就业人员参保缴费方式。加强财政对医疗救助投入，拓宽医疗救助筹资渠道。"

（三）保障适度、可持续发展

第四条提出："医疗保障事业应当保障适度、可持续多层次的原则，不断满足公民医疗保障需求"。医疗保障基金应当坚持以收定支的总额预算管理，做到收支平衡、略有结余，提供与经济发展水平相适应的、合理的基本医护服务，可持续的发展医疗保障制度。国家鼓励各地根据自身经济发展水平、基金承受能力、人口老龄化程度等因素多渠道筹资，确保医疗保障基金筹资稳健可持续。

（四）行业自律、民主协商

第八条提出：“医疗机构、药品经营单位（以下统称医药机构）、商业保险公司、医疗卫生行业协会等机构应当加强行业自律，促进行业规范和自我约束”。第三十五条提出：“国务院医疗保障行政部门负责制定医疗保障服务协议（以下简称服务协议）管理办法，规范、简化、优化医药机构定点申请、专业评估、协商谈判程序，制作并定期修订服务协议范本。”国务院医疗保障行政部门制定服务协议管理办法，应当听取有关部门、医药机构、行业协会、社会公众、专家等方面意见。第三十六条提出：“根据保障公众健康需求和管理服务的需要，医疗保障经办机构与医药机构建立集体谈判协商机制，协商签订服务协议，明确双方权利义务，规范医药服务行为，明确违反服务协议的行为及其责任。”

三、主要内容

医疗保障属于社会互济的准公共品，应当权责清晰，由国家、企业和个人共同承担筹集资金责任，国家统一提出待遇清单。

（一）规范公民参保义务

2012 年 11 月 18 日，党的十八大报告提出：“全面建成覆盖全民、城乡统筹、权责清晰、保障适度、可持续的多层次社会保障体系。全面实施全民参保计划。”明确了医疗保障全覆盖的发展目标，由此形成国家和政府的相应责任，参保缴费成为全体中国公民的义务和权利。

公民有依法参加基本医疗保险的权利和义务，按照相关规定享受相应医疗保障待遇。公民参加医疗保险即加入了一个社会契约，应当依法履行申报、登记和缴费的义务。通常，有用人单位和劳动关系的实行用人单位和职工个人双方缴费，并由用人单位代为申报、登记和代扣代缴医疗保险费。个体就业者和居民由个人履行参保义务。参保人按照相关法律法规和具体规定享有相关待遇。《征求意见稿》基于中国国情，针对用人单位和职工、自由职业者、居民的具体情况，分别做出了参保缴费的行为规范。医疗保障经办机构从用人单位申请参保之日起，即承担持续监督劳动关系真实性、申报、登记信息真实性、受益资格真实性的责任（专栏 11-1、11-2）。

专栏 11-1 虚构劳动关系的骗保行为

2020 年，某市举报人反映 ×× 顾问有限公司和 ×× 分公司虚设劳动关系和代缴医疗保险费后从中获利。通过医保大数据分析发现，该公司超过半数职工为异地重症患者和异地孕妇，且频繁就医。经过约谈取证发现，两家分公司存在虚拟劳动关系和代缴社保费以骗取基本医疗保险待遇的事实。经由市医保局执法总队批准，与区环食药旅中队沟通后，按照行刑衔接流程将线索移送至公安部门立案调查。经公安部门初步排查，涉案公司参保人员 3 万余人，涉及骗取基本医疗和生育保险基金共计 1.3 亿元。区环食药旅中队已于 2021 年 1 月进行了收网抓捕，刑拘公司涉案人员 6 人，骗取生育津贴、医保待遇 20 人（现均为取保候审），5 名取保候审人员已主动退回享有的相应生育和医疗保险待遇和资金共计 12.39 万元。本案还在补证阶段。

专栏 11-2 上海老阿姨装病领长护险，转身跑步机上健步如飞

上海老阿姨装病获得 6 级护理保险。在后来的一段时间里，在区医保局运营中心的监控大屏幕上弹出一条预警信息，这位老阿姨最近频繁出入社区健身房，在跑步机上健步如飞。相关部门对这位老阿姨的健康状况进行了重新检验，发现老阿姨身体状况良好，不属于长期护理保险账户范围，取消了她的受益资格。医疗保障行政部门没有对这位老阿姨进行任何处罚，但对负责评级和护理的公司进行了诚信扣分。同时，对统一评定标准、规范评定过程等管理进行了改善。

（二）统一缴费基准

中共中央5号文提出："合理筹资、稳健运行是医疗保障制度可持续的基本保证。要建立与社会主义初级阶段基本国情相适应、与各方承受能力相匹配、与基本健康需求相协调的筹资机制，切实加强基金运行管理，加强风险预警，坚决守住不发生系统性风险底线。"应当做到夯实缴费基数、统一费率，应缴尽缴、应收尽收。

（三）规范待遇清单制

国家医保局、财政部《关于建立医疗保障待遇清单制度的意见》（医保发〔2021〕5号）提出的医疗保障待遇清单制即指"依据《社会保险法》及《社会救助暂行办法》等国家法律法规和中共中央、国务院决策部署要求设立的，保障群众基本医疗需求的制度安排，包括基本医疗保险、补充医疗保险和医疗救助"。要求"各地在基本制度框架之外不得新设制度，地方现有的其他形式制度安排要逐步清理过渡到基本制度框架中。"

（四）规范基金管理

《征求意见稿》第二十五条："医疗保障基金应当执行国家提出的财务会计制度，按照国家提出的会计制度进行核算。医疗保障经办机构应按照提出加强基金管理，财政、医疗保障等行政部门加强监督。"

具体措施如下：①提升基金预算管理水平。②科学编制医疗保障基金收支预算。③加强预算执行监督，全面实施预算绩效管理，强化绩效监控、评价和结果运用。④加强基金精算管理，构建收支平衡机制。⑤建立健全基金运行风险评估预警机制，促进基金中长期可持续。⑥探索开展跨区域基金预算试点。

（五）建立医药机构自律机制

《征求意见稿》第八条提出："医疗机构、药品经营单位（以下统称医药机构）、商业保险公司、医疗卫生行业协会等机构应当加强行业自律，促进行业规范和自我约束。"医疗行为具有高度专门性的特点，就一般性诊治活动而言，医生享有高度自由裁量权，患者享有知情同意权，包括用药决定。因此，医疗服务治理需要尊重医务人员，通过健全医院规章制度、医保智能监控系统、加强行业协会的作用等措施建立自律环境。医护服务首先是个伦理问题，需要情怀；其次是技术问题，需要知识。医药机构自律包括两个方面。

1. 坚持有利和保密两个伦理原则 何为有利于患者的合理医疗是个因人而异和与时俱进的问题，需要在循证过程中不断进步，难以进入立法假定，只能是一个倡导性原则，通过智能监控与行业自律促进医务人员自觉遵守行业规则，做有利于患者的事情。《征求意见稿》第八条提出："医疗机构、药品经营单位（以下统称医药机构）、商业保险公司、医疗卫生行业协会等机构应当加强行业自律，促进行业规范和自我约束。"

2. 依法规范不伤害行为 医疗损害责任指医疗机构及其从业人员在医疗过程中发生过错，包括重大失误和故意伤害。发生重大失误的，并因这种过错导致患者人身损害的，相关医疗机构和医务人员应当对患者承担民事赔偿责任。我国《侵权责任法》第五十四条提出：

“患者在诊疗活动中受到损害，医疗机构及其医务人员有过错的，由医疗机构承担医疗损害赔偿责任。”发生故意伤害的，如未经本人同意摘取其器官，或者摘取不满十八周岁的人的器官，或者强迫、欺骗他人捐献器官的，依照我国刑法第二百三十四条、第二百三十二条提出定罪处罚。

在医疗服务协议中，医疗保险经办机构作为甲方，代表参保人和患者利益会提出一系列“不得”的行为要求，如不得重复开药、不得重复住院等。

（六）规范管理体制和政府责任

《征求意见稿》第四、五、六条提出：“县级以上人民政府应当加强对医疗保障工作的领导，将医疗保障事业纳入国民经济和社会发展规划，建立健全医疗保障制度，加强医疗保障能力建设，为医疗保障工作提供保障。”2019 年 11 月 5 日，党的十九届四中全会《决定》提出“适当加强中央在养老保险方面事权，减少并规范中央和地方共同事权”“创新行政管理和服务方式，加快推进全国一体化政务服务平台建设”。

医疗保障管理体制为中央决策、省级监督、地市统筹、区县服务。具体制度安排如下：①重大决策与顶层设计。国务院医疗保障行政部门负责全国的医疗保障管理工作，国务院其他有关部门在各自的职责范围内负责有关的医疗保障工作。②执行方案与监督管理。省级人民政府医疗保障行政部门负责本行政区域的医疗保障管理工作。③基金统筹与基金使用。地市人民政府其他有关部门在各自的职责范围内负责有关医疗保险基金统筹与支付工作。④公共管理与基层服务。城区县域和乡（镇）人民政府、街道办事处根据上级人民政府要求，做好医疗保障相关工作。村（居）委会协助做好医疗保障相关工作。

以下四个问题需要创新与发展：①逐步提高医疗保险基金的统筹层级。目前主要任务是夯实地市统筹，实现政策、筹资、待遇、制度、监督、信息六个统一。伴随信息系统、管理服务和监督能力的提升，探索实现省级统筹的路径和措施。②逐步实现从分级管理到垂直管理。“十四五”规划期间的主要任务是实现地市以下垂直管理，这是一个循序渐进的发展过程。③逐步实现全国医疗保障基本信息大集中，实现大数据决策、预算、分配、评估、监督和提供公共服务。④理顺医疗保障行政机构、执法机构和经办机构的属性关系、工作职责与对接机制。

（七）经办机构法人治理

《征求意见稿》第四十二条提出：“国家建立健全全国统一的医疗保障经办管理体系。统筹地区设立医疗保障经办机构，根据工作需要可以设立分支机构和服务网点，加强医疗保障公共管理服务能力配置，实现省、市、县、乡镇（街道）、村（社区）医疗保障公共服务全覆盖。”第四十八条提出：“医疗保障行政部门应推进医疗保障公共管理服务现代化治理，积极引入符合条件的社会力量参与经办服务，建立共建共治共享的医保治理格局。规范和加强与商业保险公司、社会组织的合作，完善激励约束机制。”

在中国实现医疗保障经办法人治理需要分三步走，具体措施如下：①建立和完善医疗保障经办机构法人制度。依法界定医疗保障经办机构的属性、编制、预算、职责，以及全国医疗保障经办机构的体制机制安排，统一名称、形象标志、工作系统等，加强人才队伍建设。②探索医疗保障经办引入社会力量的运行机制，规范联合共建、服务外包、购买服务的准入退出机制、协议管理制度、项目验收与补偿，培育社会契约文化与制度建设，积极引入社会力量参与经办。③探索医疗保障经办社会化。在具备社会契约和社会治理条件时，探索委托医疗保险利益相关人建立自主管理、独立仲裁等管理模式，建立共建共治共享的医保治理格局。

（八）规范医保服务协议

《征求意见稿》第四十五条提出："定点医药机构与医疗保障经办机构均应履行服务协议。医疗保障经办机构对医药机构服务协议履行情况进行管理、监督和考核。"协议属于软法范畴，是医疗保障利益相关人建立长期合作机制的主要渠道，与行政管理不同，需要平等协商与相互监督，确保协议得到履行。中共中央5号文提出："健全医疗保障经办机构与医疗机构之间协商谈判机制，促进医疗机构集体协商，科学制定总额预算，与医疗质量、协议履行绩效考核结果相挂钩"，这里涉及谈判机制、协议管理和综合治理。

1. 谈判机制 谈判是利益相关人通过讨价还价达成一致和妥协的行为和过程。主要特征如下：①谈判当事人之间地位平等，且具有特定的利益依存关系；②谈判包括正式场合的协商和非正式场合的商议、磋商，均应当坚持平等、诚信的原则进行；③谈判的预期结果是达成妥协，订立协议或者合同。

医疗保障领域的谈判主要发生在医疗保障经办机构（甲方）与药品和医用耗材生产商（多个乙方）之间的行为。医疗保障经办机构和医药器材生产商之间是一个外部市场关系，应当坚持平等协商、等价有偿的原则建立谈判机制。

2. 协议管理 协议是利益相关人经过平等协商而制定的，共同承认、共同遵守的文件。主要特征如下：①协议当事人之间具有特定的利益依存关系；②协议是平等协商、谈判的结果，属于国家政策和法律法规制定的补充；③协议属于软法范畴，利益相关人均应当坚持诚信原则遵守协议内容，并履行相互监督履行协议的权利；④协议包括订立、履行、变更、中止、解除和续订六个环节。

3. 综合治理 治理是利益相关人之间依法合作与实现共赢的制度安排和实施过程。医疗服务环节多、流程长，利益相关人多，采取单项管理措施会出现鼹鼠效应。中共中央5号文提出："完善医保基金总额预算办法，健全医疗保障经办机构与医疗机构之间协商谈判机制，促进医疗机构集体协商，科学制定总额预算，支付与医疗质量、协议履行绩效考核结果相挂钩"，是医保建立综合治理机制的指导原则。

（九）规范价格形成机制

药品非普通商品，其定价和采购需要通过社会治理和法治化实现利益相关人共赢，保障医疗保障制度持续法治。《征求意见稿》第三十一条："国家建立公立医疗机构药品和医用耗材集中采购制度。医疗保障行政部门制定药品、医用耗材的招标采购政策并监督实施，指导药品、医用耗材集中采购平台建设。"具体措施如下：

1. 药品和医用耗材集中带量采购法治化 常态化制度化实施国家组织药品集中带量采购，持续扩大国家组织高值医用耗材集中带量采购范围。强化对集中采购机构的统一指导，规范地方开展集中带量采购，形成国家、省级、跨地区联盟采购相互配合、协同推进的工作格局。建立以医保支付为基础，招标、采购、交易、结算、监督一体化的省级集中采购平台。推进并规范医保基金与医药企业直接结算，完善医保支付标准与集中采购价格协同机制。完善与集中带量采购相配套的激励约束机制，落实医保资金结余留用政策，推动集中带量采购成为公立医疗机构医药采购的主导模式，鼓励社会办医疗机构、定点零售药店参与集中带量采购。

2. 建立药品和医用耗材价格治理机制 全面建立公立医疗机构药品和医用耗材采购价格信息监测机制、交易价格信息共享机制，提升对药品和医用耗材价格异常变动的分析预警应对能力。强化药品和医用耗材价格常态化监管，实施全国医药价格监测工程，全面落实医药价格和招采信用评价制度，灵活运用成本调查、函询约谈、信用评价、信息披露、价格指数、挂网规则等管理工具，遏制药品和医用耗材价格虚高，兼顾企业合理利润，促进医药行业高质量发展。

（十）建立多元监督机制

1. 建立健全监督检查制度　建立并完善日常巡查、专项检查、飞行检查、重点检查、专家审查等相结合的多形式检查制度，健全"双随机、一公开"检查机制，规范不同检查形式的对象、内容、工作要求和流程，明确各方权利义务，确保公开、公平、公正。完善部门联动机制，开展联合检查，形成监管合力。引入信息技术服务机构、会计师事务所、商业保险机构等第三方力量参与医保基金监管，提升监管的专业性、精准性、效益性。

2. 全面建立智能监控制度　提升医保智能监管能力，积极探索将按疾病诊断相关分组付费、按病种分值付费等新型支付方式、"互联网＋医疗健康"等新模式、长期护理保险等纳入智能监控范围，实现智能审核全覆盖，加强对定点医疗机构临床诊疗行为的引导和审核，实现基金监管从人工抽单审核向大数据全方位、全流程、全环节智能监控转变。

3. 建立医疗保障信用管理体系　完善医疗保障信用管理制度，形成信用承诺、信用评价、信息共享、结果公开、结果应用、信用修复等全链条闭环式信用监管，推动实施分级分类监管。在充分掌握信用信息、综合研判信用状况基础上，根据信用等级高低，对监管对象采取差异化监管措施。以相关处理结果为依据，按程序将性质恶劣、情节严重、社会危害大的医疗保障违法失信行为的责任主体纳入严重失信主体名单，依法依规开展失信联合惩戒。建立药品和医用耗材生产流通企业等信用承诺制度，鼓励行业协会开展自律建设，促进行业规范发展。

4. 健全综合监管制度　适应医疗保障管理服务特点，建立并完善部门间相互配合、协同监管的综合监管制度。大力推进部门联合执法、信息共享和互联互通，促进监管结果协同运用。对查实的欺诈骗保行为，各相关部门按照职责权限对有关单位和个人依规依纪依法严肃处理。加强基金监管行政执法与刑事司法有效衔接，按程序向公安机关移送涉嫌犯罪案件。

5. 完善社会监督制度　广泛动员社会各界参与医疗保障基金监管，协同构建基金安全防线，促进形成社会监督的良好态势，实现政府治理和社会监督、舆论监督良性互动。健全欺诈骗保行为举报投诉奖励机制，完善奖励政策和奖励标准。健全完善要情报告制度，用好基金监管曝光台，做好医保基金监管典型案例的收集遴选和公开通报。医疗保障经办机构定期向社会公布参加基本医疗保险情况以及基金收入、支出、结余和收益情况，接受社会监督。

（十一）协同建设高效的医药服务供给体系

《征求意见稿》第四十六条提出"国家科学合理确定医疗保障基金支付标准和支付方式，引导定点医药机构合理诊疗，促进患者有序流动，提高医疗保障基金使用效益。医疗保障经办机构应当按照服务协议的约定，及时与定点医药机构结算和拨付医疗保障基金。"

优化提升医疗卫生服务体系。完善区域卫生规划和医疗机构设置规划，健全城市三级医院、县级医院和基层医疗卫生机构分工协作的现代医疗卫生服务体系，支持整合型医疗卫生服务体系建设，加强分级诊疗体系建设，推进基层医疗卫生机构发展，促进基层医疗卫生服务有效利用和患者有序就医。促进定点医药机构行业行为规范、成本控制和行业自律。

支持中医药传承创新发展，强化中医药在疾病预防治疗中的作用，推广中医治未病干预方案。支持儿科、老年医学科、精神心理科和康复、护理等紧缺医疗服务发展。鼓励日间手术、多学科诊疗、无痛诊疗等医疗服务发展。完善检查检验政策，推进医疗机构检查检验结果互认。支持远程医疗服务、互联网诊疗服务、互联网药品配送、上门护理服务等医疗卫生服务新模式新业态有序发展，促进人工智能等新技术的合理运用。

（十二）促进人才培养

《征求意见稿》第十条提出："国家大力培养医疗保障人才，建立医疗保障人才职称等制度。对于在医疗保障事业中做出突出贡献的组织和个人，按照国家提出给予表彰、奖励。"多层次社会保障体系是经济发展和社会建设的重要组成部分，需要研究人才、决策人才、管理人才、技术人才和服务人才。在发达国家，社会保障并非是一个专业，几乎找不到专门的社会保障院系，其人才培养进入经济学科、社会学科、管理学院、工程技术学科以及医疗健康学科。在经济学院会将社会保险和商业保险均纳入经济保障课程。例如，在保罗•萨缪尔森的经济学教科书（第十六版）中，在政府收支中涉及社会保障问题。通常，社会保障专业仅作为研究生科目培养研究人才。基于社会保障法制建设的发展，相对全面的社会保障专业设在法学院的社会法系。

医疗保障专业性强，围绕医疗保险、医药机构和护理机构管理者、医疗服务协议、医疗保险智能监控、医疗保险信息化、医疗保险监督执法等工作，需要具有复合型知识结构的人才。《征求意见稿》第十条提出："国家大力培养医疗保障人才，建立医疗保障人才职称等制度。"为建立和发展医疗保障研究院、在医学院等相关院校和学科开设医疗保险和医疗保障课程提供了法律依据。

在大健康时代，医药机构管理和医疗保障专业进入快速发展时期，大量有价值的研究、经验需要总结推广，优秀的研究和管理人才层出不穷。《征求意见稿》第十条第二款提出："对于在医疗保障事业中做出突出贡献的组织和个人，按照国家提出给予表彰、奖励"，意在促进学科发展、研究成果转化和培育人才的发展。医疗保障人才和职业系列包括医疗保障政策和公共管理人才、医疗保障信息化人才、医药机构医疗保障管理人才、医疗保障法律服务人才等；以及课程、教材和教育机制等。

（十三）规范国际交流

1927 年，国际社会保险大会在布鲁塞尔召开。1947 年，在日内瓦召开的第 8 次大会上通过了国际社会保障协会（ISSA）的《章程》，并将政府的社会保障机构纳入大会成员。1951 年，该协会成立了两个委员会，即医疗社会委员会和互助津贴技术委员会。1952 年，国际劳工组织通过了《社会保障（最低标准）公约》。社会保障领域的国际合作日益深入地发展起来。

新中国成立以来，中国坚持借鉴国际经验和立足中国解决问题的原则，发展符合中国国情的社会保障制度和医疗保障体系。《征求意见稿》第十一条提出："国家鼓励和支持医疗保障领域的对外交流合作。"巴拿马时间 2016 年 11 月 17 日，国际社会保障协会（ISSA）在其第 32 届全球大会期间，将"社会保障杰出成就奖"（2014—2016）授予中华人民共和国政府，以表彰中国在扩大社会保障覆盖面工作中取得的卓越成就，当时中国医疗保险覆盖面超过 10 亿人口。《征求意见稿》第十一条强调："开展医疗保障对外交流合作活动，应当遵守法律、法规，维护国家主权、安全和社会公共利益。"在医疗卫生领域这是一个十分敏感和重要的问题，应当引起每一位从业者的重视。

第四节　医疗保障法律责任

一、法律责任的基本原理

（一）法律责任的定义

法律责任是指由法律确定或协议约定的义务主体，不履行或者不完全履行法定或约定义务，应当承担的具有国家强制力保证实施的法定或约定责任，即不利后果。

主要特征：①法律责任主要可以分为民事（法律）责任、行政（法律）责任和刑事（法律）责任。民事责任是指民事主体不履行或者不完全履行民事法律义务应当依法承担的不利法律后果，主要包括违约责任、侵权责任。②违约责任又称违反合同的民事责任，是指合同当事人未履行合同的约定义务或法律规定的合同义务所应承担的民事法律上的不利后果。③侵权责任是指在没有合同约定的情形下，行为人以其违法行为致使他人人身、财产权益受到损害而承担的民事法律上的不利后果。④行政责任是指行政法律关系主体由于违反行政法律义务构成行政违法而应当依法承担的不利法律后果。⑤刑事责任是指依照刑法规定，犯罪主体实施刑法禁止的行为所必须承担的不利法律后果。

（二）医疗保障法律责任

医疗保障法律责任是指由医疗保障法律确定或医疗保障服务协议约定的义务主体，不履行或者不完全履行法定或约定义务，应当承担的具有国家强制力保证实施的，法定或约定的不利后果。本定义是从医疗保障法治视角出发提出的广义定义，包括违反法定缴费要求、医疗保障基金使用相关规定、医药服务协议约定等应承担的法律责任。因缴费义务并非医疗保障所特有，在其他社会保险领域违反法定缴费义务也需承担法律责任，本章不做专门讨论。

主要特征：违反医疗保障相关法律规定和医药服务协议约定应承担的法律责任，包括违约责任、违规责任、违法责任。建立医保法治需要医疗保障经办机构和定点医药机构签订医药服务协议，并在协议中具体约定违约责任。国务院和医疗保障主管部门制定的规范性文件和管理办法，具体规定相关机构和个人的责任，违反相关规定的则构成违规责任，也称行政责任。《医疗保障基金使用监督管理条例》等法律文件，具体规范相关机构和个人的行为，违反相关法律规范的则构成法律责任。中共中央5号文明确要求："综合运用协议、行政、司法等手段，严肃追究欺诈骗保单位和个人责任，对涉嫌犯罪的依法追究刑事责任，坚决打击欺诈骗保、危害参保群众权益的行为。"

二、违约行为及其处理

（一）违约行为

《医疗机构医疗保障定点管理暂行办法》第十四条到第二十四条规定了定点医药机构的一系列义务，定点医药机构未履行（含未完全履行）协议约定义务的即构成违约行为，应当依法承担违约责任。

一般情况下，社会契约和集体协议没有违约责任。医保服务协议具有"亦私"属性，其执行标的涉及患者生命和健康、涉及医药机构收入，因此嵌入了违约行为和违约责任的内容。

(二)处理方法

根据《医疗机构医疗保障定点管理暂行办法》第三十八条的规定:“经办机构发现定点医疗机构存在违反协议约定情形的,可按协议约定相应采取以下处理方式:①约谈医疗机构法定代表人、主要负责人或实际控制人;②暂停或不予拨付费用;③不予支付或追回已支付的医保费用;④要求定点医疗机构按照协议约定支付违约金;⑤中止相关责任人员或者所在部门涉及医疗保障基金使用的医疗服务;⑥中止或解除医保协议。”

1. 约谈 约谈医疗机构法定代表人、主要负责人或实际控制人意在弄清情况。约谈是双方沟通和检查协议履行的方式,不是违反协议的合同一方当事人就违约行为所应承担的法律责任或后果。如将约谈向社会公开,可能会对被约谈对象的声誉造成一定的负面影响,从而形成一定的声誉处罚的效果。但由于约谈完成前违约事实往往没有得到核实和确认,且公开约谈对被约谈对象造成的声誉负面影响一旦产生往往难以完全消除,故不宜将约谈作为违约责任的一种形式。

2. 财务措施 财务措施包括四项,即暂停、不予拨付费用、不予支付、追回已支付的医保费用,由此形成医护机构的坏账损失。这四项措施在定点医药机构违约(如未能提供合规医药服务)时可由经办机构行使。合同履行抗辩权是负有合同履行义务的一方因对方不履行或履行不合约定的原因拒绝对方请求(履行合同义务)权的对抗权利。在不涉及公序良俗和双方当事人以外的公共利益时,合同履行抗辩权可以由双方当事人进一步明确约定。

理论上,在民事合同一方违约时,从减少损失和促进协议履行的目标出发,合同另一方有权行使合同履行抗辩权而采取不履行协议的措施,合同另一方采取这些不履行措施比追究违约方责任所需的成本更低。无论医保服务协议属于社会契约或行政协议,经办机构都有必要行使合同履行抗辩权,即前述三项措施,其成本往往低于追究定点医药机构违约责任的执法成本。此外,对于即将发生的医药服务行为的暂停付费,也可通过经办机构要求“中止相关责任人员或者所在部门涉及医疗保障基金使用的医疗服务”的方式实现,因其可能直接涉及该统筹区全体参保人的利益,故不宜由经办机构和定点医药机构双方自行通过协议约定,只能由法律规定。

3. 支付违约金 违约金是指合同的一方当事人不履行或不适当履行合同时,按照合同的约定,为其违约行为支付的一定数额的金钱。违约金一般分为惩罚性违约金和补偿性违约金,两者均属于担保物权的担保范围。在数额限制上,当事人约定违约金的,按约定支付违约金。追回(已付费用)和支付(补偿性)违约金均是赔偿损失的一种形式,旨在填平或补偿因违约行为而受损的合同一方的全部损失。惩罚性违约金是通过震慑约束对方履约,故而要求违约方支付超出受损合同方全部损失的金额。受损合同方在请求违约方赔偿全部损失的同时,不能另行请求支付补偿性违约金。

我国《民法典》第五百八十五条规定:“当事人可以约定一方违约时应当根据违约情况向对方支付一定数额的违约金,也可以约定因违约产生的损失赔偿额的计算方法。约定的违约金低于造成的损失的,人民法院或者仲裁机构可以根据当事人的请求予以增加;约定的违约金过分高于造成的损失的,人民法院或者仲裁机构可以根据当事人的请求予以适当减少。”我国立法机关中参与《民法典》立法的相关负责同志在《民法典》释义中指出:“在判断约定违约金是否过高以及调低的幅度时,一般应当以对债权人造成的损失为基准。”由于追究违约方的违约责任需要付出时间、精力和律师费、诉讼费用等额外费用,且还有一些损失难以举证，在司法实践中，只要约定违约金不超过因违约造成的实际损失的130%，在性质上即属于补偿性违约金。为避免医保服务协议设定的违约金过高而被司法调整的风险，医保服务协议约定的违约金应限于补偿性违约金，违约的定点医药机构退回或赔偿的医保基金损失加上该机构应支付补偿性违约金的总和，不宜超过其违约造成的总实际损失的130%。

4. 解除协议　解除协议是指在协议有效成立以后，当解除条件具备时，因当事人一方或双方的意思表示，使协议提前消灭的行为。解除协议的后果可能危及协议双方和其他外部利益相关人，需要倍加审慎，各类合同法律均以多条款处理这一个规范行为。解除协议的方式分为协议解除和单方解除。

解除协议不是一种法定的违约责任方式。我国关于合同违约责任的法律规定在《中华人民共和国民法典》合同编（第三编）第八章（违约责任），但合同解除却规定在合同编（第三编）第七章（合同的权利义务终止）。由于解除协议会在很大程度上影响协议双方以外的全体参保人利益，需要采取特别措施来保障全体参保人利益。解除协议通常是在协议目的无法实现或协议一方当事人明确表示或被推断为不履行主要债务时使用。其适用不是为了让缔约方遵守原协议，而是让双方不再受原协议的约束，故其不属于一种违约责任方式，而是一种违约处理的手段。

《医疗机构医疗保障定点管理暂行办法》第四十三条规定："医保协议解除是指经办机构与定点医疗机构之间的医保协议解除，协议关系不再存续，协议解除后产生的医药费用，医疗保障基金不再结算。定点医疗机构有以下情形之一的，经办机构应解除医保协议，并向社会公布解除医保协议的医疗机构名单：①医保协议有效期内累计2次及以上被中止医保协议或中止医保协议期间未按要求整改或整改不到位的；②以弄虚作假等不正当手段申请取得定点的；③经医疗保障部门和其他有关部门查实有欺诈骗保行为的；④为非定点医疗机构或处于中止医保协议期间的医疗机构提供医保费用结算的；⑤拒绝、阻挠或不配合医疗保障部门开展智能审核、绩效考核、监督检查等，情节恶劣的；⑥被发现重大信息发生变更但未办理重大信息变更的；⑦定点医疗机构停业或歇业后未按规定向经办机构报告的；⑧医疗保障行政部门或其他有关部门在行政执法中，发现定点医疗机构存在重大违法违规行为且可能造成医疗保障基金重大损失的；⑨被吊销、注销医疗机构执业许可证或中医诊所备案证的；⑩法定代表人、主要负责人或实际控制人不能履行医保协议约定，或有违法失信行为的；⑪未依法履行医疗保障行政部门作出的行政处罚决定的；⑫定点医疗机构主动提出解除医保协议且经办机构同意的；⑬根据医保协议约定应当解除医保协议的；⑭法律法规和规章规定的应当解除的其他情形。"

医保协议具有外部公益性特点，进行违约处理时必须最大限度地保障参保人利益。具体而言，由于医疗服务的地域性特点和便民性要求，对从事上述违法违约行为的定点医药机构（特别是医院）一律执行解除服务协议的规定，将使原本在该定点医药机构获得医药服务的多数参保人无法再次从该机构获得同等的医保服务和相关便利，许多参保人将不得不转而使用其他的替代性医疗服务。为了更好保障参保人的利益，经办机构和医保行政部门在决定解除合同前，应通过听证程序听取参保人的意见，考虑参保人在协议解除后获得替代性医疗服务的可能性，从参保人的角度出发权衡对解除该协议对参保人带来的各种利弊，最终还需通过法制审核程序才能做出是否解除合同的决定。《医疗保障行政处罚程序暂行规定》第三十七条规定："有下列情形之一，在医疗保障行政部门负责人作出决定之前，应当进行法制审核，未经法制审核或者审核未通过的，不得作出决定：……（二）责令解除医保服务协议等直接关系到当事人或第三人重大权益，经过听证程序的……"。

除采用“解除协议”以外，经办机构和医保行政部门还可采用其他多种违约责任方式和处罚方式，如继续履行、追缴违约金、罚款和资格罚等。这些“解除协议”以外的多种违约责任方式和处罚方式在大多数情况下能实现震慑违约（法）行为、促进守约（法）的目标，同时又可避免因解除协议而对参保人施加的影响和损失，因而可以被更大范围地使用。

三、违规行为及处理

违规行为即指违反国家行政法律和规范性文件规定的行为，应当依法承担不利后果。承担行政责任表现为行政处罚。行政处罚主要有财产罚（如罚款、没收违法所得）、人身自由罚（如行政拘留）、声誉罚（如警告）以及资格罚（如吊销许可证件、限制从业）等。

在医疗保险领域，处罚主体是医疗保障行政部门，处罚对象是医保经办机构、定点医药机构和参保人等个人。行政处罚中使用较多的种类为行政罚款，行政拘留这一种类尚未被使用。医疗保障行政部门进行行政处罚的法律依据主要有《社会保险法》《基本医疗卫生与健康促进法》《医疗保障基金使用监督管理条例》等法律法规和规章。综合这些法律条文，医保行政处罚的针对事项主要是：用人单位不办理或逾期办理社会保险登记；医保经办机构以及医疗机构、药品经营单位等医保服务机构以欺诈、伪造证明材料或者其他手段骗取医保基金支出；以欺诈、伪造证明材料或者其他手段骗取医保待遇；参加药品采购投标的投标人以低于成本的报价竞标，或者以欺诈、串通投标、滥用市场支配地位等方式竞标、中标；采取虚报、隐瞒、伪造等手段，骗取社会救助资金、物资或者服务等。为方便区分并明确不同的违法行为所涉及的行政处罚，以下将以不同主体的不同违法行为涉及的不同行政处罚进行详细介绍。

（一）定点医药机构的违规行为及行政处罚

定点医药机构是医保行政监管的重要对象，其涉及的行政处罚主要为财产罚和资格罚，具体为约谈有关负责人、罚款、责令暂停涉及医疗保障基金使用的医药服务、没收违法所得、吊销执业资格、从业禁止等，见表11-1。

表11-1 定点医药机构的违规行为及行政处罚文献

<table>
<tr><th>主体</th><th colspan="2">具体违规行为</th><th>处罚</th><th>依据</th></tr>
<tr><td rowspan="8">定点医药机构</td><td colspan="2">以欺诈、伪造证明材料或者其他手段骗取社会保险基金支出</td><td>责令退回，处骗取金额二倍以上五倍以下的罚款，解除服务协议</td><td>《社会保险法》第87条</td></tr>
<tr><td rowspan="7">造成医保基金损失</td><td>分解住院、挂床住院</td><td rowspan="7">责令改正，可以约谈有关负责人；造成损失责令退回，处造成损失金额1倍以上2倍以下的罚款；拒不改正或者造成严重后果，责令暂停6个月以上1年以下医疗保障基金使用</td><td rowspan="7">《医疗保障基金使用监督管理条例》第38条</td></tr>
<tr><td>违反诊疗规范过度诊疗、过度检查、分解处方、超量开药、重复开药或者提供其他不必要的医药服务</td></tr>
<tr><td>重复收费、超标准收费、分解项目收费</td></tr>
<tr><td>串换药品、医用耗材、诊疗项目和服务设施</td></tr>
<tr><td>为参保人员利用其享受医疗保障待遇的机会转卖药品，接受返还现金、实物或者获得其他非法利益提供便利</td></tr>
<tr><td>将不属于医疗保障基金支付范围的医药费用纳入医疗保障基金结算</td></tr>
<tr><td>造成医疗保障基金损失的其他违法行为</td></tr>
</table>

续表

<table>
<tr><th>主体</th><th colspan="2">具体违规行为</th><th>处罚</th><th>依据</th></tr>
<tr><td rowspan="15">定点医药机构</td><td colspan="2">未建立医疗保障基金使用内部管理制度，或者没有专门机构或者人员负责医疗保障基金使用管理工作</td><td rowspan="7">责令改正，可以约谈有关负责人；拒不改正，处1万元以上5万元以下的罚款</td><td rowspan="7">《医疗保障基金使用监督管理条例》第39条</td></tr>
<tr><td colspan="2">未按照规定保管财务账目、会计凭证、处方、病历、治疗检查记录、费用明细、药品和医用耗材出入库记录等资料</td></tr>
<tr><td colspan="2">未按照规定通过医疗保障信息系统传送医疗保障基金使用有关数据</td></tr>
<tr><td colspan="2">未按照规定向医疗保障行政部门报告医疗保障基金使用监督管理所需信息</td></tr>
<tr><td colspan="2">未按照规定向社会公开医药费用、费用结构等信息</td></tr>
<tr><td colspan="2">除急诊、抢救等特殊情形外，未经参保人员或者其近亲属、监护人同意提供医疗保障基金支付范围以外的医药服务</td></tr>
<tr><td colspan="2">拒绝医疗保障等行政部门监督检查或者提供虚假情况</td></tr>
<tr><td rowspan="5">骗取医保基金支出</td><td>诱导、协助他人冒名或者虚假就医、购药，提供虚假证明材料，或者串通他人虚开费用单据</td><td rowspan="5">责令退回，处骗取金额2倍以上5倍以下的罚款；暂停相关责任部门6个月以上1年以下医疗保障基金使用，直至由医疗保障经办机构解除服务协议</td><td rowspan="5">《医疗保障基金使用监督管理条例》第40条</td></tr>
<tr><td>伪造、变造、隐匿、涂改、销毁医学文书、医学证明、会计凭证、电子信息等有关资料</td></tr>
<tr><td>虚构医药服务项目</td></tr>
<tr><td>其他骗取医疗保障基金支出的行为</td></tr>
<tr><td>定点医药机构以骗取医疗保障基金为目的，实施了本条例第三十八条规定行为之一，造成医疗保障基金损失的，按照本条规定处理</td></tr>
<tr><td colspan="2">侵占、挪用医疗保障基金的</td><td>责令追回，有违法所得的，没收违法所得</td><td>《医疗保障基金使用监督管理条例》第44条</td></tr>
<tr><td colspan="2">造成医疗保障基金重大损失或者其他严重不良社会影响的</td><td>法定代表人或者主要负责人5年内禁止从事定点医药机构管理活动</td><td>《医疗保障基金使用监督管理条例》第45条</td></tr>
</table>

（二）相关个人的违规行为及行政处罚

对于相关个人的行政处罚主要有暂停联网结算、罚款，并且两种处罚方式可以并处，见表11-2。

表11-2 相关个人的违规行为及行政处罚文献

主体	具体违规行为	处罚	依据
相关个人	1. 将本人的医疗保障凭证交由他人冒名使用 2. 重复享受医疗保障待遇 3. 利用享受医疗保障待遇的机会转卖药品，接受返还现金、实物或者获得其他非法利益	责令改正；造成医疗保障基金损失的，责令退回；属于参保人员的，暂停联网结算3个月至12个月	《医疗保障基金使用监督管理条例》第41条

续表

主体	具体违规行为	处罚	依据
相关个人	以欺诈、伪造证明材料或者其他手段骗取社会保险待遇的	责令退回，处骗取金额二倍以上五倍以下的罚款	《社会保险法》第88条
	1. 个人以骗取医疗保障基金为目的，实施了《条例》第41条规定行为之一，造成医疗保障基金损失的；使用他人医疗保障凭证冒名就医、购药的 2. 通过伪造、变造、隐匿、涂改、销毁医学文书、医学证明、会计凭证、电子信息等有关资料或者虚构医药服务项目等方式，骗取医疗保障基金支出的	责令改正；造成医疗保障基金损失的，责令退回；属于参保人员的，暂停联网结算3个月至12个月；并处骗取金额2倍以上5倍以下的罚款	《医疗保障基金使用监督管理条例》第41条

（三）医保经办机构违规行为及行政处罚

对医保经办机构的行政处罚主要以罚款和没收违法所得为主，见表11-3。

表11-3 医保经办机构违规行为及行政处罚文献

主体	具体违规行为	处罚	依据
医疗保障经办机构	以欺诈、伪造证明材料或者其他手段骗取社会保险基金支出	责令退回，处骗取金额二倍以上五倍以下的罚款，解除服务协议	《社会保险法》第87条
	通过伪造、变造、隐匿、涂改、销毁医学文书、医学证明、会计凭证、电子信息等有关资料或者虚构医药服务项目等方式，骗取医疗保障基金支出	责令退回，处骗取金额2倍以上5倍以下的罚款	《医疗保障基金使用监督管理条例》第37条
	违反本条例规定，侵占、挪用医疗保障基金的	责令追回，有违法所得的，没收违法所得	《医疗保障基金使用监督管理条例》第44条

医保经办机构的违规行为属于单位行为，但需要酌情处罚单位和相关责任人。如《医疗保障基金使用监督管理条例》第37条规定，医疗保障经办机构通过伪造、变造、隐匿、涂改、销毁医学文书、医学证明、会计凭证、电子信息等有关资料或者虚构医药服务项目等方式，骗取医疗保障基金支出的，由医疗保障行政部门责令退回，处骗取金额2倍以上5倍以下的罚款，对直接负责的主管人员和其他直接责任人员依法给予处分。

（四）其他主体的违规行为及行政处罚

该部分主要指在参保人、定点医药机构以及医保经办机构之外的主体，包括了用人单位以及药品采购投标的投标人。对此类主体的行政处罚主要是罚款、没收违法所得以及取消投标资格（表11-4）。

表11-4 其他主体的违规行为及行政处罚

主体	具体违规行为	处罚	依据
用人单位	用人单位不办理社会保险登记的	行政部门责令限期改正；逾期不改正的，处应缴社会保险费数额一倍以上三倍以下的罚款	《社会保险法》第84条
	用人单位未按时足额缴纳社会保险费的	征收机构责令限期缴纳或者补足，并日加收万分之五的滞纳金	《社会保险法》第86条

续表

主体	具体违规行为	处罚	依据
参加药品采购投标的投标人	参加药品采购投标的投标人以低于成本的报价竞标，或者以欺诈、串通投标、滥用市场支配地位等方式竞标的	责令改正，没收违法所得	《基本医疗卫生与健康促进法》第103条
	参加药品采购投标的投标人以低于成本的报价竞标，或者以欺诈、串通投标、滥用市场支配地位等方式竞标的，且中标的	中标无效，处中标项目金额千分之五以上，千分之十以下的罚款。情节严重的，取消其二年至五年内参加药品采购投标的资格并予以公告	

医保监管领域的行政处罚主要是以财产罚为主，辅以资格罚。具体行政处罚的适用存在如下情况。

1. 主体不同，同责不同罚　尽管行政处罚的相对人具有多样性，但是其违法行为是一体多面的，尤其是在参保人、定点医药机构之间，违法行为不仅具有关联性甚至存在同一性，但是不同主体产生了不同的行政处罚。例如，《医疗保障基金使用监督管理条例》第38条规定的定点医药机构"为参保人员利用其享受医疗保障待遇的机会转卖药品，接受返还现金、实物或者获得其他非法利益提供便利"与第四十一条规定的参保人员"利用享受医疗保障待遇的机会转卖药品，接受返还现金、实物或者获得其他非法利益"的行为存在相互对合的情况，但其对应的处罚为对定点医药机构"处损失金额1倍以上2倍以下的罚款"和"责令暂停6个月以上1年以下医疗保障基金使用"以及对参保人员"暂停联网结算3个月至12个月"。第四十规定的定点医药机构"伪造、变造、隐匿、涂改、销毁医学文书、医学证明、会计凭证、电子信息等有关资料"的行为与第四十一条规定的参保人员"通过伪造、变造、隐匿、涂改、销毁医学文书、医学证明、会计凭证、电子信息等有关资料或者虚构医药服务项目等方式，骗取医疗保障基金支出的"行为相类似，但对应的处罚为对定点医药机构"处骗取金额2倍以上5倍以下的罚款"、"暂停相关责任部门6个月以上1年以下医疗保障基金使用"甚至是"解除服务协议"，对参保人员对处罚则为"暂停联网结算3个月至12个月"以及"并处骗取金额2倍以上5倍以下的罚款。"

2. 同一主体，多种处罚并存　行政处罚与协议的违约责任相类似的情况下，医保行政执法实践中如何协调使用违约处理和行政处罚的问题。如前所述《条例》列举了分解住院、挂床住院、串换药品等违法行为，并规定由医保行政部门"责令改正"，并"可以约谈有关负责人"；如造成医保基金损失的，还应"责令退回"，处以"罚款"；拒不改正或者造成严重后果的，责令"定点医药机构暂停相关责任部门6个月以上1年以下涉及医疗保障基金使用的医药服务"（第三十八条）。上述这些行政处罚种类大部分与协议的违约责任相类似，如行政罚款与违约金，责令暂停服务与合同中止，责令解除服务协议。以ZJ省WZ市LC区人民法院公开审理YJ县人力资源和社会保障局做出行政处理冻结了应付YJ县JN医院的379万余元医保基金案为例，存在多种罚处关系并存的问题。

我国《行政处罚法》第八条规定：公民、法人或者其他组织因违法行为受到行政处罚，其违法行为对他人造成损害的，应当依法承担民事责任。这意味着在对违法行为施加行政处罚时可以追究民事违约责任。我国《行政处罚法》第二十九条也规定："对当事人的同一个违法行为，不得给予两次以上罚款的行政处罚。同一个违法行为违反多个法律规范应当给予罚款处罚的，按照罚款数额高的规定处罚。”在实践中，经常会遇到追缴违约金后是否还要进行行政罚款的问题，或进行行政罚款的同时是否还要追缴违约金的问题。我国国家医疗保障局还制定了《医疗保障行政处罚程序暂行规定》以确保医疗保障行政部门依法实施行政处罚。此外，国家医疗保障局还制定了《医疗保障系统全面推行行政执法公示制度执法全过程记录制度重大执法决定法制审核制度实施办法（试行）》，对行政执法检查提出了三项重要的程序要求。

四、违法责任及处理

违法责任包括违反民事法律、行政法律和刑事法律应当承担的不利后果。本节主要介绍违反刑事法律的责任。刑事责任是所有法律责任中最为严苛的法律责任形式，不仅有上述医保行政处罚中的财产性处罚，还有较普通行政拘留更为严厉的人身处罚，如监禁刑，限制人身自由，还有死刑，剥夺生命。医保领域的刑事责任主要以《刑法》的相关规定为主，见表 11-5。

表 11-5 医保监管领域刑事责任文献

层级	规范名称	具体内容
法律	《刑法》	第二百六十六条 诈骗公私财物，数额较大的，处三年以下有期徒刑、拘役或者管制，并处或者单处罚金；数额巨大或者有其他严重情节的，处三年以上十年以下有期徒刑，并处罚金；数额特别巨大或者有其他特别严重情节的，处十年以上有期徒刑或者无期徒刑，并处罚金或者没收财产。本法另有规定的，依照规定
法律	《社会保险法》	第九十四条 违反本法规定，构成犯罪的，依法追究刑事责任
立法解释	《全国人民代表大会常务委员会关于 < 中华人民共和国刑法 > 第二百六十六条的解释》	以欺诈、伪造证明材料或者其他手段骗取养老、医疗、工伤、失业、生育等社会保险金或者其他社会保障待遇的，属于刑法第二百六十六条规定的诈骗公私财物的行为
行政法规	《医疗保障基金使用监督管理条例》	第四十八条 违反本条例规定，构成违反治安管理行为的，依法给予治安管理处罚；构成犯罪的，依法追究刑事责任。违反本条例规定，给有关单位或者个人造成损失的，依法承担赔偿责任

根据《刑法》第 266 条的规定及其立法解释，医保领域涉及的刑事责任主要是“诈骗罪”（表 11-6）。医保涉及的“诈骗罪”根据数额大小以及刑罚轻重分为三个档次：①属于“数额较大的”，适用的刑罚为“三年以下有期徒刑、拘役或者管制，并处或者单处罚金”；②属于“数额巨大”或者“有其他严重情节的”，适用的刑罚为“三年以上十年以下有期徒刑，并处罚金”；③属于“数额特别巨大”或者“其他特别严重情节”，适用的刑罚为“处十年以上有期徒刑或者无期徒刑，并处罚金或者没收财产”。同时，最高人民法院、最高人民检察院《关于办理诈骗刑事案件具体应用法律若干问题的解释》还对具体数额进行规定，具体为第一条规定：“诈骗公私财物价值三千元至一万元以上、三万元至十万元以上、五十万元以上的，应当分别认定为刑法第二百六十六条规定的‘数额较大’‘数额巨大’‘数额特别巨大’”。

表 11-6　医保涉及的诈骗罪的文献

档次	具体情节	适用刑罚	备注：数额标准
第一档（普通）	数额较大的：三千元至一万元以上	主刑：三年以下有期徒刑、拘役或者管制 附加刑：并处或者单处罚金	各省、自治区、直辖市高级人民法院、人民检察院可以结合本地区经济社会发展状况，在前款规定的数额幅度内，共同研究确定本地区执行的具体数额标准，报最高人民法院、最高人民检察院备案
第二档（严重）	1. 数额巨大：三万元至十万元以上； 2. 有其他严重情节	主刑：三年以上十年以下有期徒刑 附加刑：并处罚金	
第三档（特别严重）	1. 数额特别巨大：五十万元以上 2. 其他特别严重情节	主刑：十年以上有期徒刑或者无期徒刑 附加刑：并处罚金或者没收财产	

《刑法》之外其他的法律规范采用准用性规则，采取“构成犯罪的，依法追究刑事责任”的条文表述。这并不意味着除了《刑法》以外的法律规范对于诈骗罪并无作用。根据最高人民法院、最高人民检察院《关于办理诈骗刑事案件具体应用法律若干问题的解释》第一条第二款的规定“各省、自治区、直辖市高级人民法院、人民检察院可以结合本地区经济社会发展状况，在前款规定的数额幅度内，共同研究确定本地区执行的具体数额标准，报最高人民法院、最高人民检察院备案。”该条文充分说明，有关诈骗罪入罪的具体数额以及量刑的标准，各省、自治区、直辖市的高级人民法院、人民检察院可以在上述司法解释规定的幅度范围内自行调整，而仅需要经过最高人民法院、最高人民检察院的备案程序。

根据目前地方性规定，如上海市高级人民法院、上海市人民检察院、上海市公安局、上海市司法局《关于本市认定诈骗犯罪案件具体数额标准的意见》规定“个人诈骗公私财物在 4 千元以上的，属于“数额较大”；个人诈骗公私财物在 5 万元以上的，属于“数额巨大”。”重庆市高级人民法院、重庆市人民检察院发布的《关于办理诈骗刑事案件数额标准的规定》中规定“一、诈骗公私财物价值人民币五千元以上的，为数额较大；二、诈骗公私财物价值人民币七万元以上的，为数额巨大；三、诈骗公私财物价值人民币五十万元以上的，为数额特别巨大。”由于医保基金欺诈骗保行为依法需要追究刑事责任所需的欺诈骗保数额较低，为三千元到六千元不等，所以在许多省份，骗取医保基金达三千元以上即可由公安机关立案追究刑事责任。由于在两定医药机构涉嫌欺诈骗保案件中，骗保金额绝大部分处于三千元到六千元，国务院关于《行政执法机关移送涉嫌犯罪案件的规定》要求行政执法机关在依法查处违法行为过程中，发现违法事实涉及的金额、违法事实的情节、违法事实造成的后果等，涉嫌构成犯罪，依法要追究刑事责任的，必须向公安机关移送，故绝大多数案件依现行法律需移交给公安机关。

行政责任与刑事责任之间应该如何衔接适用。诸多法律规范对于医保诈骗案件移送标准和立案标准并不明确，仅规定了“构成犯罪的，依法追究刑事责任”，移送时间节点也并不明确。同时，现行立法对医保基金欺诈骗保案的行刑衔接点的设置也可能不合理，即未能充分发挥行政处罚和刑事处罚手段各自的优点，导致许多本应使用行政处罚即能产生有效震慑的违法行为被安排进入刑事司法程序，造成执法资源浪费等社会损失。医保行政机关适用《医疗保障基金使用监督管理条例》第四十条进行行政处罚的机会较小。下一节将具体论述在违约责任、行政责任以及刑事责任之间，多种追责方式如何协调使用。

五、多种追责方式的使用

执法震慑手段是多层级的“金字塔型执法”。“执法金字塔理论”认为，执法部门应当选择“自下而上”顺序，见图 11-3。“金字塔”底部强制力最弱、成本最低，只有在该机制不足以震慑违法行为时才依次逐级上升，不断提高执法手段的震慑程度。

上述安排具体还应区分不同的执法对象，针对自然人违法犯罪行为，绝大部分执法活动首先应采用说服的办法，如说服的办法不行就采用警告，再不行就采用震慑力更强的民事追责乃至刑事处罚。对于公司法人而言，暂扣乃至吊销许可证的震慑力是最强的，因为这意味着限制和剥夺公司法人的行为能力直至使其死亡，就像有期徒刑和死刑剥夺自然人的自由和相应行为能力一样。在金字塔中（图 11-3），每层所占空间面积占金字塔总面积的大小比例相当于该层空间所代表的手段在执法中被使用的比例，这意味着吊销许可证被使用的机会最小，仅用于极少的情况。

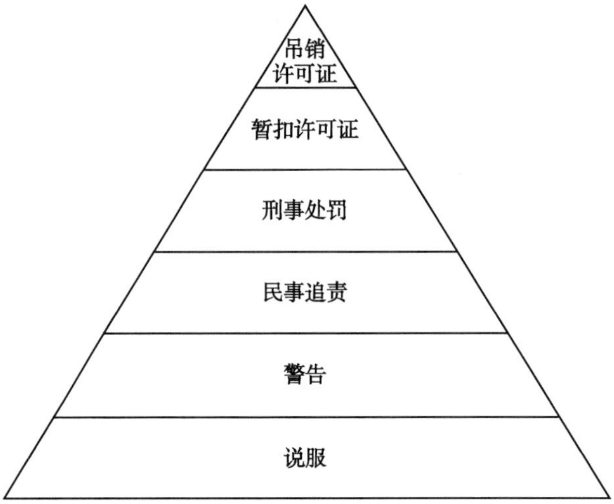

图 11-3　**违法医保协议行为的处理机制**

在医疗保障法治领域，违约责任、行政责任以及刑事责任的使用。

1. 行政责任和违约责任的使用　相较于行政处罚机制，医保服务协议违约追责机制的执法程序要求相对较少，执法成本相对较低但却能在一定程度上更好保障全体参保人的利益。此外，由于行政处罚机制整体上比违约追责机制对违约（法）方的不利处分（包括减损权益和增加义务）程度更高，在同等条件下所能形成的震慑程度也更高。按照前述“执法金字塔理论”，违约追责机制应比行政处罚机制得到优先使用。

2. 行政责任与刑事责任的使用　行政处罚比刑事处罚机制所需的程序要求少、证据要求低、处罚实施成本较低。在行政处罚威慑力不足时应当适用刑事处罚。

行政处罚的行政机关负责对违法行为启动调查直至做出处罚决定。除法律、法规、规章另有规定外，行政机关应当自行政处罚案件立案之日起九十日内作出行政处罚决定。采用刑事处罚机制，要经过侦查机关的侦查阶段、检察院审查起诉阶段和法院的审判阶段，才能对违法犯罪行为做出刑事处罚决定，程序较多，耗时较长（一般为六个月左右，特殊情况下法定最长时限为十八个月零 7 天）且执法成本较高。除了调查（侦查）、审查和决定程序外，行政处罚和刑事处罚均有相应的监督程序和处罚实施程序。不同于行政处罚的罚款，刑事处罚常使用有期徒刑，这需要建监狱、配备狱警等高昂的执法成本。此外，刑事处罚机制中证据必须达到“排除一切合理怀疑”的标准，证据要求比行政处罚更高，从而也导致更高的执法成本。比较刑事处罚，行政处罚办案时间较短、执法所需人力较少。目前各省级法院和检察院对医保基金欺诈骗保行为构成犯罪要求的最低金额为 3 000～6 000 元，如果使用行政处罚则包括“五倍行政罚款”、解除“服务协议”或“吊销执业资格”等，对违法分子的震慑力更强。

根据国家医疗保障局关于 2020 年全国医保基金监管工作情况的通报（医保办发〔2021〕9 号）“2020 年全年共检查定点医药机构 62.74 万家，占定点机构总数的 99.84%，处理违法违规医药机构 40.07 万家，占被检查机构的 63.87%，其中暂停医保协议 19 108 家、解除医保协议 6 008 家、行政罚款 5 457 家、移交司法机关 286 家；处理参保人员 26 098 人，其中约谈 14 262 人、暂停医保卡结算 3 162 人、移交司法机关 2 062 人。全年共追回资金 223.11 亿元。”上述数据显示，除非骗保金额巨大导致该金额的 5 倍已使被处罚人达到无法或无需支付的情况（因有限财产和有限责任破产豁免的限制）外，行政处罚对医保基金欺诈骗保人形成有效震慑。前述 3 000～6 000 元的起刑点过低。

本章小结

1. 医疗保障法治要实现硬法和软法的有机结合，建立如下四个机制：一是在智能监控系统下，建立各类利益相关人的自律机制；二是利益相关人的信用机制；三是基于医疗保障协议，建立当事人之间的相互约束机制；四是建立健全行政调处、监督与执法机制。

2. 社会治理是利益相关人长期合作与实现共赢的制度安排和实施过程。需要政府代表公共利益，维护人民健康和生命安全；还需要保护社会群体利益，如医生利益、患者利益；并促进社会群体之间的妥协和共识，进一步维护公共利益，共同建设医疗保障制度体系。社会医疗保障属于政府、企业、职工和居民共同缴费建立的准公共产品，附带政府责任，具有公法、社会法的交叉性，公共政策与社会政策集合性的特征。按照中共中央“七位一体”的社会治理体系，我国进入社会医疗保障综合治理时期。

3. 在 2010 年《社会保险法》第三章、2019 年《中华人民共和国基本医疗卫生与健康促进法》第七章，以及 2020 年进入实施的《医疗保障基金使用监督管理条例》，2021 年 6 月 15 日，国家医保局官网发布公告，就《医疗保障法（征求意见稿）》（简称《征求意见稿》）向社会公开征求意见。

4. 医疗保障法律责任包括违规责任、违法责任，广义上还包括违约责任、违信责任和违反伦理道德责任。

思考与练习题

1. 法律、法制和法治的联系与区别？

2. 如何理解医疗保障利益相关人及其合作机制与实现共赢的制度安排？

3. 如何理解医疗保障法律的复合型特征，特别是其亦公亦私的属性。在实践中既要强化行政主管部门和医保协议甲方的话语权，也要保护患者、医生、医院和医药企业的权益，最终实现共赢。

4. 分析违约追责、行政处罚和刑事处罚的定义和区别，如何规范与合理使用上述三个追责工具维护公民医疗保障合法权益。

案例分析：2021 年，* 国家医疗保障局累计通报 4 批医药商业贿赂案源和 1 批垄断控销案源，涉及企业 220 家。指导各地对涉案企业进行失信评级，截至 2021 年底，评定一般失信企业 49 家、中等失信企业 13 家、严重失信企业 5 家。案例中被通报的事件属于哪一类行为？

参考文献

[1] 张光杰. 中国法律概论. 上海：复旦大学出版社，2005.

[2] 邓大松，杨燕绥. 社会保障概论. 北京：高等教育出版社，2019.

[3] 张卿. 医疗保障基金监管中违约追责和行政处罚机制的协调完善. 浙江学刊，2021（6）：47-57.

[4] 娄宇. 论医疗服务协议对骗保行为的规制方法——惩罚性赔偿的法理与制度设计. 中国医疗保险，2018（10）：4.

[5] 刘继雁. 定点医疗机构骗取医保资金构成合同诈骗罪. 人民司法，2011（10）：3.

[6] 姜明安. 行政法与行政诉讼法. 第 7 版. 北京：北京大学出版社，2019.

[7] Bishop W.A Theory of Administrative Law.Journal of Legal Studies，1990，19（2）：489-530.

* 见《2021 年医疗保障事业发展统计快报》，医保局网站

第十二章
医疗保障国际案例

教学目标

熟悉20世纪70年代以后，卫生支出结构、医疗体系建设、医护机构定位和第三方付费改革是深化医疗保障制度改革的基本情况，掌握通过大数据和典型案例揭示医疗体制和医疗保障改革的本质特征，了解全球发展趋势。

主要内容

全球医疗保障改革与发展，德国、英国、美国和新加坡四个典型案例及比较研究。

第一节　全球医疗保障改革与发展

一、健康长寿时代的卫生支出

（一）健康长寿的定义和大数据

1. 健康长寿定义　健康长寿即指因拥有健康而延长了寿命。1965—1970年，全球人口的增长率达到顶峰，平均每年增长2.1%，发达国家的国民平均寿命达到75岁。此后全球人口增长速度减缓了一半，在2015—2020年间降至每年1.1%以下，预计到本世纪末将继续放缓。

2. 健康长寿大数据　联合国在《世界人口老龄化报告（2009）》中提出以老龄人口占比的指标来衡量社会的老龄化水平。国际上按照联合国的报告，开始以65岁及以上人口占总人口比重来界定人口老龄化的进程（表12-1）*：初级人口老龄化社会的标准为7%；中度人口老龄化社会的标准为14%，高度人口老龄化社会的标准为20%。以初级人口老龄化社会为例，65岁以上人口占比为7%，在总和生育率（15～49岁育龄妇女平均生育孩子数）1.8的条件下，15～64岁劳动年龄人口对老年人口的抚养比（赡养比）为10∶1，这对劳动市场规模、医疗保障税收和医疗保险基金收支平衡有直接影响。

* 清华大学《银色经济与健康财富指数》课题组，根据2019年版《世界人口展望》更新了人口老龄化发展时间表

表12-1 全球及其主要国家人口老龄化时间表和相关数据比较(2020版)

大数据均值	美国	德国	日本	中国	世界
初级老龄社会(65+, 7%); 人均GDP(2010年基期价格)≥1万美元; 总和生育率均值2.76(2.2～3.7); 国民平均预期寿命期初值≥70岁; 卫生支出占GDP比例6%, 其中预防康复占3.5%、医疗占2%、长期照护占0.5%; 医疗保险费率(没有平均值), 个人负担占比10%	1950	1950	1971	2000年, 人均GDP(2010年基期价格)0.17万美元; 总和生育率1.6; 国民平均预期寿命期初≥71岁; 卫生支出占GDP比例≥4.5%	2005
过渡期, 年	64	22	24	22	35
深度老龄社会(65+, 14%); 人均GDP(2010年基期价格)≥2万美元; 总和生育率均值1.76(1.4～1.9); 国民平均预期寿命期初值≥75岁; 卫生支出占GDP比例8%, 其中预防康复占4%、医疗占3%、长期照护占1%; 医疗保险费率(没有平均值), 个人负担占比15%	2014	1972	1995	2022年, 人均GDP(2010年基期价格)1.1万美元; 总和生育率1.3; 国民平均预期寿命期初≥77岁; 卫生支出占GDP比例≥7%	2040
过渡期, 年	15	36	11	13	40
高度老龄社会(65+, 20%); 人均GDP(2010年基期价)≥4万美元; 总和生育率均值1.59(1.32～1.88); 国民平均预期寿命期初值≥80岁; 卫生支出占GDP比12%, 其中预防康复占4.5%、医疗占4%、照护占1.5%; 医疗保险费率(没有平均值), 个人负担占比20%	2030	2008	2006	2035年以前	2080

数据来源: ①预测人口比例数据来自United Nations, Department of Economic and Social Affairs, World Population Prospects 2019; ②过往年份人口比例数据来自世界银行数据库; ③出生时预期寿命数据: 1950年数据为1950—1955年均值, 来自United Nations Databases, http://data.un.org/; 其余年份数据为当年数值, 见World Bank Open Databases http://data.worldbank. org/, 于淼整理

(二)健康长寿时代的主要特征

进入人口老龄化社会以后,三组数据引起人们的关注,从中发现了健康长寿时代的主要特征和新的社会发展常态。

1. 三个数据具有相关性 人均GDP水平、卫生总支出增长与占人均GDP的比例、国民平均预期寿命同步增长,从一万美元到四万美元、从GDP占比6%到10%、从70岁到80岁以上。可见,人口老龄化并非社会老化,是人类经过农业经济解决了温饱问题、进入工业经济解决发展问题,针对环境污染和分配不公两大社会问题,按照世卫组织"投资健康,构建安全未来"的号召,进入了大健康时代。大健康包括人的身心、道德和社会的良好状态,可谓人类社会发展的第三个阶段。

2. 卫生支出结构具有新趋势 卫生支出结构呈现出"预防保健优先、医疗占比下降、长期照护增长"的发展趋势。1968年,美国学者Andersen提出了医护服务的可及性。1978年,WHO/UNICEF(联合国儿童基金会)《阿拉木图声明》提出基本保健概念(不同于以公共卫生为主的初级保健)和社区医疗。美国医学研究所(IOM)委员会进一步诠释基本保健为"临床医生提供综合的、可及的卫生保健服务,负责处理大量的个人医疗需求,与患者建立持续的伙伴关系,并在家庭和社区的环境中执业"(Vanselow等,1995)。初级保健的升级版呈现出医护资源下沉、构建医护体系、维护健康的特征。有数据显示(Starfield,1994),75%～85%

的人只需要社区医疗，10%～12% 的人需要短期二级专科医护，5%～10% 的人需要三级医疗专家的干预。

3. 生育率下降引起福利变革　总和生育率从 2.76 降至 1.59，随之 65 岁以上老龄人口占总人口比重从 7% 到 20%。联合国《2019 年世界人口展望》数据显示见图 12-1，到 2030 年增长到 85.48 亿，2050 年增长为 97.35 亿，到本世纪末增长到 108.75 亿。全球人口增速呈现持续下降趋势。2030 年，全球人口增速预计为 0.84%，2050 年为 0.50%，2100 年为 0.03%。为了促进人口结构合理增长，发达国家纷纷开始增加生育福利，包括生育假期、生育津贴、养育补贴、就业保护、住房保障、入学保障等。

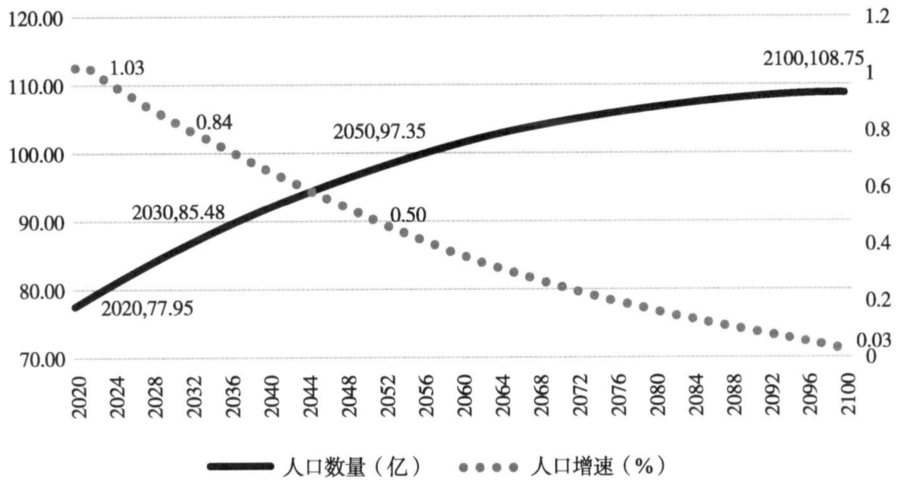

图 12-1　全球人口总量预测 2020—2100（2019 年世界人口展望）

二、全球医疗保障改革的发展趋势

医疗保障作为第三方付费具有两大功能和一个贡献。两个功能如下：一是分担参保患者的医疗费用，将基本保健从奢侈品转化为必需品；二是补偿医药机构，带动医药卫生事业和产业的发展。一个贡献即将医疗服务从奢侈品逐渐变为必需品且不断扩大范围，由此改善了国民健康素质和推动医疗卫生事业和产业的发展。

20 世纪 70 年代以后，医疗卫生费用的快速增长是各国面临的共性问题。在先行发达国家，医疗保障基本实现了全覆盖，并将个人医疗支出的自付比例控制在 20% 左右，几乎完成了医疗保障的第一个使命，即合理补需方。开始进入第二个使命的发展时期，通过医保支付方式改革引导优化卫生资源配置与合理控制成本，即合理补供方，引导医疗行为和医护机构向医护服务可及性和健康促进发展。

第二节　典型案例比较研究

第三方付费主要有四种筹资和运营模式，即社会互济、财政预算、混合计划、家庭储蓄。1883 年，德国颁布了《雇员医疗保险法》，创立了社会互济的典型案例。1947 年，英国建立了以国民医疗服务体系为标志的福利国家，创立了财政预算的典型案例。1964 年，美国在联邦社会保障计划内嵌入老遗残医疗保险项目，雇主和雇员仍然实行商业保险，公务员、学生和低收入人口实行政府补贴，是典型的混合型案例。20 世纪 90 年代，新加坡在公积金计划中嵌入了家庭医疗储蓄项目和社会救助项目，创立了自储公助的典型案例。本节从卫生支出、管理体制、医院改革、支付改革四个方面进行典型案例比较研究。

一、德国社会医疗保险改革与发展

德国基本医疗保险费率是工资总额的 14.6%，雇主和雇员各自承担 50%。覆盖率占总人口的 92%，以家庭为单位参保，一个雇员参保后全家受益。2020 年，国民平均预期寿命超过了 81 岁，基本医疗保险的国民满意度较好。

1. 卫生支出 WHO 官方统计数据（表 12-2）显示德国 2009—2018 年间：①卫生总支出占 GDP 比重在 10.78%～11.34%，缓慢增长、略高于 OECD 国家的平均水平。2018 年卫生总支出达到 4 531 亿美元。②政府卫生支出占卫生总支出的比例为 75.41%～77.71%，政府卫生支出占政府总支出的比重为 17.45%～19.99%，呈现缓慢增加的趋势。③个人卫生支出占卫生总支出的比重为 24.34%，降至 23.32%，含雇主和雇员的社会医疗保险缴费。④个人现金卫生支出占卫生总支出比重为 12.65%～14.18%。其中，2018 年个人现金支付占比为 56.68%，商业健康保险占比为 38.82%，约占总卫生支出的 5%。

表 12-2 德国年卫生支出结构（2009—2018，%，2018 年不变价百万美元）

项目	2009	2010	2011	2012	2013	2014	2015	2016	2017	2018
卫生总支出占 GDP 比重	11.24	11.10	10.78	10.85	10.99	11.02	11.18	11.23	11.32	11.43
政府卫生支出占卫生总支出比重（含社会医疗保险）	75.66	75.70	75.41	75.43	76.42	77.01	76.95	77.26	77.71	77.68
个人卫生支出占卫生总支出比重	24.34	24.30	24.59	24.57	23.58	22.99	23.05	22.74	22.29	22.32
政府卫生支出占政府总支出比重	17.64	17.45	17.96	18.22	18.69	19.15	19.51	19.59	19.90	19.99
个人现金卫生支出占医疗总支出比重	13.89	13.96	14.01	14.18	13.32	13.01	13.09	13.00	12.78	12.65
个人现金卫生支出占个人卫生总支出比重	57.08	57.44	56.96	57.70	56.47	56.59	56.80	57.17	57.36	56.68
商业健康保险占个人卫生支出比重	38.60	38.49	38.67	38.11	39.65	39.22	39.15	38.72	38.47	38.82
卫生总支出	383 343	377 256	404 037	382 589	410 415	428 416	375 311	389 679	416 954	453 056
政府卫生支出	290 030	285 580	304 673	288 585	313 624	329 937	288 818	301 066	324 022	351 952
个人卫生支出	93 312	91 675	99 363	94 004	96 790	98 479	86 493	88 613	92 932	101 103

资料来源：WHO，http://apps.who.int/nha/database

2. 管理体制　联邦卫生部（BMG）的职责：维护和发展法定医疗保险、长期护理保险的绩效，提高卫生系统的质量，维护患者的利益，开展健康保护、疾病管理和生物医学，并依法进行监督管理。联邦卫生部在医保方面的职责主要有三项：①向联邦议会和参议院提出立法建议，拟订法律草案；②制定和完善相关政策；③实施行业监管。联邦卫生部“掌舵而不划桨”，具体的专业性、审批性以及经办性工作由相应机构承担。

联邦社会保障局（BAS）的职责：对医疗保险、养老金、意外伤害保险以及长期护理保险进行法律监管。联邦社会保障局对医保的主要职责：①医保基金的归集与再分配；②负责医保基金的风险调节和运行监管。

联邦联合委员会（G-BA）的核心职能：负责制定指导原则和行动指南，以保障参保者获得有效、适宜和成本效益高的服务。职责范畴从制定法定医疗保险报销目录，确定医疗服务、药品报销范围，慢病管理，医疗服务质量保障措施，确定非专利药的固定报销价格，逐步拓展到批准检验和治疗新方式的准入、评价专利药的附加药效等。G-BA 由四个大型自治组织组成，即全国法定医疗保险基金协会（GKV）、德国医院协会（DKG）、联邦医保医师协会（KBV）和联邦牙医协会（KZBV）。四大协会属于私立非营利性组织，不具有法人地位。

联邦法定医疗保险基金协会的主要职责如下：①代表医保经办机构参与联合委员会的政策制定，并在联邦法律制定层面争取最大利益；②代表医保经办机构与医院协会、医师协会、牙医协会等进行谈判，明确医保支付；③负责跨国、跨州人员流动时的医保结算和协调工作。覆盖 130 多家法定医疗保险经办机构。医疗保险基金支付在医疗卫生体制中处于枢纽地位，带动了医院、医生、医药等各方面的改革与完善。

德国医院协会（DKG）代表 28 家成员协会：16 家州医院协会和 12 家类别医院协会。医院协会与其他合作伙伴共同决定所有与医院相关的重要问题。医院协会与全国法定医疗保险基金协会共同负责研究制定针对住院的疾病诊断相关组（DRG）支付标准，为会员单位提供性价比高的医疗服务。在欧洲和国际层面，医院协会在国际医院联合会（IHF）和欧洲医院协会（HOPE）中代表德国医院。DKG 经费由各医院协会分摊。德国实现住院和门诊分开，除急诊外，医院原则上不提供门诊服务。德国医院主要分为三种：一是公立医院，由政府、社会团体提供资金开办 500 张床位以上的大型综合性医院；二是私立非营利性医院，由教会、慈善团体或各种基金会捐助建立 200～500 张床位的医院；三是私立营利性医院，床位规模一般不超过 100 张。

德国联邦医保医师协会（KBV）由 17 家州医师协会（其中萨克森州有 2 家）组成。主要职责为：①在联邦层面代表医保签约医生利益，参与立法过程以及联邦联合委员会的政策制定；②与全国法定医疗保险基金协会等谈判，确定医生总体收入水平，以及门诊的医保支付方式；③负责管理医师的注册登记，规划区域卫生人力资源；④负责制定处方药的说明书和限制措施。KBV 决策机构是医师代表大会，由 60 人组成，包括 24 名专家、24 名全科医生、6 名心理治疗师、6 名其他成员（既不是医生也不是心理治疗师）。KBV 经费由各医师协会分摊。州医师协会还负责医生与各医保经办机构之间的资金支付结算工作。KBV 不仅是医生的代言人、医疗行为的规范者，还是医保费用支出的控制者。德国有 17.2 万名医保签约医师，医保医师协会负责对医师的注册、登记、规范化培训以及继续教育等方面的工作。2020 年，德国职场平台 Stepstone.de 发布的收入报告显示，医生薪酬平均每年为 9.2 万欧元。

技术支持：①医院支付系统研究所（InEK）由德国医院协会和全国法定医疗保险基金协

会共同出资成立，核心职能主要包括 DRG 定义、分组器认证、数据采集与分析、分组与编码规则的制定与更新、权重测算等。②门诊支付系统由联邦医保医师协会和全国法定医疗保险基金协会共同出资成立评估委员会研究所（InBA）。研究内容主要包括两个方面：制定门诊医师结算项目与评估标准（EBM）、计算联邦层面向医保医师协会划拨的费用、确定医师总体收入等，提供技术支持；对医师数量、收入等数据进行分析，编制年度报告，提供给联邦卫生部和议会。

法定医疗保险基金协会设立专门的医疗保险医学服务机构（MDK），全国共有 15 家，提供专业化的监管服务。主要职责如下：①医学专业鉴定。当医保经办机构涉及丧失工作能力、住院治疗、超过四周的家庭医疗护理、国外治疗、预防性服务或者医疗康复服务等时，会委托 MDK 进行医学必要性检验，征求专业意见。②技术性服务咨询。MDK 提供预防、治疗、康复服务有效性等方面的咨询，主要是对个案进行审核咨询，如某项医疗服务针对患者是否有效等。③医院医保费用结算服务。MDK 为医院 DRG 服务的收费结算提供技术服务，进行专业审核。④消费者保护。通过 MDK 的专业审核，避免医疗提供方出现不足服务、错误服务和过度服务，以提高医疗质量。MDK 为独立机构，其经费来自各经办机构按参保人数交纳的会费。

3. 医院改革 1972 年《医院筹资法案》规定，医院通过两种不同的途径筹措资金。一是各州负责医院基础设施的投入。所有医院（公立医院、私立非营利性医院、私立营利性医院）均可申请州政府财政拨款。医院房屋建设、维修及设备购置、维护都属于州财政投入的范围。二是医保基金、商业健康保险和个人自付费用共同支持医院的运行成本。医院的机构设置、设备购置和运行成本只有符合州政府的医院规划，才能获得政府财政补偿和法定医疗保险的支付。当医疗机构违反规划要求，超出床位控制标准或服务范围时，获得的资金数量会被扣减作为惩罚。德国的私立医院可以贷款建设，公立医院只有得到州政府同意后才可以贷款，同时必须接受政府监管。实行 DRG 付费之后，医院和床位数量曾呈现下降趋势。在 2005—2017 年间，从 2 139 家医院、52 万张床位降到 1 942 家医院、50 万张床位。

4. 支付改革 总额预算管理。1993 年，德国开始推行总额预算管理和预付制，预先设定医疗保险基金支出增长上限，控制医疗费用过度增长。

慢性病支付政策。1996 年，德国引入自由选择疾病基金和基于年龄、性别、平均费用的人头加权预算的“风险结构补偿机制”。为加强慢性病管理和患者获得连续性服务，德国政府采取了如下两项措施：①2002 年引入疾病管理计划，以参保患者为中心，激励疾病基金为他们提供全面的、持续的服务，改变就医模式。②颁布《改革风险调整计划法》，确保疾病基金不会因照顾慢性病患者而得不到补偿，按照疾病结构差异实施补偿，鼓励疾病基金关注长期患病的投保人。

急诊住院支付改革。1996 年，实行按床日付费和按病种付费的结合。1998 年，探索按疾病诊断相关分组付费（DRG），2000 年对澳大利亚版 DRG 进行深入研究之后，正式建立了德国版 G-DRG，医疗保险基金掌握了更大的话语权，医疗总费用得到控制。德国 DRG 付费改革的路径如下：2000—2002 年为准备阶段，构建了患者分类系统，对澳大利亚版本的诊断、程序编码进行德国化改造，然后进行数据搜集和费用标准制定；2005—2009 年在 16 个州实现同疾病基准费率统一；2010 年在全国住院服务实行 DRG 付费。

门诊总额预付管理和点数支付。德国住院和门诊分设，门诊服务主要由自由开业的医生（包括全科医师和专科医师）提供，参保人可以自由选择医生。医院不接受一般门诊，由开业医生负责向医院进行转诊，个人可以选择医院。门诊实行按人头加权预算，在结算时折算“点数”和支付。门诊补偿分两个环节：①医保经办机构与各州医师协会之间，按参保人头加权计算，包括地域、年龄结构、疾病谱、往期费用等指标和权重设定医保支付总额。以上一年的人头费为基数，考虑到患常见病、多发病的人群分布和变化情况，参考物价指数（CPI）、工资收入变化等因素，由医保经办机构与各州医师协会谈判确定当年的人头费支付标准，再乘以实际参保人数，即按人头加权的总额预付管理（MGV）。另外增加心理咨询费用及不可预见费用。②各州医保医师协会按全科医生或专科医生提供的病案和数据，联邦统一制定的门诊服务项目和相对成本权重标准（EBM），计算每一个门诊服务项目的相对成本权重（点数）。各州医师协会与医保经办机构谈判确定当地基准点数和基准价格。各州医师协会根据上一季度的常规服务情况确定每个门诊项目的点数总和乘以基准价格，并按季度进行预付。如果医师提供的服务数量超过此前的常规服务量，点数单价就会降低，反之则增加，医生总体收入不变。

2002 年，德国发动了疾病管理项目（disease management project，DMP），试图通过提供综合医疗服务和第三方健康指导，改善慢性病患者的健康水平和降低医疗成本。德国联邦联合委员会负责确定疾病管理计划的慢性病种类，制定各病种的临床循证指南。从 2003 年起，乳腺癌、糖尿病、冠心病、哮喘和慢性阻塞性肺疾病等慢性病先后被纳入疾病管理项目。参保患者加入疾病管理项目需选择一位基本保健医生作为协调医师，负责患者的慢性病首诊，并为其制订慢性病管理计划。医疗基金的风险结构补偿计划按人头加权预算向地方医师协会支付，地方医师协会根据区域内的注册患者数支付医生服务费用。每增加一名参与疾病管理项目的患者，医生会得到额外补偿，德国联邦卫生部每年从财政预算中抽出 1% 用于奖励参与疾病管理项目的医生。参与疾病管理项目的患者也会获得更高的医疗保险分担比例。有研究表明，参与疾病管理项目的乳腺癌患者的依从性得到改善，进而获得更好的治疗效果。

二、英国国民基本保健服务体系改革与发展

1948 年，英国建立了国民基本保健服务体系（NHS）。2018 年，雇员每周收入高于 157 英镑但低于（含）866 英镑或者每月收入高于 680 英镑但低于（含）3 750 英镑的，个人社会保险税率为 12%；每周收入高于 866 英镑或每月收入高于 3 750 英镑的，超过部分的个人社会保险税率为 2%。2018 年，雇主税率为 13.8%。2020 年 NHS 预算约为 10 070 亿英镑，国民平均预期寿命超过 80 岁。基本保健服务的国民满意度较好，对住院等待期过长不满意。

1. 卫生支出　WHO 官方统计数据（表 12-3）显示 2009—2018 年间：①英国卫生总支出占 GDP 比重在 9.83%～10.05%，基本稳定。2018 年卫生总支出达到 285 999 亿美元。②政府卫生支出占卫生总支出的比例从 82.85% 降至 78.60%，政府卫生支出占政府总支出的比重为 17.35%～19.20%，呈现缓慢增加的趋势。③个人卫生支出占卫生总支出的比重为 17.14%～21.38%，呈现较快增长趋势。④个人现金卫生支出占卫生总支出比重为 12.38%～16.71%。其中，个人现金支付占比为 71.65%～78.14%，呈现较快增长趋势。商业健康保险占比为 13.73%～21.15%，呈现较快下降趋势，约占总卫生支出的 3.5%。

表 12-3 英国卫生支出结构(2009—2018，%，2018 年不变价百万美元)

项目	2009	2010	2011	2012	2013	2014	2015	2016	2017	2018
卫生总支出占GDP比重	10.02	9.99	9.97	10.05	9.98	9.96	9.90	9.87	9.83	10.00
政府卫生支出占卫生总支出比重(含NHS)	82.85	82.28	81.98	81.29	79.80	80.03	80.14	80.38	79.48	78.60
个人卫生支出占卫生总支出比重	17.14	17.72	18.01	18.70	20.19	19.96	19.85	19.61	20.51	21.38
政府卫生支出占政府总支出比重	17.58	17.35	17.87	17.92	18.15	18.50	18.76	19.10	18.99	19.20
个人现金卫生支出占卫生总支出比重	12.28	12.88	13.12	13.82	15.28	15.13	15.10	15.25	15.88	16.71
个人现金卫生支出占个人卫生支出比重	71.65	72.73	72.83	73.91	75.70	75.83	76.06	77.77	77.43	78.14
商业健康保险占个人卫生支出比重	21.15	19.84	19.48	18.50	16.97	17.01	16.41	14.20	14.35	13.73
卫生总支出	241 619	245 669	249 061	254 729	258 284	264 462	269 244	273 366	277 364	285 999
政府卫生支出	200 193	202 130	204 184	207 079	206 114	211 657	215 779	219 734	220 452	224 806
个人卫生支出	41 408	43 521	44 856	47 627	52 145	52 779	53 437	53 600	56 876	61 156

资料来源：WHO，http://apps.who.int/nha/database

2. 管理体制 1919 年，英国成立卫生部，主要负责整合分散的医疗基金、公共卫生资源，以及监管地方医疗机构的服务。1946 年，英国议会通过《国民医疗服务法案》，1948 年 7 月 5 日实施。英国国民基本保健服务体系的发展经历了三个阶段。

1948—1980 年期间，政府在医疗领域扮演了两种角色：①筹资者与购买者，即政府直接从税收中为医疗筹资并负责购买医疗服务，国民在纳税后可以享受免费住院服务和家庭医生服务，个人仅付看诊费和部分药费；②基本保健服务提供者，即政府直接举办和运营医护机构(政府医院)，为国民提供医疗服务。但是，卫生资源配置高度计划性导致整个医护体系欠缺活力、服务供给效率较低。患者通过全科医生转诊要等待很长的时间，才能得到专科医生的治疗。为此，英国政府制定了候诊时间不超过 18 周的最低要求。

20 世纪 80 年代中后期，英国建立医疗信托基金(一种代人理财的法人治理模式)，如“全科医生基金持有者”(GP fund holders)和后来更名的“初级卫生保健信托”，代表民众负责向医护人员和医疗机构购买服务，扮演付费者(payers)的角色。1990 年，撒切尔政府颁发《NHS 与社区医疗法案》实行支付方与服务提供方分离，推行基本保健服务内部市场化竞争，卫生部及所属机构成为医疗服务的“购买方”。1991 年，英国构建了 NHS 公益性基本保健信托机构(Primary Care Trust，PCT)，与医护机构签约、执行绩效考评和支付费用。政府医疗机构法人化、实体化(信托医院)，通过 NHS 系统内部竞争获得收入。

2013 年，英国披露了斯特福德医院的问题。在 2005—2009 年间，因过分强调成本控制减少了护理服务，达到患者床上粪便无人打扫的地步。2012 年颁布的《健康与社会照护法》

在2013年进入实施。英国卫生费用预算的10%支付疾控体系；30%支付家庭医生，军人、服刑人员、戒毒人员、残疾人的服务项目；60%用于支持地区临床服务，以全科为主，包括专科、精神卫生、康复等。当年英国批准212家地区临床服务委员会（Clinical Commissioning Groups，CCGs），取代了基本保健信托机构。CCGs的预算单位为一万以上签约人，促进个体诊所和社区医院的组合，加强首诊制，提供全专融合服务，必要时购买综合医院的专科服务。2013年以后，卫生医护管理部门及其职责见表12-4。

表12-4 英国NHS系统主管部门及其职责

部门	职责	预算份额
卫生大臣	全面对卫生部的工作负责，领导全国公共健康、NHS和社会性护理事务	
卫生部	指导并组织开展全国医疗及社会护理服务体系，对财政专项预算负责；内设信托医院服务局	
地区临床服务组织	独立社会组织，组织社区医护和部分二级医护服务	60%
公共健康署	负责公共健康事业，会同地方政府和NHS处理突发事件	10%
国民基本保健服务体系，NHS	初级保健：全科医生（GP）负责所在社区居民的健康	
	二级以上保健服务：急诊、转诊服务；三级、四级手术	
	特殊群体：军人、缉毒所解毒人员等	20%
	社区康复护理：患者出院后康复护理，精神健康	

2009年，英国成立医疗质量保障委员会（Care Quality Commission，CQC）。主要职责如下：①管制NHS、地方管理局、私人公司或志愿者组织提供的健康和成人社会保障服务，制定医疗保健服务基本的质量和安全标准，并对提供者进行监督和检查，以确保标准得到遵守。②根据《精神健康法案》保护患者的权利，确保卫生和社会护理服务为人们提供安全、有效、富有同情心和高质量的护理，鼓励改善护理服务。所有NHS服务提供者都必须向CQC注册，并满足医疗保健服务的质量和安全基本标准。2016年，CQC完成了对NHS基金会信托的第一轮全面检查，发布了2016—2021年的五年战略。CQC依法定程序对服务供方的服务安全性、意见响应度、关心消费者、工作有效、良好的领导力进行评级，每项评级为优秀、良好、需改进、不足。供方被要求在他们的服务网站上显示评级情况。CQC提供特定行业的供应商手册，概述监管内容：包括急救网络和救护车、护理中心、儿童服务、诊所、社区医院、牙医、全专融合服务、医院和济贫服务、心理健康、安全设置、入户服务等。

英国卫生部下设国家卫生与临床优化研究院（NICE）主要负责评估和发布NHS标准，提供诊疗、药物临床以及全国公共卫生指导等。NICE主要通过三个渠道实现上述功能：①对广泛、复杂证据进行独立评估，以帮助行业专员、一线从业人员、患者、护理人员和公民做出更明智的决定，可能涉及医护方案的安全性、资源使用；②与科技创新专家和团队合作，基于NICE的分析技能、知识和专长来识别、评估和制定及时的、有创新性的建议；③与卫生和基本保健系统的合作伙伴合作，推动采用有效且具有低成本高效益的新疗法和干预措施，改善和确保所有社会成员获得基本保健机会的公平性。

3. 医护机构定位 英国医院经历了三次重大变革。1946年，根据《国民医疗服务法案》政府几乎买下境内所有医院，即政府医院。政府医院提供基本保健和住院治疗免费服务，部分处方药、植牙等自费。全英境内共分为10个卫生与医疗服务战略区（Strategic Health

Authority，SHA)。20 世纪 80 年代，英国通过改革分离了"费用支付者 - 服务提供者"。全英共有 152 家基本保健信托机构（Primary Care Trusts，PCT)，政府医院转化为人民信托医院。2013 年，人民信托医院转化为理事会内设董事会的信托基金医院，可以向社会融资。信托基金医院以三级医疗机构为主，接受家庭医生的转诊，可以深入社区参与全专融合式服务，负责重病和手术治疗、急救体系（Acute Trusts，AT)，有 173 个急救中心、11 个救护车，还有 60 多个精神健康医疗机构。综上所述，在国民基本保健服务体系下打造了一个二元竞争机制，一是允许居民选择家庭医生，二是支持家庭医生和签约服务患者共同选择专科医生，由此形成适度竞争的内部市场。

2014 年 10 月，英格兰发布了 5 年可持续性医护服务改革方案，选取了 44 个先行地点。方案的主要内容如下：①转变医院定位。基本保健服务进入规划的地区并重新配置资源，减少医院和床位数量。以多赛特为例，在 2013—2014 财年 1 810 张床位的基础上，到 2020—2021 财年减少到 1 570 张床位，非计划住院和手术减少 20%～25%。②整合 NHS 和地区临床服务。以全科医师为核心，组成包括公卫医师、医务社工、药剂师等，必要时加入专科医师的团队，开展医防融合、全专融合的常见病、精神卫生、公共卫生服务，联合构建整合型医护社区（integrated care community，ICC)，降低患者对医院服务的需求。重点人群指定个案管理师，打通院前检查和院后回家康复管理的通道。③运行模式信息化，电子病案、信息共享、互通互认。OECD 统计数据显示，截至 2018 年底，英国医院数量为 1 910 个，总床位数为 165 844 个。2020 年底，NHS 全英工作人员 1 453 387 名，包括医生 300 000 多名（男性 160 000 名，女性 140 000 名)，全科医生 61 500 名（男性 27 000 名，女性 35 000 名)，专科医生 80 000 名（男性 50 000 名，女性 30 000 名)；英国每千人拥有医生 2.8 名、护士 7.8 名、牙医 0.5 名、床位 2.5 张，平均住院日为 5.9 天；全科医生占比 26%，专科医生占比 74%。

4. 支付方式改革 NHS 预算制度主要经历了三次变革。1948 年以后，基于《国民基本保健服务法》实行政府预算、举办政府医院和支付医务人员工资的公共部门预算制度。

20 世纪 80 年代以后，支付和服务实行管办分离，政府预算改为信托基金，政府医院改为信托医院，逐步实行按服务结果付费。2003 年，依据 ICD-10 和外科手术操作分类对患者形成疾病临床服务编码，按照相关资源消耗相近原则将数量庞大的疾病临床服务编码整合成医护资源服务组，即 HRGs（healthcare resource groups)，卫生部基于既往数据确定全国统一的服务单元标准价格。2016/17 版英国 NHS 国家价格和收费手册中，共有 1 366 种 HRGs 和 56 种专科服务单元，涵盖 60% 以上的医院服务。*

2012 年以后，基于《国民基本保健与社会照护法》实行分类预算，以强化基层和维护健康为中心完善卫生医护体系。卫生总费用的预算分配结构如下：20% 左右用于建设疾控体系、支付军人医疗费用、缉毒所戒毒人员和购买家庭医生公共卫生服务费用；10% 用于公共健康署发展公共卫生和构建疾控体系。60% 由 CCGs 支配。卫生部门根据地方的财政水平、人口结构、整体健康水平等指标向 CCGs 拨付资金。CCGs 按人头进行加权预算，嵌入地方疾病谱、患病率、签约人数、解约人数、年龄结构、性别比例等指标及其权重，对拥有一万医

---

* Monitor. 2016/17 National Tariff Payment System［EB/OL］.（2016-03）［2018-06-10］. https://www. gov.uk/ gover-nment/ uploads/system/uploads/attachment_data/file/509697/2016-17_National_ Tariff_ Payment_ System.pdf

生签约人的社区临床服务机构实行总额预算管理和结余留用的激励机制，家庭医生团队通过改善服务态度、提高诊疗技术、减少疾病和资源消耗，维系签约居民数量，获得更多的资金结余和奖励。

三、美国混合型医疗保障体制改革与发展

1964 年，美国建立了联邦老遗残医疗保险计划（Medicare）和州政府医疗救助计划（Medicaid），与 1935 年建立的老遗残收入保障计划共同构成美国联邦社会保障制度。此后不断规范雇主雇员商业医疗保险计划、鼓励家庭购买平价商业医疗保险，还有现役军人和退役军人免费医疗计划、贫困人口急诊和社区基本保健免费服务计划，以及学生和公务员医疗补贴计划。美国医疗保障是个混合型计划，见图 12-2。雇主逃避为雇员购买商业医疗保险责任的现象始终存在，失业雇员及家庭没有任何医疗保险的情况普遍存在。2010 年，美国出台《患者保护与平价医疗法案》，激励和强制家庭购买商业医疗保险。2020 年底，美国雇主商业医疗保险覆盖 1.5 亿人口，占美国总人口的 49%，个人或家庭商业健康保险覆盖 1 870 万人，占美国总人口的 6%。国民平均预期寿命约 78 岁。

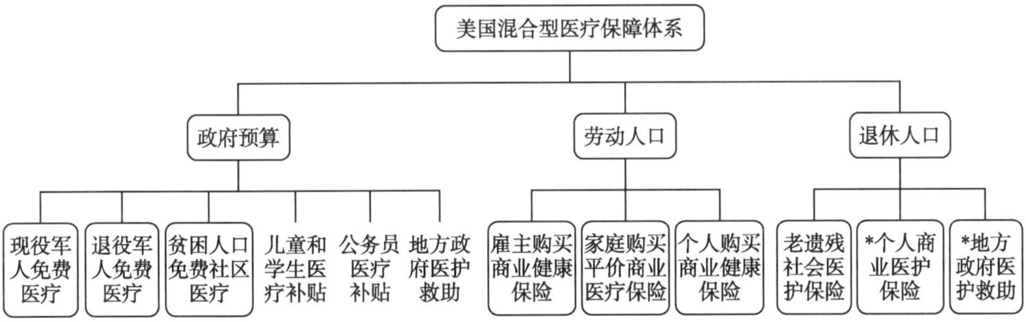

图 12-2　**美国混合型医疗保障制度体系**

带 * 部分与劳动人口相关制度是重复的

1. 卫生支出　WHO 官方统计数据（表 12-5）显示 2009—2018 年间：①美国卫生总支出占 GDP 比重在 16.21%～17.00%，呈现缓慢增长趋势，远远高于 OECD 成员国家的平均水平。2018 年卫生总支出达到 3 475 021 亿美元。②卫生总支出结构。一是政府卫生支出占卫生总支出的比例为 48.31%～50.41%，政府卫生支出占政府总支出的比重为 18.21%～22.50%，呈现缓慢增加的趋势。二是雇主雇员商业健康保险支出占比 39.11% 降至 38.78%。三是个人卫生支出占卫生总支出的比重为 49.30%～51.61%，略有增长。③个人现金卫生支出占卫生总支出比重为 10.81%～12.50%。其中，个人现金支付占比从 24.22% 降至 21.80%，或者老遗残社会医疗保险支出占比为 22.74%～22.96%，十分稳定。商业健康保险占比为 67.90%～72.14%，呈现增长趋势。综上所述，以 2018 年为例，雇主雇员商业健康保险约占总卫生支出的 39%，个人商业健康保险约占卫生总支出的 8%，合计约为 47%。

2. 管理体制　人类与发展部是医疗保障的主管部门，内设医疗保健研究和质量监督局（Agency for Healthcare Research and Quality，AHRQ），负责开发有利于提升美国医疗服务质量所需的知识、工具和数据，以帮助美国居民、医疗行业专家、政策制定者做出明智的医疗服务决策，以改善医疗服务质量和提高资源利用效率，改善居民健康状况。

表 12-5　美国 2009—2018 年卫生支出结构（%，2018 不变价百万美元）

项目	2009	2010	2011	2012	2013	2014	2015	2016	2017	2018
卫生总支出占 GDP 比重	16.28	16.35	16.30	16.29	16.21	16.41	16.71	17.05	17.00	16.89
政府卫生支出占卫生总支出比重（含老遗残医疗保险、军人医疗保障等）	48.39	48.64	48.67	48.55	48.97	50.21	50.70	50.39	50.25	50.41
个人卫生支出占卫生总支出比重	51.61	51.36	51.33	51.45	51.03	49.79	49.30	49.61	49.75	49.59
政府卫生支出占政府总支出比重	18.21	18.42	18.87	19.65	20.35	21.48	22.33	22.45	22.49	22.50
个人现金卫生支出占卫生总支出比重	12.50	12.25	12.25	12.10	12.01	11.54	11.22	11.20	11.00	10.81
个人现金卫生支出占个人卫生支出比重	24.22	23.85	23.87	23.52	23.54	23.17	22.76	22.57	22.12	21.80
社会医疗保险占卫生支出比重	22.74	22.70	23.07	23.16	23.31	23.17	22.89	22.74	22.69	22.96
商业健康保险占个人卫生支出比重	67.90	67.90	68.21	67.72	67.51	69.43	70.66	70.75	71.17	72.14
卫生总支出	2 734 610	2 815 339	2 851 053	2 912 581	2 952 594	3 063 761	3 211 346	3 330 009	3 399 851	3 475 021
政府卫生支出	13 231 53	1 369 324	1 387 741	1 414 119	1 445 765	1 538 172	1 628 127	1 677 901	1 708 568	1 751 858
个人卫生支出	1 411 457	1 446 015	1 463 312	1 498 462	1 506 829	1 525 589	1 583 218	1 652 108	1 691 283	1 723 163

资料来源：WHO 数据库 https://apps.who.int/ nha/ database/ ViewData/ Indicators/en

美国联邦老遗残社会医疗保险和州医疗救助服务中心(Centers for Medicare & Medicaid Services，CMS)是联邦医疗保障的经办机构，拥有发达的信息系统。通过问责制、信息披露、质量评价等措施确保参保患者获得安全和公平、及时的基本保健服务。

美国医疗机构主要由各州、市(县)具体进行管理，州具备医疗卫生立法权、政策制定权、机构审批权等。全美医疗服务行业组织是医疗机构评审联合委员会(Joint Commission on Accreditation of Healthcare Organizations，JCAHO)，由各医疗机构选举产生，属于非官方组织，聘请各方面专家对各类医疗机构的标准进行规范和认证。全美各级医疗卫生机构需要得到 JCAHO 认证和州卫生行政部门认可，才能取得联邦政府和州政府的财政拨款和加入联邦政府老遗残医疗保险计划和各州、市(县)政府医疗救助计划，取得商业医疗保险公司费用支付资质。

美国医师协会(American College of Physicians，ACP)及各州医师协会，均属于非官方组织。美国的医学专业学生在取得医学相关学位后同样不能直接在医疗机构行医，而是需要参加医师协会考试，在通过考试并申请取得医师协会颁发的执业资格证后方可正式上岗行医；美国执业医师的执业信息还需要在协会登记且有效期为两年，在注册登记期间，医师本人是否接受教育，是否有发生重大医疗事故，是否有违执业道德等信息都会成为其日后是否能得到执业资质的前提条件；美国执业医师在各州获得的执业资质会限制其在本州内的医疗卫生机构行医：其中有 5 个州规定必须要在本州获得执业资质，在其他 45 个州行医则要向该州医师协会申请，并且需要通过该州医学相关法律法规考试，才可申请在多个医院执业。美国 ACP 官网显示，美国 ACP 当前服务的会员人数约为 161 000 名，其中包括了医学生，成员是一般内科和相关亚专科的医生，包括心脏病学、胃肠病学、肾脏病学、内分泌学、血液学、风湿病学、神经病学、肺病学、肿瘤学、传染病、过敏和免疫学以及老年病学等。

3. 医护机构定位 美国拥有政府公立医院、社会公益医院、私人营利医院。政府公立医院包括现役军人医院和退役军人医院，以及贫困家庭提供免费服务的社区医院。社会公益医院资金来自政府资助和社会捐助医护圈基金，为联邦老遗残医疗保险计划和地方社会医疗救助计划患者提供服务。私人营利医院主要为商业健康保险客户提供服务。

美国卫生医护体系分为基本保健和专科医疗两个层级。基本保健包括家庭医生和常见病社区医院，覆盖儿科、内科、妇科、精神科、康复科、老年科。专科医疗针对复杂疾病分类服务，还有专病研究型医学中心，含疑难重症手术，还有检验检测类医疗资源服务。2019年，美国医院协会(AHA)调查数据显示 *，医院共计 6 090 家，其中社区医院 5 141 家，占比 84%；非联邦精神病医院 625 家，占比 10%；联邦政府公立医院 208 家，占比 3%；其他类医院 116 家，占比 2%。在社区医院当中，民营非营利性社区医院数量为 2 946 家，占比 57%；民营营利性社区医院的数量为 1 233 家，占比 24%；州和地方政府社区医院的数量为 962 家，占比 19%；医疗服务组织所属的社区医院数量为 3 453 家，占比 67%；完全独立运行的社区医院数量为 1 688 家，占比 33%；位于城市的社区医院数量为 3 336 家，占比 65%；位于农村的社区医院数量为 1 805 家，占比 35%。总床位为 919 559 个，社区医院配备的病床数为 787 995 个。美国所有医院的总住院人数为 36 241 815 人次，其中社区医院的住院人数为

* https://www.aha.org/statistics/fast-facts-us-hospitals

34 078 100 人次。2019 年 OECD 统计数据显示*，2017 年美国平均每千人拥有的医生数为 2.6 名、床位数为 2.9 张，平均住院日为 7.2 天。

4. 支付方式改革 联邦社会医疗保险支付。1983 年，美国 Medicare 和 Medicaid 两个医疗保障计划引入 DRG 付费制度，65 岁以上老年人的住院率每年下降 2.5%，平均住院天数从 1982 年的平均 l0.2 天缩短为 1987 年的 8.9 天。在各种控制价格政策的联合作用下，1995 年平均住院天数缩短到 6.7 天。目前美国使用第六代 DRG。为卫生机构提供高等软件和信息服务的 3M 公司，系统研制出国际化的单病种分组系统。WHO 国际疾病分类系统（WHO ICD—101）建立在第三代 DRG 和第五代 DRG 的基础上，包括 330 个基础分组，每个基础 DRG 分组包括三个严重性程度次级分组，附加两个误差型国际单病种分组共计 992 个 DRG 分组。

2013 年，美国启动价值付费改革（hospital value-based purchasing program，HVBP）。以 Medicare 急性住院为例，HVBP 项目有一套医疗质量评价体系（表 12-6），用于衡量医院绩效和奖金额度。

表 12-6 价值付费绩效评估指标

领域	指标代码（Measure ID）	指标描述
临床医疗服务过程	AMI-7a（急性心肌梗死）	患者接到院后 30 分钟内接受纤维蛋白溶解疗法
	IMM-2（免疫接种）	流感免疫接种
	PC-01（围产期护理）	妊娠 39 周前的择期分娩
临床医疗结果	MORT-30-AMI	急性心肌梗死 30 天死亡率
	MORT-30-PN	肺炎 30 天死亡率
	MORT-30-HF	心力衰竭 30 天死亡率
医疗安全	AHRO Composite（PSI-90）	并发症 / 选定指标的患者安全
	CAUTI	尿道管相关性尿路感染
	CLABSI	中心线相关血流感染
	CDI	艰难梭菌感染
	MRSA	耐甲氧西林金黄色葡萄球菌感染
	SSI	手术部位感染；结肠手术；腹式全子宫切除术
患者体验	HCAHPS Survey	患者与医生护士的沟通交流情况 医院环境的干净整洁程度 医院行政人员对患者的积极性
费用控制	MSPB	Medicare 参保患者医疗费用

商业健康保险支付。商业健康保险主要有三种操作模式：①健康维护组织（Health Maintenance Organization，HMO）主要采用按人头付费。被保险人需要选择与 HMO 签约的医师和医院，且必须选择一名基础保健医师（primary care physician），被保险人在日常就医时，必须首先选择基础保健医师就诊，如果病情相对严重需要转诊至专科医生，则必须有基础保健医师的转诊证明，并在 HMO 组织内签约的医疗机构向上转诊，病情好转后则可转回社会医疗机构康复。被保险人在组织外部就医的费用保险机构不予支付，除重特大治疗和特殊服务项目之外，保险机构无需额外付费。②特约医疗组织（preferred provider

* https://stats.oecd.org/

organization，PPO），在该种模式下，被保险人可以在网络内部自选医疗机构及医师，也可以自选基础保健医师，被保险人向上级医疗机构转诊就诊时，无需经过基础保健医师的转诊说明，商保付费采取按照服务内容和服务时间长短的方式，与 PPO 签约的医疗机构和医生的收费都会有一定优惠折扣，被保险人也可以选择网络外的医疗服务机构，但个人自费的比例会更高，且不能享受优惠折扣价格。③点名服务（point of service，POS），该种模式融合了 HMO 和 PPO 的优势，允许签约被保险人自由选择网络内外的医生就医。选择网络内医生需要基础保健医师的转诊说明。选择网络外的医生无需经过转诊。从被保险人付费的角度来看，PPO 的费用最高、POS 的费用次之，HMO 的费用最低。

比如，美国商业健康保险显著融合了管理式医疗服务模式，将商业健康保险与医疗服务机构连接成利益共同体，有效实现了提高医疗服务质量和控制医疗服务花费的双重目标，成为世界典型代表（黄国武，2015）。

四、新加坡自储公助型医疗保障制度改革与创新

1953 年，新加坡颁布《中央公积金法令》，为雇员建立了个人养老金储蓄账户，雇主和雇员合计费率为工资总额的 6%～11.5%（退休前）（表 12-7）。1965—1984 年，设立开发账户和政府组屋保障计划，合计费率为工资总额的 12%～23%；强制雇主和雇员将工资总额的 8%～10.5% 存入保健储蓄账户（Medisave），用于支付雇员个人及其直系亲属的门诊和住院费用。1990 年推出了终身健保计划（健保双全计划）（Medishield），国民自动加入。1990 年，成立了保健基金委员会，设立新加坡医疗救助基金（Medifund）。2002 年，推出了乐龄健保计划（Elder Shield），参加新加坡中央公积金制度的居民或永久居民年满 40 周岁后可以选择加入该计划。2021 年，推出终身健保计划（Medishield Life），上调幅度介于 11%～35%，增加金额为每年 15～525 新元不等，为所有新加坡公民和永久居民提供终身保障，无需自己申请，替代了原有的健保双全计划（Medishield），帮助国人支付高值医疗费用和门诊治疗费用，帮助居民支付 B2 级、C 级病房费用及公共医院享受津贴的治疗费用。2021 年 4 月，政府为公积金会员投保小额寿险（此前仅为 21～60 岁人提供），死亡和终生残疾可以从商业保险公司获得 46 000 新元理赔额。2019 年，新加坡人国民平均预期寿命达到 84.8 岁。

表 12-7 新加坡公积金缴款比率及各账户分配率（占工资总额百分比，%）

雇员年龄	缴费率			分配比例		
	雇主费率	雇员费率	总费率	普通账户	特殊账户	保健储蓄账户
35 岁以下	17	20	37	23	6	8
35～45 岁	17	20	37	21	7	9
45～50 岁	17	20	37	19	8	10
50～55 岁	17	20	37	15	11.5	10.5
55～60 岁	13	13	26	12	3.5	10.5
60～65 岁	9	7.5	16.5	3.5	2.5	10.5
65 岁以上	7.5	5	12.5	1	1	10.5

资料来源：根据新加坡卫生部、新加坡中央公积金局公开数据整理

1. 卫生支出 WHO最新统计数据显示(表12-8)2009—2018年间的卫生总支出结构:①新加坡卫生总支出占GDP的比例为3.4%~4.46%,呈现缓慢增长的趋势,远远低于OECD成员国家的平均水平。②政府卫生支出占卫生总支出的比例从34.88%~50.35%,政府卫生支出占政府总支出的比重为7.15%~15.28%,2018年达到16 257亿美元,呈现较快增长趋势。③个人卫生支出占卫生总支出占比从65.12%降至49.65%,呈现较快下降趋势。④个人现金卫生支出占卫生总支出比重从43.29%降至31.04%,占家庭月支出的均值为5.5%(表12-9)。其中,个人现金支付占比为66.47%降至60.25%,呈现下降趋势。商业健康保险占比为3.72%~3.59%,约占总卫生支出的10%。

表12-8 新加坡2009—2018年卫生支出结构(%,2018年不变价百万美元)

项目	2009	2010	2011	2012	2013	2014	2015	2016	2017	2018
卫生总支出占GDP比重	3.40	3.20	3.16	3.33	3.69	3.87	4.18	4.40	4.42	4.46
政府卫生支出占卫生总支出比重	34.88	35.88	37.12	39.30	41.70	45.04	47.08	47.34	48.20	50.35
个人卫生支出占卫生总支出比重(含家庭医疗储蓄账户)	65.12	64.12	62.88	60.70	58.30	54.96	52.92	52.66	51.80	49.65
政府卫生支出占政府总支出比重	7.15	10.94	11.97	13.21	13.96	13.66	13.54	13.40	15.28	15.28
个人现金卫生支出占卫生总支出比重	43.29	41.46	39.51	37.65	36.17	33.30	33.09	32.66	32.13	31.04
个人现金卫生支出占个人卫生支出比重	66.47	64.66	62.83	62.03	62.04	60.58	62.52	62.03	62.02	62.50
商业健康保险占个人卫生支出比重	3.72	4.25	4.80	5.18	4.16	3.96	3.46	5.49	5.97	3.94
卫生总支出	7 890	8 515	8 922	9 820	11 400	12 442	13 824	14 986	15 598	16 257
政府卫生支出	2 752	3 055	3 312	3 860	4 754	5 604	6 508	7 095	7 519	8 185
个人卫生支出	5 138	5 460	5 610	5 961	6 646	6 839	7 316	7 891	8 079	8 072

表12-9 家庭每月医疗支出占收入的比例(%)

	2002/03	2007/08	2012/13	2017/18
所有家庭	4.7	5.3	4.5	5.5
最低20%	5.7	6	5.6	7.8
2nd五分位	4.8	5.5	4.4	5.7
3rd五分位	4.8	5.5	4.9	5.7
4th五分位	4.8	5.3	4.6	5
最高20%	4.1	4.8	4	4.8

数据来源:新加坡卫生部www.moh.gov.sg

2. 管理体制 1955年,新加坡中央公积金局正式成立。中央公积金要求雇主雇员缴费,建立了养老金储蓄账户。1965年,新加坡卫生部及其法定机构来监管公立和私立部门。卫生科学管理局(Health Sciences Authority)的责任是监督并确保与健康相关产品的安全性，健康促进委员会（Health Promotion Board）承担国家健康推广疾病预防工作的责任。所有在新加坡的医院、诊所、临床实验室、疗养院和其他医疗机构都必须得到卫生部的许可执照。所有医务人员都在卫生部下属的法定委员会——新加坡医药理事会（Singapore Medical Council）登记记录。该理事会职权范围还包括对注册医师职业行为、职业道德的管理和规范。此外，还有新加坡牙科协会（Singapore Dental Council）、新加坡护理委员会（Singapore Nursing Board）和新加坡药学委员会（Singapore Pharmacy Council）等，分别实施专业监管。新加坡接受国际公认的 JCI 认证。

新加坡公立医院实行公私合作模式运营（Public & Private Partnership，PPP）。医院重资产属于政府产权，政府支付年度维修维护费用。轻资产运营委托医院管理专业机构，实行商业会计制度，自主决定医生薪酬。政府介入医疗服务价格的确定。

3. 医护机构定位　新加坡整合了三级医护机构进入全生命周期健康维护体系。国家购买了六间综合医院、一间妇幼医院及一间精神病院，委托非盈利性医院管理专业机构运营，打造了规范的医疗 PPP 模式。提供多学科住院和专科门诊服务，包括癌症、心脏、眼科、皮肤、神经科学和牙科保健。10 家急症医院提供 24 小时急诊服务。

2013 年，家庭医学诊所（FMC）作为一种新的私人全科医生模式，为慢性病管理提供一站式医护服务。新加坡卫生部启动了基本保健网络（PCN）计划，全科医生获得更多资金支持，截至 2018 年 1 月，新加坡共有 10 个 PCN 和 584 个综合诊所，“一站式”医护服务遍布全国，包括疾病预防和健康教育，基本保健包括门诊、院后康复随访、妇幼保健、疫苗、健康检查、药事服务等。

新加坡卫生部数据显示：2021 年 6 月，其平均占床率（beds occupancy rate，BOR）约为 81%，病房入院平均等待时间为 2.5 小时。2020 年，新加坡入院门诊量（admission）中急性医院住院人数为 556 511 人，其中 65 岁以上人数占比 33.7%，15～64 岁人数占比为 54%，15 岁以下人数占比为 12.3%。精神病医院住院人数为 8 426 人，其中 65 岁以上人数占比 12.8%，15～64 岁人数占比为 85.9%，15 岁以下人数占比为 1.3%。社区医院住院人数为 20 848 人，其中 65 岁以上人数占比 71.6%，15～64 岁人数占比为 28.4%。2019 年，新加坡的床位数有所上升，其中住院机构中急性医院、精神病医院、社区医院床位数分别为 11 321、1 950、1 986 床，居家和长期护理院床位、临终关怀住院床位分别为 16 059、179 床（表 12-10）。

表 12-10　新加坡 2014—2019 年住院床位数

机构 / 年份	2014	2015	2016	2017	2018	2019
急症医院	9 262	9 844	10 318	10 340	10 826	11 321
政府医院	7 652	8 128	8 561	8 623	9 071	9 404
非营利医院	283	316	316	271	273	288
营利医院	1 327	1 400	1 441	1 446	1 482	1 629
精神病医院	1 950	1 950	1 950	1 950	1 950	1 950
政府医院	1 950	1 950	1 950	1 950	1 950	1 950
非营利医院	0	0	0	0	0	0
营利医院	0	0	0	0	0	0
社区医院	1 065	1 464	1 663	1 663	1 778	1 986
政府医院	142	503	690	690	799	974
非营利医院	905	961	961	969	979	1 012
营利医院	18	0	12	4	0	0

续表

机构/年份	2014	2015	2016	2017	2018	2019
护理院	10 968	12 185	13 022	14 918	15 205	16 059
政府护理院	1 372	2 488	3 110	5 281	5 581	6 238
非营利护理院	6 021	5 802	6 058	5 872	5 953	5 963
营利护理院	3 575	3 895	3 854	3 765	3 671	3 858
临终关怀医院	141	141	173	179	179	179
政府医院	40	40	24	24	24	24
非营利医院	101	101	149	155	155	155
营利医院	0	0	0	0	0	0

数据来源：新加坡卫生部 www.moh.gov.sg

2019 年，新加坡拥有注册医生 14 279 名，其中公立医疗机构的医生有 9 030 名（占比 63%）；注册护士 / 助产士 42 777 人，其中公立医疗机构 26 079 人（占比 61%），每千人口护士为 7.5 人；牙医 2 475 人；口腔健康理疗师 429 人；药剂师 3 408 人；验光师 2 636 人；职业理疗师 1 227 人；心理治疗师 2 020 人；言语治疗师 686；中医师 3 045 人；针灸师 259 人。

4. 支付方式改革 家庭储蓄账户支付。支付门诊费用、日间治疗费用、住院费用。政府通过补贴降低医护机构运营成本，同时规定住院费用每日最高限额，由家庭储蓄账户和个人现金支付分担，以防止过早用尽家庭储蓄账户资金。

私人综合健保计划（IP）属于商业保险，用于补充家庭储蓄账户支付不足部分。IP 中终身健保部分可以使用 Medisave 进行全额支付。但是私人保险部分规定了其使用 Medisave 支付的限额。具体如下：A：40 岁及以下的人每年最高 300 新币；B：41 岁到 70 岁的人每年 600 新币；C：71 岁及以上的人每年 900 新币；D：超过限额部分使用现金支付。私人综合健保计划保障内容是涵盖住院或者手术期间的费用。2021 年 4 月 1 日起，2018 年 3 月 8 日至 2019 年 3 月 31 日期间入保的人要实施新规，自付比例为 5%。此前比例根据医护费用情况确定并受价格调整的影响。2021 年 3 月 1 日至 2021 年 6 月 30 日，为自己和家人购买上述医保，可以享受 20% 的折扣。

本章小结

20 世纪 70 年代以后，全球医疗保障开始进入第二个使命的发展时期，通过医保支付方式改革引导优化卫生资源配置与合理控制成本，即合理补供方，引导医疗行为和医护机构向医护服务可及性和健康促进发展。基于四个典型国家的案例比较和数据分析可以得出如下结论：①卫生总支出占 GDP 的比例逐渐上升，政府支出、社会互济支出占比相对稳定；体现出医疗保障水平与国家的经济社会发展水平相适应的发展规律，在人均 GDP 超过 1 万美元之后，卫生支出的发展速度开始快于 GDP 的增长水平，体现出投资健康与长寿的关系。②商业健康保险支出占比和个人自付占比略有增加，说明在健康长寿时代个人风险和风险管理责任在增加。

思考与练习题

1. 通过分析表 12-1 的大数据看四个国家的经济增长、人口老龄化和卫生支出及其支出结构的关系。

2. 通过分析表 12-2、12-3、12-5、12-9 的数据和四个典型国家的经验看医疗保障的发展趋势。

参考文献

[1] 周生来，刘晓峰. 全民健康管理. 北京：清华大学出版社，2015.

[2] 杨燕绥. 健康保险与医疗体制改革. 北京：中国财政经济出版社，2018.

[3] 黄国武. 美国医保制度演进中大病风险化解机制研究. 社会保障研究（京），2015，2：143-153.

[4] 雷璐倩，张伶俐，颜建周，等. 德国医疗保险支付方式改革及对我国的启示. 中国卫生资源，2020，23（2）：176-181.

[5] 李菲. DRGs 在医院医疗费用支付中的应用研究. 卫生经济研究，2019（381）：32-36.

[6] 王思敏，徐伟，崔子丹，等. 价值医疗导向的医保支付方式初探——以中美典型按价值付费项目为例. 卫生经济研究，2019，36（2）：9-12.

[7] Lim J. Sustainable Health Care Financing：The Singapore Experience. Global Policy，2017，8（Supplement S2）：103-109.